Le point sur l'apprentissage du tennis

5-7, rue de l'École-polytechnique ; 75005 Paris

http://www.librairieharmattan.com
diffusion.harmattan@wanadoo.fr
harmattan1@wanadoo.fr

ISBN : 978-2-296-11931-4
EAN : 9782296119314

Alain Mourey

Le point sur l'apprentissage du tennis

Du plaisir de la découverte à la maîtrise du jeu

Préfaces de
J.-C. Massias, B. Pestre et M. Crespo

L'Harmattan

Le point sur l'apprentissage du Tennis

Sommaire

Préface de JC. Massias et de B. Pestre

Durant de nombreuses années, Alain Mourey fut de tous les «grands moments pédagogiques» de la Direction Technique Nationale. Que ce soit au sein de la ligue de Bourgogne dont il fut le Conseiller Technique Régional ou lors des réunions nationales, il nous a longtemps accompagnés en étant toujours force de propositions et en défendant ses convictions avec toute la vigueur d'un passionné de pédagogie.

L'exigence d'un meilleur enseignement du tennis, la volonté de bousculer l'ordre établi, le souci du détail ont toujours animé ce technicien qui refuse pourtant que la technique ne soit exagérément mise en avant.

Du fait de sa compétence dans de nombreux domaines et de son expérience aussi, il a très souvent été sollicité par la Direction Technique Nationale pour des missions pédagogiques : rédaction de la méthode de formation des enseignants brevetés d'état, rédaction du «cahier de l'enseignant», participation aux jurys des examens d'Etat (BE1, BE2, professorat de Sport), organisation de sessions d'examen… Il ne fait aucun doute que sa participation aux nombreux débats et réflexions pédagogiques a influé sur les orientations qui ont été prises par la FFT au cours de ces 30 dernières années.

Aujourd'hui, avec ce nouvel ouvrage qui fait suite à «Tennis et Pédagogie», Alain Mourey s'adresse à la fois aux initiateurs et aux enseignants professionnels, avec toute l'expérience d'un pédagogue qui a consacré sa vie professionnelle à l'enseignement du tennis. S'étant éloigné du haut niveau pour reprendre contact avec la vie de club, il revient sur la phase de l'apprentissage. Cette période, celle de l'initiation et du perfectionnement, est probablement la plus importante car c'est celle où l'on inculque les bases du jeu. L'enseignant doit alors être particulièrement compétent car chacun sait que l'acquisition de fondamentaux solides est nécessaire à la construction du jeu.

Que l'on soit avide de connaissances et de savoirs ou à la recherche de situations d'apprentissage, chacun doit trouver dans ce livre ce dont il a besoin.

Prenez le temps de lire ce livre et faites confiance à Alain Mourey, il sait de quoi il parle !

Bernard Pestre. Responsable du département Formation et Enseignement FFT.
Jean Claude Massias. Directeur Technique National FFT (jusqu'en 2005)

Préface de Miguel Crespo

J'ai accepté avec un grand plaisir qu'Alain Mourey me demande d'écrire un prologue pour son dernier livre «Le point sur l'apprentissage du tennis».

Chaque fois qu'un livre sur le tennis est publié, les personnes qui aiment ce sport passionnant s'en félicitent. Mais, de plus, lorsqu'il s'agit d'un livre excellent sur l'enseignement du tennis, c'est encore bien meilleur !

Mon premier contact avec Alain a été avec son ouvrage «Tennis et Pédagogie», il y a plus de 20 ans. Un livre qui m'a captivé grâce à sa clarté d'exposition, sa structure systématique et la passion que j'ai perçue chez son auteur. Depuis ce moment, j'ai suivi sa trajectoire avec beaucoup d'attention. J'ai eu la fortune de le connaître personnellement et de pouvoir dialoguer avec lui sur le tennis et l'enseignement, un sujet dont nous pourrions converser des heures et des jours...Il fait, d'ailleurs, partie de notre équipe d'experts ITF pour la formation des cadres.

Alain est passionné de tennis et de méthodologie sur l'enseignement et l'apprentissage. C'est un maître dans l'obligation qu'il se donne de faire adorer le tennis à ses élèves. Pour cela, il ne cesse de chercher tous les procédés et systèmes possibles pour faciliter leur tâche.

Nous pouvons affirmer, sans nous tromper, que ce livre est un résumé de toutes les études, investigations et expériences de l'auteur dans sa tentative de faire partager ses idées et principes sur l'enseignement du tennis à ses collègues. C'est une encyclopédie de la nouvelle méthodologie du tennis qui est pleine de connaissances et de savoir-faire soutenus par la science et l'expérience.

Il me reste à féliciter l'auteur pour l'excellence de son travail, à souhaiter aux lecteurs la bonne fortune de pouvoir en profiter et l'appliquer, aux élèves de bénéficier, par la pratique, des idées d'Alain.

Merci Alain pour ce livre excellent qui fait apparaître l'importance d'enseigner avec connaissance et... passion.

Miguel CRESPO, responsable de la recherche, du développement à la Fédération Internationale du Tennis (ITF)

Introduction

Le titre « Le point… sur l'apprentissage » n'est pas anodin pour cet ouvrage sur l'enseignement. Il veut souligner, dès le départ, que le jeu est au cœur du processus d'apprentissage du tennis. L'enfant ne va pas à l'école de tennis pour travailler : il vient au club pour jouer. L'enseignant se doit de répondre à ce désir de l'enfant et lui donner le plaisir de gagner des points par rapport à lui - même ou un camarade (partenaire ou adversaire).

Pour le formateur que je suis, faire le point… n'est pas une marque d'orgueil qui laisserait croire à une vérité définitive sur l'enseignement. C'est d'abord me situer au bout d'un long cheminement pédagogique à travers de multiples expériences et influences.

Mon premier ancrage avec l'enseignement du tennis vient de l'Amicale ENSEP, collectif d'enseignants en EPS très novateur et ouvert, avec un stage (1970) sous la direction de G. Omnès qui avait sollicité comme intervenants principaux G. de Kermadec et JP Loth !

A partir de ce stimulant, je me suis lancé dans une expérience de club (en créant la section tennis du Dijon Université Club et en y consacrant énormément de temps pour des résultats assez importants (N1 en femmes et N2 en garçons au bout de 10 ans d'existence)).

Grâce à cette notoriété due aux résultats du club, la FFT m'a sollicité pour prendre un poste de CTR (que j'ai mis du temps à accepter) qui m'a permis d'entrer dans un monde nouveau : la Direction Technique Nationale. Au sein de ce collectif de cadres techniques, j'ai reçu de multiples influences, les unes très chaleureuses (je pense particulièrement à mon premier DTN JP Loth qui m'a toujours soutenu), d'autres moins amicales parce que j'essayais d'apporter des propositions pédagogiques nouvelles qui dérangeaient certaines habitudes (d'où la sortie de mon premier livre « Tennis et Pédagogie » en 1986 pour faire déjà le point sur mon engagement pédagogique !).

Après cette entrée un peu tumultueuse à la DTN, je pense y avoir bien pris ma place au point d'être « de tous les coups » pour la rédaction des ouvrages pédagogiques (documents DTN, classeur pour la formation des BE, des initiateurs fédéraux), la formation nationale de cadres (BE2 à Paris), les jurys d'examen nationaux (professorat de sport, BE1, BE2) et pour des interventions en tant que formateur de cadres à l'étranger (expert ITF). J'ai pu ainsi apprécier le travail collectif de recherche de la DTN sous la direction de personnes aussi différentes et compétentes que P. Boyard, P. Hagelauer, P. Dominguez, B. Pestre, JC. Massias …

Sorti du cadre professionnel (retraite), n'ayant pu me passer de cette passion pour l'enseignement, je suis revenu dans mon club et j'ai pu parfaire mon expérience dans un domaine dont je m'étais éloigné en tant que CTR : l'initiation et le perfectionnement des jeunes. Ayant été sollicité aussi par l'Université (UFRSTAPS Dijon), j'ai même donné des cours aux optionnaires tennis préparant le concours du CAPEPS.

A l'issue de ce parcours, je pense donc, sans prétention excessive, pouvoir « faire le point » sur l'apprentissage du tennis car j'ai derrière moi beaucoup de temps de travail sur le terrain, de réflexion sur l'enseignement, d'influences diverses et de … résultats.

A la différence de mon livre Tennis et Pédagogie (où je survolais tout le champ de l'enseignement - du Mini - tennis à l'entraînement - pour faire apparaître la même cohérence pédagogique), j'essaie d'apporter l'éclairage le plus complet sur les phases d'initiation et de perfectionnement des jeunes. Ces phases correspondent à ce que l'on appelle communément l'apprentissage même si un joueur qui s'entraîne continue à apprendre…

Le point sera-t-il « décisif » pour autant ? Au Tennis, le point décisif est, certes, important pour un jeu mais pour gagner une partie, il faut gagner des jeux et des sets… J'espère donc simplement contribuer aux apports actuels des enseignants, chercheurs, formateurs qui croient apporter un plus à une matière trop souvent délaissée (la pédagogie) s'appuyant sur un monde on ne peut plus vivant : la jeunesse.

Mon livre comporte 2 grands chapitres :

♦Une partie théorique où j'apporte des connaissances (des savoirs) qu'il me semble indispensable de posséder.[1]

♦Une partie pratique qui devrait enrichir l'enseignant tant pour confectionner ses séances en sachant les situer dans un cadre (programmation), en puisant des jeux et des exercices, en s'organisant au mieux sur le terrain… (Cette partie est bien plus consistante car parler d'enseignement, c'est bien mais le pratiquer, c'est mieux).

♦Enfin je réponds à des questions générales que l'on se pose dans le domaine de l'enseignement et je livre aussi quelques contenus de formation de cadres (initiateurs et professeurs d'Eps).

J'espère ainsi apporter aux *initiateurs fédéraux* (bénévoles et peu formés) quelques savoirs et savoir - faire (en essayant de ne pas simplifier à l'excès au point de dénaturer, de réduire le tennis d'une façon simpliste). Mon but est de les guider en « balisant » leur route à la découverte de l'enseignement, de les « rassurer » en leur donnant quelques bases d'enseignement, quelques « recettes ».

Mon ambition est évidemment plus importante vis-à-vis des *enseignants professionnels*. Je souhaite leur transmettre une certaine richesse de propositions pour alimenter et justifier leur enseignement, les rendre plus ouverts aux approches pédagogiques modernes et plus sûrs de leur enseignement. Ce n'est qu'au prix d'une formation complète et permanente que l'enseignant « joue de plus en plus juste » avec son métier et qu'il garde une fraîcheur de communication avec les enfants … à vie.

Je sais à l'avance que la plupart des initiateurs fédéraux et une partie des enseignants professionnels seront tentés d'aller directement vers la partie pratique en sélectionnant même des chapitres où toute une ligne directrice est tracée (programme d'initiation, situations et exercices…). Si cela correspond, au départ, à leurs préoccupations immédiates, ils puiseront à la longue d'autres sources

[1] Pour l'initiateur fédéral, la base de connaissances est plus étroite vu sa formation limitée (elle est cernée en début de chaque rubrique de connaissances).
Pour l'enseignant professionnel, elle est plus dense à tous les niveaux et plus particulièrement au plan des connaissances pédagogiques.

d'information, ils comprendront mieux les voies envisagées et surtout, à travers leurs expériences de terrain, ils transformeront, réinventeront les différents contenus.

L'enseignement

A. Généralités

S'intéresser à l'enseignement, c'est plonger dans un milieu qui demande des connaissances (savoir), des compétences (savoir-faire), des qualités humaines (savoir-être). Ce milieu éducatif est fait des composantes suivantes, toutes reliées entre elles :

L'enfant

«Les enfants, ce sont mes collègues, ils m'ont tout appris» (Françoise Dolto). «La pédagogie doit reposer sur la connaissance de l'enfant» (Piaget). Il faut « savoir connaître les particularités constitutionnelles de l'enfant, deviner grâce à de petits indices ce qui se passe dans son âme encore inachevée» (Freud). Or, trop souvent, « les adultes cherchent l'homme dans l'enfant sans penser à ce qu'il est avant que d'être homme» (Rousseau).

L'enfant débutant au tennis n'est pas un être «vide» de perceptions, sensations, émotions, relations sociales : il aborde le jeu avec sa logique (fonction de ses expériences, son affectivité, ses capacités, ses ressources, ses idées...)

♦ Même l'enfant débutant de 6,7 ans le plus malhabile est capable de réussir certaines actions très simples : courir après une balle à trajectoire lente et peu éloignée lancée par l'éducateur; se lancer lui-même une balle et courir après pour la frapper...

♦ Avec le Mini-tennis, des enfants de 5-6 ans montrent leur adaptabilité, leur ouverture à de multiples expériences...

♦ Les enfants les plus habiles nous émerveillent en accomplissant, d'emblée, des actions difficiles, sans enseignement, du fait d'une expérience psychomotrice plus riche acquise au travers d'autres activités ou (et) d'une nature plus favorable.

♦ Dans l'ensemble, l'enfant est plutôt débordant d'activité, prêt à se dépenser sans compter... facilitant d'autant l'apprentissage.

Son *rôle dans la relation pédagogique* est *essentiel* car il est prêt à agir pourvu qu'on lui aménage les conditions de son activité tennistique.

L'enseignant

«Le meilleur outil pédagogique c'est le maître lui-même, sa personnalité équilibrée et chaleureuse, les valeurs qui l'animent et le soutiennent» (J-D Rohart).

L'enseignant connaît le tennis parce qu'il a éprouvé ce sport en tant que joueur et parce qu'il a réfléchi sur cette activité à la fois comme joueur et pédagogue.

Mais il doit connaître tout autant l'enfant pour accéder aux motivations de celui-ci et également pour savoir comment lui rendre accessible le tennis vu ses possibilités (connaissances des étapes du développement de l'enfant, de sa maturation permettant d'expliquer que des conduites n'apparaissent (ne peuvent apparaître) qu'à un moment donné de l'évolution (exemples : égocentrisme, concentration insuffisante...). Il doit confronter l'enfant à des situations, des problèmes conformes aux fondamentaux du jeu (logique du jeu) et aux possibilités actuelles du joueur.

Son *rôle dans la relation pédagogique est tout aussi important* : *Situations à proposer au niveau des capacités de l'enfant* / *Situations à concevoir dans un programme cohérent* (imbrication, enchaînement dans un ordre logique pour le jeu et le joueur) / *Valeur de ses procédés pédagogiques* / *Observation et analyse permanentes* à faire de l'enfant pour situer le niveau de jeu de celui-ci.

L'ambition de faire réussir l'enfant dans ce qu'il entreprend suppose un équilibre difficile à trouver entre :

– la réussite, le succès qui sont sources de motivation mais qui peut, vite, se transformer en désintérêt à partir du moment où la réussite dans les actions est obtenue sans effort, sans problème.

– l'obstacle (voire même l'échec) devant une situation exigeante qui peut amener l'enfant à renoncer ou à relever le défi, à se motiver pour surmonter la difficulté.

Le cadre d'enseignement

Un club, *s'il choisit l'option club junior* [2]*plutôt que l'école de tennis traditionnelle*, ne se place pas dans le même cadre d'enseignement.

Quelle que soit l'option choisie, l'*enseignement* doit être *structuré* : groupes de niveau, nombre d'enfants par court..., équipe pédagogique (nombre d'éducateurs, relation entre eux...).

Le rôle des *dirigeants* est également important dans l'acceptation du projet éducatif, la mise en œuvre des moyens...

Les *parents*, les *amis* sont aussi déterminants car ils influencent le comportement des enfants (respect des enseignants, assiduité...); ils peuvent ajouter, hors enseignement, une quantité de pratique en jouant avec eux; ils sont disponibles pour les compétitions internes au club ou officielles.

La part du *jeu organisé* par le club, du *jeu libre* et de la *compétition* laissés, ou non, à l'initiative de l'enfant *conditionne directement l'apprentissage.*

Cet environnement dans lequel l'enfant vit son tennis est lui aussi capital dans la relation pédagogique. On a besoin de *contrôler autant la quantité d'enseignement que celle du jeu*; *l'influence du collectif et des conseils individualisés dans l'enseignement*; *l'adhésion des dirigeants, des parents* à la politique poursuivie au sein de l'école de tennis.

Le tennis

Ce sport possède sa logique avec ses règles, la structure géométrique du court... et l'enfant doit s'y accommoder, avec l'aide de l'enseignant.

Ainsi le court de tennis de forme rectangulaire force les joueurs à jouer des coups plus axiaux que si la surface de jeu était, par exemple, un carré (même si les meilleurs joueurs ne se privent pas de trouver parfois des angles incroyables!); la règle d'un rebond au maximum pour frapper la balle impose aux joueurs un temps de réaction aux trajectoires plus élevé que si l'on tolérait 2 rebonds; la présence d'un

---

[2] *l'option club junior : voir document DTN n° 3.*

filet qui sépare les joueurs oblige ceux-ci à effectuer des frappes avec sécurité par rapport à cet obstacle…

Il faut donc à l'enseignant beaucoup de qualités pour intéresser, former le jeune joueur au tennis : compétence pédagogique, connaissance de ce sport, connaissance de l'enfant…

B. Les qualités de l'enseignant

▪ **Aimer le monde de l'enfance,** c'est la source de motivation la plus profonde pour l'enseignant bénévole comme pour le professionnel. Un monde riche de différences entre les enfants (comportements, expressions, compréhension, communication …) qu'il faut respecter en tenant compte de l'identité, de la personnalité de chacun. «Dévouement, oubli de soi, amour : sans eux, il n'y a pas d'acte éducatif mais seulement transmission de connaissances et d'usages» (G. Ferry). «Il faut aimer le monde de l'enfance, y séjourner par plaisir avec des goûts d'enfant et des pensées d'homme» (Vinet). «Ecoute l'enfant» (Baden-Powell). Le moteur de l'éducation, c'est avant tout l'enfant : «Il porte en lui les ressources de sa vie; l'éducation, c'est une libération de tous les possibles de l'enfant» (J. Debruynne).

▪ **Etre passionné par le tennis** est tout aussi important pour l'enseignant. Il le transmet d'autant mieux qu'il est passionné par ce sport *en tant que joueur* vu sa connaissance *pratique* de l'activité. La différence de niveau de pratique entre un professionnel de tennis (au moins classé en 2ème série comme joueur) et un initiateur fédéral (souvent à un niveau de 4ème série) engendre une différence de connaissance du tennis entre les deux, vu la pratique supérieure du 1er enseignant. Il n'en demeure pas moins que celui-ci (qui maîtrise sans difficulté son tennis) se doit d'être tout autant conscient des fondamentaux techniques, tactiques, physiques, mentaux du tennis, donc des bases à transmettre aux jeunes joueurs. D'où l'intérêt d'une connaissance générale pour tout enseignant (dont l'initiateur) et d'une connaissance de plus en plus spécifique pour ceux qui sont des enseignants professionnels.

Il le transmet encore mieux par sa passion pour l'enseignement : *Il a une envie forte* de transmettre des savoirs (comme s'il détenait un pouvoir précieux), de communiquer le plaisir qu'il a d'enseigner cette activité qu'il aime. *Il croit* que tout enfant est éducable en mettant tout en œuvre pour le faire réussir … *sans croire* à l'infaillibilité des moyens dont il dispose : ne rejeter personne… tout en sachant son impuissance (momentanée ou permanente), potentiellement, face à tel ou tel. *Il s'assigne* des objectifs ambitieux générateurs d'efforts tant à son niveau qu'à celui des élèves. *Il vit* son action pédagogique conformément aux principes qu'il voudrait voir appliquer chez ses élèves en mettant du «souffle», du «cœur», de l'énergie dans son métier. Et non, «il vendait de l'intelligence mais il n'en avait pas même un échantillon sur lui» (Coluche).

A ces conditions essentielles, les enseignants auront toutes les chances d'être ouverts, chercheurs, créatifs, inventifs et, grâce à cela, feront durer leur passion de professer à vie.

Si un petit club peu fortuné est en manque d'enseignants, il serait avisé d'inciter à la formation d'initiateur toute personne ayant un bon contact avec les enfants et passionné par le tennis (même si cette personne n'a pas une réelle valeur compétitive). Ces deux qualités seront alors enrichies par des connaissances très générales de l'enfant et du tennis lors d'une petite formation.

La formation d'un enseignant professionnel qui initie des jeunes mérite d'être plus poussée quant à la connaissance des enfants (des plus petits (5ans) *aux plus grands* (adolescents), *sans oublier les adultes) et à celle du tennis (connaissance des fondamentaux et connaissance spécifique).*

En plus de ces qualités fondamentales, constitutives d'une relation d'enseignement, je placerai des *qualités de fonctionnement* absolument nécessaires quant on s'occupe d'un collectif d'enfants. L'enseignant doit ***être organisé*** (pour placer les enfants dans la meilleure structure possible d'enseignement et pour répondre, en premier lieu, à un souci de sécurité des enfants lorsqu'ils jouent ou réalisent des exercices) ***savoir communiquer, être animateur de jeux*** (tennistiques ou sportifs) car l'enfant vient pour jouer, ***être compétent au plan pédagogique*** (attitude, démarche, savoirs faire).

L'étude de toutes ces qualités essentielles est faite en deux temps : une partie théorique ci-après (justifiant le contenu de l'enseignement), une partie pratique plus dense (soulignant la place essentielle à accorder «au terrain»).

Partie théorique

A. L'enseignant possède une connaissance générale de l'enfance

L'enseignant doit savoir que l'enfant ne fonctionne pas comme lui. Une connaissance générale de l'enfance est donc nécessaire et facilite mieux les premiers contacts de l'enseignant avec ce public.

CONNAISSANCE DE L'ENFANT. [3]

L'enfance : c'est la période qui va de la naissance à l'adolescence.

I. Caractéristiques générales

♦ L'enfant, c'est un être qui croît (squelette, cartilages de croissance...). Il est en constante évolution, avec un développement qui n'est pas linéaire (paliers, poussées). Chaque enfant a son rythme propre de croissance : l'âge «osseux» (estimé à partir de la radiographie du cartilage de conjugaison du poignet) n'est pas forcément identique entre enfants du même âge «civil».

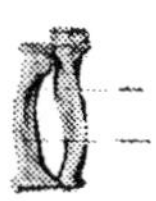

♦ L'enfant a des comportements, des manières, des pensées qui lui sont propres :

- *Longtemps il voit les choses et le monde à partir de lui* en dépassant peu son être propre.
- *Ses connaissances sont non systématisées, en «îlots»* (ce qui fait que l'enfant se contredit aisément).
- *Le jeu est l'acte par excellence de l'enfant* avec beaucoup d'invention, d'imaginaire, d'élan, de spontanéité. L'enfant est, par nature, un «touche à tout», ce qui lui permet de maintenir sa curiosité en éveil et d'enrichir ses sensations par une exploration tous azimuts de son environnement.
- L'enfant est dans une «période critique» où il s'évalue, se connaît à travers ses expériences (*découverte permanente de ses potentialités*).
- C'est *l'âge heureux de l'espoir et des rêves dans un monde protégé par l'adulte.*

♦ Quitter l'enfance, c'est être pris dans un monde réel (travail, contraintes familiales, accident, indignations...). C'est trouver sa place dans le monde, prendre

---

[3] (Pour l'initiateur fédéral, connaissance seulement des chapitres 1) Caractéristiques générales et 3) Motivation et Pratique sportive de l'enfant)

ses responsabilités, connaître la dureté de l'existence, la souffrance, se découvrir avec un corps «sexué».

II. Les étapes de l'enfance

♦ ***La première enfance*** (0 à 12 - 15 mois) : maîtrise progressive de la position assise puis de la marche. Manipulation d'objets avec les mains. A 9 mois, l'enfant comprend des consignes simples de langage oral. Vers 1 an, il prononce ses 1ers mots (acquisition de 5-10 mots).

♦ ***La deuxième enfance*** (15 mois à 3 ans/ 3ans ½) : marche avec exploration du monde environnant élargissant les actions possibles; acquisition du langage: vers 18 mois, il organise ses 1ères combinaisons (bébé - dodo, papa - pati...); vers 2 ans, le vocabulaire peut atteindre 200 mots; vers 3 ans, il utilise les principaux modèles de phrase et les principaux outils grammaticaux (déterminants, prépositions, conjonctions); coordination œil - main.

♦ ***La période pré-scolaire*** (3 à 6 ans) : *grâce à la marche bien acquise, l'activité de l'enfant va beaucoup se diversifier avec des activités physiques essentiellement d'ordre individuel* (glisser, grimper, ramper, s'équilibrer..., s'adapter à de nouveaux milieux (exemple : l'eau).

– à 4 ans, l'enfant court, saute...avec un bon équilibre, s'habille seul...

– à 4-5 ans, il a une grande richesse de vocabulaire (1500 mots).

– à 5 ans, son contrôle moteur arrive à maturité : il économise davantage ses mouvements; sauts à cloche - pied...; exploration plus fine des doigts permettant une meilleure adresse manuelle avec des possibilités de lancer, d'attraper un ballon, une balle; il distingue sa main droite de sa main gauche (début de latéralisation).

– vers 5 ans ½-6 ans, l'enfant maîtrise les différentes composantes de la langue orale pour aborder l'apprentissage de la lecture.

L'aspect ludique est à préserver dans toutes les pratiques : *le jeu est l'occasion de s'essayer d'autant plus que l'enfant est curieux de tout* : importance des jeux symboliques entre 2 ans ½ et 4 ans («faire semblant», «pour de faux», jeux au docteur, à la maman...). Puis, rapidement, l'enfant recherche des règles : vers 5 ans, l'enfant commence à se plier à la règle et la crée au besoin (jeux de règle).

Son attention est fragile : il aime faire les choses à son rythme, à sa façon. *Il est soucieux de plaire à l'adulte. Il imite les autres.*

♦ ***La période dite scolaire*** (de 6 ans à la puberté)

a) 6-8,9 ans

• A 6 ans, le cerveau est à 90 % du poids de l'adulte. Cela donne une indication sur tout ce qui peut s'épanouir dans les 1ères années de la vie : précocité du développement du système nerveux par rapport à la croissance organique et morphologique (mais la matière grise, la matière pensante du cerveau, continue à s'épaissir tout au long de l'enfance par de nouvelles connexions entre les cellules nerveuses; un peu comme un arbre qui développe d'autres branches et ramification; on a cru que l'essentiel de la structure cérébrale était en place au début de l'enfance : tout se joue avant 6 ans, pensait-on. Les neurosciences récentes indiquent au contraire qu'un immense potentiel de changement subsiste tout au long de l'adolescence).

• A 6 ans, l'enfant arrive à un état d'équilibre tant morphologique que moteur : la palette de ses expériences motrices doit déjà être considérable (habiletés motrices variées et larges : courir, sauter, grimper, ramper...; Mini-tennis).

• A 6-7 ans, la motricité de base est achevée (la forme générale des gestes est, grosso modo, présente à cet âge, mais pas la dynamique).

• L'aventure motrice se prolonge, favorisée par le besoin d'activité et de mouvement («bougeotte»). L'enfant veut tout faire, tout essayer (il croit qu'il peut tout faire : «je sais»).

Pratiques multisports parce qu'elles sollicitent toutes les facettes de la motricité (exemple : les jeux sportifs dans le club junior).

Capacités d'imitation supérieure de l'enfant rendant la démonstration globale intéressante.

• A 8 ans, l'enfant prend plus d'initiative, s'extériorise plus. Il améliore progressivement le contrôle de ses mouvements, il se concentre plus. La réalisation des tâches motrices, la technique deviennent plus efficaces avec des coordinations plus élaborées et une maîtrise gestuelle qui s'affirme, si les exercices sont suffisants. Il aime se mesurer aux autres, se comparer; il est désireux d'être mis à l'épreuve. Il aime les louanges, les recherche et il est assez susceptible (il n'aime pas que l'on se moque de ses insuffisances). Il n'aime pas les échecs mais commence à apprendre à perdre.

b) 9-11 ans

Période dite *«âge d'or» d'acquisition des habiletés motrices* (une fois cette période passée, l'enjeu neuro-moteur ne sera plus tout à fait le même : les nouvelles habiletés se feront avec des coefficients d'économie et d'efficacité moindres). La croissance exubérante de la substance grise pendant la période prépubertaire donne au cerveau son énorme potentiel mais cette surproduction de cellules et de connexions est suivie d'une élimination, d'un élagage de celles-ci, selon la règle «on s'en sert ou on le perd» : les cellules ou connexions qui sont utilisées vont survivre et prospérer, les autres vont disparaître. Si un enfant de 10 ans fait de la musique, du sport ou des études, il a des connexions plus rapides pour les activités qu'il a développées à cette période – là : il s'installe sur une autoroute où il pourra circuler vite.

•L'adhésion et l'optimisme caractérisent l'enfant qui apprend avec efficacité s'il est motivé (*la motivation personnelle devient une caractéristique primordiale*).

•*Le raisonnement, la coordination, l'équilibre se renforcent.*

Le sens de la solidarité, du groupe s'affirme; les amitiés deviennent profondes et durables (d'où des préférences et des antipathies marquées).

•*L'attention est plus soutenue*; la ténacité plus importante (il est prêt à s'instruire, à répéter les mêmes tâches). Des gestes de plus en plus fins, des actions de plus en plus complexes peuvent être appris, stabilisés et automatisés pour façonner la future haute technicité.

•*Le désir de compétition se manifeste.*

<u>A 10 ans, c'est le plein épanouissement du grand enfant</u> (équilibre, assurance). On a une impression assez juste de ce que l'enfant est appelé à devenir comme homme ou femme.

•*Les différences entre les deux sexes s'accentuent et la ségrégation est nette.*

<u>Même si c'est l'«âge d'or», l'enfant reste déficitaire assez longtemps dans le domaine du traitement de l'information</u> :

•La durée de sa *concentration* est *limitée* (même si, avançant en âge, il peut mieux focaliser, orienter son attention).

•Il a des *difficultés à détecter, identifier, sélectionner* car il fait attention à trop d'aspects, et cela jusque vers 11 ans. Après 12 ans, les stimuli pertinents sont mieux sélectionnés (attention «sélective»).

• *Son analyse des trajectoires, sa prédiction des rebonds reste lente voire erronée* (d'où de grosses erreurs de déplacement par rapport au point d'impact de la balle).

• *Ses décisions sont lentes* (sauf si les réponses sont préalablement connues dans des situations bloquées).

L'enfant est particulièrement démuni dans les sports où, comme au Tennis, les signaux sont très peu prédictibles, où il existe des contraintes de temps pour répondre, où il faut faire des choix tactiques. C'est totalement valable pour l'enfant de l'école de tennis qui pratique peu dans la semaine : tout est plus difficile car il ne sélectionne pas bien les informations et ne les traite pas efficacement. C'est différent pour l'enfant entraîné qui a beaucoup répété, travaillé, été familiarisé à des situations, des rôles tactiques...Sa performance dans ce domaine de l'information devient aussi performante que celle de l'adulte avec, en plus, une meilleure réussite liée à d'autres facteurs : prise de risque, motivation, qualités naturelles, caractéristiques morphologiques, talent...

c) L'entrée dans l'adolescence **(11-14 ans)**

(Les premiers signes pubertaires apparaissent entre 9 et 11ans chez la fille et entre 11 et 13 ans chez le garçon)

• Changements physiques : développement des organes sexuels, pilosité consécutifs à une forte imprégnation hormonale (testostérone : garçons; œstrogène et progestérone : filles). Ils entraînent soit un sentiment de fierté (sensation de devenir adulte, mise en valeur de son corps), soit un sentiment négatif (peur d'être différent des autres, honte de son corps) et même le regret de quitter l'enfance !

• Changements psychologiques et sociaux : en dehors des réactions suscitées par ces aspects physiques, il y a une véritable recherche identitaire (qui suis-je ?):
1. *d'abord une période de repliement sur soi* (l'adolescent est secret, renfermé, pudique tant avec son corps qu'avec ses sensations, ses sentiments nouveaux).
2. *puis ouverture aux autres* : création de liens sentimentaux forts avec certains camarades. Prise de conscience de sa singularité sexuelle et de sa capacité de séduction et d'amour.
3. *enfin affirmation de son identité* : désir de partage de ses sentiments; attirance vers l'autre sexe; amitiés souvent fortes entre jeunes du même sexe.

L'après 11 ans est plus une phase de choix d'une discipline sportive particulière que le temps des explorations motrices.

Grands écarts entre les jeunes qui entrent ou non dans les turbulences pubertaires (s'ils n'y entrent pas, peu de différences avec la période précédente).

Il est peu recommandé d'envisager une activité de forte intensité dans cette période de turbulence. Les nouvelles et fragiles dimensions morphologiques vont quelque peu désorganiser les coordinations acquises antérieurement : celles-ci doivent être réactualisées en poursuivant l'entraînement des habiletés antérieures.

d) L'adolescence proprement dite **(13,14-18 ans)**

• **13-15 ans**

Stabilisation des coordinations (les garçons gardent plus longtemps que les filles, à cet âge là, de bonnes capacités d'apprentissage moteur. Le travail pour accroître le degré de technicité doit rester permanent.

Affirmation de la personnalité, des choix: début d'une spécialisation librement choisie.

L'organisme n'arrive à maturité au plan osseux, articulaire et musculaire qu'une fois passée cette période. Au plan neurologique, on pensait que la maturation du cerveau était achevée à 12 ans au moment de la puberté. On sait maintenant que le développement cérébral se poursuit jusque vers 25 ans. C'est particulièrement le cas du lobe frontal (la partie du cerveau qui nous distingue le plus de la bête) impliqué dans le contrôle des pulsions, la prise de décision, la stratégie, l'organisation, la mobilisation de l'attention, la concentration. On ne peut attendre de ces adolescents des niveaux adultes d'organisation, de prise de décision...avant que leur cerveau soit achevé. De même le cervelet se transforme beaucoup pendant l'adolescence. Or le cervelet joue un rôle dans la coordination musculaire : le sportif possède un bon cervelet.

• **15-18 ans**

Générosité, appétit de vivre, désir d'un monde meilleur, philosophie de l'existence, remises en cause du monde adulte...

Transformation prolongée, jusqu'à la fin de l'adolescence, de la dynamique gestuelle. L'efficacité des apprentissages moteurs devient optimale à nouveau, permettant la pleine expression personnelle dans le sport : période de l'affirmation d'un corps aux possibilités nouvelles (surpassement, goût pour les records); *affirmation de soi. Age d'or de la spécialisation sportive.*

III. Motivation et Pratique sportive de l'enfant

♦ **Avant 10 ans** (et jusqu'à 11-12ans) l'enfant a des motivations particulières :

• *Besoin d'être aimé* : il réclame l'aide, l'approbation, l'affection des adultes; il aime être avec d'autres enfants (même si, vers 5-6 ans, il joue pour son propre bénéfice). La motivation sociale a plus d'importance que la recherche de l'efficacité.

• *Besoin d'amusement, plaisir du jeu* qui est facilité par des situations nouvelles, surprenantes, incertaines voire complexes (cependant il y a des zones optimales en deçà et au-delà desquelles le plaisir n'est pas très intense : des tâches trop difficiles ou trop nouvelles ne sont guère motivantes : intérêt pour ce à quoi nous sommes «bons»); il est difficile aussi de maintenir un intérêt pour une activité si on n'y développe pas un minimum de compétence.

• *Besoin de mouvement* : besoin irrépressible de bouger, courir, sauter lui permettant de développer sa motricité naturellement.

• *Besoin d'accomplissement* : envie de bien faire, désir d'apprendre, plaisir de réussir.

• *Besoin d'entendre et de réaliser des choses concrètes, simples* : ce qu'on lui dit, ce qu'on lui demande doit être précis, simple (d'autant plus pour un enfant de 6 ans qui ne parle pas comme l'adulte !) en donnant un support concret aux résultats de son action (cibles…).

♦ **<u>11-14 ans</u>**

Pendant cette période instable, *donner le temps à l'enfant de* :

•*Prendre conscience de «ce qu'il est, ce qu'il veut, ce qu'il vaut»* (Cyrulnik) (exemple : lui laisser un espace de liberté dans son programme d'entraînement hebdomadaire).

• *Favoriser sa confiance en lui* (exemple : plutôt renforcer ses points forts que s'attacher aux points faibles).

• *Développer les valeurs de camaraderie* (exemple : esprit d'équipe, esprit club, intégration et identification au milieu tennistique).

• *Valoriser le comportement plutôt que le résultat de la compétition* (plus l'enfant a du plaisir à jouer, plus il a confiance en lui, moins il est affecté par la compétition). C'est souvent dans cette période que de jeunes tennismen (et surtout tenniswomen) quittent la compétition, le haut niveau : ils réalisent à ce moment que leur désir n'est pas là, ils ne veulent plus s'investir au nom du désir d'un autre (parent, entraîneur…). A partir de 11-12 ans, l'échec peut être perçu comme une sévère remise en cause de leur compétence (avant, il est facilement attribué à un manque d'effort). A cet âge, le sport devient stressant, d'autant plus s'il est individuel.

♦ **<u>13 - 14 – 18 ans</u>**

• *L'envie, le plaisir de faire du sport se transforme en un véritable engagement personnel* facilitant la définition d'objectifs ambitieux.

• *L'autonomie s'affirme :* participation à la définition de ses objectifs, de son programme d'entraînement et de compétition, de ses bilans; préparation à la gestion de ses émotions lors des situations de stress (exemple : rituels lors des temps morts). La fréquence élevée des compétitions dans un programme cohérent (attention à trouver un équilibre victoire _ défaite avec un ratio d'≈ 2/1) permet aux joueurs de construire des stratégies de gestion de leurs réactions affectives. Celles-ci deviennent alors constitutives de l'habileté tennistique.

• *L'esprit de compétition se développe* : idée que tout est possible si l'on aime le challenge, si l'on a la volonté de gagner, de se perfectionner; inscription de la défaite et de la victoire dans un processus positif de formation («la victoire, une chance pour la confiance; la défaite une chance pour la croissance»).

• Même s'ils ont des *difficultés de communication ils ont, pourtant, besoin de communication.*

IV .Connaissances de l'adulte

L'adulte est conscient de son insertion sociale, de sa situation, de ses potentialités et de ses aspirations. Il n'est plus protégé comme l'enfant et n'est plus dans une confortable marginalité comme l'étudiant.

Il est réaliste, sachant qu'il ne peut faire n'importe quoi, n'importe comment ni à n'importe quel moment.

A ce réalisme s'associent des handicaps de plus en plus sévères avec l'âge : la curiosité universelle de l'enfance s'estompe; l'impression de possibilités infinies de l'adolescence s'effrite; les rôles sociaux marquent la personnalité et, sous certains aspects, la déforment, risquent même de l'étouffer; les motivations (les besoins, les sentiments, les aspirations, les attentes) changent; la plasticité du moi, les pouvoirs d'adaptation se rétrécissent et, à la place, s'installe un certain équilibre défensif; les résistances au changement se font de plus en plus fortes.

B. L'enseignant connaît le tennis

I. Connaissance générale [4]

1) Le tennis a sa logique interne : il est conditionné par des **règles** (espace de jeu rectangulaire limité en simple, en double; hauteur du filet à 0,915m; balles officielles; raquettes dimensionnées dans certaines limites; décompte de points spécifique…) entraînant des contraintes et organisant fondamentalement l'activité de tout joueur de tennis. «**Le jeu, par ses contraintes, fait le joueur**.». C'est un sport codifié, réglementé, institutionnalisé.

2) Le tennis est un sport de déviation et d'opposition, à distance entre 2 ou 4 joueurs (absence de contact entre les adversaires) où **l'incertitude** est permanente tant dans **l'espace** que dans **le temps**.

- ***SPORT DE DEVIATION*** d'une balle au moyen d'une raquette (contrairement à d'autres sports où l'on peut contrôler le ballon avant de le renvoyer).
- ***SPORT D'OPPOSITION*** où chaque joueur tente de s'imposer à l'autre (combat) avec différentes stratégies.
- ***à DISTANCE*** avec la séparation du court en deux parties par le filet.
- ***INCERTITUDE*** : variabilité du comportement du joueur et des actions de l'adversaire (doute du joueur quant à sa propre réussite qui demande une grande précision; pouvoir de l'adversaire qui peut dissimuler ses intentions…) / Caractéristiques changeantes de l'environnement : surfaces, vent… / Urgence de réponse aux situations (temps disponible pour agir souvent limité) / Résultat aléatoire du match, durée indéterminée du match.
- ***TEMPS*** : chaque joueur s'efforce de raccourcir le temps dont l'adversaire dispose pour s'organiser, par différents moyens :

---

[4] Pour un initiateur fédéral cette connaissance sera suffisante; y ajouter seulement les § 1 et 2 de la connaissance spécifique ci-après.

♦ **Par sa qualité de frappe** :

▪ *Vitesse de balle.* Exemples : Coups de fond de court à 80kms / h = 1sec.30 laissée à l'adversaire pour réagir et renvoyer; à 110kms/h= 1sec. Lob lifté = plus de vitesse (par l'agressivité du coup et par la vitesse de rotation de la balle) qu'un lob plat ou coupé = moins de temps à l'adversaire pour reculer, réagir. De plus, après le rebond, le lob lifté ne perd pas beaucoup de vitesse (40% pour un lob plat) = réduction du temps d'intervention pour l'adversaire.

▪ *Longueur de balle.* Exemple : si la trajectoire envoyée par l'adversaire est longue (balle retombant vers la ligne de fond), et si le joueur attend le rebond avant de s'organiser par rapport à cette trajectoire, il a peu de temps pour exécuter un coup (½ volée). *Jouer long avec des coups de fond de court = plus de risque par rapport au contrôle du terrain adverse mais réduction du temps d'intervention motrice pour l'adversaire.* Grande importance de la longueur pour les coups d'approche (y compris les volées d'approche et les montées à contretemps) donnant aussi plus de temps au joueur qui joue long pour couvrir l'espace en direction du filet : maîtrise plus grande du filet pour réagir aux passings et lobs.

▪ *Distance à parcourir* : si le joueur déborde l'adversaire par un coup très éloigné, il gagne (il a les plus grandes chances de gagner) le point, l'adversaire n'étant pas à temps sur la balle.

♦ **Par la précocité de son action.**

▪ *Anticipation de l'action adverse* = pré - action, prévision = réaction tôt et juste (prise d'information plus rapide des actions de l'autre réduisant l'incertitude).

▪ *Positionnement*, plus ou moins *avancé* dans le court : Exemples : Frappe en étant à 1,50m à l'intérieur du court par rapport à une frappe à 1,50m derrière la ligne de fond = réduction du temps de l'adversaire d'1/4sec. Jeu au filet par rapport au jeu de fond du court = réduction du temps de ½ pour l'adversaire. *Importance des montées au filet et des volées qui réduisent considérablement le temps de l'adversaire (en plus de l'ouverture supérieure d'angle).*

▪ *Moment de prise de balle* : au sommet du rebond / avant le sommet du rebond / avant le rebond.

Si le joueur réduit la durée du vol de la trajectoire de balle adverse en frappant la balle tôt, l'adversaire a moins de temps pour se replacer.

Si l'adversaire recule loin derrière la ligne de fond pour frapper ses coups, le joueur dispose de beaucoup plus de temps pour réagir à la frappe adverse (il est très difficile pour l'adversaire de frapper des coups gagnants d'une position très reculée, la balle prenant trop de temps pour aller d'un côté à l'autre du court). *Importance du moment et du lieu des amorties* : pas très efficaces lorsque le joueur les exécute trop loin du filet : il lui est très difficile de raccourcir la trajectoire car il doit donner plus de vitesse à la balle pour qu'elle franchisse le filet; de plus l'adversaire dispose de plus de temps pour les atteindre du fait de la longueur du trajet de la balle.

Souvent quand le joueur n'a pas assez de temps pour réagir à la frappe adverse, il perd (il est en passe de perdre) le point. En revanche, quand il en a la possibilité, le joueur prend le temps dont il a besoin pour exécuter sa frappe avec la plus grande qualité.

• ***ESPACE*** : il s'agit de conquérir l'espace adverse et de protéger le sien. Le joueur doit réduire l'incertitude venant de l'adversaire, le plus tôt possible, et placer celui-ci dans l'incertitude de ses propres actions.

3) Caractéristiques du match

♦ C'est une suite de points joués pour gagner un jeu, un match, le perdant pouvant avoir gagné plus de points, de jeux que le gagnant.

♦ Le temps du match est partagé **en temps d'efforts** souvent brefs (quelques secondes) **et temps de repos** plus longs (de 20sec. entre 2 points à 1, 30 sec. à chaque total de jeux impairs, voire 2' à la fin de chaque set).

♦ Constantes : les règles du jeu qu'il faut appliquer sous peine de commettre la faute (exemple : frappe après 1 rebond au maximum).

♦ Variables : Le score (avantage ou non, tie-break ou non, 2 ou 3 sets gagnants...) / Les conditions de jeu : surfaces, balles, conditions atmosphériques... / L'environnement humain : arbitre ou non, public, capitaine ou non... / La durée de chaque échange, du match (d'autant plus long s'il n'y a pas de no-ad et de tie-break) / L'intensité de l'effort / Les coups différents, les styles de jeux différents, les stratégies différentes.

4) Caractéristiques de la compétition : *Formes de compétition* différentes (épreuves par équipe (simple et double); tournois de simple, de double (dont le double mixte)) / *Variabilité* du nombre de *matches joués* au cours d'un même tournoi (au contraire d'une rencontre par équipes) / *Variabilité du temps de récupération* entre les matches (mais pas inférieur à 1h. 30m.). Difficulté de programmer le repos, l'alimentation, la préparation des matches... / *Matches sans conseils extérieurs* (excepté par le capitaine lors des rencontres par équipes).

5) Ressources du joueur pour surmonter l'exigence du jeu, l'urgence du jeu : *Ressources bio - mécaniques et bio – énergétiques* : mises en jeu musculaires, corporelles pour atteindre avec efficacité et rendement une qualité d'appuis, d'accélération gestuelle, d'énergie... nécessaires à l'action; processus énergétiques différents selon les types d'efforts / *Ressources bio – informationnelles* : activité organisée essentiellement à partir des informations tirées de l'environnement et de l'adversaire; importance de la discrimination des signaux, sur le plan perceptif, permettant de relever des indices de plus en plus différenciés / *Ressources psycho-socio- affectives* : émotions, motivation...

a) Capacités de base requises

• Capacité à analyser la situation de jeu, à apprécier les trajectoires :

– En fonction de la position et des caractéristiques de l'adversaire, de la qualité de balle qui parvient à celui-ci, le joueur doit tenter d'anticiper le type de coup de l'adversaire (possibilités et choix de celui-ci).

– Lors de la frappe adverse, le joueur détermine au plus tôt les caractéristiques du coup effectué (direction, longueur, hauteur, vitesse, effets). Pour le débutant, la balle n'«existe» qu'au moment du rebond. Progressivement la balle «existe»pour le joueur de plus en plus tôt jusque dans le corps de l'adversaire (la logique est d'être de plus en plus lié à l'autre pour mieux anticiper, prévoir).

– Avec un temps de réaction aussi court que possible, il commence à agir (reprise d'appuis, début du déplacement et de préparation du coup).

– Durant le vol de la balle, il lit, apprécie mieux la trajectoire de la balle, prévoit le rebond de la balle, adapte, affine son déplacement et sa préparation, tout en décidant du coup à effectuer.

– Lorsque la balle lui parvient, il se place par rapport à elle et exécute son coup selon ses possibilités techniques, son choix tactique.

- Lorsque la balle quitte sa raquette, il se replace en fonction de sa propre frappe et de la prévision du coup suivant de l'adversaire.

• Capacité à réagir le plus vite possible à la frappe adverse *(vitesse de réaction)*.

• Capacité à se déplacer vite pour parvenir à la balle et se placer, si possible, avec une grande précision pour frapper, capacité à accélérer le mouvement du bras à la frappe *(vitesse gestuelle)*.

• Capacité à effectuer un effort violent dans un temps très court (démarrage sur une amortie, saut pour un smash, détente pour une volée extrême, coups puissants...) = force explosive *(vitesse + force)*.

• Capacité à faire durer des efforts intenses (80 à 100% de la Vitesse maximale aérobie (VMA) de 20'' à 2-3': résistance), à répéter longtemps des efforts (60 à 85% VMA: *endurance*).

• Capacité à organiser et synchroniser ses mouvements pour un bon timing à la frappe *(coordination)*.

• Capacité à effectuer des adaptations fines pour contrôler la balle *(adresse)*.

• Capacité à mobiliser ses articulations avec une grande amplitude *(souplesse)*.

b) Qualités mentales requises

•Etre *motivé*, avoir de l'*ambition* pour atteindre les objectifs de compétition.

•Etre *concentré* pour se focaliser sur l'action à accomplir.

•Etre *calme* y compris dans les situations les plus difficiles, les plus stressantes.

•Etre *confiant*, être positif.

•Etre *déterminé*.

•Etre *persévérant* par des efforts sur une longue durée malgré les obstacles, la souffrance, l'échec.

6) Maîtrises essentielles

Maîtrise de son terrain (à partir d'un placement plus ou moins avancé dans son terrain ; à partir de déplacements plus ou moins importants dans son terrain) / Maîtrise du terrain adverse (qualité des frappes pour attaquer, neutraliser l'adversaire) / Maîtrise de la raquette (importance des prises, du retard de la tête de raquette avant la frappe, de l'action du poignet...) / Maîtrise des trajectoires (*reçues* pour une bonne analyse et compréhension de la situation (qualités informationnelles); *produites* pour une réalisation précise de l'action avec des savoir-faire efficaces (technique des coups), pour des intentions de jeu déterminées (tactique).

II. Connaissance spécifique

Est fondamental ce qui est essentiel, ce qui est permanent tant chez le jeune joueur que chez le champion.

Traiter fondamentalement l'activité, c'est cerner des priorités dans un ensemble complexe de facteurs qui touchent aussi bien les aspects tactiques, techniques, physiques, mentaux de l'activité.

a) Les fondamentaux tactiques

Il y a tactique dès qu'un coup est joué avec une intention adaptée à la situation de jeu : jouer le bon coup au bon moment.

Jouer au tennis, c'est jouer en fonction d'intentions conditionnées autant par la qualité des balles reçues que par les choix propres du joueur. Ces intentions s'expriment de différentes façons selon les capacités physiques, mentales, le bagage technique du joueur (exemple : je lifte pour sécuriser mon jeu, pour repousser mon adversaire…)

Rôles tactiques du joueur diversifiés ou combinés autour des caractéristiques d'un tennis de précision, de puissance, de régularité…, le tennis étant toujours un compromis entre la puissance et la précision car dans le contrôle de ce jeu, il est presque toujours impossible de libérer une puissance totale.

Ces rôles tactiques se retrouvent dans toutes les situations du tennis (pour le serveur, le relanceur, le joueur dans l'échange, en attaque, en défense).

Déterminer des intentions fondamentales dans le jeu, c'est considérer que, dès l'Initiation, l'enfant peut développer une stratégie simple (un plan de jeu), une tactique de base qui se développera, se renforcera au cours de sa formation.

Les intentions de base lors de l'apprentissage

Que ce soit au Mini-tennis ou lors des phases d'Initiation et de Perfectionnement, on retrouve les mêmes intentions fondamentales même si, au fur et à mesure de l'apprentissage, ces intentions s'expriment par des réalisations tennistiques plus spectaculaires, mieux maîtrisées.

Nb : vu qu'on peut douter, au niveau du Mini-tennis, de l'intérêt de ces intentions de base, j'en apporterai un exemple dans chaque domaine lors de cette «pré-Initiation» :

a) Gagner les points : s'efforcer de gagner des points, beaucoup plus de points qu'on en perd, est un moteur puissant, essentiel pour le jeune joueur dès la mise en jeu (envois - renvois), dans l'échange en coopération, avec un partenaire ou en opposition, face à un adversaire. Dès le Mini-tennis, l'enfant gagne des points pour lui-même en envoyant, en s'envoyant des balles dans des zones (larges) avec sa raquette. Il peut comparer sa réussite avec d'autres enfants confrontés à la même situation d'envoi.

♦ *En évitant de les perdre avant l'autre* : garder la balle en jeu par la régularité, la sécurité avec les coups les moins susceptibles de provoquer des fautes.

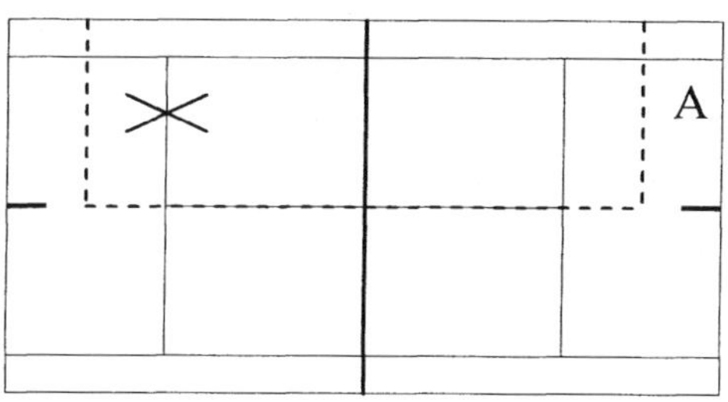

A est régulier, patient, en frappant la balle dans la zone centrale avec une trajectoire courbe = sécurité par rapport au filet et aux limites du court.

En mini-tennis, par exemple en situation d'envoi, donner la balle au camarade (dans ses mains, dans un cône, au sol…) pour que celui-ci puisse l'arrêter et non la perdre en courant la chercher ailleurs qu'à l'endroit où il est.

♦ *En prenant des risques pour gagner les points* par l'acquisition d'un répertoire d'actions de plus en plus riche : attaquer par des coups précis, placés qui peuvent être directement gagnants ou qui obligent l'adversaire à commettre des erreurs (dans l'exemple ci-dessus, engager et jouer là où l'autre n'est pas en dehors de la zone X). La régularité et la précision des coups sont les premières influences tactiques à donner aux jeunes joueurs.

En Mini-tennis, l'enfant essaie, dans une situation de jeu de frappes au sol sans obstacle entre les enfants, de franchir la ligne du terrain adverse du camarade (et cela dès l'engagement).

b) Exploiter au mieux ce que l'on sait faire : rester dans les limites de ce que l'on fait le mieux; tirer le meilleur parti possible de ses capacités du moment (exemple ci-dessus : l'enfant n'utilise que son coup droit, son coup le plus performant, pour échanger avec son camarade = décalage pour éviter de jouer en revers, coup pour le moment moins maîtrisé.).

En Mini-tennis, si l'enfant est, au départ, souvent en situation d'envoi pour s'activer au maximum, pour réussir le mieux ses envois, il peut choisir ce qu'il ressent le mieux comme technique de coup (coup droit, volée de coup droit ?..., coup à une main, coup à deux mains ?...).

c) Exploiter au mieux les séquences par lesquelles le jeu commence : importance de l'engagement (envoi avec un coup droit, un service), du retour (renvoi).

La qualité et la variété des envois, la qualité des attitudes en renvoi sont les prémices du bon jeu et préfigurent l'importance de la séquence service - retour des joueurs les meilleurs.

En Mini-tennis puis en Initiation, une des situations les plus favorables en renvoi est bien celle où l'enseignant distribue lui- même les trajectoires de balle, en créant ainsi de multiples jeux grâce à sa maîtrise.

d) Utiliser au mieux l'espace et le temps :

♦ L'espace :

● *Contrôler son propre terrain* :

Défendre son court dans la largeur

En se replaçant vers le milieu du court après avoir été déplacé sur le côté (plus tard, à un niveau de jeu plus avancé, sur la bissectrice de l'angle des retours de l'adversaire), autant au filet qu'en fond de court.

Dès le début du Mini-tennis, l'enfant est amené à courir plus ou moins largement sur les côtés de son terrain (réduit en longueur : placement à la ligne de service en réception de balles en mousse *roulant au sol* / très près du filet pour atteindre les balles en mousse de volée.

Défendre son court dans la longueur

En se replaçant plus ou moins près de la ligne de fond ou du filet selon le rapport de forces établi avec l'adversaire.

En Mini-tennis, faire partir, aussi, l'enfant de loin par rapport au filet pour l'amener à discerner au plus vite les balles courtes ou longues quitte à ce que, au début, les frappes soient effectuées après plus d'un rebond.

• *Contrôler le terrain adverse par la qualité des frappes* :

▪ *En hauteur* : franchir le filet, obstacle en hauteur par-dessus lequel l'espace est illimité. Les actions d'apprentissage doivent concourir à effectuer des frappes par-dessus le filet; les bons joueurs évitent aussi le filet en particulier par des coups à effet liftés.

En Mini-tennis, pas de filet dans la plupart des actions de l'enfant (surtout quand il s'agit de communiquer avec un autre enfant) puis, progressivement, un filet très bas puis plus haut sera placé entre les enfants.

▪ *En précision* (à droite, à gauche, long, court…) : dès le Mini-tennis, viser des zones précises, même si elles sont larges, particulièrement dans des conditions d'envoi (à la main ou avec raquette), pour donner la balle au camarade ou, au contraire, déplacer celui-ci.

Nb : les effets auront leur importance pour le contrôle de balle

▪ *A un point d'impact élevé* : le joueur «domine» d'autant plus la surface adverse que ses volées, ses smashes sont effectués près du filet, que ses coups de fond de court sont effectués au sommet du rebond, en avant de la ligne de fond (voire à mi-court).

Même les enfants démarrant par le Mini-tennis ont tendance à se précipiter vers le rebond de balle ! (Quand la trajectoire de balle a été perçue comme déclencheur de mouvement vers elle). Cette précipitation (conséquence au départ d'un retard dans le traitement de l'information par rapport aux trajectoires de balle et à la mauvaise prédiction des rebonds) sera à tempérer pour en assurer la maîtrise future plutôt que de freiner complètement cette disposition naturelle.

▪ *En jouant hors de la «maison» (Hopman)* pour obliger l'adversaire à se déplacer, à intervenir tardivement sur la balle.

Au Mini – tennis, avec les jeux de balle roulant au sol, les enfants se «donnent» la balle mais cherchent aussi un autre rôle : déstabiliser l'adversaire en le déplaçant. A travers l'Initiation et encore plus au Perfectionnement, l'enfant joue dans ou hors d'une maison (petite au début puis de plus en plus grande, selon son évolution tennistique).

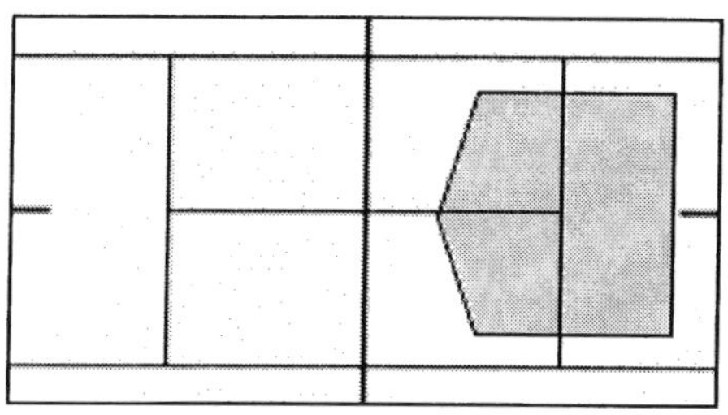

♦ **Le temps**

• Prendre du temps sur l'autre : attendre en fond de court en position avancée; monter à la volée dès l'engagement (par un coup droit ou un service) et dans l'échange; prendre la balle tôt après le rebond ou de volée.

En Mini-tennis, cette intention est plus difficile à envisager mais sa découverte peut se faire avec un positionnement avancé de l'un par rapport à l'autre, dès le début de l'échange (par exemple, l'un près du filet, l'autre à la ligne de service (filet bas). Mais aussi avec l'implication de l'enseignant comme distributeur de balles, laissant moins de temps que d'habitude à l'enfant.

• Se donner du temps : ralentir le jeu par des trajectoires hautes; se replacer nettement derrière la ligne de fond; prendre la balle plus tardivement dans la trajectoire...

Au Mini-tennis, place à accorder aux frappes faites après 2 rebonds (ou plus) pour apprendre à mieux se séparer des trajectoires longues, pour prendre plus du temps pour se placer, s'équilibrer avant de frapper la balle...

e) Savoir reconnaître les différentes situations de jeu au tennis : en jouant dans tous les rôles (serveur, relanceur, échangeur, attaquant, défenseur = variété des situations, variété des comportements à privilégier dès l'Initiation).

Dès le Mini-tennis, l'engagement, est particulièrement privilégié, l'attente pour le renvoi est, elle aussi, mise en valeur, d'abord grâce à la distribution des balles par l'enseignant; puis grâce à la moindre incertitude de l'envoi du camarade qui sait, de plus en plus, donner la balle ou déplacer l'autre. Pour l'échange en coopération ou pour l'attaque - défense en opposition, les situations se créent à partir de jeu au sol, avec des grosses balles en mousse (par exemple avec 2 enfants face à face, sans obstacle entre eux, ou avec l'apport de l'enseignant confronté à un enfant).

f) Savoir reconnaître les rapports de force avec l'adversaire

• Discerner les balles *faciles**, favorables, *difficiles*, défavorables pour se reconnaître en défense, en échange, en attaque : balle facile = attaque; balle difficile = prudence, échange; balle très difficile = alerte, défense.

*une balle est considérée comme facile par l'enfant quand il aime la jouer et qu'il la joue bien habituellement.

• Reconnaître les points faibles de l'adversaire : coup plus faible; types de balle qui gênent l'adversaire (hautes, longues, loin...).

• Reconnaître ses points forts et ses faiblesses : exploiter ses points forts (coup droit ...), équilibrer son jeu (service longtemps faible par rapport aux autres coups).

• Tenir compte du score : importance des premiers points, premiers jeux, car le débutant lâche vite la partie quand celle-ci ne s'annonce pas favorable.

Au Mini –tennis, l'enfant est confronté à des balles difficiles (réception de balles éloignées de son espace de jeu ou de balles plus rapides, d'abord avec des jeux de balle au sol, sans obstacle de filet, entre enfants); à des balles faciles (données dans son espace proche par le camarade, mais aussi par une distribution de balles proches de l'enfant par l'enseignant). L'enfant est de plus en plus à même d'envoyer des balles faciles ou difficiles pour le camarade (à la main ou par une frappe avec la raquette).

Les intentions de jeu en Perfectionnement ne sont pas fondamentalement différentes de l'Initiation : *elles continuent à être essentielles, suffisantes mais elles sont mieux exploitées. Elles produisent un meilleur tennis* vu la meilleure reconnaissance des situations, la meilleure évaluation du rapport de forces avec l'adversaire, l'exploitation supérieure de ces situations grâce à la qualité et la variété des coups (avec l'utilisation supplémentaire des coups à effet).

Pour plus d'informations sur ce point, se reporter à la partie pratique de ce livre (pages 332 à 339) : traitement de l'information (pour une meilleure anticipation des actions); variation des trajectoires; construction du point; rapport continuité - rupture; attaque - défense; niveaux de jeu.

b) Les fondamentaux techniques*

Les techniques sont des manières de faire une activité en visant l'efficacité (dans les activités sportives, « l'enchaînement des mouvements corporels tendant au meilleur résultat dans une situation donnée » (Vigarello)).

** Pour illustrer ce livre sur l'apprentissage, j'ai pensé qu'il était judicieux de présenter des photos de jeunes joueurs (7 à 12 ans) sur lesquels j'ai eu une influence quant à leur apprentissage du tennis. Ces photos agrémenteront autant la partie technique que les exercices d'apprentissage. Mes remerciements à ces jeunes qui ont des niveaux de jeu très différents (d'un niveau de club jusqu'à une valeur mondiale pour le meilleur d'entre eux : Constantin Belot, champion de France minimes et champion du monde par équipes avec la France en 2005 (photos prises quand il était benjamin)).*

Pour atteindre les maîtrises essentielles du tennis, les intentions de jeu ne suffisent pas : le joueur doit régler de mieux en mieux ses techniques pour répondre à ses objectifs. Ses savoir - faire doivent devenir les plus efficaces (réussite la plus grande possible) en utilisant l'énergie juste nécessaire (rentabilité) le plus longtemps possible (permanence de la performance dans le temps). **« Le joueur fait le jeu »** par sa capacité à mobiliser toutes ses ressources, ses maîtrises.

Quels sont les grands facteurs de maîtrise technique, qu'est-ce qui est fondamental à entrevoir dans ces techniques diverses se ressemblant d'abord avant d'être envisagées comme « spécifiques ».

Les 3 grands facteurs de maîtrise technique

1) Attitude – disponibilité

Anthony

Etre prêt (ATTITUDE) pour réagir à tous les événements du jeu avec un corps disponible (DISPONIBILITE) autant en attente de la frappe adverse qu'en déplacement sur la balle de l'adversaire pour assurer son propre coup.

L'attitude est « le substrat physique de l'anticipation » (Wallon). Qualifiée de pré- perceptive ou pré- dynamique, elle favorise le bon déclenchement de l'action.

La disponibilité, c'est pouvoir disposer de son corps au mieux quel que soit l'événement.

2) Mise à distance – équilibre

Adrien

Rachel

Le tennis étant un sport de déviation, le joueur doit s'écarter de la trajectoire quand elle vient sur lui ou garder sa distance à la balle quand il va à la rencontre d'une balle éloignée latéralement (MISE à DISTANCE latérale), y compris quand il se lance la balle vers le haut quand il sert (MISE à DISTANCE axiale). Il doit aussi trouver avec ses appuis des conditions de stabilité au sol avant de frapper (EQUILIBRE) pour conjuguer la poussée des jambes et l'action du (des) bras à chaque fois que la situation lui en donne l'occasion.

3) Technique gestuelle

Que le joueur soit préalablement placé (service) ou suite à des ajustements, il cherche à utiliser au maximum le levier bras – raquette pour frapper la balle avec la meilleure technique possible, tant dans la forme que dans le rythme, pour la plus grande puissance et précision.

Anthony

Le tennis est un jeu à base de mouvement

– Une bonne attitude pré - dynamique permet autant de réagir rapidement sur les jambes aux différentes trajectoires de balle que de déclencher les gestes dans de bonnes conditions techniques lors des préparations.

– Des déplacements sont effectués au plus tôt vers les balles adverses à partir d'une reprise d'appuis dynamique au moment de la frappe adverse.

– A la fin du déplacement, des ajustements de pas plus précis à la trajectoire de balle sont, en général, nécessaires pour que le joueur se place correctement à la balle.

– Des replacements sont nécessaires pour que le joueur se situe au mieux dans son terrain en fonction de sa qualité de frappe et de la prévision des actions de l'adversaire.

Seule la séquence service - retour est préétablie à des endroits définis et « positionne » les joueurs au fond du court.

– Des frappes dynamiques (et non « installées ») sont déclenchées dans tous les coups à partir de jambes bien placées, fléchies favorisant la poussée des jambes.

Constantin

La justesse du jeu de jambes avant la frappe (déplacement- placement), à la frappe (dynamisme dans la frappe), après la frappe (enchaînement du replacement avec la frappe) s'associe à la qualité de la technique gestuelle.

Les fondamentaux du jeu en mouvement

Repères essentiels (référence : coup plat, joueur droitier) tant au niveau des jambes que du (des) bras.).[5]

Attitude en fond de court,

Attitude jambes : sursaut - écart (allégement juste avant la frappe adverse) ; reprise d'appuis avec jambes fléchies, poids du corps sur les avant - pieds à la frappe adverse.

Attitude haut du corps : bras souples ; mains au niveau de la taille ; main gauche en soutien de la raquette, plus ou moins proche de la main droite ; tête de raquette plus haute que le manche ; raquette en oblique avant gauche.

Attitude au filet,

Mêmes repères mais vu l'urgence de la situation :

– écartement des appuis, flexion des jambes plus importantes.

– épaules, coudes, tête de raquette plus en avant des appuis.

Déplacements variés pour s'adapter aux trajectoires de balle : en pas courus, pas chassés, pas croisés.

Les pas sont de plus ou moins grande amplitude selon le déplacement à effectuer (grandes foulées sur une grande distance à parcourir, petits pas à l'approche de la balle pour s'ajuster au mieux à la frappe quand on en a le temps, voire pas « tâtonnés » ou chassés lorsque la balle adverse est reçue dans un espace proche latéralement ou en longueur).

---

[5] Quelques conseils pour l'apprentissage technique sont ajoutés parfois (en plus petits caractères, entre des parenthèses).

Placement équilibré à la frappe, conséquence d'une bonne qualité de déplacement. C'est une condition pour ressentir et développer au mieux les coups du tennis avec dynamisme.

♦ Etre placé c'est être plus ou moins *à distance* de la balle

Placement : distance latérale et avant - arrière du joueur par rapport à l'impact de la balle sur la raquette (plan de frappe)

Distance latérale : + en Coup droit, en Revers / - à la Volée (mais plus en avant du corps) / ≈ **0** au Smash, Service.

CD = coup droit / RV = revers / V= volée / S= service / SM= smash

A chaque fois que c'est possible, frapper avec les 2 appuis au sol, la ligne d'appuis allant dans la direction que l'on veut donner à la balle (appuis « en ligne »). Dans ces conditions, *le transfert** du corps dans la frappe est le mieux obtenu à chaque fois que les conditions de jeu le permettent. Il est vrai qu'à haut niveau les coups droits sont effectués souvent avec des appuis « ouverts ». Pourtant ceux - ci ne sont pas loin d'être en ligne lors d'un déplacement très latéral nécessitant (souvent une frappe croisée). Importance d'appuis larges, de jambes fléchies, pour être équilibré et assurer la poussée des jambes dans le coup.

*transfert : passage du poids du corps de l'arrière vers l'avant.

Replacements variés : en pas courus, pas chassés, pas croisés selon l'urgence de la situation, la distance, la direction à parcourir… afin d'être positionné au meilleur endroit pour contrer le coup de l'adversaire.

Replacement en pas chassés

Que le joueur soit placé préalablement (service) ou qu'il se soit déplacé pour s'ajuster à la balle, il exécute des coups avec la meilleure technique gestuelle. Tous ces coups ont des ***caractéristiques gestuelles communes, fondamentales****:*

• Tous les coups s'exécutent à partir d'un ***« vissage »,*** plus ou moins prononcé, du haut du corps se transmettant au bas du corps lors de la préparation, puis par un ***« dévissage »*** partant des jambes pour se transmettre jusqu'au bras, lors de la frappe.

• Tous les coups nécessitent une **PREPARATION** (convexe : la tête de raquette passe au - dessus de la main ; rectiligne : elle circule au niveau de la main dans un trajet horizontal ; concave : elle passe par en bas sous la main (forme de préparation plus rare surtout en CD à haut niveau).

RYTHME : préparation mesurée en fonction de la trajectoire adverse (favoriser la préparation précoce à l'Initiation).

FORME :

en RV, grande amplitude de préparation.

en CD, au S, préparation ample (éviter d'emmener la raquette dans le dos).

au SM, préparation assez ample.

en V, préparation limitée.

• Tous les coups nécessitent un **PLAN DE FRAPPE* avancé (en avant du centre de gravité du joueur)** (sauf si le joueur est contraint à défendre, le plan de frappe pouvant être plus reculé).

*Plan de frappe : plan vertical passant par le point d'impact de la balle et perpendiculaire à la direction du coup joué.

♦ *Si les appuis sont en ligne,* en CD, plus ou moins en avant de l'appui gauche ; en RV, un peu en avant du pied droit ; au S, au SM, légèrement en avant du pied gauche ; à la V, en avant du pied gauche (Vcd), du pied droit (Vrv).

♦ *Si les appuis sont « ouverts »,*en CD, RV et V, en avant de l'appui le plus avancé.

Rythme de la frappe : c'est à l'impact de la balle que la vitesse de la raquette est la plus élevée lors d'un coup accéléré.

• Tous les coups nécessitent un **ACCOMPAGNEMENT vers l'avant :** en CD, RV, S, accompagnement important ; au SM, à la V, accompagnement moins important.

(En CD, RV à deux mains, au S, SM, favoriser d'abord la fin de geste pour découvrir naturellement le geste global avant d'amplifier l'accompagnement. En V, apprendre d'abord à maintenir fermement le poignet avant de « traverser » un peu la balle).

• Tous les coups nécessitent des **PRISES* spécifiques.**

*La prise est la manière de saisir avec la main la raquette autour de son manche. La tenue de raquette est la façon de prendre la raquette plus ou moins haut sur le manche.

• Presque tous les coups nécessitent une **MISE à NIVEAU*** avant la frappe (vers le bas pour CD, RV ; vers le haut (suite à une boucle) pour S, SM) ; seules les V (non liftées) et les coups coupés attaquent la balle directement.

* Mise à niveau : boucle de liaison entre la fin de préparation et la frappe.

• Ce qui caractérise aussi la qualité des coups, c'est le **MOMENT DE PRISE de BALLE** sur la trajectoire de balle (avant, après le rebond ; tôt, tard) **par le joueur.** Ce moment est soit choisi par le joueur, soit imposé par la situation de jeu.

c) Spécificité des coups [6]

A) Le Coup Droit (CD)

Il est ROTATIONNEL, fondamentalement, lors de la frappe. Après la frappe, le corps est face au coup qui vient d'être joué.

(Favoriser cette rotation dès le début de l'apprentissage).

Les forces de translation (frappe vers l'avant) s'associent à cette rotation.

(Favoriser, de plus en plus, en cours d'apprentissage, cette translation tant au niveau de la poussée des jambes vers l'avant que gestuellement lors de l'accompagnement vers l'avant (tout en conservant la rotation du coup)).

Prise : ½ fermée à fermée.

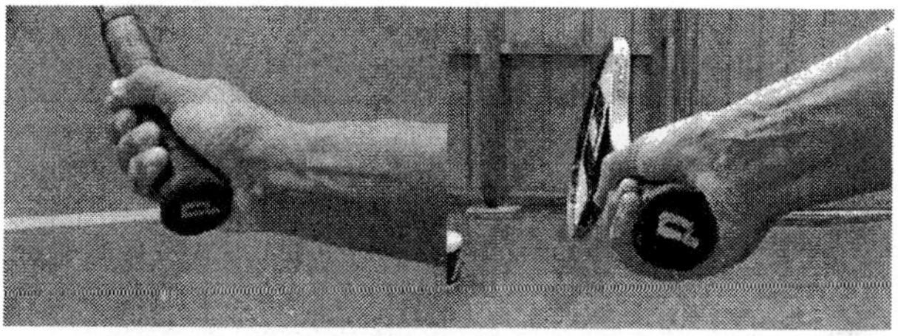

Avec une prise ½ fermée apparaît tout le dessus du manche; avec une prise fermée on voit tout le dessus du manche et tout le chanfrein supérieur droit.

Pour repérer les prises, connaître les différentes parties du manche. Celui - ci est constitué d'un dessus de manche, d'un dessous de manche, de méplats (faces latérales droite et gauche) et de chanfreins (parties biseautées joignant les méplats au dessus et au dessous du manche).

---

[6] Cette connaissance spécifique, principalement à l'intention des enseignants professionnels, se réduit à ce qui est fondamental pour l'*apprentissage* des coups alors que, pour l'entraînement de bons joueurs, une étude plus complète des techniques serait nécessaire à travers la biomécanique.

Préparation :

Rythme : précocité de l'orientation des épaules voire de la préparation du bras lors du déplacement à la balle ou du placement.

(Ressentie le mieux, en début d'apprentissage, par une préparation directe, horizontale (engagement de la tête de raquette tôt vers l'arrière). Puis, en cours d'apprentissage, associer la précocité de l'orientation des épaules à la préparation du bras droit et au placement du bras gauche vers l'avant).

Forme : rotation nette des épaules associée à une préparation du bras légèrement convexe (voire horizontale) avec une tête de raquette se dégageant à côté du corps ; poignet contrôlé pendant la préparation.

En fin de préparation = *bras droit* : coude dégagé du corps, raquette dégagée derrière le corps dans le prolongement du bras, tête de raquette plus haute que la main / *bras gauche* : allongé en oblique avant par rapport au corps, en opposition au bras droit.

Orientation d'épaules

Fin de préparation Paul

Dissociation épaules – jambes en fin de préparation

Placement : le placement s'achève, lors de la mise à niveau, avec des appuis en ligne par rapport à la direction que l'on veut donner à la balle (préférer, au début, ces appuis aux appuis ouverts pour mieux ressentir l'orientation du corps de profil par rapport à la balle).

Appuis ouverts

Appuis en ligne

Frappe : suite à la mise à niveau, le mouvement du bras s'effectue de bas en haut, d'arrière en avant et se finit sur la gauche du corps. La frappe commence par une poussée des jambes (principalement la jambe droite) sur laquelle s'enchaînent la rotation du bassin, du tronc (retour des hanches, des épaules vers l'avant), et l'action du bras.

Plan de frappe : (plus ou moins) en avant du pied gauche, coude plus ou moins fléchi à l'impact.

Poussée des jambes ; plan de frappe avancé ; rotation du coup ; tamis face à la balle à l'impact.

Accompagnement, fin de geste : la frappe se poursuit vers l'avant dans la direction du coup joué et vers le haut ; en fin d'accompagnement les épaules sont face au coup joué, la tête de raquette est plus haute que la main ; le geste se termine vers la gauche par une détente du bras (flexion de l'avant - bras sur le bras) amenant la tête de raquette en arrière et (souvent) au dessus de l'épaule gauche en fin de geste.

Engagement du coude vers l'avant

Poussée de la jambe extérieure pour le replacement

Fin du coup : le corps revient face au coup joué (pied droit au niveau du pied gauche). Enchaînement du coup avec le *replacement*.

B) Le Revers (RV) à une main

Il est TRANSLATIONNEL, fondamentalement, par un mouvement de frappe essentiellement d'arrière en avant.

(En début d'apprentissage, le RV sera mieux exécuté à deux mains. Cependant, faire aussi découvrir aux enfants le RV à une main en laissant, cependant, pivoter naturellement les épaules lors de la frappe).

Prise : de marteau à ½ fermée de RV.

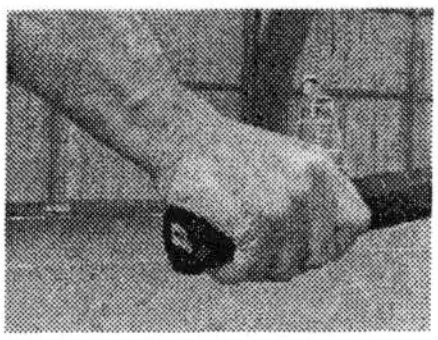

Prise marteau

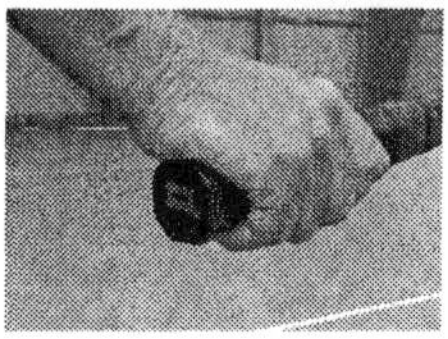

Prise ½ fermée

Avec une prise marteau tout le chanfrein supérieur gauche apparaît; avec une prise ½ fermée de RV, une partie seulement de ce chanfrein est recouverte par la main (avec une prise fermée de RV (utilisée par les meilleurs joueurs) seul le méplat gauche apparaît.

Préparation

Fin de préparation avec des appuis croisés. Orientation importante des épaules

Rythme : précocité de l'orientation des épaules voire de la préparation des bras lors du déplacement à la balle ou du placement.

Forme : orientation des épaules puis des hanches. Pendant cette orientation, préparation horizontale (voire légèrement convexe) avec le bras droit et le soutien de la main gauche.

En fin de préparation, la ligne des épaules peut dépasser la ligne des appuis ; le coude gauche est fléchi, dégagé derrière le corps ; le bras droit emmène la raquette derrière le corps, la raquette restant dans le prolongement du bras droit ; la tête de raquette est plus haute que la main.

Placement : le placement s'achève, lors de la mise à niveau, avec des appuis en ligne (voire croisés).

Mise à niveau (nettement sous le niveau de la balle); prise fermée

Frappe : mouvement de bas en haut et d'arrière en avant commençant par une poussée des jambes sur laquelle s'enchaînent le retour des hanches et des épaules (légèrement en ouverture vers l'avant) et l'action du bras (indépendance du bras par rapport au corps dans le mouvement vers l'avant, coude en extension, poignet ferme).

Frappe avec un poignet ferme ; yeux fixés à l'impact de la balle

Plan de frappe en avant de l'appui droit.

Accompagnement – fin de geste : *ample,* vers l'avant et le haut, tête de raquette plus haute que la main.

Accompagnement important vers l'avant

Détente du bras en fin de coup

(Accepter, en début d'apprentissage, un dévissage naturel des épaules puis fixer plus nettement les épaules pour amplifier l'accompagnement vers l'avant).

Fin du coup : après le transfert du corps vers l'avant dans le coup, pivot sur les jambes (pied gauche revenant au niveau du pied droit) et enchaînement du replacement.

Fin du coup avec un corps face au jeu avant le replacement

C) Le Revers à deux mains

***Prise* :**

Prise *fermée* (main droite en prise ½ fermée de RV et main gauche en prise fermée de CD de gaucher) = le bras droit est dominant.

Prise *ouverte* (main droite en prise ½ fermée de CD et main gauche en prise ½ fermée de CD de gaucher) = le bras gauche est dominant.

Mains côte à côte sur le manche.

***Préparation* :** mêmes caractéristiques générales que pour le RV à une main, surtout si la prise est fermée.

Lorsque la prise est ouverte, la préparation est plus directe et la mise à niveau est, en général, moins importante.

***Placement* :** en ligne.

Mise à niveau lors du placement

Frappe : Beaucoup de similitude avec la frappe en CD si la prise de RV main droite est ouverte ; beaucoup de ressemblance avec la frappe en RV à une main si la prise de RV main droite est fermée.

Prise fermée de RV Tamis face à la balle à l'impact

Accompagnement - fin de geste : mêmes accompagnements qu'en CD ou RV selon les prises ; fins de gestes comparables à celles du CD mais sur le côté droit du corps.

Accompagnement vers l'avant

Fin de geste et fin du coup face au jeu

Fin du coup : pivot sur les jambes (pied gauche revenant au niveau du pied droit), le corps revenant après la frappe face au coup joué. Enchaînement du replacement.

D) Le Service (S)

C'est un coup à dominante d'extension verticale à laquelle s'associent des forces de rotation et de translation.

(En début d'apprentissage, favoriser autant (même plus) la rotation, la translation que l'extension pour assurer une meilleure coordination bras - jambes et un délié du bras au moment de la boucle (bras cassé)).

Prise : continentale.

(En tout début d'apprentissage, accepter une prise ½ fermée de CD)

Avec une prise continentale apparaît seulement un triangle sur le dessus du manche (base du triangle en bas du manche).

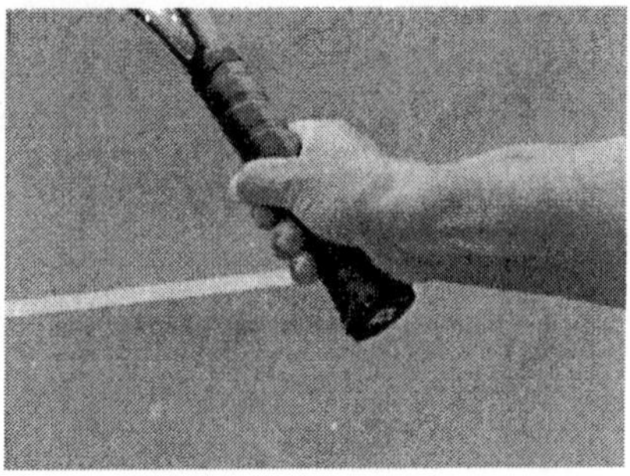

***Position de départ* :**

Mêmes repères sur le haut du corps que pour l'attitude de fond de court mais avec des appuis en ligne.

Placement de la ligne d'appuis dans la direction du carré de service adverse

***Préparation et Lancer de balle* :**

. Descente simultanée des deux bras qui se séparent en fin de descente, puis montée simultanée des deux bras : *bras gauche* dans le plan vertical du pied gauche (à 45 ° par rapport à la ligne de fond) pour lancer la balle à la verticale ; *bras droit* dans le plan de la ligne des épaules pour « armer » le coup en fin de préparation (repères pour l'armé : coude fléchi, dégagé du corps vers l'arrière; tête de raquette au - dessus de la main).

– Flexion des jambes lors du lancer et de l'armé avec bascule des épaules vers l'arrière et le bas.

Préparation descendante associée dans le temps avec le lancer
Allongement du bras gauche vers le haut du début à la fin du lancer ; bascule des épaules

Equilibre et flexion des jambes avant la frappe

Boucle et Frappe :

Mouvement de frappe de bas en haut principalement mais aussi d'arrière en avant.

L'extension des jambes déclenche le mouvement de frappe.

La flexion de l'avant - bras sur le bras lors de l'exécution de la boucle engage la tête de raquette vers le bas du dos.

Projection de l'épaule, du coude, de la raquette vers le haut et l'avant (bascule des épaules vers le haut et l'avant).

L'extension du bras et la pronation de l'avant - bras propulsent le poignet face à la balle avec une accélération maximale de la tête de raquette à l'impact.

Plan de frappe au-dessus et en avant du pied gauche.

A l'impact, le côté gauche du corps est fixé (bras gauche fléchi sur l'abdomen) permettant au côté droit de générer le maximum de force.

Projection de l'épaule, du coude, de la raquette
Amplitude maximale de la boucle à la fin de l'extension

Extension du corps et du bras vers le haut et l'avant

Accompagnement - Fin de geste :

Poursuite de la pronation de l'avant - bras après la frappe et de la projection de l'épaule droite vers l'avant dans la direction du coup.

Fin de geste vers le bas et à gauche du corps avec détente du bras.

Pronation de l'avant – bras

Fin de geste vers le bas et à gauche

Cloche - pied sur le pied gauche après la frappe

***Fin du coup* :**

Le transfert du corps dans la frappe s'effectue soit par un pivot sur les jambes (pied droit revenant vers le pied gauche), soit par un cloche - pied sur le pied gauche.

Projection de tout le corps face au jeu après le coup

E) Les Volées (V)

(Partir d'une bonne attitude à la volée)

♦ **VOLEE DE COUP DROIT** (Vcd)

***Prise* :** de continentale à fermée de CD.

***Préparation* :** réduite par une rotation limitée des épaules, avec une ouverture du bras droit en direction de la balle (bras ½ fléchi, coude près du corps, poignet ouvert pour présenter le tamis face à la balle, tête de raquette plus haute que le poignet). Le poids du corps est sur la jambe droite.

Flexion sur la jambe droite ; orientation du bras gauche vers la balle

Frappe :

Projection du corps vers l'avant (pour frapper la balle en avant) par une poussée de la jambe droite ; appuis en ligne (pied gauche en avant du pied droit) dans la frappe.

Projection de la tête de raquette par l'extension du poignet et l'ouverture de l'avant-bras.

Plan de frappe très avancé par rapport à l'appui pied gauche.

Poignet ferme à l'impact de la balle.

Engagement du corps vers l'avant ; poignet ferme à l'impact

Accompagnement : limité, la main reste face à la direction choisie.

Le corps accompagne la balle vers l'avant grâce à la poussée des jambes poursuivie, si possible, après l'impact (pied droit revenant à côté du pied gauche).

Légère supination du poignet après l'impact pour une volée contrôlée par une frappe coupée

♦ **VOLEE DE REVERS** (Vrv)

Prise : de marteau à ½ fermée de Rv.

Préparation : un peu moins réduite qu'en Vcd, par une rotation des épaules de 45°≈, raquette placée directement face à la balle, bras fléchi, tête de raquette plus haute que le poignet.

Le poids du corps est sur la jambe gauche.

Orientation limitée des épaules lors de la préparation

***Frappe* :**

Projection du corps vers l'avant (pour frapper la balle en avant) par une poussée de la jambe gauche ; appuis en ligne (pied droit en avant du pied gauche) dans la frappe.

Projection de la tête de raquette vers la balle par l'extension du bras.

Plan de frappe très avancé par rapport à l'appui droit.

Poignet ferme.

Volée de RV à 2 mains avec les mêmes caractéristiques qu'à 1 main

***Accompagnement* :** mêmes caractéristiques qu'en Vcd mais accompagnement plus prolongé vers l'avant.

A 2 mains l'accompagnement est plus limité qu'à une main

F) Le Smash (SM)

La balle étant reçue parfois à grande vitesse (exemple : lob lifté) à des endroits plus ou moins distants du filet, les caractéristiques du smash sont légèrement différentes du service (où le lancer est assuré par soi - même à un moment déterminé).

Attitude : celle du volleyeur.

Prise : de continentale à marteau.

Préparation, placement sous la balle :

Recul de la jambe droite
et armé direct

Orientation du corps de profil dans l'axe du lob par le recul de la jambe droite et la rotation des épaules.

Préparation réduite, « compacte » : armé direct, précoce avec le bras droit (la position armée est identique au service). Simultanément, le bras gauche monte en direction de la balle.

Déplacement pour se placer sous la balle (pas chassés ou croisés pour reculer ; plus rarement, pas pour avancer). Placement avec des appuis en ligne, poids du corps sur la jambe arrière (si recul).

Boucle et frappe : ≈ service.

Boucle

Smash en appui au sol

Amplitude, en général, plus réduite de la boucle (vu le temps plus réduit pour exécuter un smash).

Frappe avec poussée de la jambe droite à la verticale (et vers l'avant quand c'est possible).

Même projection de la raquette qu'au service pour frapper la balle à la verticale de l'appui de poussée.

A la frappe, flexion plus accentuée du poignet qu'au service.

Jeu de jambes à la frappe : identique au service si le smash est en appui ; saut - ciseau pour un smash sauté avec reprise d'équilibre au sol par le pied gauche.

Accompagnement : identique au service lors d'un smash en appui ou sans difficulté ; limité, avec seulement une action du poignet et de l'avant - bras, si le smash est difficile ou claqué.

Flexion du poignet

G) Le retour de service

La gestion du temps disponible est essentielle en retour (elle dépend de la vitesse du service adverse et du positionnement du relanceur (temps disponible à haut niveau : ≈ 900ms sur un 1er S, 1200 ms pour un 2ème S sur terre battue ; réduction du temps disponible de 200 ms ≈ sur surfaces rapides)). Importance de l'anticipation de l'action du serveur.

L'élément prépondérant de la relance sur une 1ère balle de S est la précision – direction du retour. Sur une 2ème balle de S, c'est aussi la production de vitesse.

Technique

D'abord regarder comment l'adversaire se positionne quand il se prépare à servir (prendre des indices sur le placement des appuis, des épaules du serveur, son positionnement plus ou moins près du centre du court…).

Prendre une position d'attente près de la ligne de fond (≈ 1m - 1, 20m derrière la ligne sur un fort 1er S, à proximité de la ligne si le S est de moindre qualité).

Quand l'adversaire lance la balle, se concentrer intensément sur sa présentation de balle et sa préparation (nouveaux indices possibles sur le type de S).

Quand le serveur lance son mouvement vers l'avant, effectuer un saut vers l'avant par un allègement des appuis court et bien équilibré (pas de saut trop haut et trop important vers l'avant) □ élan linéaire dans le retour. Rythmer la reprise d'appuis au sol au moment où le serveur frappe dans la balle (les muscles des jambes sont sous tension pour réagir vite dans toutes les directions).

Après avoir reconnu de quel côté du corps va la balle, l'ancrage au sol se fait par le pied extérieur ouvert et par une préparation courte, plutôt rectiligne et, en général, à hauteur de la balle à frapper. Cette unité de rotation (placement avec appui ouvert, rotation des épaules associée à une préparation réduite) prédispose au lancement rapide de la raquette vers l'avant avec un bon angle de tamis, un bon emplacement de l'impact sur la raquette (point crucial du retour vu l'urgence de la situation). Le corps ne se relève pas pendant la frappe.

Finir son coup par un bon accompagnement quand c'est possible (mais parfois le retour ne peut être que « bloqué ») et enchaîner alors son replacement.

Nb : lorsque le S est plus faible, le relanceur a la possibilité d'assurer son placement et de délivrer un véritable coup de fond de court.

H) Les coups à effet

Différents types d'effet 3 effets possibles : vers le haut (lift, top - spin) ; vers le bas (coupé) ; vers les côtés pour un effet latéral (slice).

Effet Magnus :

Une balle coupée accumule les particules d'air sous elle lors de sa rotation et crée une sorte de coussin d'air sur lequel elle s'appuie : elle est portée = trajectoire plus longue que le coup plat (à vitesse et trajectoire initiales identiques). L'angle de rebond est supérieur à l'angle d'arrivée au sol avec une perte de vitesse pouvant aller jusqu'à 75 % de sa vitesse initiale (fonction des différentes surfaces de jeu).

Une balle liftée accumule les particules d'air au - dessus d'elle : le coussin d'air pèse sur la balle = trajectoire plus courte que le coup plat (à vitesse et trajectoire initiales identiques). L'angle de rebond est inférieur à l'angle d'arrivée au sol avec une perte de vitesse de ≈ 25 % de sa vitesse initiale (fonction des différentes surfaces de jeu).

Fond de court : lift + top - spin / coupé (chop) _ *Volée* : coupée, liftée _ *Service* lifté (kické), slicé.

Plutôt qu'une étude spécifique de chaque coup, les coups à effet seront distingués des coups de base (les coups dits « plats »).

Le lift, arme du tennis moderne. Il imprime beaucoup d'effet à la balle (rotation de la balle dans le sens du vol de la trajectoire). Les coups de fond de court et le service peuvent ainsi être frappés puissamment avec une bonne régularité et sécurité et donnent la possibilité de trouver des angles importants. Il favorise aussi les passings - shots agressifs et les lobs offensifs. Il fait gicler la balle au rebond (vu la 1ère trajectoire bombée qui descend plus rapidement vers le sol et la rotation de la balle (malgré l'angle de rebond inférieur à l'angle d'arrivée au sol). Il met ainsi en difficulté l'adversaire qui est obligé de jouer des balles à hauteur d'épaules (et souvent plus haut).

Prise fermée ; mise sous le niveau de frappe très prononcée. Mouvement du corps et du bras vers le haut (placement trop près)

Eléments distinctifs par rapport aux coups plats

Si les 3 coups à effet de fond de court et le coup « plat » sont frappés avec une vitesse identique et une trajectoire identique :

Par rapport à une balle frappée à plat qui atterrirait à mi - chemin entre la ligne de service et la ligne de fond, une balle liftée rebondirait vers la ligne de service, une balle coupée rebondirait vers la ligne de fond, une balle slicée aurait une trajectoire incurvée vers le milieu du court ou la ligne latérale selon l'effet latéral.

Généralités	CD lifté	RV lifté
Prises : elles sont plus fermées Préparations : les rotations du buste sont plus importantes. Mise à niveau et frappe : le trajet de la raquette est plus vertical (lift, mot anglais signifiant « soulever ») : - mise à niveau plus importante (nettement sous le niveau de l'impact de balle) par un abaissement plus important du (des) bras, une nette modification de l'angle poignet – raquette (relâchement du poignet vers le bas plaçant la tête de raquette sous le poignet), une flexion accentuée des jambes. - frappe à composante verticale par une extension des jambes (pouvant aboutir à un saut), un travail de l'avant - bras sur le bras et du bras selon un trajet vertical, un	½ fermée : rarement ; fermée : souvent ; inversée assez souvent. préparations, en général, amorcées par une tirade de coude (coude d'abord engagé vers l'arrière en même temps que la rotation des épaules). Les appuis sont généralement ouverts. Le début d'extension est déjà déclenché alors que la raquette est abaissée. S'enchaînent un soulevé et une rotation de la hanche droite juste avant l'impact. La rotation importante du buste par rapport aux appuis et du bras sur le corps se combine avec la poussée verticale du corps et le balancement du bras de bas en haut. Le retard de la tête de raquette par rapport à la main avant le retour à la	½ fermée: souvent ; fermée : assez souvent. 2 types de préparation : sous forme de boucle / sous forme de U (descente des bras en début de préparation avant de remonter vers l'arrière et le haut). En RV à 2 mains et à 1main, les appuis sont en général en ligne et même fermés. En RV à 1 main, la rotation des épaules est peu importante dans la frappe : elles dévissent légèrement après l'impact au contraire des RV à 2 mains (rotation des hanches et du buste déclenchant la frappe). Coude droit en extension (RV à 1main, RV à 2 mains prise fermée) ; coudes en flexion (RV à 2 mains prise ouverte).

travail essentiel du poignet qui reprend l'angulation poignet – raquette.	frappe est très important.	
Impact de balle Plan de frappe plus avancé (du fait de l'agressivité du coup et de la prise plus fermée).	Coude plus fléchi.	
		En RV à 2 mains avec prise fermée : accompagnement plus important qu'avec une prise ouverte qui correspond plus à un CD avec main gauche.
Accompagnement- Fin de geste Accompagnement plus limité vers l'avant et fin de geste plus haute.	Fin de geste plus à gauche.	

Nb : **le top - spin** (essentiellement en CD) se situe dans la catégorie des effets liftés mais le trajet de raquette est plus horizontal pour recouvrir la balle en passant sur le sommet de la balle (frappes de balle hautes particulièrement) ; le plan de frappe est très avancé permettant la circulation rapide de l'avant - bras devant le corps (coude fléchi et forte pronation de l'avant - bras) ; le travail du poignet est important en direction du côté gauche ; la fin de geste peut se faire vers le bas (en CD) lorsque la prise de balle est haute. En RV à 1 main, supination de l'avant - bras pour coiffer la balle (tamis légèrement orienté vers le sol) et ouverture des épaules importante dans la frappe.

Les frappes ne sont pas, en général, effectuées selon un lift ou un top - spin pur mais avec une combinaison de ces 2 effets (sauf cas particulier : lift pur lors d'un CD lifté de défense avec plan de frappe reculé et fin de geste totalement à droite du corps).

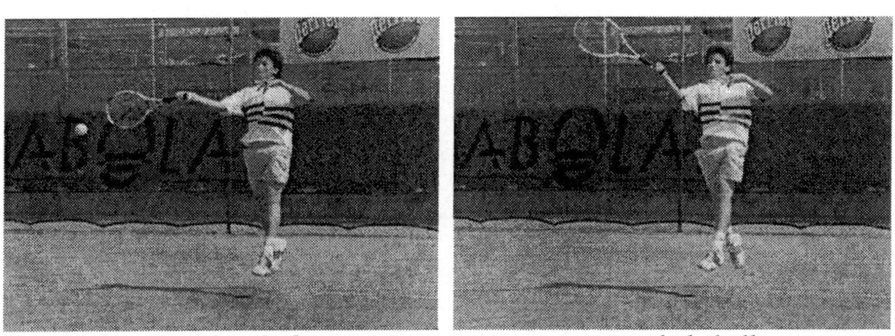

Prise fermée ; plan de frappe très avancé ; couverture de la balle par son sommet

Travail important du poignet pour faire circuler rapidement la raquette vers le côté gauche ; rotation importante du buste

Fin de geste descendante

Le coupé a son importance dans le tennis moderne. Il imprime une rotation à la balle dans le sens inverse du vol de la trajectoire. Il permet au joueur en défense de se sortir d'une situation difficile, urgente avec un minimum de préparation et d'effort (particulièrement lorsqu'il est déséquilibré, bousculé et qu'il doit frapper des balles à limite d'atteinte). Mais le coup coupé est aussi une arme d'attaque : il crée des problèmes à l'adversaire par sa trajectoire rasante, par une balle qui glisse au sol et reste basse (il est ainsi souvent utilisé comme coup d'approche) ; il est même décisif sous forme d'amortie insaisissable pour l'adversaire. Si, théoriquement, la balle est freinée au rebond et rebondit plus verticalement, la structure du court a son importance : c'est vrai sur terre battue avec une balle qui « accrochera » plus le sol ; au contraire, sur herbe, la balle glissera et restera très basse.

Eléments distinctifs par rapport aux coups plats :

Prises plus ouvertes (CD entre prise continentale et prise ½ fermée de CD ; RV (essentiellement à 1 main) de prise continentale à prise ½ fermée de RV).

Préparation généralement plus haute, plus courte, tamis ouvert.

Frappe avec descente directe de la raquette vers l'impact pour frotter la balle de haut en bas / Angulation poignet – raquette à peu près constante jusqu'à l'impact / A l'impact le tamis est très peu ouvert (en RV, 5° maximum) / Frappe exécutée avec des appuis en ligne la plupart du temps, avec un plan de frappe qui peut être plus latéral, au dessus du pied avant / Poids du corps déplacé vers l'avant et vers le bas, jambes fléchies.

Accompagnement - Fin de geste : la raquette poursuit son trajet descendant et vers l'avant après l'impact (en CD, supination de l'avant - bras et légère extension latérale du poignet ; en RV, pronation de l'avant - bras (tamis parallèle au sol) et extension latérale du poignet (ouverture de l'angle poignet – raquette)). Les épaules ne dévissent que très peu après l'impact (encore nettement moins en RV).

Après ce trajet descendant en oblique avant, la raquette remonte vers l'avant et vers le niveau des épaules (plus ou moins selon l'intensité et la direction désirées) avec un tamis ouvert.

En fin de geste, la raquette reste devant le corps (ne dépassant que très peu sur le côté gauche (CD), sur le côté droit (RV).

Préparation encore plus écourtée en montée au filet

Tamis quasiment pas ouvert à l'impact

Poursuite du trajet descendant de la raquette ; épaules fixées

Les services à effet

Rarement les services des meilleurs joueurs sont totalement plats.

Le *service lifté* donne une plus grande marge de sécurité au joueur par une trajectoire haute et bombée passant nettement au dessus du filet et rebondissant ainsi plus haut que les autres services (plus la surface est rugueuse, plus le rebond est haut = arme efficace sur terre battue).

Ce service sort l'adversaire du court dans la diagonale des avantages car la trajectoire de la balle après rebond sort à droite de la trajectoire initiale.

Le *service slicé* permet de déporter l'adversaire (par exemple hors du court dans la diagonale des égalités) en raison de l'effet latéral au rebond (encore plus accentué sur surface rapide). Ce coup est de plus en plus utilisé dans le tennis moderne particulièrement en 1ère balle. Il est redoutable quand il est frappé par un gaucher sur le RV du droitier (encore plus dans la diagonale des avantages). Il est intéressant également quand il est frappé droit sur l'adversaire vu l'effet rentrant sur celui - ci.

Eléments distinctifs par rapport au service plat : La balle est frappée nettement de bas en haut et de gauche à droite (S lifté), nettement de gauche à droite et légèrement de bas en haut (S slicé).

Prises ouvertes (de marteau à ½ fermée de RV).

Présentation de balle et Préparation

Les joueurs confirmés ont un lancer relativement similaire pour tous leurs services (intentions masquées). Cependant pour le S lifté, le lancer est ≈ au dessus de l'épaule gauche (un peu à gauche et en arrière), la main gauche lâche la balle plus tard. Pour le S slicé, le lancer est un peu plus en avant du corps et légèrement sur la droite, la main gauche lâche la balle plus tôt pour un lancer moins haut.

En fin d'armé, la ligne des épaules dépasse l'axe des appuis (coude et mains plus en arrière du corps).

Flexion accentuée des jambes ; rotation importante des épaules ; lancer un peu à gauche et au dessus du joueur (S lifté)

Frappe

Pour le S lifté, la boucle va plus loin en arrière du corps. La projection du corps et du bras se fait davantage dans une direction oblique ascendante avec une poussée principale de la jambe gauche.

Pour le S slicé, le trajet de raquette se fait dans une direction oblique ascendante et nettement sur le côté vu que la raquette passe à droite de la balle.

Impact

Pour le S lifté, l'impact est plus bas, plus à gauche et en arrière. Le bras est fléchi à l'impact. La projection de la raquette se faisant vers l'extérieur (comme un essuie - glace), la ligne des épaules n'a pu se projeter totalement vers l'avant lors de l'impact et la jambe droite est utilisée parfois comme balancier pour équilibrer latéralement le mouvement (jambe droite fléchie, décollée du sol).

Pour le S slicé, l'impact est un peu plus bas (par rapport au S plat) et à droite.

Accompagnement - Fin de geste

Pour le S lifté, la 1ère partie de l'accompagnement s'effectue davantage sur la droite : la raquette poursuit sa course vers l'extérieur de la trajectoire de la balle par une pronation – flexion accentuée du poignet après l'impact renversant la raquette avant de redescendre sur la droite. Le bassin et les épaules se mettent progressivement face à la direction donnée à la balle. La fin de geste est limitée.

Pour le S slicé, la projection de l'épaule droite est essentielle : elle prolonge le mouvement lancé vers l'avant par une forte rotation de tout le corps.

Trajet de raquette vers l'extérieur (S lifté)

d) Les fondamentaux au plan physique [7]

Pendant longtemps le tennis est resté un sport « technique » où le physique était considéré comme secondaire. Le jeu s'est considérablement transformé ces dernières années et révèle, maintenant, une intensité et une puissance nettement supérieures avec des joueurs qui mettent plus d'effet dans la balle, qui frappent plus tôt, plus fort (services à plus de 200kms / h chez les hommes…)

Qualités de **vitesse, force, endurance, coordination, adresse, souplesse.**

Qualités physiques pour le Tennis

♦ **Vitesse**

Il faut aller vite dans la liaison « voir, réagir, agir » :

• Vitesse de réaction à un signal visuel et auditif qui doit être décodé : plus ou moins de temps de latence.

• Vitesse d'action : course particulière (flexion des jambes, combinaison de pas divers) avec une technique différente d'un sprinter ; force des muscles concourant à une vitesse gestuelle jambes – bras ; importance de la fréquence des premières foulées (amplitude des foulées moins intéressante au tennis du fait de la précision indispensable des appuis pour se placer à la balle), puissance de démarrage, rapidité dans les changements de direction, changement de rythme.

[7] Connaissance de l'initiateur fédéral : seulement les qualités physiques essentielles + les caractéristiques générales des efforts au tennis

• Endurance à la vitesse : être rapide du début à la fin du match (capacité à répéter des efforts brefs et intenses).

♦ **Force**

• Force statique : maintien d'une attitude avant la frappe (« tenue » du buste dans les déplacements, équilibre dans le placement...) et pendant la frappe (gainage de certaines parties du corps (exemple : les abdominaux) pendant l'exécution gestuelle).

• Force explosive : impulsion des jambes lors des démarrages, des changements de direction (blocage, redémarrage) ; impulsion des jambes lors des frappes (extension, transfert, détente horizontale, latérale, verticale).

• Puissance des membres supérieurs (épaules, bras) pour obtenir une grande vitesse gestuelle, la plus forte énergie musculaire (service...).

• Endurance de force : avoir des frappes, des impulsions, des accélérations maximales encore en fin de match (malgré la fatigue).

♦ **Endurance**

Vu que le jeu est devenu plus rapide et plus intense, le joueur doit être capable de répéter, d'enchaîner des efforts parfois très intenses, avec une récupération rapide, sur toute la durée d'un match ou d'un tournoi.

Cette qualité d'endurance correspond à la filière aérobie. Elle se décompose en 2 dominantes :

+ *La puissance aérobie :* lorsque l'effort fourni atteint des limites pour lesquelles tout l'oxygène disponible au niveau musculaire est utilisé, on dit que l'athlète atteint sa puissance maximale aérobie (*PMA*).

+ *La capacité aérobie :* c'est le temps pendant lequel on est capable de maintenir le niveau le plus élevé possible d'intensité.

♦ **Coordination**

Cette qualité permet de combiner un ensemble d'actions avec cohérence, précision, économie et efficacité pour réaliser une tâche. Elle régule le mouvement. Ainsi le joueur acquiert plus vite les techniques justes : l'apprentissage et la maîtrise des coups en dépendent. C'est une qualité centrale pour le joueur qui conditionne la mise en application des autres qualités : vitesse, force, endurance. Répétition et variété sont les deux paramètres essentiels du développement de la coordination : elles favorisent les adaptations motrices et les transferts dans l'activité rendant le joueur adroit malgré les conditions changeantes, difficiles du tennis.

♦ **Souplesse**

Avec cette qualité le joueur peut utiliser toute l'amplitude de mouvement permise par ses articulations afin d'intervenir sur les balles les plus extrêmes (les plus basses, hautes, éloignées, en avant, en arrière… de son corps). Les groupes musculaires pourront être utilisés sans ménagement et même avec violence grâce à une bonne élasticité et relâchement des muscles évitant ainsi les lésions.

Les qualités de base requises (sans lesquelles on ne peut pas bien réussir même au plus petit étage de l'apprentissage) :

Réagir vite aux trajectoires de balle, se déplacer vite et freiner vite sa course pour s'ajuster à la balle (nécessitant, pour le débutant, une appréciation de moins en moins grossière des trajectoires) = *Vitesse de réaction et vitesse de jambes* (dès le départ, solliciter l'enfant sur des trajectoires de balle relativement incertaines (à droite, à gauche ?...), à variabilité relative de distance ou de vitesse (plus ou moins loin de l'enfant, plus ou moins vite) afin de faire réagir l'enfant plus tôt, le faire courir plus vite quand il y a urgence pour agir…); frapper les balles avec du rythme dans les coups = *Vitesse gestuelle* tant par le dynamisme des jambes à la frappe que par le mouvement du (des) bras (pour le débutant, le sensibiliser dès le départ, à différents rythmes de frappes : douces, fortes).

Etre coordonné pour assurer avec cohérence, précision, économie et efficacité les actions tennistiques. La forme gestuelle des enfants peut être correcte pour (presque) tous les enfants (avec plus de temps d'apprentissage) tant qu'il n'y a pas urgence dans les situations. Seulement, pour les moins aptes, les temps d'adaptation seront beaucoup plus longs que chez les meilleurs : ils joueront moins bien face à des joueurs qui frapperont fort, varieront leur jeu… et avec des qualités rythmiques de coups moins performantes.

Caractéristiques générales des efforts au tennis

Malgré des variables (surfaces de jeu, temps de jeu, styles de jeu...), les règles du tennis « rythment » les efforts du joueur par :

• *Les temps de récupération* (même s'ils ne sont pas toujours exactement respectés) entre les points (20 sec.), à chaque changement de côté (90sec.), à la fin d'un set (120sec.).

• **Les temps de jeu.** Ils montrent, à travers les statistiques, que les efforts sont brefs (même s'ils ne sont pas uniformes, évidemment) :

– sur surfaces rapides ≈ 4,5sec.

– sur surfaces lentes ≈ 8sec. (70% <10sec. / 25% : 15 à 30sec. / 5% >30sec.).

• *Les distances parcourues.* Distance moyenne de déplacement : sur surface rapide ≈ 2m ; sur terre battue ≈ 4m / Distance en une heure ≈ 1,7km (hommes).

Malgré l'incertitude générale des actions au tennis, on peut considérer que ce sport nécessite des efforts intenses, de courte durée, entrecoupés de brèves récupérations entre les frappes et de plus longues périodes de repos entre les points et lors des changements de côté (repos parfois suffisant pour que l'organisme se régénère).

Ces efforts sont répétés entre 100 et 350 fois dans une partie en trois sets. Les changements de direction sont fréquents, de 4 à 8 fois par point, toutes les une ou deux secondes.

Ces efforts représentent ≈ 25% de la durée totale d'un match.

Le tennis est donc un ***sport intermittent*** avec des types d'efforts à base de ***vitesse***, de ***flexions – explosions*** dans la frappe, nécessitant une grande ***coordination*** dans les actions, ***sur fond aérobie*** (vu les récupérations fréquentes et, parfois, longues).

NB : les femmes et les jeunes utilisent plus la filière aérobie, en général (points joués plus longtemps, avec moins d'intensité).

Périodes privilégiées pour développer ces qualités

Entre 7 et 9 ans la période est favorable pour améliorer les qualités physiques de coordination, de vitesse, d'endurance. Celles - ci seront travaillées essentiellement sur le court au service de l'apprentissage technique.

Entre 10 et 13 ans, la préparation physique doit devenir plus régulière et continue à s'appuyer sur l'amélioration de ces qualités fondamentales du joueur de tennis.

Entre 14 et 15 ans, il faut travailler toutes les qualités en renforçant encore la qualité d'endurance, en préparant le jeune joueur à l'apprentissage des mouvements de force.

A partir de 16 - 18 ans, la priorité, c'est la force, facteur déterminant de la performance sportive.

Jusqu'en benjamins, la formation technique, avec l'apport des qualités de coordination et de vitesse, est primordiale pour l'avenir du joueur. En cadets - juniors, la condition physique et les qualités mentales ont de plus en plus d'impact sur les résultats du joueur et nécessitent un entraînement plus spécifique sur le terrain et en dehors du terrain.

Tableaux des périodes *(voir document DTN n°4)*

e) Les fondamentaux au plan psychologique [8]

Le mental est une aptitude qu'il faut développer de la même façon que la technique, la tactique, le physique dès l'Initiation. Même lors de « petits matches » entre enfants débutants, les résultats dépendent déjà d'éléments psychiques tels que la concentration, la confiance, l'envie de gagner…

Pour se forger un mental solide, d'« acier », il faut beaucoup de temps, d'efforts, sur plusieurs années de formation. Cette force mentale est le produit d'un long apprentissage où l'attitude des adultes qui « comptent » (les parents, les enseignants…) joue un rôle essentiel.

Cependant, les enfants les plus « solides » mentalement le doivent aussi à des qualités innées, qui sont en eux et qu'il suffit de révéler, de développer dans un milieu favorable (plaisir de jouer, esprit de compétition). Un bon enseignant a tôt fait de discerner ces qualités mentales : à 6 - 10 ans, on sait reconnaître un enfant qui éprouve beaucoup (ou peu) de plaisir à jouer ***(motivation)***, qui a confiance en lui au contraire de celui qui se considère « nul » sans arrêt ***(confiance)***, qui « insiste » pour réussir alors qu'un autre va renoncer dès qu'il « rate » une action ***(persévérance)***, qui est « pris » par l'action à effectuer à l'inverse d'un autre qui « papillonne » en regardant ailleurs que sur son terrain ***(concentration)***, qui se « bagarre comme un fou » pour gagner à la différence de celui qui se dépense avec parcimonie ***(esprit de compétition)***.

Qualités mentales pour le tennis:

La motivation, l'envie, l'engagement à travers le plaisir

La motivation, c'est le starter, le moteur des actions, le désir de se lancer, de s'engager, de se discipliner, de persévérer dans une activité. Le désir est sous - jacent à toutes nos conduites. Si cette force d'attraction est positive, elle triomphe des obstacles et donne des raisons de jouer au tennis. Si la motivation est faible ou absente, c'est *« l'alerte rouge »* donnant des raisons de ne pas se donner au tennis, d'abandonner le tennis.

A toutes les étapes de l'apprentissage, le plaisir de jouer doit rester intact : « le plaisir hâte et renforce tout comportement appris en inscrivant dans notre cerveau des traces de mémorisation privilégiées par l'émotion. Les expériences du plaisir et du déplaisir sont les noyaux autour desquels se construit notre personnalité » (Dr Tordjman).

L'enfant découvre le monde qui l'entoure par un moteur puissant, le plaisir, l'investissant totalement : au début, c'est le plaisir immédiat lié aux besoins vitaux (se nourrir, dormir…) ; interviennent ensuite les plaisirs liés aux sensations, à l'intérêt, à la nécessité disciplinant de plus en plus les activités de jeu par l'éducation, la socialisation. Du jeu spontané au jeu organisé, dirigé, imposé ou proposé par l'adulte.

A 4 - 5 ans, le 1er moteur c'est le rêve. La motivation est beaucoup liée à l'environnement humain qui peut créer une motivation indirecte : les enfants ont envie de faire comme les grands, le grand - frère, les camarades… « J'ai envie de faire pareil que…, comme … ».

A 9 - 12 ans, le 2ème moteur c'est la discipline qui permet de passer du rêve à la réalité : respect d'un programme, d'un travail… Au départ, c'est pour beaucoup le

---

[8] Connaissance de l'initiateur fédéral : les généralités.

fait de l'enseignant puis le joueur se structure, s'auto - discipline : « Je dois », « Il faut ».

A partir de l'adolescence, le 3ème moteur c'est la volonté : l'engagement vient de plus en plus du joueur, de « l'intérieur ». Même si les objectifs sont définis par l'entraîneur, il faut une adhésion totale du joueur : « J'adhère à (je signe pour) ce programme ».

La confiance, l'assurance, la sécurité

La confiance, c'est avoir la conviction du succès, le sentiment d'être capable d'accomplir des actions ; c'est être persuadé qu'on mérite de gagner, qu'on est capable de le faire ; cela peut même aller jusqu'à créer une prophétie d'auto - réalisation : espérer que quelque chose arrive entraîne que cette chose arrive (et inversement si les joueurs s'attendent à rater). Force est de reconnaître que « notre école est encore fondée sur un système punitif où c'est à l'élève d'être digne de recevoir l'enseignement et non à l'école de l'encourager » (M. Porchet). A l'inverse, au Canada, aux Etats - Unis, dans les pays nordiques ..., les connaissances doivent être mises à la portée de tous, avec la conviction profonde que tout le monde peut y arriver. L'encouragement y est permanent et installe un état d'esprit, un climat positifs. Or la confiance en soi est un facteur clé de la réussite.

La détermination, la persévérance, le goût de l'effort

C'est se mettre en route, persister sur son chemin en fonction de l'objectif poursuivi, selon les décisions prises, sans hésitation. C'est la capacité à faire face à toute adversité, à continuer à avancer, à essayer, à aller jusqu'au bout quels que soient les obstacles. Chaque fois que le joueur persévérant échoue, il garde « la lumière allumée », prêt à profiter du moment où une opportunité se présentera.

C'est se centrer sur le présent (en gardant ses objectifs en arrière - plan) ; c'est être motivé en soi (pas pour les autres) pour une satisfaction intrinsèque (inhérente à l'activité), quoi qu'il arrive (inconditionnelle).

« Rien ne peut remplacer la persévérance : ni le talent (beaucoup de gens talentueux ne sont jamais arrivés à rien), ni le génie (il y a des génies méconnus), ni l'éducation (les érudits inutiles sont légion). Seules la persévérance et la détermination peuvent tout » (Calvin Coolidge, président des USA de 1923 à 1929).

Le goût de l'effort a certainement sa part d'inné. Mais l'éducation et l'éducation sportive jouent aussi un rôle considérable grâce aux parents, aux enseignants. Et la rigueur de la formation tennistique, la nécessité d'une préparation physique, la préparation à la compétition... sont des atouts essentiels pour faire de l'enfant un joueur qui sait se surpasser.

La Concentration

C'est la faculté de rester mentalement au temps présent : être centré sur soi, ici et maintenant. C'est la faculté de focaliser son attention sur les signaux pertinents de l'action, du match et de maintenir son attention pendant toute l'action, la durée du match.

Cette focalisation de l'attention est très dépendante de la motivation, de l'intensité de la stimulation (difficulté lorsque le challenge est absent, lorsque la situation n'est pas « excitante »).

La spécificité du tennis perturbe fortement la concentration à cause de ses nombreux arrêts de jeu (« temps morts ») : c'est habituellement entre les points que se pose le problème du maintien de la concentration.

L'esprit de compétition, l'énergie pour gagner, la combativité

Personne n'est devenu un grand joueur dans aucun sport sans posséder un haut degré d'énergie. C'est une force déferlante propulsant le joueur vers l'avant (le succès) malgré douleur et effort. Cette combativité se manifeste à travers des comportements différents (exemples : Hewitt, Federer). Elle vient de plusieurs sources : *besoin d'accomplissement* pour développer ses capacités au maximum (théorie de Rogers : désir instinctif de faire ce que nous sommes capables de faire avec le meilleur de nous - mêmes) / *besoin de puissance et de domination* (théorie d'Adler : les gens agissent pour gagner du pouvoir). Les vrais compétiteurs sont de véritables « coqs de combat » (l'expression « tueur » étant même employée !) / *besoin d'exploit, de réussite* : on veut atteindre des buts élevés pour que les gens pensent du bien de nous – ce qui , en retour, nous fait penser du bien de nous - mêmes – ce qui améliore ainsi notre image personnelle et nous motive pour agir .

L'esprit de compétition est un véritable trait de personnalité. Il apparaît relativement tard (pas avant 11-12 ans sauf exceptions et environnement favorable).

L'important est de faire comprendre la valeur de la compétition : ce qui compte, c'est faire de son mieux, s'efforcer de s'améliorer pour atteindre des objectifs à plus ou moins long terme, dans le respect des règles, de l'adversaire. Ne pas se focaliser sur les résultats avant longtemps (pas avant 11 ans au moins).

Même si les parents, les enseignants... peuvent influencer l'enfant sur son état d'esprit, son désir de compétition ne peut - être « forcé » : c'est de son ressort au bout du compte.

Les qualités de base requises (sans lesquelles on ne peut pas bien réussir même au plus petit étage de l'apprentissage)

Etre motivé : avoir le *désir* de jouer. *Etre concentré* pour se focaliser sur l'action à accomplir (même si, au départ, l'attention sera limitée, fugitive...). *Etre confiant, être positif* (dès le début de l'apprentissage, tout doit être considéré par l'enfant comme allant bien dès qu'il se donne dans les tâches préconisées par l'enseignant, celui-ci renforçant cette confiance par des encouragements constants).

Ajouter le plus tôt possible dans l'apprentissage, *être persévérant* (être capable d'efforts prolongés dès que le désir sera encore plus intense, l'attention plus soutenue, les obstacles plus difficiles...). *Etre calme* (même quand on ne réussit pas tout de suite, quand on ne gagne pas ...). *Etre déterminé* (savoir de plus en plus ce que l'on veut et en tout cas pas seulement parce que les parents le veulent...).

C. L'enseignant est organisé [9]

Pour organiser le mieux possible l'école de tennis, l'enseignant doit tenir compte des moyens qui sont mis à sa disposition dans son club mais aussi

---

[9] Connaissance de l'initiateur : généralités sur la programmation, les étapes et le temps d'apprentissage, les étapes pour la compétition.

influencer, quand c'est possible, l'évolution des structures existantes. Un enseignant organisé sait s'adapter le mieux possible à la réalité du club mais il cherche aussi à se rapprocher des solutions les plus efficaces. Même dans un petit club, il faut de la cohérence : les enfants et les parents doivent savoir quel enseignement y est dispensé, pendant combien de temps, s'il y a des perspectives d'avenir pour les meilleurs...

Les structures d'enseignement adaptées aux moyens du club

Quelle que soit la taille du club, sa 1ère raison d'être passe par une dimension éducative d'initiation à des jeunes (école de tennis). Mais, entre un petit et un grand club, il y a un monde de différence pour insérer cette phase d'enseignement dans une réelle structure sportive. D'où des *priorités d'organisation de l'enseignement selon les moyens (financiers, humains...) dont dispose le club* :

Petit CLUB (1 court extérieur seulement (plus éventuellement quelques heures de gymnase, par exemple 3 h) :

Années d'initiation ou Cycles d'initiation, si le club n'a pas de salle couverte (exemple Septembre – Novembre et Mars – Juin) pour des enfants de 7 – 10 ans.

Apprentissage du jeu pour 2 objectifs: *une pratique de loisir* dans le club. Si possible, compléter l'Initiation par des séances de Perfectionnement et (ou, au moins) des possibilités de jeu libre / *une pratique compétitive* (pour les meilleurs) exigeant alors plus nécessairement du perfectionnement voire de l'entraînement (si la structure du club ne le permet pas, orienter ces enfants vers un club plus développé).

CLUB Moyen (2 courts extérieurs + une dizaine d'heures en gymnase par exemple).

Une véritable (petite) organisation sportive peut être envisagée :

- Mini - tennis (enfants de 6 - 7 ans). Cycles de Mars à Juin et de Septembre à Octobre.
- Initiation (enfants de 7 - 10 ans) avec des groupes homogènes (au niveau des qualités et si possible des catégories d'âge (exemple : 7 - 8 ans; 9 - 10 ans)). Années d'initiation ou Cycles d'initiation sur les courts extérieurs (si les heures de pratique en gymnase sont insuffisantes).
- Perfectionnement pour les meilleurs de l'initiation et entraînement pour les tout meilleurs 8 ans (et plus), doués et motivés. Années de perfectionnement et d'entraînement, ces jeunes étant prioritaires pour les séances en gymnase l'hiver (encore plus ceux qui sont à un niveau d'entraînement).
- Pratique libre à encourager pour tous mais aussi à organiser pour les meilleurs afin d'être certains qu'ils jouent des matches régulièrement (exemple : matches en poules dont on doit donner les résultats à une date déterminée (même l'hiver, on peut jouer dehors quand il fait beau!).

Grand CLUB (courts extérieurs + court (s) couvert(s))

En plus de l'Initiation et du Perfectionnement du type moyen club (avec des effectifs plus nombreux selon le nombre de courts et d'enseignants), augmenter la dimension du centre d'entraînement (pour toutes les catégories de jeunes, pour le groupe avenir club (structure d'entraînement fédéral dans le club en direction de 2 ou 3 jeunes âgés de 7 à 10 ans possédant un fort potentiel de progression), pour les équipes représentatives du club jeunes et seniors). Mais aussi réserver des plages horaires à la compétition interne et favoriser dans le club les tournois et les championnats par équipes pour promouvoir une politique sportive ambitieuse.

Ne pas oublier cependant l'animation sportive qui permet de faire participer un maximum de personnes à la vie du club (organisation du club junior, centre d'initiation pour adolescents et adultes, ½ journées ou journées de formules de jeu attractives pour petits et grands, stages...).

L'équipe pédagogique (garantissant la cohérence collective de l'enseignement) **selon les moyens du club**

Dans un Petit CLUB, ce sont des *initiateurs fédéraux* (ayant suivi une petite formation) qui initient voire perfectionnent les jeunes. Vu le nombre réduit d'initiateurs et le niveau d'enseignement limité, l'équipe pédagogique ne peut exister : les ambitions sportives du club ne dépassent guère une bonne animation au sein de l'école de tennis.

Dans un CLUB moyen, un enseignant professionnel a de quoi travailler régulièrement sur plusieurs heures (en particulier en gymnase sur le mercredi, le samedi, sur une soirée selon les réservations pour le tennis par rapport aux autres sports). Dans ce cas, il *se doit de constituer une petite équipe pédagogique* (avec des initiateurs sous sa responsabilité) afin d'augmenter le nombre d'heures d'enseignement dans le club en particulier lors des séances dispensées sur les courts extérieurs : il s'agit de mieux former ces initiateurs pour qu'ils aident directement le professionnel (sur son court) ou sur un autre court (le breveté d'état supervisant l'activité de l'initiateur).

Ce devrait être une priorité pour l'enseignant professionnel de faire des réunions pédagogiques plus ou moins fréquentes afin de préparer au mieux les initiateurs à leurs tâches. De toutes façons, c'est vital aussi financièrement pour le club : beaucoup de clubs moyens ont du mal à se payer un professionnel s'ils n'ont pas des bénévoles comme initiateurs et dirigeants.

Dans un grand CLUB, il y a *(au moins) un enseignant professionnel à plein temps souvent aidé par des initiateurs.* L'équipe pédagogique a d'autant plus sa raison d'être que le collectif d'enseignants est grand. Il n'est pas rare que, dans des clubs importants, un professionnel supervise son équipe d'initiateurs directement sur le terrain (particulièrement le mercredi), n'étant pas lui - même en charge d'un groupe d'élèves.

L'organisation des cycles d'apprentissage (la programmation)

C'est une organisation générale de l'enseignement dans le temps qui est proposée compte tenu de la probabilité du rythme d'acquisition de la moyenne des enfants. En effet, ceux - ci ne peuvent maîtriser les bases du jeu qu'avec du temps, certaines d'entre elles étant plus vite accessibles que d'autres : la maîtrise de prises comme celle du service, de coups à effet... viennent après d'autres acquis. D'autre part, l'enseignant dispose d'un temps limité (souvent une séance par semaine) et étalé sur plusieurs années pour l'apprentissage des enfants.

Pour ces raisons, l'éducateur planifie et hiérarchise ses interventions grâce à une programmation répartissant le contenu de l'enseignement en périodes avec des objectifs à atteindre. Cette programmation, même si elle est modifiable selon la qualité et l'évolution des élèves, donne des *repères précis à l'enseignant, d'autant plus s'il manque d'expérience.*

Se référer aux programmations d'Initiation, de Perfectionnement du document DTN n° 3 (organisation de l'enseignement dans le club).

Les temps d'apprentissage

Au plan fédéral, il est conseillé de faire commencer le tennis aux enfants dès l'âge de 5 - 6 ans par le Mini - Tennis. Succèdent à cette période celle de l'Initiation d'une durée de 1 à 2 ans (enfants de 7 - 8 ans), puis celle du Perfectionnement de même durée (enfants de 9 - 10 ans). Ainsi un enfant de 10 ans, possédant des qualités « normales », est capable de jouer des matches sur un terrain de simple, avec les bases du tennis, au bout de cet apprentissage.

Ces recommandations fédérales n'empêchent pas des enfants plus âgés, des adolescents, des adultes de démarrer le tennis (bien) plus tard.

Ce n'est pas parce que Connors a débuté à 3 ans (Agassi dans sa chaise de bébé !) qu'il faut croire que cette précocité d'apprentissage l'a fait devenir champion : c'est pour une quantité d'autres raisons et seulement pour une petite part du fait qu'il a commencé aussi tôt.

S'il est incontestable qu'un jeune apprend plus naturellement qu'un adulte, il faut savoir que chaque enfant a son propre âge biologique, émotionnel, son propre rythme de croissance. De plus son développement dépendra encore plus de son degré d'engagement, de motivation que des influences de ses parents et des enseignants. Et même lorsqu'il a une forte motivation, le développement n'est pas toujours prévisible.

Débuter quand on est enfant est, certes, primordial pour le développement maximal des capacités. Mais à quel âge : 4, 5, 6 ans ? Certes Mauresmo, Bartoli, Gasquet, Tsonga, Simon... sont des champions en ayant démarré tôt. Mais un grand pourcentage de joueurs prometteurs dans les clubs, les ligues, à la fédération ayant débuté à 5 - 6 ans ont été « cuits » au moment de leur adolescence (années critiques où une grande partie de la croissance a lieu et où les adolescents s'impliquent dans d'autres activités).

Pratiquer très jeune le tennis exclusivement ne garantit pas la réussite optimale dans ce sport pour la plupart des enfants. Il manque, à cet âge là, des outils physiques et mentaux pour que l'enseignement prenne corps (manque d'attention, d'appréciation des trajectoires, de coopération...). De plus, il est dommageable de surcharger un enfant de 7 - 8 ans par un sport spécifique alors qu'il a tellement de choses nouvelles à découvrir dans une année...

Pour des enfants aux aptitudes moyennes, il me semble que débuter au tennis entre 7 et 8 ans donne les meilleures garanties d'une progression rapide, d'un enseignement facilité (particulièrement pour les enseignants peu expérimentés). *Même ceux qui sont talentueux ne souffrent pas d'un démarrage dans ces tranches d'âge là à condition que de 3 à 6 ans, ils aient déjà développé des qualités de coordination, d'équilibre, de tonicité... au travers de jeux variés à base de courses, sauts, lancers...* Autrement dit, un enfant développe sa psycho - motricité générale lorsqu'il joue avec d'autres à des jeux de balle (ballon) au pied, à la main, avec (ou sans) raquette pour attraper, frapper ces balles (ballons) dans des espaces variés...

C'est normalement à l'école qu'échoit ce rôle de développement de la motricité. Mais, comme il n'est pas toujours tenu, les parents (pendant leurs loisirs) voire les clubs y compris de tennis (à travers le Mini - tennis) facilitent, complètent cette formation. Si le maître d'école, les parents, l'éducateur de Mini - tennis savent faire pratiquer une variété de jeux et plus particulièrement de jeux de balle qui apportent beaucoup de plaisir aux enfants, c'est très favorable pour la pratique future du tennis. Pioline, Golmard... n'ont pas joué au tennis très tôt mais ils ont baigné dans un milieu sportif favorable et cela ne les a pas empêché d'être des champions ! « Le paradoxe de notre système d'éducation découle d'une frénétique et maladroite course à la précocité. L'enseignant ne doit pas s'enfermer dans une technologie précise mais placer l'enfant dans une activité multiforme : un plus grand nombre de potentialités pourrait ainsi être préservé tandis que se constituent néanmoins les savoirs fondamentaux. La fonction ludique tend, elle - même, spécifiquement, à faire intervenir des apprentissages précoces » (G. Azemar).

A 10 -12 ans, l'apprentissage des fondamentaux reste encore favorable mais, dans les années pubertaires (11 - 16 ans), les adolescents ont tendance à abuser de leur force nouvellement acquise au lieu d'utiliser les bonnes mécaniques de coups. De plus les perturbations importantes au plan morphologique et psychique troublent l'apprentissage : ces jeunes comprennent mal que, sans effort de leur part, un sport de précision comme le tennis leur « résiste » alors qu'ils ont du « jus », de la force mais pas des bases techniques de placement, de technique gestuelle. Il vaut mieux que les fondamentaux tennistiques soient assimilés, que des habiletés fines (rythme, touché de balle...) soient ressenties avant cette période pubertaire. En effet, il est difficile de revenir en arrière avec un jeune ayant développé un jeu par la force et non par des coordinations fines pour un bon timing à la frappe. Rares sont les joueurs qui sont devenus champions en ayant débuté le tennis après 15 - 16 ans alors qu'à cet âge, Federer, Nadal, Gasquet, Hénin, Clijsters, ... étaient déjà proches du sommet mondial (une exception au moins, Stan Smith, n° 1 mondial dans les années 70 (mais il était basketteur de haut niveau !)).

A l'âge adulte, il est toujours possible d'apprendre (heureusement) mais cela se fait avec plus de rigidité à cause de blocages physiques (manque de souplesse, de relâchement...) et psychologiques (« paralysie par analyse »), ce qui empêche l'adulte de s'exprimer à fond, d'aller au maximum de ses potentialités.

Le temps de pratique

Une séance hebdomadaire d'enseignement est souvent la règle pour l'apprentissage des jeunes dans les clubs. La durée de la séance en Mini - Tennis peut être courte (1 h) vu le manque de concentration et la fatigue nerveuse de ces enfants. En Initiation et, plus encore en Perfectionnement, la durée doit passer progressivement à 1h30 pour donner plus de volume à la pratique (la meilleure formule étant la séance du Club Junior à 2h avec ses 3 ateliers).

Une deuxième séance plus individualisée est intéressante pour les enfants possédant de bonnes aptitudes pour le tennis ou (et) très motivés. Mais, *au - delà de la quantité d'enseignement, l'enfant doit jouer librement* au mur ou avec des camarades pour accumuler de l'expérience et renforcer sa motivation. *Ces deux pratiques organisée et libre donnent toute leur efficacité à l'apprentissage.*

La pratique d'autres sports est elle bénéfique pour le tennis ?

La pratique multi - sports est une richesse pour l'enfant car elle donne des qualités de base au jeune joueur (équilibre, coordination, agilité, adresse...) plus rapidement qu'il ne les obtiendrait par le seul jeu du tennis. C'est pour cette raison que, dès le Mini - tennis, sont proposés plusieurs ateliers au bénéfice de cette psychomotricité de base.

Cependant, le tennis demande spécifiquement des maîtrises techniques très fines qui n'existent pas dans d'autres sports et qu'il faut inscrire assez tôt dans la mémoire musculaire. Le problème se pose particulièrement pour les meilleurs jeunes : il est donc parfois nuisible de retarder le moment de la spécialisation qui nécessite plus de pratique pour atteindre le maximum de son potentiel et qui réduit forcément les autres activités sportives.

Mais, augmenter le nombre de séances tennistiques ne veut pas dire couper avec toute autre pratique sportive : à 7 - 10 ans, les meilleurs jeunes ont tout intérêt à ajouter à leur programme une activité de sport collectif (bénéfique autant au plan physique que psychologique). Il faut toutefois reconnaître que certains sports ne facilitent pas forcément le tennis, surtout s'ils sont pratiqués avec une certaine intensité : sports sans balle, sports de lutte, gymnastique... alors que le football, le basket, le handball, la pala, le tennis de table apportent plus qu'ils ne nuisent au tennisman.

Plus tard, si le jeune se spécialise vraiment, son programme d'entraînement devra inclure un travail physique spécifique laissant de moins en moins de place à un autre sport.

Les moments pour la compétition

Tous les enfants veulent jouer, gagner, n'aiment pas perdre mais certains encore plus que d'autres ! Il ne s'agit donc *pas* d'*esquiver cet esprit-là mais* de *l'éduquer* car la compétition mal comprise, trop tôt exacerbée, perturbe l'enfant psychologiquement parfois très sévèrement.

a) *Chez les petits* qui s'initient au tennis, *la compétition commence par des petits défis vis à vis de soi - même* (exemple : décompte de points en envoi), *des petits challenges avec un camarade* (exemple : coopération pour le plus grand nombre d'échanges), *des petits matches contre un adversaire* (exemple : le 1er à 7 points). Tout cela s'intègre logiquement dans la séance d'enseignement voire lors d'une séance - test.

La compétition se prolonge par des matches en interne sous forme de poules permettant aux uns et aux autres de se mesurer, de s'évaluer. Jusqu'à ce stade, tous les jeunes de l'école de tennis s'inscrivent logiquement dans cette forme de compétition.

Au départ la plupart des jeunes enfants veulent faire de la « compétition » pour le simple plaisir du jeu sans véritable « enjeu ».

b) *L'orientation des enfants vers une véritable* compétition (où la concurrence entre les adversaires se révèle, où le risque de gagner ou de perdre pèse sur la confrontation entre les joueurs) *doit se faire avec plus de discernement vers 9 - 10 ans* : il y a des enfants qui sont « affamés » de combattre, d'autres qui ont besoin d'être plus sécurisés avant de disputer de vrais matches. Il n'y a donc pas de règle sinon de tenir compte du comportement émotionnel des enfants face à la compétition (certains se rendent véritablement malades à l'idée de jouer un match !).

Pour préparer le mieux possible ces jeunes à cette vraie compétition, il est judicieux de les engager d'abord dans des matches par équipes où ils sont accompagnés, soutenus à la fois par les camarades et le capitaine adulte, avec une victoire ou une défaite « partagée » limitant l'égoïsme, le désarroi possible.

c) *L'étape suivante de la compétition, ce sont les matches de compétition individuelle avec, comme principe de précaution,* de faire comprendre aux enfants que, quel que soit le résultat, c'est une opportunité pour mesurer leur progrès et prendre du plaisir au jeu. Il ne doit pas y avoir d'autre enjeu que celui - là et surtout pas de recherche de hiérarchie dans la même année ou catégorie d'âge.

Ce serait, de toutes façons, préjudiciable de les engager dans une compétition à haute dose car c'est dur au plan émotionnel et, souvent, ils tombent dans des schémas tactiques négatifs, des imperfections techniques pour essayer de gagner des matches à tout prix au lieu de consolider leurs fondamentaux.

En fait, commencer des tournois individuels vers 11 - 12 ans est probablement meilleur pour la majorité des jeunes : ils ont plus de contrôle de leur corps, de leurs émotions ; ils ont développé de nombreux coups et sont ainsi plus en confiance pour combattre. Le retard (éventuel) pris par rapport à des enfants qui se sont lancés tôt dans la compétition se rattrape facilement si la maîtrise tennistique et émotionnelle est suffisante, alliée à une forte envie de rivaliser avec les autres joueurs.

En tout cas, *la compétition ne devrait pas être forcée chez l'enfant. Elle doit s'installer logiquement à travers une formation progressive passant de jeux simples (« à chacun son match » sur des terrains plus ou moins grands avec des balles plus ou moins vives...) à la compétition officielle.* Le rôle des ateliers jeux sportifs et jeu dirigé du club junior est particulièrement important dans cette formation pour favoriser un esprit de compétition (challenge esprit sport...).

D. L'enseignant sait communiquer [10]

La communication de l'enseignant avec les enfants est essentielle dans l'apprentissage : les mots qu'il choisit, la façon de leur montrer qu'il les aime... sont riches en relation humaine (être à l'écoute pour mieux connaître, comprendre, s'adapter afin de mieux transmettre).

ENSEIGNANT □ MESSAGE □ ENFANT □ MESSAGE □ ENSEIGNANT

L'enseignant est attentif et observateur pour adapter, à chaque fois, son message.

♦ ***Les différentes formes de communication***

• **Le langage**

L'éducateur doit accorder de l'importance aux mots afin de les adapter à la formulation de l'enfant pour se faire comprendre (« préparer » un coup c'est, pour l'élève, « *tirer* » sa raquette derrière ; faire une « fin de geste », c'est « *la raquette ne s'arrête pas* » ...). Comme les mots sont souvent associés à des images, en tenir compte pour qu'ils aient un sens au niveau des jeunes enfants (« on est *prêt comme un gardien de but* »...).

---

[10] Connaissance de l'initiateur fédéral par les commentaires du formateur sur les différentes formes de communication.

L'enseignant doit aussi faire attention aux questions qu'il pose : certaines apportent, d'autres laissent sans réponse ou donnent des réponses inexploitables...

Il n'y a pas une tonalité de voix idéale encore que, pour des enfants, il vaut mieux une voix douce. Mais il faut savoir placer sa voix en fonction des circonstances (par exemple, parler fort pour arrêter un exercice est indispensable : il faut quand même se faire entendre !). Des intonations particulières peuvent modifier le contenu d'une phrase, faire peser certains mots par rapport à d'autres, faire capter l'attention de l'élève qui, jusque là, n'était pas assez en éveil du fait d'un flot continu de paroles.

• **Le corps**

Les mimiques, les gestes, les postures renforcent et modulent le discours verbal :

▪ Importance extraordinaire des yeux dans les relations humaines (on a les enfants « *à l'œil* »; on ne leur parle pas en regardant ses chaussures ; on fait peser sur eux le poids du regard sur leur prestation (qu'ils sollicitent souvent eux - mêmes : « regarde si je fais bien »)). Les mimiques possèdent une valeur d'expression (on peut montrer joie, étonnement, colère rien que par des expressions du visage (« *froncer les sourcils* » pour montrer qu'on n'est pas content) mais aussi d'autres parties du corps (mettre ses mains aux hanches pour montrer son mécontentement ; enfant qui tape du pied parce qu'il est énervé).

▪ Importance des mains (on « *parle* » avec les mains) : ne pas s'en priver (mains dans les poches !) car elles aident beaucoup à l'expression de la personne.

A regarder l'enseignant ou le joueur, on sait souvent ce qu'il est, ce qu'il ressent en dehors de toute communication verbale : il y a un « *langage du corps* ».

▪ La démonstration est donc importante : montrer non seulement des gestes techniques mais aussi des comportements (autorité, dynamisme...), des sentiments (affection, émerveillement (bravo !)...). Importance des attitudes : par les postures, les gestes, on renseigne l'autre sur son état émotionnel (tenue droite = confiance), sa réceptivité (« regarde moi, je suis plus sûr ainsi que tu m'écoutes »), sa tonicité (dynamisme sur les jambes en attente de la balle de l'adversaire.= on communique déjà avec l'autre par cette présence physique).

♦ ***La distance de communication***

La distance qui sépare l'enseignant des enfants pour la transmission d'un message n'est pas fortuite : il ne faut jamais être trop loin (trop longtemps) des joueurs car l'éloignement fait oublier la communication (« *loin des yeux, loin du cœur* »). Une distance plus rapprochée favorise le contact, inspire confiance, sécurité, surcroît d'activité pour bien faire... Cependant « coller » constamment les enfants peut, à l'inverse, les crisper ! Il n'y a donc pas une distance idéale : pour observer, il faut prendre du champ pour mieux distinguer tous les paramètres du comportement du joueur ; pour intervenir, il vaut mieux être proche, présent, prêt à s'engager ; pour réunir et expliquer, il faut se rapprocher sans « rentrer » pour autant dans le groupe ; pour démontrer, il est nécessaire que les enfants soient positionnés à distance et selon des angles d'observation adaptés...

♦ ***Les messages principaux*** *à communiquer à l'enfant lors de l'apprentissage du tennis :* le plaisir de jouer / Le plaisir d'appartenir à un groupe, le goût de l'émulation dans ce groupe / Le plaisir de bien faire, le goût de l'effort.

♦ ***Les moyens*** *de l'enseignant pour y parvenir :* son envie de faire partager à tous les enfants sa passion du tennis / Sa compétence pédagogique / Son amour des enfants.

Il y a donc un nécessaire échange de messages entre les deux communicants :

De la part de l'éducateur, être à l'écoute pour connaître encore mieux l'enfant ; avoir un discours positif ; sécuriser ; encourager, valoriser, être convaincu que chacun a sa part de potentiel, de progression. S'intéresser à eux tout simplement et pas seulement à leurs résultats.

Du côté de l'enfant, être convaincu de la compétence de l'enseignant, de son autorité nécessaire pour faire passer cette compétence ; avoir confiance en lui ; le prendre comme un exemple.

♦ **L'écrit**

Il ne faut pas négliger cette forme de communication ne serait ce que parce qu'il en reste une trace : il est important, en particulier, de faire passer des messages écrits aux parents (exemple : recommandations quand à leur comportement vis-à-vis de la compétition, voir partie pratique pédagogique) ; il est intéressant de recevoir des dessins, des petits mots d'enfants, ce qui situe bien leur niveau d'implication dans le tennis, d'affection vis-à-vis de l'enseignant...

E. L'enseignant est animateur de jeux

Les enfants ne viennent pas au club pour « prendre des cours » mais pour jouer. Il faut d'abord répondre à cet état d'esprit des jeunes et cela autant par des jeux sportifs que par des jeux tennistiques, en les plaçant en compétition avec eux - mêmes et avec leurs adversaires. Ces jeux sont toujours au centre de la démarche pédagogique, que ce soit en Mini - tennis, activité ludique par excellence, ou en Initiation qui doit rester très ludique tout en faisant passer les bases du tennis. Il faut donc préparer tout enseignant bénévole ou professionnel à cette dynamique du jeu, au cœur de la motivation des enfants.

Même si *le jeu* est considéré comme un moyen idéal de formation des jeunes (activité naturelle à laquelle ils se livrent presque toujours avec ardeur et enthousiasme), il *n'a pas facilement sa place dans notre société.* Celle-ci est devenue plus citadine (où le béton gagne sur les espaces verts, les terrains de jeu...), moins familiale (les soirées de jeux de société sont remplacées par la télévision...), plus individualiste (les jeux collectifs spontanés tels que des parties de football à côté des habitations n'existent plus...).

Même *l'école a souvent séparé jeu et apprentissage* : école = travail = sérieux = non jeu. Souvent la « récréation » n'est vécue par les enseignants que comme un moyen obligé pour se ressourcer en direction du travail et non comme un moment privilégié de « création » à travers le jeu. Elle est même contrôlée par des « surveillants » non enseignants alors que son observation serait riche pour la connaissance des comportements enfantins...

Reste *le jeu sportif organisé dans le club.* Mais là encore l'enfant est, *en général, orienté vers un travail* méthodique, technique où la part du jeu est trop souvent oubliée.

A la FFT, j'ai eu du mal à faire placer le jeu au centre de la démarche pédagogique (lors de la rédaction en 1990 du document DTN n°5 : la Pédagogie fédérale). Ensuite la pédagogie du Mini - tennis, le club junior qui remplace l' « école » de tennis (signifiant, par ce nouveau vocable, que l'enfant va au club pour jouer et non travailler)..., le Cahier de l'enseignant...n'ont fait que conforter cette démarche.

En effet, *dans la vie de l'enfant, il n'y a pas de rupture entre le jeu et l'apprentissage* : l'enfant apprend en permanence soit par « assimilation » (il puise son comportement dans la réalité, il adapte en lui - même la réalité) soit par « accommodation » (il modifie son comportement pour s'adapter « au monde »). L'enfant oscille constamment entre ces 2 pôles.

(Voir la partie Pratique pédagogique).

Remarque importante : *ces 3 dernières qualités* (organiser, communiquer, animer des jeux) *sont nécessaires même au plus petit niveau de l'enseignement (l'initiateur).* La qualité d'organisation peut, certes, être prise en charge, en partie, par le responsable pédagogique quant à la structure générale de l'école de tennis et à la programmation des actions éducatives. Mais il reste à l'initiateur l'organisation de son groupe d'élèves sur le terrain tant pour jouer que pour s'exercer. La qualité de communication est d'abord liée à des savoir - être naturels (amour de l'enfant, envie de communiquer... qui ne s'apprennent pas !) mais elle se travaille aussi (mieux se placer par rapport au groupe pour se faire entendre et voir, pour observer ses élèves...). Etre animateur de jeux suppose aussi une attitude dynamique, un goût personnel pour le jeu... qui peut se rencontrer de façon naturelle autant chez l'initiateur bénévole (souvent jeune) qu'au niveau du professionnel. Mais si les jeux sportifs (avec des règles simples), l'esprit du jeu (gagner des points) se transmettent facilement aux futurs enseignants sans expérience, il est plus compliqué de faire comprendre le choix de telle ou telle situation de jeu tennistique, d'analyser avec pertinence le jeu pour le faire évoluer.

Si ces 3 qualités doivent être considérées comme fondamentales pour la (petite) formation de l'initiateur, elles ne sont pas suffisantes pour un enseignant professionnel qui se doit d'être formé à un niveau supérieur : ces qualités doivent être enrichies par une connaissance supérieure du tennis, de l'enfant et par des savoirs, savoir - faire au plan pédagogique.

F. L'enseignant a une compétence pédagogique[11]

I) Bases théoriques

La pédagogie n'étant pas une science, l'enseignant est amené à faire son « bricolage » (Meirieu), pour orienter mais aussi libérer l'apprentissage des enfants. C'est tout l'art de l'enseignant d'être assez astucieux dans son bricolage pour réussir ce compromis. Pour instruire l'enfant de ses savoirs, il est amené à mettre le tennis à la portée de l'enfant en *orientant* l'activité vers les caractéristiques fondamentales de ce jeu (respect de la logique du tennis). Il se doit aussi de *libérer* tout autant les enfants dans leur apprentissage en les rendant acteurs de leur tennis, en tenant compte de leurs motivations et en s'appuyant sur leurs capacités de créativité, de spontanéité, d'intelligence (respect de la logique de l'enfant par rapport au tennis).

[11] Connaissance de l'initiateur : seulement les principes pédagogiques de base + le schéma d'une bonne démarche pédagogique.

Un peu de méthode est donc nécessaire pour l'apprentissage des jeunes grâce à la compétence didactique et pédagogique de l'enseignant.

Les idées fortes des méthodes contemporaines:

– les enfants sont stimulés par les activités qui correspondent à leur ***désir* de fonctionner** (« ***pédagogie de l'hameçon*** »). Ils « s'accrochent » au départ à tout ce qui est jeu pour eux.

– les enfants aiment les activités où **ils connaissent la réussite** (« ***pédagogie de la réussite*** ») et secondairement lorsqu'elles sont associées à des professeurs admirés, sympathiques, aimés.

– les enfants préfèrent « ***faire*** » qu'écouter ou effectuer des consignes dont ils ne perçoivent pas l'enjeu (« ***pédagogie active*** »), l'erreur n'étant pas considérée comme une faute mais faisant partie du processus éducatif. Pour apprendre il faut agir ; plus l'enfant agit, plus il accumule des expériences, des sensations, plus il sait ce qu'il a à faire, plus il peut comparer, analyser. *Sans but, sans essais, sans erreurs, l'action de l'enfant ne peut prendre forme.*

– les méthodes actives postulent que la ***connaissance de l'enfant*** doit être ***construite plutôt qu'apprise*** grâce à la richesse d'adaptation, d'expression, d'intelligence pratique de celui-ci : « les enfants, ils m'ont tout appris » affirme Françoise Dolto. Les travaux de Piaget ont souligné aussi l'importance de cette appropriation active par l'élève (assimilation – accommodation).

– les méthodes actives posent comme principe que les enfants vont de l'action à la réflexion, du global à l'analyse : ***on fait avant de comprendre ou pour comprendre***.

– les méthodes actives s'appuient particulièrement sur ***l'induction*** (généralisation d'un comportement ressenti dans une action singulière à d'autres actions proches ou différentes). L'enseignant doit donc se servir de la notion de ***transfert d'apprentissage***.

– les méthodes actives ouvrent aux enfants le « champ des possibles » par des expériences suffisamment nombreuses et diversifiées (« ***pédagogie des contrastes*** ») pour leur permettre de discriminer ou généraliser leurs conduites.

II) Conséquences pédagogiques

1) Permettre à l'enfant d'agir (d'abord agir pour connaître: on connaît quelque chose parce qu'on sait le faire = savoir-faire).

♦ *en tenant compte de ses motivations* : jusqu'à 11-12 ans, ce sont *le plaisir* du jeu, d'amusement, de « fonctionner », de s'activer ; *l'envie de « bien faire »* ; *le besoin d'approbation des autres* (parents, enseignants, amis). Jusqu'à 7 - 8 ans, la dépendance est grande vis-à-vis des adultes (puis diminution progressive au profit des comparaisons entre enfants eux-mêmes).

♦ *Dans le respect de la logique du jeu* : il y a un *cadre d'activité tennistique à respecter* (des zones, des limites de terrain, un filet, des règles de jeu…). Donner à l'enfant du temps pour expérimenter et aussi transformer sa logique (son comportement de débutant peut nous sembler à certains moments aberrant : par exemple, frapper les balles avec des gestes pendulaires a un sens, une logique pour lui : ses actions sont axiales avec un corps face « au monde » Il faudra du temps pour transformer son « point de vue »).

On a beaucoup à apprendre des enfants en les rendant acteurs de leur tennis, en croyant en leurs capacités de créativité, de spontanéité et en se servant de leur moteur essentiel, leur plaisir de jouer.

2) Favoriser la réussite de l'enfant

Pour cela, ils ont besoin d'être *aidés par l'enseignant qui favorise leurs réussites* en proposant des situations et des objectifs réalistes maintenant ou renouvelant son intérêt pour l'activité (sources principales d'intérêt : *la nouveauté, la complexité, l'incertitude*) et correspondant à ses capacités du moment.

3) Encourager l'enfant à l'effort (intensité optimale de participation tant physique que de volonté, imagination, attention). Proposer des situations et exercices correspondant à des *« zones proximales de développement »* (Vigotsky), *« juste ce qu'il faut de facile pour faire réussir, émoustiller l'intérêt, de difficile pour avoir envie de mieux jouer »*. La difficulté met en rapport la complexité* de la tâche (avec sa quantité d'informations à traiter) et les possibilités du sujet. Pour une même complexité, difficulté ou non selon les capacités du joueur.

*complexité = ensemble des contraintes objectives de la tâche.

L'enseignant n'est pas qu'un simple initiateur de jeux. « Emoustiller » l'intérêt de l'enfant ne suffit pas. Avoir envie de jouer, certes, mais pour mieux jouer, il faut consacrer du temps et de l'effort, eux-mêmes générateurs d'intérêt pour le jeu. La place du *travail* est d'autant plus importante que, pour mettre en route un apprentissage, il est souvent intéressant de confronter l'enfant à une situation – problème suffisamment riche et attractive pour qu'elle puisse mobiliser ses capacités. L'enseignant fera, certes, confiance aux capacités du sujet pour trouver des solutions. Cependant, il doit tout autant *faciliter la tâche* (par une situation favorable, au contact d'un milieu aménagé judicieusement, en lui procurant des outils (explication, démonstration…) que *laisser l'élève se confronter à la difficulté. « L'aider mais à l'économie* : en dire *suffisamment* mais *pas assez »* (Philippe Meirieu : apprendre... oui mais comment). *Autrement dit trouver en l'enseignant juste ce qu'il faut d'aide pour éviter d'engager un apprentissage long, fastidieux et parfois même mal orienté.*

L'aide de l'enseignant est tout aussi importante au plan psychologique pour les enfants en soulignant leurs succès, en étant positif quand ils sont en échec, en leur transmettant de la confiance.

4) Maîtriser, en tant qu'enseignant, **un contenu d'enseignement** planifié dans le temps, **une programmation** en cohérence avec les capacités de l'enfant.

L'enseignant doit savoir où il va au fur et à mesure de l'évolution de l'apprentissage de l'enfant. Cela suppose qu'il se fixe des objectifs, des niveaux à atteindre, des étapes à franchir et qu'il prévoit l'évaluation des progrès.

C'est encore souligner l'importance de l'enseignant qui est non seulement expert en savoir tennistique (il connaît les fondamentaux de l'activité tennistique) mais surtout un guide pour les élèves en leur donnant des directions pour des succès immédiats et porteurs d'avenir. *Il met à la portée des enfants le jeu à travers des situations de jeu simplifiées* ; *il les aide à réussir des tâches d'apprentissage* ni trop faciles, ni trop difficiles, là où les orientations tennistiques sont bien marquées, là où la réussite demande des efforts *; il est détenteur des procédés d'enseignement les plus efficaces, les plus appropriés aux élèves* (démonstration/ explications verbales/ guidage physique/ feedback/ individualisation, personnalisation des conseils).

III) Les étapes de l'apprentissage

Il s'agit de *mettre le tennis*, activité sportive complexe, *à la portée de l'enfant*. Cette maîtrise du tennis par l'enfant se fait, globalement, en trois étapes :

1) Découverte *= activité « exploratoire » de l'enfant*

Au début de l'apprentissage, *aménager pour l'enfant des* situations tennistiques *qui réduisent la complexité de ce jeu* (décomposition, fractionnement de l'activité globale en sous - tâches facilitant leur accès : succession de tâches simplifiées visant à l'acquisition d'habilités nécessaires, incontournables (pré - requis) qui permettront la réalisation de tâches plus complexes ; hiérarchie d'apprentissage ; transfert (si ce qui est mis en jeu lors de la sous - tâche est de même nature que dans la tâche complexe, finale).

Cet aménagement est totalement nécessaire pour les enfants de 5 - 6 ans qui découvrent le tennis et pour les enfants de 7 ans (ou plus) qui n'ont pas d'aptitudes sportives particulières et qui ont besoin de se familiariser avec l'activité pour viser une base d'habileté motrice large.

Cette activité tennistique exploratoire sera d'autant mieux facilitée, vécue *avec un matériel adapté* (raquette, balle, filet...) *et une adaptation des règles* :

• ***Situations*** suffisamment ***simples*** pour l'enfant : voir les situations en Mini - tennis (jeux, exercices) dans la partie Pratique pédagogique apportant un éclairage à cette partie théorique :

▪ *Il sait ce qu'il a à faire* (« *quoi* » faire) : information claire sur le but de l'action pour des tâches dites semi - définies (exemple de but : frappes douces...) et (ou) avec certaines contraintes (exemple : 1 ou 2 rebonds) qui sont spécifiées sans pour autant indiquer les moyens de faire (« *comment* » faire). Ce mode de fonctionnement est particulièrement adapté au débutant qui s'organise par rapport à un but et corrige ses réponses à posteriori. Il développe ainsi sa créativité et mobilise ses processus d'auto - régulation.

▪ *Il a envie de faire* (motivation, intérêt). Avec des balles en mousse, des balles souples, dans un petit terrain (par exemple), il aime faire des « passes » à son camarade.

▪ *Il a des chances de réussir* dans ses actions, les situations correspondant à ses possibilités : buts concrets avec des terrains, cibles matérialisés ... ; les buts sont proches pour une réussite rapide, particulièrement pour les plus jeunes.

• ***Situations*** suffisamment ***fonctionnelles*** :

▪*Elles ne dénaturent pas le tennis*. Elles gardent une signification tennistique en maintenant les éléments, les exigences essentielles du tennis ; elles sont suffisamment contraignantes pour permettre une organisation perceptive et motrice de l'enfant telle qu'elles tendent vers les fondamentaux (techniques et tactiques) du tennis. Limites de terrain plus ou moins réduites, règles du jeu plus ou moins adaptées, enfant engagé dans des actions globales avec raquette, balle... en envoi, renvoi..., dans des enchaînements simples d'actions (renvois sur des balles reçues à droite, à gauche...).

▪ *Elles réduisent l'écart existant entre les possibilités de l'enfant* (particulièrement déficitaires au niveau de l'identification des trajectoires de balle) *et les tâches définies par le jeu réglementé du tennis*.

▪ *Elles obligent l'enfant à une recherche active*, à la découverte de pré - requis nécessaires à la résolution de ces sous - tâches (habiletés partielles qui se fusionneront, se transféreront plus tard dans une habileté générale, unique (exemple : mise à distance pour frapper). (Voir la partie Pratique pédagogique au travers des 3 situations de base (près, loin, large).

Exemples :

.lorsque l'enfant effectue des exercices tels que se lancer la balle, courir après elle, la frapper, son lancer est toujours orienté (plus ou moins) vers le filet. Le but de ces lancers orientés est toujours de faire ressentir à l'enfant des coups avec des plans de frappe avancés (pré - requis technique) dans l'intention de franchir une zone ou un obstacle (filet) devant lui (pré - requis tactique).

.dans la situation « loin », le but de l'action à entreprendre étant de frapper fort, choisir des contraintes orientant l'enfant vers cet objectif (frappes rasant le filet...). L'enseignant laisse les enfants s'expérimenter à cette nouvelle tâche (quitte à faire varier le « loin » en faisant avancer plus ou moins les enfants pour obtenir leur réussite). Avec le respect du but et des contraintes de cette situation, les enfants déclenchent des réponses intéressantes pour les fondamentaux techniques (recherche d'écart à la balle - mise à distance - ; prise d'élan, fin de geste ; rythme). Ces fondamentaux sont révélés avec le plaisir d'une agressivité libérée à travers des formes diverses (coups à deux mains, à une main, à droite, à gauche...).

.si la tâche simplifiée est facilement réalisée par les élèves, l'enseignant peut (doit) la rendre plus difficile, complexe en « manipulant » dans l'autre sens les paramètres qui ont permis l'action (frappe après un seul rebond, frappe plus forte, plus grande raquette ...).

L'enseignant n'a rien d'une personne qui laisse faire : il est d'abord *prospecteur de situations offertes* (dont il a apprécié les problèmes posés et dont il sait les réponses) ; il est *incitateur de découvertes* ; il est *observateur,* attentif aux réactions des enfants ; il *guide* l'enfant vers les solutions les plus pertinentes, évolutives, par un savoir non étalé.

2) Apprentissage initial

Pour les enfants de 7 - 8 ans (d'abord passés par la première étape de découverte), ce n'est plus seulement l'exploration des situations ni l'approche des fondamentaux techniques et tactiques en situation. C'est *la stabilisation de ces découvertes, de ces fondamentaux dans différentes situations et l'enrichissement, l'exploitation de ces fondamentaux à travers des situations proches ou plus complexes et variées.*

Il s'agit de prolonger l'aventure motrice, de maîtriser des coordinations plus élaborées, d'affirmer une maîtrise gestuelle, de se repérer à travers un pouvoir nouveau. Par exemple, à partir du moment où l'enfant a ressenti la nécessité de se mettre à distance, de lancer son mouvement (situation loin), cette manière d'agir doit faire aussi l'objet d'un travail tant en situation loin (qui a révélé ces moyens) qu'en situation près, large.

L'apprentissage doit « balancer » sans cesse entre deux nécessités :

▪ **« ouvrir » les situations** en faisant une part plus ou moins large à l'incertitude : le problème essentiel est, alors, de prendre des informations (perception, traitement, mémorisation des signaux) et d'interpréter ce que l'on voit (grâce à l'expérience pour analyser ce qui est vu). Par exemple, distribution de balles incertaines, difficiles par l'éducateur lors de la situation large.

▪ **« Fermer » les situations** en diminuant plus ou moins la charge d'incertitude, l'enfant évoluant dans un environnement stable, semblable, certain. Par exemple, réception de balles « faciles » (même trajectoire courbe, à une vitesse identique, avec un rebond avancé… ; même enchaînement d'actions prédéterminées : succession de balles toujours à droite, à gauche…).

Le point essentiel est, alors, de fixer l'attention de l'enfant sur ses moyens d'action. Par exemple, qualité du déplacement, placement à distance de la balle, moment du déclenchement de la préparation…

*Dans l'apprentissage des techniques, il y a, en effet, un « programme moteur généralisé »** (Schmidt) *à régler, automatiser.*

*organisation, forme communes à tous les actes moteurs ayant une certaine identité de structure, une ressemblance globale : par exemple, les coups droits.

Ce schéma général est, ainsi, transposable à toute une catégorie d'actions analogues. Pour un coup donné, l'enfant doit *stabiliser le schéma général de sa réponse motrice* en diminuant de plus en plus les gestes inutiles, mal adaptés : répétition d'une forme suffisamment stable dans une situation où la demande perceptive est faible, transposable, transférable à des situations analogues ; situations de « systématisation » avec des exercices tels que les séries permettant au joueur de réaliser son coup sans perturbation environnemental. Par exemple, nécessité d'un placement à côté de la balle, d'une préparation, d'un plan de frappe avancé… lors de séries de coup droit …

Mais, pour éviter que cette fixation nécessaire se transforme en stéréotypie, il faut, parallèlement, diversifier en faisant varier les conditions d'exécution des coups du tennis autant :

– *au niveau du coup lui - même* : ajustements à la balle avec des appuis en ligne, ouverts… ; amplitude du geste plus ou moins importante ; moments de déclenchement de la préparation plus ou moins précoces ; prises de balle plus ou moins tôt ; coups dans des directions différentes, à des endroits différents…

– *au niveau des éléments extérieurs* : trajectoires reçues différentes ; positionnements de l'adversaire différents, vent… D'où l'importance des situations de « contraste » (au cours desquelles le joueur explore les conditions extrêmes de l'action), des situations de « contrainte » (le joueur adapte son action aux exigences de la situation : balle dans les pieds, sur soi…). Ces contraintes sont régulatrices du mouvement qui doit se conformer au but à atteindre (la tâche est d'autant plus difficile que les contraintes sont nombreuses, incertaines).

– *au niveau de la prise de conscience de ces moyens d'action (conceptualisation)* qui permet à l'enfant de généraliser sa conduite (transfert), de choisir, décider entre différents moyens.

La réponse technique générale reste stable (par exemple, « j'ai à préparer mon coup ») mais elle est ajustée, spécifiée en fonction des caractéristiques particulières de la situation (préparation précoce ou retardée, plus ou moins haute selon la réception de balles rapides, lentes, hautes…). Si des conditions trop changeantes ne permettent pas à l'enfant de construire des règles de réponse (il lui faut un certain taux de « constance » dans sa pratique), c'est tout l'art de l'enseignant que de savoir doser la part du connu et de la nouveauté pour *favoriser la construction d'habiletés motrices à la fois stables et flexibles* (par exemple, apprendre à frapper en coup droit dans des conditions diverses : sur balles hautes, basses, en réception de balles croisées, décroisées.. ., dans des directions variées ... , dans un environnement qui peut être aménagé pour répondre au niveau des élèves (terrain réduit...).

Cette double nécessité d'automatiser et de diversifier permet au joueur de « réagir à » l'adversité (en s'adaptant aux situations provoquées par l'adversaire (prise d'informations- stade perceptif) et d'« agir sur » l'adversaire (en produisant une qualité de frappes pour s'imposer à lui). C'est ainsi que le joueur peut répondre à toutes les situations du tennis qui sont plus ou moins *ouvertes* ou *fermées* selon le degré d'incertitude (par exemple, service : *fermé* ; échanges : *assez ouvert* ; échanges coup droit - coup droit : *assez fermé* ; point : *ouvert*).

3) Maîtrise

La maîtrise du tennis s'obtient progressivement à travers une période de renforcement des techniques lors de situations à schémas tactiques certains et également d'adaptabilité, de spontanéité, de liberté lors de situations ouvertes jusqu'à l'extrême. *Le joueur renforce ainsi ses pouvoirs acquis* lors de l'apprentissage *mais, aussi, il personnalise ses savoir - faire* avec un style qui lui est propre. Il devient de plus en plus expert par les décisions rapides et justes prises dans l'action (à la lecture rapide du jeu de l'adversaire) et par l'exécution d'actions efficaces sur l'adversaire, avec ses moyens propres. Le joueur de haut niveau dispose, à ce stade, de mécanismes de détection des erreurs : c'est lui - même qui s'offre, en interne, la connaissance de ses résultats : au cours de l'action, il sait, immédiatement, s'il fait comme à l'habitude ou non, s'il a du temps et la possibilité de corriger son exécution (feedback de régulation, de résultat). Automatisme et plasticité mêlés dans les actions pour une diminution du coût énergétique, pour une élimination des gestes parasites mais aussi pour une liberté, une anticipation, une proprioception fine, inconsciente (un champion ne peut pas toujours « expliquer » quelle est sa prise en coup droit dans une situation particulière..., les gestes balistiques, brefs ne donnent pas toujours des possibilités d'informations en retour...).

Cette maîtrise, en particulier technique et tactique, peut s'acquérir très tôt. A 12 ans, il n'est pas rare de voir les jeunes régionaux les plus talentueux maîtriser parfaitement tous les coups du tennis (service lifté, passings, coups d'approche...). Voir, dans ce livre, les photos de Constantin Belot, champion de France minimes 2005, quand il était benjamin.

La maîtrise d'une activité sportive est donc le résultat d'une activité d'apprentissage complexe au cours de laquelle l'élève prend une part active :

▪ainsi *la technique ne peut être considérée comme une condition préalable à la pratique du tennis* (qui justifierait un apprentissage isolé avant toute mise en situation tennistique).

▪*la technique de l'enfant n'est pas la reproduction d'un « mythe de la forme idéale* » (Spaeth), technique abstraite définie comme moyenne théorique des savoir - faire des meilleurs joueurs, voire comme la technique idéalisée de tel champion, de tel coup...

▪*on ne « copie » pas des techniques*, des coups pour les intégrer dans un répertoire ; *on maîtrise progressivement ceux - ci à partir des fondamentaux qui sont une réalité incontournable, essentielle*, à apprendre dès le début en situation simplifiée, aménagée puis dans des conditions plus complexes.

IV) La démarche pédagogique

La démarche est une stratégie générale, un ensemble d'allées et venues que l'on fait pour mener à bien son projet.

Généralités sur la démarche dite traditionnelle et la démarche dite active

traditionnelle	Active
Différence au plan philosophique	
L'enseignant ne croit pas à la bonne nature de l'enfant : il faut le mettre dans un « moule », un « canal » pour éviter tout débordement.	L'enseignant croit à la richesse d'adaptation, d'invention de l'enfant. Il faut lui laisser sa liberté d'expression : qualités d'accommodation aux exigences des situations, intelligence pratique, liberté, disponibilité, personnalité.
Différence dans les méthodes d'apprentissage	
La connaissance du tennis est essentiellement transmise (rôle principal de l'enseignant). Importance de l'analytique (on décompose en éléments la matière à enseigner), de la progression méthodique, de la démonstration de l'enseignant, des directives verbales, de la mémoire, de la répétition.	La connaissance du tennis est principalement conquise (construction active, personnelle de l'élève : rôle essentiel de l'élève). Prise en compte des intérêts de l'enfant. Importance des situations proposées, vécues par l'enfant et donnant un sens à son action : initiatives, imagination, réflexion personnelle pour favoriser l'acquisition d'un savoir - faire adapté.
Accord sur la difficulté du tennis réel, désaccord sur la façon de le simplifier	
On simplifie en considérant que la technique est première : on isole la technique en estimant que c'est l'outil sans lequel on ne peut jouer au tennis (idem les gammes au piano). D'autant plus qu'on prend comme modèle le champion. Progression théoriquement simple avec une approche mécaniciste, associationniste : on divise les difficultés, on juxtapose les éléments petit à petit, on décompose les gestes … Décalage avec la motivation de l'enfant (il veut jouer) et sérieux problèmes de transfert à la situation globale. L'enseignant est « dictateur » d'une forme de mouvement idéal.	On part de la totalité (joueur - tennis), de la réalité (rapport de forces entre les joueurs dans leur jeu). On adapte le tennis à la dimension et à la motivation de l'enfant par des situations de jeu simples pour lui mais non appauvries pour le tennis (voir jeux près, large, loin / tennis évolutif). La technique est au service de la tactique, des situations. La tâche première de l'enseignant est de spécifier le problème à résoudre ou la nature du résultat à obtenir. L'enseignant doit jouer sur les actions à réaliser qui induisent les intentions de jeu et les comportements du pratiquant.

Le jeu n'a pas la même raison d'être dans les deux démarches

Le jeu est seulement accordé comme une récompense ou une détente après le travail et pour permettre de se ressourcer au bénéfice d'un meilleur travail.	Le jeu est au centre de la démarche. Il en est le fil conducteur. C'est la principale fonction de l'enfance (tout en ayant aussi une place de choix au niveau de l'adulte).

Malgré des tentatives de lien, ces 2 démarches restent souvent inconciliables.

Lien vers la pédagogie active : Part accordée au jeu en lui laissant une place dans la séance (en général à la fin). Acquisition de gestes associées à des intentions pour prouver que l'apprentissage n'est pas le geste pour le geste.	Lien vers la pédagogie traditionnelle : Reconnaissance par l'enseignant de la spécificité du tennis et de sa technicité particulière l'amenant à dépasser ses connaissances pédagogiques générales.

Pour une synthèse :

Il n'y a pas de méthode qui empêche d'apprendre. Cependant, il s'agit d'apprendre mieux et plus vite. Les deux ont leur part d'efficacité avec, cependant, dans les premières phases de l'apprentissage, un choix complet pour la pédagogie active. Sans pour autant oublier le guidage tennistique : il y a tellement de sensations à découvrir qu'elles peuvent être orientées ! Découvrir n'est pas laisser faire et l'adaptation globale à des situations ayant un sens pour le tennis exclut la facilité pour l'enseignant et l'engage déjà pour le meilleur avenir du jeune joueur. Par la suite le joueur subit de plus en plus de contraintes, l'entraîneur est de plus en plus rigoureux : les recettes traditionnelles avec un travail répété participent à la réussite du joueur autant que l'adaptation permanente à travers la compétition. Enfin, il ne faut pas négliger la part de transmission culturelle à la fois pour les adultes (ils ont une meilleure connaissance de leur corps, une intelligence qui a une résonance sur l'activité corporelle...) et pour les jeunes talentueux qui imitent facilement les champions...

Schéma d'une démarche pédagogique

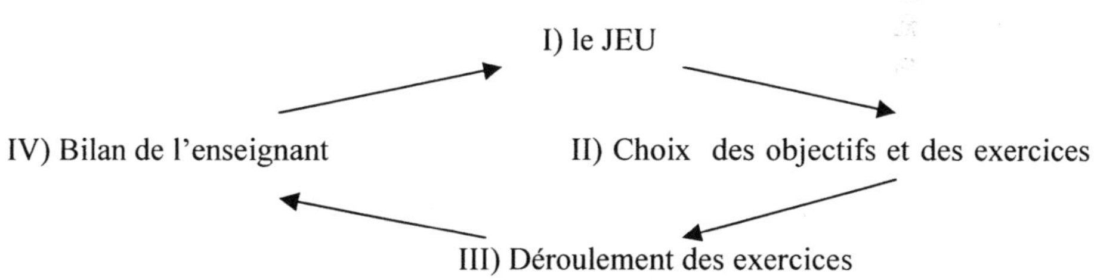

Tout part du jeu ou d'une situation de jeu globale. Pour faire mieux jouer les enfants, *l'enseignant discerne les objectifs de travail* à réaliser et *détermine les exercices appropriés. Il en assure le bon déroulement* par différents procédés pédagogiques. Suite à ce travail, *il replace les enfants dans le jeu* (ou la situation de jeu) *initial* pour vérifier si des acquisitions ont été intégrées réellement.

I) Le jeu

C'est le moyen d'expression privilégié de l'enfant ; c'est sa source principale de plaisir et de motivation. Apprendre en jouant est le procédé d'acquisition le mieux adapté à la psychologie de l'enfant, lui permettant, de plus, de s'auto - évaluer à travers sa réussite dans le (s) jeu (x).

« Le jeu est le premier grand éducateur » (Baden-Powell). « Plusieurs siècles d'entreprises éducatives ont fait oublier aux hommes que les premiers apprentissages, les plus précieux et les plus fertiles en prolongements ultérieurs, sont des apprentissages par essais et erreurs qui président aux jeux. La fonction ludique est un phénomène neurobiologique qui pousse l'enfant à interagir avec des objets, avec d'autres individus et, finalement, à apprendre très tôt à se poser des problèmes qu'il lui faudra résoudre » (Azemar).

Le jeu initie aussi les enfants à un aspect de la réalité avec lequel ils n'aiment pas (ne savent guère) composer : l'échec, la défaite.

Le jeu sert de moyen d'évaluation à l'enseignant pour son enseignement : il sait d'où il part, ce qu'il a obtenu, ce qu'il lui reste à obtenir.

Les différentes formes de jeu :

♦ ***Le jeu aménagé, adapté***

Pour les enfants débutant tôt le tennis, il est nécessaire de réduire les terrains, d'avoir un matériel adapté (petites raquettes, balles en mousse...), des règles de jeu adaptées (nombre de rebonds accepté...). Importance particulière de ce jeu lors du mini - tennis.

♦ ***La situation de jeu***

Situation simplifiée du jeu réel dans les conditions les plus proches de ce jeu (par exemple, jeu sur ½ terrain intermédiaire, jeu en diagonale) ⇒ situations facilitées mais aussi contraignantes (voir ci - après Moyens pédagogiques de l'enseignant).

♦ ***Le jeu dirigé***

L'enseignant intervient au cours du jeu en suscitant et guidant l'action de l'enfant après un point, un jeu, un set... : il mentionne les fautes, les points forts, il fait prendre conscience de situations caractéristiques, il rend significatifs les éléments importants du jeu..., en n'arrêtant pas continuellement l'action des joueurs.

♦ ***Le jeu libre***

L'enseignant n'intervient pas : il laisse l'enfant aux prises avec les difficultés, les problèmes qui surgissent et avec les solutions que celui - ci choisit ⇒ absence de directives, activité globale. C'est le vrai révélateur des comportements des joueurs. D'où l'intérêt, pour l'enseignant, d'observer le joueur « en liberté » et, encore plus, de favoriser ce jeu hors de sa présence (qui peut représenter une pression pour l'enfant, une envie de montrer au professeur qu'il veut bien faire...).

A chaque fois que c'est possible, il faut placer les élèves, les joueurs dans les conditions les plus proches du jeu, du match. Les exercices peuvent, en effet, créer des situations artificielles et irréelles, être bons pour l'apprentissage moteur mais pas vraiment pour les stratégies de jeu, ne pas préparer à anticiper, à lire les situations, ne pas confronter à des situations particulières, « vraies ». De plus, les exercices n'aident pas à développer autant les maîtrises physiologiques et surtout psychologiques que nécessite, spécifiquement, le match.

Mais le jeu ne peut tout solutionner ⇒ choix d'objectifs et d'exercices.

II) Choix des objectifs, des exercices

♦ **Les objectifs:** ce que saura, sera, fera un élève au terme d'un apprentissage : c'est un résultat défini indépendamment des moyens.

A partir du jeu ou d'une situation de jeu, l'enfant, le joueur prend (peut prendre) conscience de ses comportements dans le jeu. De même l'enseignant en observant, en évaluant le jeu détermine des objectifs pour l'évolution de l'élève. Le choix de ces objectifs est souvent pris par l'enseignant, surtout dans les premières étapes de l'apprentissage, mais, plus le joueur évolue, plus son adhésion aux objectifs est indispensable. Les objectifs doivent être adaptés au niveau des élèves et être suffisamment réalistes par rapport aux capacités des enfants.

♦ **Les exercices :**

L'exercice ne se justifie que s'il est au service d'un besoin réel des élèves et s'il peut contribuer à l'acquisition d'une habileté favorable au jeu.

Le choix de l'exercice est déterminé par l'enseignant. Mais l'objectif de l'exercice ne peut être étranger aux élèves : que ce soit pour des débutants ou des joueurs, il doit être clairement expliqué afin qu'ils en comprennent l'intérêt et qu'ils se l'approprient.

Les exercices ont, aussi, leurs avantages par rapport au jeu, aux situations de jeu :

- Ils peuvent être aisément conçus pour s'adapter aux besoins spécifiques de l'élève (au contraire de la situation de match plus ou moins complexe).
- Ils permettent une plus grande quantité de répétition des habiletés dans un temps déterminé (50 volées en 5' pour quelques unes seulement dans un match…).
- Ils peuvent simplifier le travail en traitant du développement particulier de l'habileté de l'élève (perceptif, décisionnel ou moteur).
- Ils sont capables d'augmenter, méthodiquement, la complexité de la tâche, donc le challenge (alors qu'en jeu l'élève peut ne pas être assez « poussé »). Le débutant, en particulier, ne doit être ni « submergé », ni « sous - estimé, sous - défié ».
- Pendant les exercices, les élèves peuvent rester concentrés sur tel ou tel aspect spécifique de leur tennis (technique, tactique…) alors que compter des points devient prédominant et fait oublier la prise, l'accompagnement…pas encore maîtrisés. Les exercices établissent des buts réels, spécifiques sans le « travers » de gagner ou perdre.

Les exercices les plus utilisés lors de l'apprentissage :

L'éducatif : exercice simplifiant l'exécution du coup et permettant une acquisition plus juste, plus rapide (exemple : envoyer la balle après avoir effectué sa préparation…).

Le correctif : exercice contraignant pour modifier une technique défectueuse (exemple : tenir plus fermement la raquette pendant toute la préparation à cause d'un poignet trop « mou » habituellement …).

La série : répétition systématique d'un coup ou de coups, sans échange (exemple : série de services, de coups de fond de court…).

La gamme : échange répété avec un partenaire ou au mur (exemple : coup droit - coup droit avec un partenaire).

L'exercice mixte : envoi (spécifique ou non) par l'enseignant pour démarrer l'échange (voire pour le prolonger) entre les joueurs.

III) Déroulement

1. Expliquer au groupe d'élèves (ou à l'élève) **le but, le « pourquoi »** de l'exercice.

2. Démontrer globalement l'exercice.

3. Mettre en place la formation de travail : installation du matériel pédagogique et définition du rôle de chaque élève (lanceur, ramasseur…), des consignes à respecter (adopter une prise...).

4. Réaliser l'exercice : pendant l'exercice, l'enseignant observe, évalue. Il intervient collectivement, lors de regroupements, ou individuellement, quand il le juge nécessaire, pour aider les élèves dans leur réussite. Il déclenche les rotations pour donner aux enfants le même temps dans chaque rôle.

5. Répéter l'exercice pour laisser le temps aux enfants de s'adapter aux difficultés de l'action proposée et favoriser leur réussite :

– si la réussite est là, poursuivre la répétition de l'exercice pour donner plus de confiance aux élèves et renforcer leurs acquisitions (en gardant le plaisir, en évitant la monotonie, en valorisant leur performance par des acquiescements de l'éducateur).

– si l'action n'est pas réussie, l'enseignant doit discerner les causes de cette mauvaise exécution (incompréhension des élèves, exercice trop difficile…) et y remédier grâce à ses procédés pédagogiques (démonstration, explication, exercice plus adapté…).

Il met fin à l'exercice quand il en a tiré un profit maximum pour ses élèves.

6. Faire évoluer l'exercice selon le degré de réussite des élèves (trop facile $\Rightarrow$ le rendre plus complexe ; trop difficile $\Rightarrow$ le simplifier) $\Rightarrow$ Pour faire évoluer le niveau de difficulté de l'exercice, l'enseignant intervient sur différents paramètres : *la qualité des balles* (plus ou moins vives), voire des raquettes, pour qu'elles soient les mieux appropriées aux capacités des enfants / *le positionnement des élèves* sur le court / *la qualité des trajectoires reçues* (la vitesse étant le paramètre le plus difficile à maîtriser car elle est la moins identifiable pour l'enfant sans expérience) / *le type de coup à effectuer* / *la taille des cibles*, des zones de jeu à viser / *le positionnement de l'éducateur*, quand il distribue les balles.

IV) Retour au jeu pour un BILAN

Le retour au jeu permet *à l'élève* de faire son propre bilan en se mesurant aux autres ; *à l'enseignant* de faire le point sur la compréhension du travail proposé, l'adhésion du groupe aux objectifs, la motivation et les acquis de chacun ; de s'auto - évaluer en mesurant ce qu'il a obtenu et ce qu'il lui reste à obtenir ; de programmer la (les) séance (s) suivante (s).

Pour mener à bien son projet pédagogique, l'enseignant connaît les moyens que possède l'enfant pour acquérir des bases tennistiques et sait utiliser des moyens pédagogiques pour faciliter cet apprentissage :

V) Les moyens d'acquisition de l'enfant

L'imitation

L'enfant s'inspire de ce qu'il voit (y compris dans son imaginaire) pour construire sa propre réalisation ⇒ besoin d'image, de modèle (parents, enseignants, champions et aussi besoin de filiation pour faire comme les autres camarades).

L'enfant améliore sa maîtrise dans l'imitation quand « l'image réelle » (le mouvement qu'il effectue lui-même) se rapproche de « l'image exacte » (la forme correcte exécutée par l'enseignant, le joueur expert). Si une des deux images n'est pas clairement enregistrée, l'imitation n'a pas son niveau optimum.

La compréhension

L'enfant doit savoir le but de ses actions (le « pourquoi »). Les démonstrations créent des images visuelles plus efficaces que de longues explications verbales (car il faut traduire des mots en images visuelles).Cependant il y a de bonnes raisons de compléter la démonstration par des signaux verbaux en trouvant des mots vivants, des mots qui ont un sens pour l'enfant exprimant des aspects d'une technique et focalisant ainsi l'attention de l'élève (« tire le coude, traverse la balle »...).

Les sensations corporelles

Le schéma corporel se développe au travers de multiples expériences vécues (coups à deux mains, à une main, frappes douces, frappes fortes...). En effet, au cours de l'action ou après l'action, l'élève prend des informations ⇒ feedback*.

*« nourriture », information en retour, retour sur les sensations éprouvées.

Ces informations que l'exécutant reçoit se produisent pendant ou après l'action : *pendant,* elles régulent, corrigent le mouvement ⇒ feedback de régulation (cette connaissance de la réalisation motrice est difficile et longue à ressentir lors de l'apprentissage) ; *après,* elles évaluent si l'objectif de l'action est atteint ⇒ feedback terminal, d'évaluation encore appelé connaissance de résultat (cette connaissance est plus facilement accessible).

L'affinement des sensations dans l'action se fait grâce aux différents sens :

- **tactile** (une prise plus ou moins fermée selon le coup joué aura des conséquences sur le plan de frappe, l'effet donné à la balle...).
- **proprioceptif, kinesthésique** (par différentes positions, différents déplacements des segments corporels...avec une importance particulière aux dissociations des différentes parties du corps : bras – jambes, avant - bras – poignet...).
- **visuel** quand c'est possible (particulièrement intéressant pour l'apprentissage des coups par le contrôle visuel des préparations, des fins de geste) qui se transformera en contrôle proprioceptif au fur et à mesure de l'intériorisation de l'habileté.
- **auditif** (le bruit de la frappe, le centrage de la balle... informent sur la qualité de la frappe et permettent au joueur d'anticiper sur les actions futures).

Rien ne peut se substituer à la sensation du mouvement.

Les informations données par le mouvement lui-même ne peuvent servir au contrôle du geste dans son déroulement que si la vitesse d'exécution n'est pas trop grande à un niveau d'apprentissage initial. Ce qui donne de l'importance aux phases initiales et finales ⇒ les informations les plus identifiables se situent en début et en fin de coup, même lors de frappes fortes.

Les informations par le résultat de l'action ont, pour le joueur, une utilisation tactique immédiate (évaluation instantanée du coup joué en regard de son projet d'action, anticipation des actions suivantes, construction du point...Si la réussite n'est pas là, la validité du plan d'action, sa reproduction risque d'être remise en cause).

« Ce n'est pas la pratique qui apprend mais la pratique dont les résultats sont connus » (Leplat).

Mais le joueur ne sent pas toujours ce qu'il fait. Il ne se voit pas. Ses mouvements réels, son comportement sont très différents parfois de ce qu'il pense être. D'où le rôle du feedback de l'enseignant qui aide l'enfant à mieux s'exprimer en lui donnant une information en retour après l'exécution de son action.

VI) Les moyens pédagogiques de l'enseignant

La démonstration (mémoire visuelle+ influence psychologique)

L'apprentissage peut être facilité par l'observation comme guidage visuel. La démonstration est beaucoup moins un modèle à imiter strictement qu'un élément de guidage contribuant à la constitution de référentiels cognitifs.

Elle doit survenir lorsque l'élève, le sportif en ont besoin et leur donner des informations optimales.

On rencontre deux types de démonstration : *la démonstration globale de l'action* qui doit, d'abord, donner l'objectif de l'apprentissage (« quoi faire ») mais aussi offrir un modèle général qui doit être imité et favoriser la réalisation / *la démonstration de certains éléments du geste*, pour les rendre plus observables parce que plus identifiables, repérables, réalisables (début de geste, fin de geste...) à coordonner dans le geste global.

Le guidage de l'observation permet de focaliser l'attention de l'élève sur les aspects pertinents de la réalisation.

Le plus souvent les deux types de démonstration sont utilisés et complétés par des informations et explications verbales.

Pour des tâches complexes, on recourt à une « distribution » de la démonstration en la présentant au début et en cours de pratique. Lorsque la quantité d'informations à transmettre est importante, il faut découper la démonstration en sous - unités pour une acquisition progressive.

Quand la démonstration est tactique (but de l'action), la réussite dans l'action est essentielle : c'est ce que doit voir l'enfant (cela n'empêche pas, cependant, l'enseignant d'exécuter cette action avec la meilleure technique possible).

Quand la démonstration est technique (moyens de l'action), l'enfant observe essentiellement la manière, la façon de jouer de l'enseignant (cela n'empêche pas l'enseignant de réussir le mieux possible l'action).

Plusieurs démonstrations sont nécessaires (elles peuvent être plus ou moins commentées). En général, les démonstrations sont plus nombreuses quand elles sont techniques, moins lorsqu'elles sont tactiques.

Pour améliorer l'efficacité de la démonstration, la faire observer à partir d'angles appropriés permettant de présenter l'image la plus complète du mouvement.

La valeur de la démonstration est liée non seulement aux qualités techniques de l'enseignant mais, aussi, à sa présence, son enthousiasme...

Lorsque l'enseignant, pour démontrer, renvoie ou échange des balles, il choisit l'enfant (ou un autre enseignant quand c'est possible) qui lui permet de réaliser la meilleure action.

La capacité à imiter est très précoce chez les individus : l'imitation sensori-motrice est observable très tôt chez l'enfant et se fait de façon quasi simultanée en présence du sujet imité, avec des tâtonnements personnels.

Cela convainc les partisans de la démonstration que celle-ci est une aide pédagogique essentielle. Pourtant, au tout début de l'apprentissage, l'image filmée ou la démonstration (qui peuvent jouer un rôle de concrétisation de la tâche mais aussi de motivation) ne peuvent pas vraiment évoquer et permettre la sélection d'un programme moteur non encore constitué. De plus l'image du geste effectué est encore trop frustre pour pouvoir être comparé avec le geste démontré ⇒ décalage entre les possibilités de l'enfant et de l'adulte, de l'expert. La démonstration peut, tout au plus, induire très faiblement une sélection de programmes moteurs proches. En outre, l'enfant débutant ne retient souvent que des effets secondaires ou parasites de l'action.

Particulièrement dans la première période exploratoire, de découverte qui sollicite créativité, spontanéité, ce procédé d'acquisition est peu utile.

En revanche, l'image filmée et la démonstration se révèlent progressivement de plus en plus efficaces au cours du processus d'apprentissage : lorsque le joueur possède un certain acquis, la démonstration devient déclenchante de stimuli d'action ; plus le vécu du joueur est important, plus il a de facilités pour se représenter sur autrui le geste à réaliser par référence au souvenir d'un geste déjà accompli. Dans ce cas, le niveau d'expertise du modèle devient prépondérant pour influencer l'apprentissage : intérêt de modèles compétents. Il faut faire attention, cependant, à la frustration, au refus, à la résignation du joueur lorsqu'il est en décalage entre l'image qu'il a de soi et celle d'autrui.

En conclusion, dans une pédagogie qui sollicite le pouvoir exploratoire de l'élève dans les premières phases de l'apprentissage, la démonstration (faisant référence à un modèle extérieur) n'est guère utile. Cependant, montrer la situation pédagogique permet une mise en place plus rapide de la situation, rend l'objectif plus parlant, reconnaissable par l'élève. En revanche, le décalage est trop fort, au départ, entre les moyens de l'enfant et ceux de l'adulte qui démontre ⇒ la construction de situations aménagées pour l'enfant débutant autorise un démarrage plus rapide du processus d'apprentissage (la méthode de découverte par essais et erreurs reconnaît la valeur pédagogique de l'erreur en considérant que l'apprentissage réside dans l'activité menée et déployée par le sujet pour résoudre la tâche (importance des phénomènes d'auto - adaptation et d'auto - organisation du sujet dans l'environnement).

Mais plus le vécu du joueur est riche, plus le fait de voir des champions est important tant au plan de la motivation que des sensations. Plus l'image motrice est fortement constituée, plus l'image extérieure peut provoquer une perception fine et venir la spécifier, l'affiner, l'activer, l'inciter à explorer de nouvelles possibilités. Sur le plan tactique, le magnétoscope est également intéressant car le joueur peut revoir plusieurs fois les problèmes posés. Pour l'enseignant, il se révèle très riche car il lui permet d'affiner, rectifier les observations enregistrées sur le terrain.

Les explications verbales

Communication orale de ce qu'il faut faire (but, moyens) grâce à un vocabulaire adapté (imagé pour l'enfant).

Le but de l'explication est de permettre à l'élève de comprendre, voire de transformer en images visuelles, ce qu'il faut faire. Même si les démonstrations sont plus efficaces que de longues explications verbales, il est prouvé que, sans rappels verbaux, la plupart des aspects de la démonstration ne sont pas bien remarqués. Des « noms clichés» (« tire » ta raquette vers l'arrière ...) retiennent bien l'attention de l'élève. Plus tard, l'élève peut se rappeler facilement l'aspect critique de son mouvement en répétant ce nom.

Les débuts et les fins de geste sont les aspects du mouvement les plus facilement rappelés et servent de bons repères (attitude ; début, fin de préparation ; fin de geste ; placement des jambes avant d'exécuter le coup ; positionnement des jambes après l'exécution du coup...).

La mise en situation

Adaptation de l'enfant à la situation

Situation facilitant l'adaptation (pouvant aller jusqu'à une situation aménagée) : ⇒ privilégier des situations qui tendent à favoriser la technique souhaitée (pour réussir un bon accompagnement, par exemple, jouer le coup le long de la ligne de couloir, dans une zone profonde, sans enchaîner un replacement...).

Situation contraignant à l'adaptation. : ⇒ obliger l'élève à accomplir certaines tâches posant à priori des difficultés, le confrontant à un obstacle : devant cette situation nouvelle qui peut demander une action urgente, l'élève est susceptible de s'accommoder à la situation d'une façon pertinente. La situation, en elle-même, peut provoquer une réponse adaptée (pour frapper la balle à distance, contraindre le débutant à recevoir des balles sur lui, par exemple, ou à frapper des coups forts rasant le filet lors des envois...).

Jeu, match, situation de jeu et exercices

A chaque fois que c'est possible, il faut exercer les joueurs dans les conditions les plus proches du jeu, du match. La maîtrise de la démarche pédagogique est essentielle pour placer jeu et exercices au bon moment (voir la démarche pédagogique ci - dessus).

Les exercices n'auront de valeur que s'ils sont au service du joueur confronté à la réalité du jeu, du match. Une qualité essentielle de l'exercice sera donc, toujours, sa variabilité pour assurer au joueur la meilleure adaptabilité :

- Procédures variées de perfectionnement *(et surtout d'entraînement)* en utilisant des exercices à grande *(haute)* variabilité en perfectionnement *(entraînement)* (coups droits frappés à différentes hauteurs, de différents endroits du court, dans des directions, à des vitesses différentes...). Meilleurs seront les joueurs, alors, pour faire les ajustements nécessaires au développement complet de leurs habiletés et pour les transférer au match.

▪ Eu égard à la faiblesse de certains joueurs et des débutants, on peut, évidemment, considérer que les exercices de haute variabilité seront trop difficiles. Pourtant, même dans le cas de jeunes débutants, il faut des exercices qui produisent des réponses variées. Certes, il ne s'agit pas de submerger les débutants avec des tâches irréalisables, mettant les enfants en échec avec des réponses techniques inopérantes ⇒ pas de balles trop loin, trop rapides pour l'enfant en lui donnant des objectifs de frappes trop difficiles. Mais pas non plus de longues séances d'Initiation avec des enfants toujours au même endroit, pour recevoir constamment des balles faciles et donner systématiquement des balles à son camarade... ⇒ intérêt de la pédagogie des contrastes, de mêler des situations « près, loin, large » pour développer des actions diversifiées et éviter des comportements « standard ». Sans cette variabilité dès le début de l'Initiation, l'enfant ne « jouera » pas avec son corps et ses partenaires ou adversaires.

▪ Pour introduire la complexité dans l'exercice, il faut placer d'abord un élément de variabilité à partir de la même structure d'exercice (une balle envoyée plus longue...) puis dans une alternative (une balle longue ou courte...) puis avec des variables qui se multiplieront rapprochant ainsi de plus en plus l'exercice du jeu.

▪ En perfectionnement (et encore plus à l'entraînement), la variété des actions prépare mieux les joueurs à combattre dans des conditions forcément changeantes, incertaines (adversaires, surfaces, balles, conditions climatiques différents...). Même à l'Initiation, il est aussi important de varier l'intérêt de l'enfant en le faisant souvent passer d'une action, d'une habileté à une autre (même si l'on perd du temps à organiser de nouvelles formations de travail).

Le guidage physique

Dans la plupart des cas, les démonstrations, explications, situations communiquent rapidement le message. Mais quelquefois une manipulation physique par l'enseignant est juste ce dont l'élève a besoin pour éprouver les bonnes sensations. Parfois même, les jeunes qui apprennent lentement ont besoin de manipulations manuelles, en début d'apprentissage, surtout lorsqu'il est nécessaire de « corriger » des erreurs techniques grossières devenant habituelles.

Le guidage physique permet de mieux souligner les repères techniques « locaux » (exemple : à la volée, une préparation limitée, un plan de frappe en avant ; un début de geste pour un coup de fond de court...). Un des principaux moments où le guidage physique est utilisé se situe lors de l'apprentissage de la boucle au service : à partir de la position « armée », il s'agit, parfois, de guider l'avant - bras du serveur pour bien déclencher la boucle (en provoquant la réponse correcte ou en éliminant le défaut classique du cassé du poignet = restriction par blocage du poignet).

Le deuxième guidage possible peut être obtenu grâce à un équipement, un matériel extérieur au tennis. Cependant ce procédé semble moins efficace car l'habileté est faite à la place de l'élève (on mettait, il y a quelques années, une « prothèse » en plastique sur le manche pour obliger l'enfant à se conformer à une prise définie !). L'utilisation d'un équipement reste intéressante dans les premiers stades de l'apprentissage ainsi que pour des élèves ayant du mal à enregistrer des techniques (sortes de mise en situation contraignante) : volleyeurs placés au contact d'un grillage pour limiter les préparations ; balles suspendues au bout d'une potence pour provoquer l'extension au service ; à partir d'une trajectoire tracée au mur, l'élève suit ce tracé avec sa tête de raquette pour ressentir l'accompagnement du coup…

Le guidage physique, à l'inverse de la découverte par essais et erreurs (qui reconnait la valeur pédagogique de « l'erreur »), cherche à éviter au sportif de commettre des erreurs dans l'acquisition des habiletés sportives. Cette aide peut impulser la réponse (exemple : poussée manuelle pour faire volleyer vers l'avant) ou provoquer une restriction de la réponse (exemple : bloquer certains segments pour éliminer la mauvaise habitude du cassé du poignet lors de la boucle au service). Dans le premier cas, c'est presque une situation qui facilite l'action ; dans le deuxième cas, c'est plus réellement une contrainte.

Le feedback

L'enseignant joue un rôle clé en aidant l'enfant à réaliser ce qui est correct par une information, en retour, après l'exécution du mouvement. Le feedback est un facteur fort pour influencer l'apprentissage des habiletés motrices : l'élève prend plus facilement conscience de ses comportements à partir du commentaire, du bilan faits par l'enseignant.

Deux cas de figure peuvent nécessiter l'intervention de l'enseignant :

- Malgré l'objectif atteint, le sportif (voire l'éducateur) juge que le mouvement n'a pas été bien exécuté = retour sur les caractéristiques de cette réponse imprévue mais efficace pour pouvoir la modifier.
- L'objectif et le mouvement produits ne sont pas efficaces = aider le sportif à revoir toute l'action.

Efficacité du feedback : il ne doit pas être et non évaluatif (il ne juge pas) ; il est *précis* portant sur des faits référencés et non sur des impressions ; il *prend en compte les besoins de l'élève* ; il *s'appuie* sur un comportement de l'élève vraiment modifiable et *sur une demande*, un désir *de sa part* car il répond à des questions qu'il se pose ; il est *donné au bon moment*, tôt après l'action ; il est intéressant que l'élève reformule le message reçu pour plus de clarté ; il peut être évalué par d'autres personnes.

Fréquence du feedback :

En enseignement individuel, commenter des actions lors de l'apprentissage technique de coups (par exemple toutes les cinq exécutions) devrait suffire pour assurer au joueur des possibilités de comparaison entre ses sensations et l'image exacte qu'il s'en fait.

Un feedback plus fréquent peut être inefficace car les élèves ont tendance à se reposer totalement dessus, ne pensant pas assez à ce qu'ils doivent faire. Ils peuvent même ne plus entendre des conseils trop nombreux.

Le feedback reste important pendant l'apprentissage des techniques, d'où la « présence attentive » d'un enseignant qui observe, intervient rapidement par des retours sur l'action de l'élève.

Précision du feedback :

Feedback général : « bien », « non »... / Feedback spécifique : « fléchis », « avance »...Le feedback spécifique est beaucoup plus efficace que le feedback général car il donne aux élèves plus d'informations.

Simplicité du feedback :

Mobiliser le joueur sur un ou deux aspects du mouvement, de l'action. Ne pas le submerger d'informations risquant de le figer, le paralyser.

Feedback positif :

Un élève qui travaille dans un environnement d'apprentissage positif a plus de réussite dans ses actions. Les enseignants « négatifs » ont les plus mauvais résultats ; les enseignants totalement « positifs » sont souvent inefficaces car leurs réponses manquent de crédibilité aux yeux des joueurs qui savent que leur rendement n'est pas toujours aussi méritoire. Les enseignants qui font en sorte d'apporter un maximum de remarques positives (≈ rapport 4/1) sont les plus efficaces, particulièrement au niveau des jeunes débutants.

Pour rester le plus sincère avec le joueur qui ne réussit pas facilement, il faut appliquer le principe du « sandwich » : faire un commentaire négatif entre des remarques positives (« tu as bien essayé d'appliquer le conseil donné mais ta préparation n'est pas assez ample, continue ce travail »). La crédibilité est préservée car chaque chose dite est vraie. De plus, même chez des joueurs maladroits, il y a toujours quelque élément positif à remarquer.

Il ne faut pas toujours utiliser les mêmes expressions pour ces feedbacks positifs et éviter de répéter tout le temps le « bon », le « bien », le « super » général que l'élève finit par ne plus entendre ou apprécier à sa juste valeur. Varier les commentaires rendra ceux - ci plus puissants.

L'usage de la vidéo est aussi un retour d'information efficace pour des joueurs ayant une bonne expérience mais elle est moins marquante pour de jeunes débutants. Ceux-ci ont du mal à porter leur attention sur les aspects importants des actions. De plus, même avec l'aide de l'enseignant, la visualisation des images est de moindre efficacité car elle est éloignée de l'action. Cependant, la vidéo peut avoir un effet indirect sur l'apprentissage car c'est un moyen possible de motivation et de concrétisation du but à atteindre.

Apprentissage global, apprentissage analytique

L'apprentissage analytique est le découpage de l'habileté à acquérir en différentes parties, hors situation. L'apprentissage global place le sujet face aux contraintes spatio - temporelles réelles de l'habileté.

Le problème c'est que l'habileté n'est pas la somme des parties vu la nécessaire coordination de ces différentes parties ; de même la difficulté peut venir d'une tâche complexe à accomplir qui nécessitera des sous - tâches pour être solutionnée.

De préférence, utiliser la méthode globale lorsque le niveau de complexité de la tâche est peu élevé et que le niveau des ressources mobilisées par le sujet est favorable. A l'inverse, une tâche plus complexe pourra être décomposée en différentes séquences si les ressources du joueur sont peu élevées.

De plus, l'emploi de l'une ou l'autre méthode est déterminé par la possibilité ou non de découper la tâche. Si la tâche est d'une durée très brève (moins d'une seconde, par exemple : contact raquette - balle), il est impossible d'utiliser la méthode analytique. Si la tâche est plus longue ou constituée d'une suite séquentielle de sous - tâches, il est possible d'envisager un apprentissage fractionné, tout en prenant garde de ne pas trop « extraire » des gestes à apprendre hors de leur contexte spatio - temporel.

Habiletés « fermées », habiletés « ouvertes »

La plupart des coups joués au tennis s'effectuent dans un environnement instable et sont à moduler suivant les caractéristiques spatio - temporelles de la situation ⇒ nécessité d'habiletés « ouvertes » ⇒ la méthode globale est la plus appropriée pour ces habilités ouvertes, pour une adaptation permanente, indispensable à l'habileté ; ce que l'on gagne en technique gestuelle est souvent perdu en plasticité vis-à-vis des conditions changeantes du milieu... Pour le débutant, il faudra, certes, simplifier l'environnement en limitant l'incertitude, l'espace... sans dénaturer l'action.

Pourtant il est une action du tennis (l'engagement, l'envoi) et un coup du tennis (le service) qui s'effectuent dans un environnement stable : le serveur (l'envoyeur) peut, d'un même endroit du court, déterminer lui - même le déroulement formel et temporel du mouvement ⇒ habileté « fermée » pour laquelle l'exécution du coup peut se faire par une approche analytique (même si une approche globale est à recommander au départ de l'apprentissage).

Apprentissage massé, apprentissage distribué

Apprentissage massé lors d'un enseignement sans pauses intermédiaires (exemple : stages de tennis). Apprentissage distribué avec des périodes d'enseignement plus courtes, espacées, au cours desquelles d'autres apprentissages sont assurés (exemple : enseignement hebdomadaire tout au long de l'année).

Chacun a ses avantages : *le temps de pause est important* : par exemple, des tâches motrices qui sollicitent beaucoup au plan énergétique, informationnel, mental... nécessitent un apprentissage distribué, espacé de longues pauses pour favoriser la récupération musculaire, attentionnelle, pour retrouver la motivation / *L'âge et le niveau de pratique* se posent également : un jeune débutant a plus besoin d'un apprentissage distribué, pour les raisons ci-dessus, mais aussi pour laisser du temps à la maturation (cependant, attention à une pratique limitée à une heure / semaine, en collectif, ne donnant pas assez d'expérience à l'enfant). En revanche, un joueur entraîné peut trouver beaucoup de profit à des stages de plusieurs heures par jour...

Enseignement collectif, enseignement individuel

L'enseignement collectif

Il est à la base du dispositif de l'enseignement fédéral : le groupe est nécessaire pour les ateliers « jeu dirigé », « jeux sportifs » du club junior et même pour l'atelier

« enseignement technique » : cela permet aux enfants de se comparer aux autres, de s'évaluer, de vivre avec les autres, de jouer avec des camarades (coopération), contre des adversaires (opposition) dans le respect des autres (règles) ⇒ plus de sociabilité, d'humilité, plus de connaissance de soi à travers les autres, plus de variété dans les jeux tennistiques et sportifs, plus de variabilité dans les résultats (on gagne contre l'un mais pas forcément contre l'autre ; on gagne avec tel thème de jeu mais on est moins bon avec un autre thème de jeu...).

Il est aussi très important pour l'enseignement proprement dit : les enfants communiquent en apportant parfois leurs solutions (ils inventent), en influençant leurs camarades, en imitant leurs copains, en voulant faire mieux qu'eux (ils se surpassent).

⇒ Plus d'animation, de création, de découverte, de variété, de diversité dans les actions et réactions.

⇒ Plus d'adaptation par la diversité du jeu des autres, par l'exploration de différentes solutions.

⇒ Plus d'ambiance rassurante dans le groupe (on a ses copains, « il n'y a pas que moi qui fais des fautes » et « quand j'en fais, cela ne se voit pas toujours » car elles sont diluées dans le groupe).

⇒ Plus de responsabilité partagée (rôle de lanceur, joueur, ramasseur ; participation au rangement, arbitrage).

Cependant la principale limite tient au nombre d'élèves du groupe surtout pour l'atelier « enseignement technique » : tant que l'enseignement est de base et qu'il convient à l'ensemble d'un groupe de même niveau, un collectif de 6 jeunes en Initiation est valable. Mais, même dans ce cas, il est relativement difficile de tenir compte des caractéristiques et des difficultés propres de chacun. C'est pourquoi un groupe de 4 enfants est plus idéal, dans un collectif d'Initiation, car il permet d'associer aux avantages du collectif des interventions plus personnalisées de l'enseignant.

L'enseignement individuel

C'est aussi un moyen privilégié de la formation du joueur. Il peut prendre 2 formes : *s'insérer dans l'enseignement collectif* pour rectifier tel comportement d'un jeune qui n'a pas compris, ressenti les directives générales de la leçon ou pour personnaliser le travail demandé (facilité ou, au contraire, difficulté de l'élève) / *Etablir une relation unique entre l'enseignant et l'élève* (voire avec la médiation d'un sparring - partner).

Il s'adresse à tous publics, tous niveaux mais :

▪ Il est d'abord indispensable pour la formation de l'élite jeune dès la phase d'apprentissage.

▪ Il est souvent nécessaire pour les débutants adultes (lorsqu'il n'y a pas de centres d'initiation au tennis (CIT) pour adultes), inaptes à jouer avec des partenaires ayant déjà un petit niveau. Mais aussi pour des raisons psychologiques (regard des autres) ou sociologiques (différences de catégories sociales).

▪ Il est toujours prisé par tout public (de tout niveau de jeu) qui veut rapidement évoluer grâce à un esprit perfectionniste, compétitif et... des possibilités financières.

Il répond à un besoin : régulier (exemple : formation à long terme pour les meilleurs jeunes nécessitant à la fois collectif et individuel) / *ponctuel* (le jeune, les parents, l'enseignant ressentant la nécessité de faire évoluer plus rapidement le niveau de jeu, un coup... de préparer au mieux une compétition...).

Il a ses avantages :

Pour l'élève : *Travail personnalisé* respectant les capacités de l'enfant (joueur visuel, auditif ?; coordonné ?; temps de compréhension, de réussite ?; motivations du joueur prises en compte ?...) / Quantité et précision de travail augmentées / Meilleure connaissance de soi et meilleure confiance en soi vu que les qualités du joueur sont plus rapidement développées, que les difficultés sont plus facilement prises en compte, que les résultats sont atteints plus tôt, voire dépassés / Rapports de proximité, de respect, de fidélité, de confiance vis à vis de l'enseignant.

Pour l'enseignant : *Engagement personnel* facilité vu l'adhésion de l'élève, des parents et la connaissance plus poussée de l'élève / Programmation plus poussée, rigoureuse pour des objectifs de performances et de résultats plus pointus / Relation enseignant - joueur plus riche, proche, confiante / Connaissance plus poussée de ses capacités d'enseignant vu son travail plus qualitatif, ciblé avec des obligations de résultats (richesse de connaissances, finesse des relations, exigence de réussite).

Il a ses limites :

Pour l'élève : *Développement de l'égocentrisme* (il ne voit qu'à travers lui, il ne veut pas partager « son prof ») / Risque de motivation inconstante en raison de son *isolement* (alors que les enfants, particulièrement, ont besoin de camarades) / *Dépendance* trop importante par rapport à l'enseignant / Situation en *décalage avec la réalité* (il joue avec le professeur qui donne des balles de qualité alors que le rapport d'échange avec un enfant est plus qu'incertain), d'où un manque de repères sur son vrai niveau de pratique.

.Pour l'enseignant : Risque de *monotonie* du discours / *Pas* de possibilité de création *de véritables situations d'opposition* / *Difficulté d'être à la fois joueur et enseignant* (même si, en Initiation et en Perfectionnement, le problème se pose moins qu'à l'entraînement).

Pour que la démarche pédagogique soit respectée, il faut que l'enseignant ait des qualités d'observation, d'évaluation des comportements, des difficultés, des réussites des élèves lui permettant de remettre en cause, si nécessaire, son enseignement.

G. L'enseignant est observateur, évaluateur de son enseignement [12]

Différence entre l'observation et l'évaluation :

- *l'observation est le fait de regarder, examiner des actions, des comportements tels qu'ils se produisent...*
- *l'évaluation est le jugement que l'on porte sur ce qui observé* ; elle implique donc la comparaison ⇒ détermination et estimation approximatives de la valeur, de l'importance de quelque chose, de quelqu'un.

[12] Connaissance de l'initiateur : importance de l'observation + les 2 principaux buts de l'observation – évaluation.

Les phases de l'observation et de l'évaluation

1) la question : que veut – on observer, évaluer ?

2) le recueil des données : quelles données recueillir ?

3) les moyens : quelle méthode utiliser ?

4) la réalisation de l'observation.

5) le jugement : il relève de l'interprétation des données (il peut se limiter à un constat pour réorganiser les données).

6) la décision : à quoi va servir l'évaluation ainsi effectuée ? Quelles conséquences ?

1), 2), 3), 4) : phases de l'observation / 5), 6) : phases de l'évaluation.

Généralités

L'observation est un processus incluant l'attention volontaire et l'intelligence pour constater, recueillir (identifier, sélectionner, coder) objectivement des informations sur un objet, un phénomène, un événement, une personne. Dans le champ perceptif qui s'offre à lui, le bon observateur sélectionne un petit nombre d'informations pertinentes parmi le large éventail des informations possibles ⇒ acte intelligent faisant référence constamment à l'expérience antérieure et orienté par l'objectif même de l'observation. Plus cet objectif est clair, précis, plus l'acte de sélection est facilité, plus l'attention est dirigée.

L'observation est *systématique ou non systématique* : elle peut être plus ou moins libre ou plus ou moins systématique ; elles doivent se compléter dans la pratique de l'enseignant ⇒ observation libre pour une évaluation continue et observation particulière plus ou moins systématique (à titre de complément d'une observation libre) ou nécessaire (pour une recherche précise).

Plus l'objet est perceptif, plus l'observateur peut énoncer ce qu'il voit ; plus l'objet est évaluatif, plus il énonce des intentions, des motifs, des sentiments…

L'observation peut être en participation active ou passive selon le degré d'intégration de l'observateur dans la situation (avec une observation active de l'enseignant, le risque est de modifier radicalement la situation, le comportement de la personne observée…). Qu'il soit participant actif ou passif, l'observateur peut être perçu ou non perçu en tant qu'observateur. C'est là tout le problème de la « réactivité », des réactions des sujets au fait de se savoir observés ⇒ l'enseignant doit éviter le plus possible d'endosser trop explicitement le statut d'observateur extérieur.

Importance

Elles sont au cœur de la démarche pédagogique (l'observation étant le point de départ de l'évaluation, l'évaluation ne pouvant exister sans l'observation), *et sont présentes à tous les moments :* lors du jeu, de la situation de jeu (jeux d'initiation ou compétition) ; lors de l'apprentissage ou de l'entraînement pour apprécier le travail fourni ; lors du retour au jeu ou à la compétition pour vérifier le bien - fondé et l'impact du travail en situation réelle.

Buts

Elles fournissent en permanence à l'enseignant les informations qui lui permettent d'établir un constat voire une évaluation du comportement de l'enfant dans le jeu, les situations de jeu et d'apprentissage.

Elles instruisent l'enseignant sur les capacités du joueur lors de son parcours sportif mais, aussi, sur sa propre action pédagogique.

Si elles conditionnent la bonne orientation de la formation du joueur, *elles apportent aussi les nécessaires réorientations d'objectifs, adaptations de contenus d'enseignement lors de la mise en œuvre du programme* (vu les progressions plus ou moins rapides des élèves).

Pour le jeune joueur, elles se fixent *essentiellement sur les améliorations, la performance de l'élève à court et moyen termes.* Elles s'attachent de plus en plus aux *résultats dès que le joueur se lance dans une carrière sportive.*

Elles portent aussi bien sur la quantité que sur la qualité des réalisations.

Elles concernent le joueur (auto - évaluation de lui - même) *mais aussi l'enseignant* (auto - évaluation de son enseignement), *voire l'institution* (club, ligue, fédération). Il est difficile cependant pour un enfant débutant de « se regarder » (auto - observation) et de rester attentif à la tâche présentée, de communiquer son expérience, d'être sincère (auto - évaluation : « la vérité ne sort pas toujours de la bouche des enfants » quand ils ont à évaluer leur performance!). Cette auto - évaluation concerne quand même tout apprenant grâce aux feedbacks fournis immédiatement par l'enseignant suite aux actions effectuées. Elle devient, en revanche, importante pour le bon joueur à la mesure de son expérience.

Moments

Même si elles sont permanentes dans l'enseignement pour contrôler l'efficacité du travail effectué lors des séances d'un cycle (observation globale et continuelle), *des moments plus privilégiés sont choisis par l'enseignant* : séances - tests, matches à l'école de tennis, compétitions officielles pour les bons joueurs... plaçant les enfants dans les conditions de la réalité du jeu ou proches de celle - ci (enjeu, « pression »).

L'observation et l'évaluation sont principalement collectives lors des phases d'apprentissage (comportements et résultats du groupe). Elles sont *fortement personnalisées lors du processus d'entraînement*, particulièrement à haut niveau, avec une relation étroite entre l'entraîneur et le joueur.

Les fonctions de l'évaluation dans la formation du joueur

Lorsqu'elle est en tout début de formation, c'est une *évaluation diagnostique* (constat sans interprétation des capacités des personnes ou des situations). Elle peut être prédictive ou pronostique (prédit une performance, détermine l'aptitude à réaliser certaines tâches en permettant de savoir si un sujet possède les capacités pour entreprendre un certain apprentissage : « état des lieux » dans une perspective de décision $\Rightarrow$ exemple : tests de détection). Ces évaluations aident à la détermination des objectifs et à la programmation.

Pendant et en fin de formation, c'est une *évaluation pédagogique* qui vise à déterminer si les objectifs sont atteints par les sujets en formation. Elle se divise en deux parties :

– L'évaluation formative (*appréciation d'un progrès réalisé par rapport à un objectif défini*) qui intervient au cours ou au terme de chaque tâche d'apprentissage. Elle permet d'informer l'élève et l'enseignant du degré de maîtrise atteint par l'élève dans une tâche donnée ; de découvrir où et en quoi un élève éprouve des difficultés d'apprentissage ; de proposer des stratégies permettant à l'élève de progresser. L'enseignant adapte, modifie, réajuste ses interventions par rapport à ses élèves.

– L'évaluation normative ou sommative qui revêt un caractère de bilan après un ensemble de tâches d'apprentissage (exemple : à la fin d'une période déterminée d'Initiation, d'une programmation). Cette *évaluation* se fait *à travers des prises de performances effectuées par rapport à des normes* (balles rouge, orange...en Initiation ; classement pour l'entraînement...) déterminées par rapport à un groupe de référence. Elle sert à classer, certifier, valider.

Limites de l'évaluation

L'observation et, par voie de conséquence, *l'évaluation* ne sont *jamais aisées en sciences humaines.* En effet, quand l'observation se veut scientifique, elle implique des moyens, des références fiables (difficiles à établir vu la complexité des relations humaines). De plus, quand on observe quelqu'un (et que celui - ci le sait), il vaut mieux que ce soit avec son accord, ce qui fausse la situation (d'autant plus s'il s'agit d'adultes).

Quand l'observation porte sur des faits ou des comportements circonstanciels, on n'évalue qu'un moment, ce qui n'a que peu de signification.

Quand elle est auto - évaluée (ce qui est le plus important) elle est nécessairement subjective. Et même quand elle est faite par un observateur indépendant, même si l'observation est construite sur des références précises, le risque existe de faire apparaître des résultats qui correspondent à ce que l'on souhaite (consciemment ou inconsciemment).

Quand c'est l'enseignant habituel qui évalue, tout jugement, toute expression de sa part modifie les relations tant au niveau de celui qui juge que de celui qui est jugé (comment l'élève va apprécier l'évaluation).

Conclusion

L'évaluation est facilitée, dans les premières phases de l'apprentissage, par des repères généraux, des paramètres observables fixés dans les objectifs généraux et spécifiques des programmations. A l'inverse, elle demande beaucoup de professionnalisme dès que l'on prend en charge des joueurs de bon, de haut niveau avec un suivi méthodique, scientifique...⇒ connaissances très pointues car les erreurs du joueur sont, la plupart du temps, difficiles à percevoir et à corriger vu que technique, tactique, physique, mental se recoupent (une erreur technique peut avoir, en fait, une origine tactique, physique...). Se focaliser sur la cause de l'erreur et non sur les symptômes... ⇒ connaissances presque intimes du joueur par l'entraîneur pour situer, en particulier, le degré d'engagement du joueur. *Si les évaluations ne sont pas pertinentes, permanentes, les objectifs ne sont pas ciblés et les vrais problèmes ne se règlent pas* aboutissant à des entraînements « plaqués », stéréotypés.

Si les joueurs, les parents, les dirigeants... ne sont pas connaisseurs, intéressés, exigeants, tout peut aller très bien si le plaisir de l'élève est présent (au moins lors de l'apprentissage !). Sinon les remises en cause peuvent être sévères (au niveau de joueurs professionnels, limogeage de coachs ; au niveau de clubs, changement d'enseignant, d'entraîneur...).

H. L'enseignant sait utiliser le matériel et les documents pédagogiques[13]

Le Matériel

La FFT a fait progresser l'enseignement dans les écoles grâce à un matériel riche, attractif et adapté : kits de la FFT (plots, cerceaux, lattes, cordes à sauter, tapis, chasubles, balles...). Cependant, certains enseignants en font trop (par exemple, en encombrant le court de cibles nombreuses) ou pas assez (par exemple, en restant trop longtemps à utiliser des balles souples).

Il est particulièrement important que l'enseignant sache discerner le bon moment pour utiliser les balles et les raquettes adaptées à l'évolution du jeu de l'enfant :

• *Les balles :*

– Pour le Mini - tennis, le ballon paille ; les balles en mousse ; les balles « souples » (qui ressemblent à une balle normale mais dont le contrôle est facilité par une vitesse ralentie et un rebond bas).

– Pour l'Initiation, les balles souples (les plus efficaces pour le jeu sur terrain intermédiaire) et les balles intermédiaires (dont la vivacité du rebond se situe entre la balle souple et la balle de compétition) qui permettent un bon contrôle du jeu sur un terrain normal.

– Pour le Perfectionnement, les balles de compétition.

L'enseignant peut être amené à revenir à une balle plus lente dans son cycle d'apprentissage pour faire mieux assimiler des acquisitions ou mieux maîtriser de nouvelles situations de jeu. De même, il se doit de proposer des balles plus vives à certains moments de l'évolution des enfants (en particulier les plus doués) pour observer leur accommodation à ces balles (plus de vitesse de réaction, de déplacement ou plus de déstabilisation ?) et en tenir compte dans sa progression.

• *Les raquettes :*

– Pour le mini - tennis, le pom'do (sorte de gant avec 2 faces en plastique rigides) ; la palette en bois (un peu lourde) et en plastique dont l'avantage est l'impact proche de la main et qui oblige à un mouvement de frappe lancé ; la raquette cordée de 43 cm à 50 cm.

– Pour l'Initiation, la raquette de 50 cm à 63 cm.

– Pour le Perfectionnement, la raquette de 63 cm à une raquette normale (≈ 70 cm ; maximum réglementaire : 73, 66 cm).

En plus de la taille de la raquette, il convient de veiller à la grosseur du manche : la main entourant le manche de la raquette, vérifier qu'il y a l'espace d'un petit doigt entre l'extrémité des doigts refermés sur le manche de la raquette et la base du pouce. En ce qui concerne le poids et l'équilibre de la raquette, les fabricants produisent maintenant des raquettes légères à manier.

Les documents

La FFT, grâce à son département Formation et Enseignement, a produit beaucoup de documents pédagogiques (cassettes, livrets). L'enseignant professionnel se doit d'être informé de ces documents. De plus, la FFT propose,

[13] Connaissance de l'initiateur : le matériel FFT et le Cahier de l'enseignant + les tests de balle.

chaque année de nombreux stages de formation continuée aux enseignants professionnels (en plus de leur formation initiale).

L'enseignant a donc besoin de beaucoup de qualités pour être performant dans son métier. Cependant *l'enseignant professionnel peut être amené à transmettre ses compétences pédagogiques à de futurs enseignants ou des enseignants en formation continue* (en tant que responsable de l'équipe pédagogique dans son club ou formateur de cadres pour un comité départemental (stage d'initiateurs) ou une ligue (formation de brevetés d'état)). Comme ***formateur de cadres*** il lui faut posséder une qualité supplémentaire ⇒ ***apprendre à apprendre*** :

I. Le formateur de cadres maîtrise les outils de formation

Il transmet ses savoirs (savoirs pratiques (de terrain, empiriques) ; savoirs théoriques issus des champs d'investigation scientifiques) **de différentes façons :**

• ***Information* magistrale***

Information descendante par le « cours » du formateur qui s'aide de supports : paper - board, vidéo (diapositives, cassettes, films), rétro - projecteur...

Information partagée : à partir des propositions du formateur, participation des formés par leurs réflexions, suggestions ⇒ débat.

*Information : elle est extérieure au sujet, elle appartient aux autres, elle est transmissible.

• ***Travail en groupe de réflexion*** où le formateur peut jouer différents rôles : « conduire » la réunion ; « animer » la réunion en orientant, alimentant la réflexion ; laisser l'autonomie au groupe tout en l'observant, en s'instruisant des débats afin d'apporter ensuite son éclairage sur le thème.

• ***Mise en situation de recherche personnelle des formés*** sur un thème de réflexion aboutissant à un exposé (voire un mémoire) enrichi (ou non) ensuite par le groupe ou le formateur.

• ***Interventions directes ou différées du formateur sur le court*** : observateur, évaluateur des séances ; démonstrateur en prenant en charge totalement ou partiellement l'enseignement sous le regard des formés ; instructeur par un retour sur la séance pour valider, critiquer, orienter... Le support de fiches d'observation, d'évaluation, l'enregistrement de séquences par une caméra, la prise de notes précises...sont des points d'appui objectifs pour nourrir la réflexion.

Dans la formation, les liens sont étroits entre les deux types de savoirs : investissement des savoirs théoriques dans les savoirs pratiques et, corrélativement, enrichissement des savoirs théoriques par explicitation et formalisation de ces savoirs pratiques. Le savoir se construit par l'action et s'actualise en pouvoir d'action.

Il possède des compétences* didactiques* :

*Didactique : c'est une *réflexion* sur l'enseignement, une manière de *construire* l'enseignement (détermination et construction de contenus d'enseignement les plus efficaces possible pour transmettre des savoirs et des savoir – faire d'une discipline).

*Compétence = efficacité dans un domaine ; se manifeste par la réussite systématique du sujet dans ce domaine.

Compétence relative à la connaissance du cadre institutionnel dans lequel évoluent l'enseignant, l'entraîneur, le formateur de cadres... (structure fédérale, structure scolaire, structure privée...). Où conduire les élèves ? (pratique de loisir, de plus ou moins haute performance sportive, de formation de cadres...). Connaissance de l'évaluation du système de formation (tests de balle pour les enfants de l'école de tennis ; classement requis pour faire partie de l'élite fédérale ; épreuves d'examen pour la formation de cadres...).

*Compétence pour analyser l'activité de l'enseignant (*quelles connaissances sont nécessaires au formé pour son activité professionnelle (breveté d'état) ou bénévole (initiateur fédéral) ; quelle est l'évolution des pratiques professionnelles pour entrevoir les nouveaux savoirs à acquérir (par exemple, l'enseignant de tennis dans un club n'est plus, comme il y a 20ans, seulement un enseignant mais aussi une personne participant activement à la vie du club...).

Compétence pour prendre en compte l'apprenant (adaptation des méthodes aux ressources de l'apprenant, à sa manière d'apprendre, à son vécu, ses attentes).

Compétence pour extraire des différents champs scientifiques et théoriques les informations utiles pour sa discipline sportive.

Compétence pour traduire ses connaissances en informations accessibles aux apprenants.

Il possède des compétences pédagogiques* :

*La pédagogie, c'est, avant tout, une *pratique* organisatrice de l'enseignement : elle se centre sur la relation enseignant - enseigné ; c'est la *manière de conduire* l'enseignement, la façon de transmettre les contenus d'enseignement.

Etre capable de s'adapter aux *contingences du terrain* (en fonction des structures matérielles : nombre d'élèves par court, quantité de balles... ; en fonction du temps de formation : cycle, année...).

Etre capable d'être à l'écoute des apprenants, de s'adapter aux particularités de chacun, de dynamiser le groupe.

Etre capable d'accorder une part active à l'apprenant dans sa formation (valoriser ses initiatives, favoriser son auto - évaluation, le rendre constructeur de ses savoirs pour qu'il puisse les réinvestir dans d'autres contextes ...).

Pratique pédagogique

Vu la connaissance qu'il a de l'enfant et du tennis, l'enseignant est confronté à une double nécessité pour faire découvrir et apprendre le tennis :

♦ Intéresser, motiver l'enfant ⇒ celui-ci a envie de « jouer ».

♦ Simplifier le jeu réel du tennis sans le dénaturer en gardant les composantes essentielles de ce sport ⇒ trouver des jeux adaptés à l'enfant.

D'où la place centrale du jeu (voir la démarche pédagogique dans Connaissances pédagogiques) et du rôle de l'enseignant pour aménager le jeu.

Mais tout l'apprentissage du tennis ne se solutionne pas qu'à travers le jeu (et pourtant les enfants en seraient certainement heureux !). Pour mieux jouer, il faut que l'enfant passe aussi par des phases de travail avec des objectifs et des exercices adaptés aux problèmes que pose le jeu. Il incombe à l'enseignant de choisir les contenus d'apprentissage les plus pertinents. D'où l'importance de l'observation, de l'évaluation et de la programmation (voir Connaissances pédagogiques). De plus il faut savoir que l'enfant aime « bien faire » y compris pour faire « plaisir » à son éducateur (voir Connaissance de l'enfant). Enfin être organisé sur un court et bien communiquer avec les enfants sont deux savoir - faire principaux de l'enseignant qui lui permettent de transmettre les contenus d'apprentissage.

⇒ Fiches pratiques sur : 1) le jeu 2) le choix des objectifs et exercices 3) l'évaluation 4) la programmation 5) l'organisation pédagogique 6) la communication.

A Le Jeu[14]

PLACE DU JEU

■ **Le jeu est au centre de la démarche pédagogique:** *il est un point de départ et un retour obligé de toute action d'enseignement* de la pré - initiation (mini - tennis) jusqu'au tennis de compétition.

■ **L'importance du jeu à tous les niveaux de l'apprentissage nécessite qu'on lui consacre du temps:**

♦ *Par les jeux proposés, organisés par l'enseignant au cœur de la séance d'enseignement* (voir la démarche pédagogique dans la partie théorique et les exemples de jeu ci-après) *ou dans la structure du club junior avec ses 3 ateliers dont celui du jeu dirigé.* Particulièrement dans le jeu dirigé, l'enseignant intervient en suscitant et guidant l'action de l'enfant pour valoriser les comportements positifs, mentionner les fautes, faire prendre conscience des situations caractéristiques, rendre significatifs des éléments importants du jeu...

♦ *Par le jeu libre* : l'enfant se livre au jeu sans directives. Si l'enseignant est présent, il est observateur de ce jeu mais il n'intervient pas. Il laisse l'enfant s'exprimer comme il l'entend avec ses qualités et ses erreurs. Il en tiendra compte par la suite dans son enseignement. Il est très important de susciter cette pratique au sein même de l'enseignement à la fois parce que les enfants le réclament mais aussi pour ne pas « étouffer » leur spontanéité voire leur talent. Il faut aussi favoriser ce jeu libre hors enseignement et le club junior par ses compétitions internes mensuelles en donne un bon exemple.

■ **La place du jeu dans la séance de l'école de tennis traditionnelle et du club junior :**

Le document DTN n°3 illustre toute l'organisation pédagogique du club junior avec, en particulier, une séance hebdomadaire de 2 h au cours de laquelle les enfants passent par 3 ateliers : enseignement technique, jeu dirigé, jeux sportifs.

Toutes nos écoles de tennis ne peuvent pas être club junior, n'ayant pas assez de structures matérielles et (ou) pédagogiques. Cependant, il est important que même la séance traditionnelle d'enseignement « colle » le plus possible au modèle du club junior. Si la séance n'est que d'une heure 15 (ce qui devrait être le minimum), elle devrait s'articuler ainsi :

- 10' jeux sportifs (prise en main attrayante).
- 10 / 15' jeu, situation de jeu (observation, analyse du jeu).

---

[14] (Pour les initiateurs qui doivent être principalement des ... initiateurs de jeux, posséder seulement quelques savoir - faire en Mini – tennis et en Initiation tirés de chaque catégorie de jeu (à maîtriser par eux - mêmes sur le terrain à des fins possibles de démonstration)).

- 40’ exercices technico - tactiques (pour améliorer le jeu).
- 10 / 15’ retour au jeu initial ou jeu dirigé pour expérimenter ce qui a été travaillé dans la séance ou dans les séances antérieures.

Avec le club junior le jeu prend largement sa place dans la séance de 2 h : jeu dirigé, jeux sportifs (2 des 3 ateliers de la séance), situations de jeu possibles pour favoriser l’enseignement technique (3è atelier), jeu libre lors des matches (compétitions internes, tests - matches), compétition mensuelle... . A tel point que certains enseignants ne s’y retrouvent plus par rapport au « travail » technique à la base de leur enseignement traditionnel. Il faut, certes, trouver un équilibre entre jouer et s’exercer pour mieux jouer. Mais l’enseignant n’a pas tout le pouvoir : il apprend à jouer à l’enfant mais celui - ci apprend aussi en jouant ! *Il faut donc convaincre les parents (mais aussi certains enseignants !) que jouer, c’est sérieux...*

CONSTATS

Force est de constater que *les enseignants formés à une pédagogie où le jeu est mis en valeur n’exploitent pas souvent bien ce jeu* : ils ne savent pas toujours choisir le meilleur jeu possible pour le niveau des enfants, ne profitent pas forcément bien de l’observation des comportements des enfants dans le jeu pour en dégager des objectifs d’apprentissage pertinents. Il ne suffit pas, en effet, de faire jouer (ce qui est un bon point de départ si le jeu est adapté, *l’enfant apprenant parce qu’il joue*) mais de faire mieux jouer (*l’enfant apprend* aussi *à jouer*, ce qui suppose une analyse du jeu effectué par les enfants et l’enseignant, un choix correct d’objectifs et d’exercices par l’enseignant : même si le jeu a ses vertus et mérite d’être vécu comme tel, il s’enrichit par des situations évolutives de jeu et par des exercices appropriés aux situations).

CONDITIONS DE JEU

Si l’enfant éprouve du plaisir à s’exercer, ressent des émotions en s’activant (gagner, perdre, suspense), *s’il aime* la confrontation, la comparaison pour s’évaluer, s’affirmer, *s’il respecte* des règles imposées ou *se lance* dans des défis, des compétitions..., *il joue* ⇒ Il y a jeu quand la finalité est le plaisir.

Si le jeu est autant source de plaisir, de motivation pour l’enfant, s’il est à la base de l’apprentissage, comment faire jouer à toutes les périodes de la formation du joueur et, en particulier, lors de l’Initiation ?

PROPOSITIONS DE JEUX

A part quelques enfants de 7 – 8 ans d’exception qui peuvent jouer d’emblée le tennis de l’adulte sur un grand terrain, les autres jeunes ont besoin de jeux adaptés avant de parvenir au jeu complet. Cela est d’autant plus vrai que l’on fait parfois commencer les enfants plus tôt (5 – 6 ans avec le Mini - tennis).

Que les enfants soient coordonnés ou maladroits, ils réaliseront des jeux que l’on peut classer en 3 familles : *Jeux avec soi - même*, individuels (jonglages, envois) / *Jeux avec un partenaire* (coopération avec un camarade) / *Jeux contre un adversaire* (opposition).

Quel que soit le jeu, l’ingrédient principal reste *le gain du point* par la réussite de l’action. *(« J’ai gagné »!).*

I. En mini-tennis

La diversité des jeux (PRES, LOIN, LARGE), préconisée dans mon livre Tennis et Pédagogie, doit être présente dès le Mini - Tennis avec la variation des surfaces de jeu, des hauteurs de frappe, de l'utilisation ou non du filet, avec la variation des raquettes et des balles.

En Mini-Tennis, deux jeux possibles : le jeu individuel ; le jeu avec ou contre un autre.

1) Jeux individuels

Une bonne partie des jeux, dans les premières phases du mini - tennis, sera consacrée à la famille des jeux avec soi - même (l'enfant aime s'approprier «son» jeu; qu'il réussisse ou non, il est «égocentrique», centré sur lui-même; il n'est pas dépendant de l'autre: « mon copain rate toujours les balles qu'il me lance!»; il joue pour lui, il compte «ses» points, il évalue ses scores par rapport à lui-même)..., il garde ainsi plus facilement son attention.

A cet âge, toutes les actions de découverte aiguillées par le plaisir de fonctionner, par la réussite d'actions quantifiées par des gains de points se transforment en jeu pour l'enfant. En Mini - tennis, tout devient jeu si l'enseignant stimule, dynamise, facilite la réussite.

Dans la mesure du possible, il est intéressant de développer un maximum d'actions individuelles en utilisant des balles, des raquettes, des espaces différents de jeu (dont les dimensions tennistiques : zones, lignes de court). Mais le maniement d'une crosse de hockey, d'une pala, d'une baguette, ..., les frappes avec un «planéto» (ressemblant au jeu du «jokari»), la conduite ou la frappe d'objets divers: palet, volant, balle, ballon...dans des espaces variés... que ces objets soient immobiles au sol, sur des plots ou qu'ils soient en mouvement ne peuvent que servir l'adresse, la coordination de l'enfant et sa familiarisation aux trajectoires de balle.

a). Exercices - jeux de lancers de balles, ballons

Pour concrétiser au mieux les actions de lancers, les évaluer et les faire évaluer par les enfants, l'enseignant s'appuie essentiellement sur l'aménagement de l'action (utilisation de différents ballons ou balles, de repères matériels sur le terrain concrétisant des cibles à viser), sur les manières variées de lancer, sur la démonstration de l'action, sur des explications «imagées». Sans oublier que les enfants gagneront toujours des points même si leur évaluation n'est pas, dans un premier temps, très objective! Ils donneront souvent des scores très élogieux pour eux...

– **Lancers** *dans différentes directions* : en avant, en arrière / A droite, à gauche / En oblique avant à droite, à gauche.

Avec la main droite, la main gauche (exemple : à gauche avec la main gauche, avec la main droite).

Matérialiser la direction par des repères au sol déjà existants (ligne de couloir pour lancer en avant...) ou par des cibles plus ou moins éloignées (plots...) orientant l'enfant vers la direction proposée (exemple : « la voiture passe sous le pont » matérialisé par 2 cônes et une latte).

– **Lancers** *à différentes hauteurs* :

• En faisant rouler la balle au sol (la balle doit « coller » la ligne pendant son trajet et non rebondir quelques fois ⇒ ne pas hésiter à démontrer l'action ou (et) donner des explications imagées ⇒ exemple : la voiture « roule ».

• A hauteur de genoux, de hanches, avec des lancers à la cuillère pour des cibles horizontales peu éloignées puis plus éloignées (contre le filet, contre le mur, le grillage).

• A hauteur de tête avec des lancers à bras cassé pour des cibles horizontales (en plus difficile, ces mêmes lancers horizontaux pour des cibles au sol plus ou moins éloignées).

• Avec des courbes (exemple : au dessus du filet avec des lancers à la cuillère, au-dessus d'un élastique plus ou moins haut : si l'élastique est bas, lancer plutôt à la cuillère, si l'élastique est haut, lancer à la cuillère ou à bras cassé).

• A la verticale (exemple : le long du grillage, face à celui-ci ou de côté ; devant le corps, devant « le nez »).

• Avec peu de hauteur pour des cibles au sol peu éloignées puis avec plus de hauteur pour des cibles hautes (exemple : panier de basket, trace haute sur un mur) ou au sol de plus en plus proches ⇒ « petits » lancers vers le haut : la balle quitte à peine la (les) main (s) qu'elle est déjà recueillie dans les mains ou attrapée après rebond ; « grands » lancers vers le haut avec rattrapage de balle après rebond ou directement.

Apprendre à garder l'équilibre de son corps pendant le lancer et à la réception de la balle.

– **Lancers** *à différentes vitesses* : *lentement* (exemple : pour viser une cible très proche ou très petite) / *Rapidement* (exemple : pour que la balle aille le plus loin possible, pour qu'elle « explose » le mur, qu'elle « secoue » le filet...) / Après des lancers contrastés vite - lent, lancers à vitesse modérée.

– **Lancers** *pour différentes longueurs,* à partir de différentes positions sur le court et pour des cibles définies : *Très près* (exemple : comme pour la reprendre après le lancer, pour éviter « le précipice » devant soi) / *Très loin* (exemple : en voulant dépasser le filet à partir du fond de court) / *Entre les deux* distances près et loin.

En matérialisant les cibles à atteindre, en éloignant ou en rapprochant l'enfant selon que les cibles sont ou non atteintes (exemple : lancer dans le couloir ⇒ « du pain dans le canal pour les poissons », lancers dans le cerceau ⇒ « le puits »).

– **Lancers** *de différentes manières* : Main droite ; main gauche ; à deux mains / À la cuillère ; à bras cassé.

Willy, gaucher, lance à bras cassé de la main droite, avec un placement d'appuis «à l'amble»

– **Lancers** *de différents ballons et balles* : Balles en mousse ; balles de tennis ; ballons paille ; mini ballons et ballons de sports collectifs…

– **Lâchés de balle :** *Laisser tomber la balle* de la main pour la rattraper ensuite après le rebond (apprendre à ne pas bouger le bras, la main, en ne faisant qu'ouvrir la main orientée vers le sol ⇒ « laisser s'envoler l'oiseau ») / *Projection du ballon vers le sol* (exemple mini - basket) pour essayer de dribbler ensuite sur place ou en déplacement.

Toutes ces actions de lancers variés servent à la motricité générale de l'enfant tout en ayant une orientation tennistique : *elles concourent à la régulation de deux actions principales en Initiation :*

– se présenter la balle lors de l'engagement en coup droit, en volée de coup droit et encore plus finement lors du service (le lancer précis vers le haut, à bonne hauteur conditionnant énormément la qualité gestuelle du service).

– effectuer des lancers à la main contrôlés pour son camarade (précision, vitesse, feintes…) lors d'exercices d'envoi - renvoi.

Elles seront d'autant plus renouvelées dans leur réalisation qu'on y associe souvent des gains de points.

b). Exercices - jeux avec des enchaînements simples d'actions individuelles

♦ *Exercices de lancer - attraper ou de lancer – frapper* :

► **Lancer – courir – frapper**

Les enchaînements d'actions ci-après s'effectuent dans des espaces différents plus ou moins loin, plus ou moins à côté, plus ou moins en avant ou en arrière de l'enfant, en se servant ou non des dimensions du court :

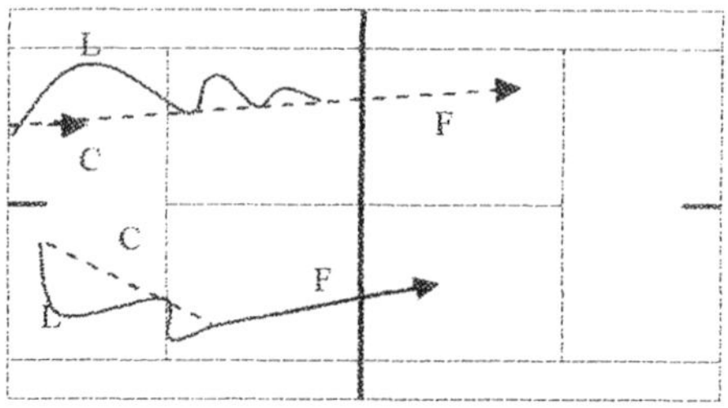

L : lancer ; C : course ; F : frappe

– *diversifier l'enchaînement d'actions lui-même* en demandant à l'enfant de l'exécuter sans raquette (lancer la balle, courir après elle pour la rattraper dans ses mains) et avec raquette pour frapper la balle.

– *diversifier les lancers par la variation des balles* (ballons paille, balles en mousse, balles souples…).

– *diversifier les lancers dans les distances à parcourir* par l'enfant pour aller attraper ou frapper la balle : lancer loin _ lancer près de soi (ce lancer là est une action spécifique au « grand » tennis : on se lance la balle au-dessus de soi pour servir ; à côté de soi pour engager, envoyer la balle en coup droit, à la volée).

– *diversifier les lancers dans leurs directions* par rapport au corps du lanceur (en avant, sur les côtés, en oblique voire même en arrière).

– *diversifier les lancers dans leurs hauteurs* (au sol, à l'horizontale, sous forme de courbes plus ou moins hautes, proches ou éloignées de soi).

– *différencier les manières de lancer* : à la cuillère, à bras cassé, avec la main gauche, avec la main droite entraînant des différences de vitesse et d'adresse lors des lancers.

– *orienter les lancers et les frappes* : favoriser les lancers vers l'avant lorsqu'il s'agit de rattraper la balle à la main, avec les mains ; favoriser les lancers en oblique avant à droite, à gauche du corps lorsque l'enfant court pour frapper la balle en direction d'une cible devant lui (au-dessus d'un filet ou sans filet) afin de réaliser des frappes à côté du corps avec un plan de frappe avancé.

– *calibrer les lancers* de telle façon que l'enfant se soumette à des *contraintes de temps* (rattraper la balle ou la frapper après un, deux rebonds…), *d'espace* (rattraper la balle ou la frapper à un endroit précis du terrain (dans un carré de service, par exemple, alors que le lancer a été effectué à partir de la ligne de fond de court).

Ces enchaînements d'actions permettent à l'enfant de développer sa motricité générale en gardant une grande liberté d'expression mais en favorisant également des sensations tennistiques par le sens et l'orientation donnée aux actions (l'enfant se dépense sur un court de tennis avec une raquette, une balle) :

• Un lancer à calibrer, à contrôler (au bénéfice futur du lancer au service et d'engagements en CD sans déplacement, en équilibre) avec des courbes plus ou moins hautes, longues pour obtenir l'enchaînement souhaité, à partir d'un état d'équilibre préalable.

• Une course à réguler pour attraper ou frapper ensuite la balle en fonction des contraintes plus ou moins importantes présentées par l'enseignant: nombre de rebonds permis ; zone de frappe ou d'attrapé exigée ; zone de frappe à atteindre proposée ; contrainte technique (recherche d'un équilibre suite à la course avant de frapper la balle …).

• Une orientation du corps favorable grâce à des lancers obliques ou latéraux par rapport au filet qui font naturellement tourner les épaules de l'enfant avant d'aller frapper la balle pour des cibles devant lui.

• Un discernement des liens existant entre les hauteurs, les longueurs, les directions des lancers pour apprécier les moments de prise de balle, les zones dans lesquelles on peut frapper la balle (appréciation des trajectoires de balle que l'enfant se donne, au moment où il le veut).

• Une mise à distance de la balle bien perçue par ces lancers qui « sortent » la balle du corps.

• Des coups joués en mouvement avec un plan de frappe avancé grâce à ces lancers en oblique avant ou en avant, d'autant plus avancé (et avec un coup en rotation) que la zone à atteindre sera croisée par rapport à la direction du déplacement.

Tout en laissant une grande liberté gestuelle à l'enfant, on l'oriente vers le tennis : déplacements vers des balles, frappes de balle en avant du corps pour viser des zones en avant de lui voire pour franchir le filet et même pour atteindre des zones dans un terrain opposé au sien (derrière une ligne de séparation au sol (lorsqu'il n'y a pas de filet) ou derrière le filet.

A travers cet exemple d'enchaînement d'actions (ainsi qu'avec les suivants), toutes les idées pédagogiques fortes sont respectées dans le respect de la logique du jeu. L'orientation tennistique est donnée à des actions qui ont un sens pour le tennis : *activité* de l'enfant à travers des *jeux avec lui - même* (convenant bien aux jeunes enfants « égocentriques », centrés sur eux-mêmes) ; actions de découverte aiguillées par le *plaisir de fonctionner*, par la *réussite* d'actions quantifiées par des gains de points se transformant en jeu pour l'enfant ; *liberté d'expression mais aussi contraintes pour orienter les actions vers des pré - requis tennistiques* (plan de frappe avancé, mise à distance…) ; *contrastes des actions pour discerner* les frappes à gauche, à droite du corps, pour discerner avec quel bras on lance le mieux la balle, avec quel bras on aime le mieux frapper (main droite, main gauche, les deux bras… à droite, à gauche du corps ?).

► Courir – lancer – frapper

Courses vers l'avant, en oblique avant, latéralement et __ dans la course__ lancer d'une balle pour une zone plus ou moins grande à atteindre, pour la rattraper ou non ensuite, pour la frapper à un endroit déterminé… selon les contraintes qui sont données.

Actions favorisant autant la motricité générale que spécifique (en particulier la capacité de sortir, de détacher un geste du corps (pour lancer la balle) alors que celui-ci est en mouvement (comme lorsque le bon joueur prépare son coup dans le déplacement)).

Courses dans différentes directions, avec différents pas, y compris à reculons (possibilité également de dribbles avec un ballon plus ou moins gros).

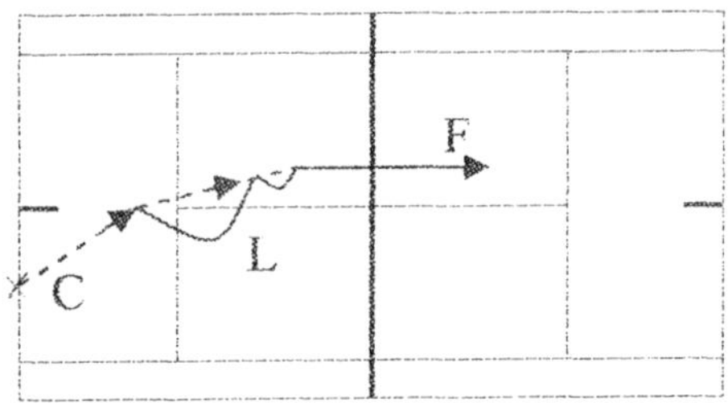

► **Courir (ou être arrêté) – frapper** *une balle fixe, une balle immobile.*

– Courses vers l'avant, en oblique avant, latérales pour aller toucher, frapper des balles suspendues à une potence ou posées sur un support (un plot, un banc, une table…) ou immobiles au sol. Frappes avec une main, l'autre main, à deux mains.

Eva se déplace de plot en plot pour frapper la balle

– A l'arrêt, raquette au contact de la balle immobile au sol, frapper (plutôt à 2 mains) pour soulever la balle ou pour faire rouler la balle au sol (comme un golfeur pour un swing ou un put !)

Thomas, 5 ans, lors de sa 2ème séance de tennis, soulève la balle du sol

Actions favorisant autant la motricité générale que spécifique permettant, par exemple, d'approcher la balle sous différents angles de course, de préparer (ou non) le coup avant le déplacement, de frapper nécessairement la balle à distance du corps (surtout avec des coups à deux mains) *lorsque la balle est posée sur un support ou étant immobile au sol...*

► **Se donner la balle sans courir – frapper**

Dans un espace proche de son corps *un peu* en avant de soi ou à côté de soi à droite, à gauche, latéralement ou en oblique avant... pour attraper la balle, la frapper ⇒ se placer plutôt que se déplacer. Avec des frappes après rebond (s), de volée, en coup droit, en revers.

Avec des frappes à deux mains, à une main, avec l'autre main, par-dessus le filet, vers des cibles déterminées, vers le mur.

De près à loin des cibles à atteindre.

Avec des envois doux, forts

Dans un espace au - dessus de soi pour attraper la balle, la frapper ⇒ rester sur place pour frapper la balle par-dessus la tête (S) vers des cibles plutôt proches avec des envois doux.

Ces actions permettent à l'enfant, par le contrôle de son lancer, de chercher à maintenir l'équilibre de son corps depuis la « présentation » de sa balle jusqu'à la frappe : action déterminante pour parvenir à la qualité des engagements en coup droit, volée de coup droit et particulièrement au service.

► **Garder (ou reprendre) le contrôle de la balle avec la raquette, sur place ou en déplacement.**

• Tenir la balle sur sa raquette, sur place et en déplacement ; faire varier la position de la main sur le manche (y compris en bout de manche).

Intérêt pour la tonicité du poignet afin de maintenir la raquette à plat, pour la prise fermée de coup droit naturellement trouvée, pour la tenue de raquette, pour la concentration sur la balle.

• Idem sous forme de relais avec un (plusieurs) camarade (s).

• 1-2-3 - « soleil » : l'enseignant, face au grillage, annonce 1-2-3 et se retourne en disant « soleil » : les enfants se déplacent vers le grillage pendant les 1-2-3, la balle sur la raquette, et s'immobilisent au mot « soleil ». Le premier qui arrive au grillage, en contrôlant la balle, gagne.

• Faire rouler la balle sur le tamis de la raquette, dans un sens, dans l'autre.
Mêmes avantages + sensations de touché plus sensibles.

• Faire rouler la balle au sol avec sa raquette et l'arrêter soit en lui « barrant » la route (raquette à la verticale du sol), soit en « l'étouffant » au sol (raquette face au sol) avant d'atteindre ou non une zone déterminée.

Intérêt pour l'ajustement du placement à trouver et pour les sensations différentes de prises (de marteau à fermée de coup droit selon la façon d'immobiliser la balle).

• Faire rouler la balle au sol avec sa raquette en la touchant avec une face, avec l'autre face pour changer de direction (latéralement, en avant - en arrière, en oblique avant - arrière), pour la déplacer le long d'une ligne de couloir, de fond de court, vers des zones déterminées, … à une main, à deux mains, avec l'autre main… ou librement.

• Faire rouler la balle vers le mur : lorsqu'elle revient au sol, la renvoyer de la même façon contre le mur.

Intérêt pour les contacts raquette - balle, pour les ébauches de frappes coup droit, revers, pour les touchés de balle afin de suivre une direction…

• Faire rouler latéralement la balle avec une face de la raquette puis retour à la zone de départ avec de multiples touchés de balle par l'autre face de la raquette.

Mêmes avantages + touchés fins + sensations de déplacements - replacements en allant et revenant sur un même axe.

• Même parcours mais compétition entre les enfants.

• Faire rouler la balle avec la raquette dans un espace défini (par exemple les deux carrés de service) en évitant le contact avec un ou plusieurs autres enfants qui accomplissent la même action.

• Idem autour de cerceaux provoquant, en plus du contrôle de balle, des déplacements en pas chassés.

• Faire rebondir la balle sur la raquette une à plusieurs fois.

• Lancer la balle vers le haut avec une main et la contrôler avec la raquette tenue dans l'autre main (puis changer de mains).

• Frapper doucement la balle à la verticale pour la contrôler sur la raquette après rebond ou directement.

Actions plus complexes en contrôle de balle mais avec des mouvements naturels pendulaires.

• Mêmes actions mais en se déplaçant dans une direction (par exemple vers le filet), en passant d'un côté à l'autre d'une ligne, en tournant, en faisant des pas chassés...

Mêmes actions + déplacements variés.

• Possibilités de parcours compétitifs entre les enfants.

• Mêmes actions mais avec une orientation tennistique : se rapprocher du filet en contrôlant la balle à la verticale et, arrivé vers la ligne de service (par exemple), frapper par-dessus le filet, vers une zone de terrain, doucement ou fort.

Contraster ces actions pendulaires de contrôle de balle (avec ou sans déplacement) et ces coups à trajet horizontal pour franchir le filet dans la frappe.

Rappel : tous ces enchaînements d'action ont un sens tennistique. Ils seront effectués avec d'autant plus d'ardeur par les enfants qu'ils gagnent des points lors de ces actions.

2) Exercices – jeux en coopération

► Sans « donner » directement la balle au camarade

– Enfants A et B côte à côte.

• A lance la balle devant lui (en la faisant rouler au sol ou sous forme de courbe ; de différentes manières...); B court après cette balle pour l'attraper à la main, avec la raquette, pour la frapper dans une zone déterminée, par-dessus un obstacle ou non (filet plus ou moins haut ...).

• A lance la balle en oblique avant, sous forme de courbe ; B court pour l'attraper ou la frapper par-dessus le filet droit devant... dans une direction croisée par rapport au déplacement... dans une zone déterminée de l'autre côté du filet...

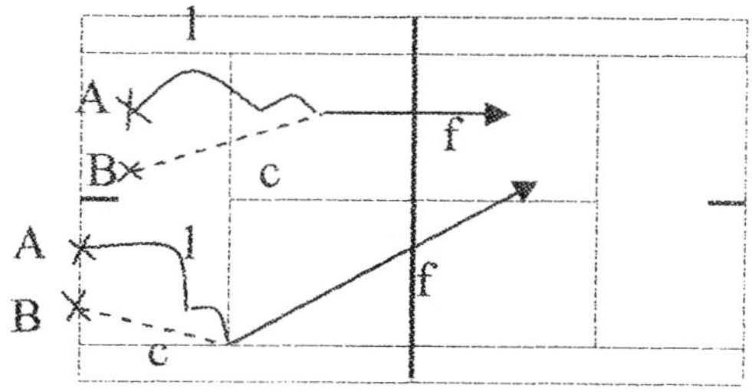

l= Lancer ; c= Course ; f = Frappe

• A court puis lance la balle ; B suit la course de son camarade et réagit au lancer le plus vite possible pour attraper, frapper la balle...

– Enfants A et B face à face et près l'un de l'autre.

• A fait rouler la balle entre les jambes de B qui se retourne pour courir après la balle et l'attraper à la main ou l'arrêter au sol le plus vite possible avec la raquette.

• A lance la balle au-dessus de la tête de B qui se retourne pour courir après la balle et l'attraper à la main ou la contrôler après rebond (s) sur sa raquette.

• A fait rouler la balle en avant de lui ; B se déplace à reculons pour ne pas se faire rattraper par la balle (variante de déplacement plus « technique » : en pas chassés avec orientation du corps de profil d'un côté, de l'autre).

• Idem pour A ; B frappe la balle qui roule au sol ou qui rebondit doucement vers lui.

• A contrôle la balle sur sa raquette en la laissant rebondir au sol ou non, B prend ensuite le relais de cette action.

– Enfants face à face et plus éloignés.

• A, en possession de deux balles (une dans chaque main), laisse tomber l'une des balles ; B court vite pour attraper la balle après un, deux rebond (s) selon la distance, les capacités des enfants.

• Idem mais lancer de A un peu vers le haut ; déplacement de B pour aller contrôler la balle sur sa raquette.

– Enfant (B) de dos par rapport à l'autre (A).

• A lance ou fait rouler la balle à droite ou à gauche de B ; B court après la balle, dès qu'il la voit, pour l'attraper, la frapper.

• Idem mais A fait rouler la balle entre les jambes de B ; B court après la balle, dès qu'il est dépassé, pour l'attraper.

• Idem mais A lance la balle au - dessus de B; B court pour contrôler la balle après rebond (s) ou pour la frapper.

• Idem mais B est tourné tout en portant son regard sur A ; lancers variés de A et réactions rapides de B.

► **Jeu avec son camarade en lui « donnant » la balle, pour faciliter la réception, la frappe, l'enchaînement d'actions et même l'échange.**

Parmi tous les jeux possibles avec le camarade (relais en se donnant la balle de la main à la main ; passes au pied avec un ballon, passes à la main avec un ballon de baudruche…), privilégier :

Le Jeu de passes entre enfants, face à face : balle donnée ***au sol***:

– choix d'un plus ou moins grand espace de jeu en longueur, en largeur (exemple : le ½ court en longueur ou en largeur). Pour jouer le plus possible *avec* l'autre, plus on augmente le terrain en longueur, plus on peut l'élargir ; au contraire, plus on rapproche les enfants l'un de l'autre, plus le terrain doit se rétrécir en largeur pour communiquer.

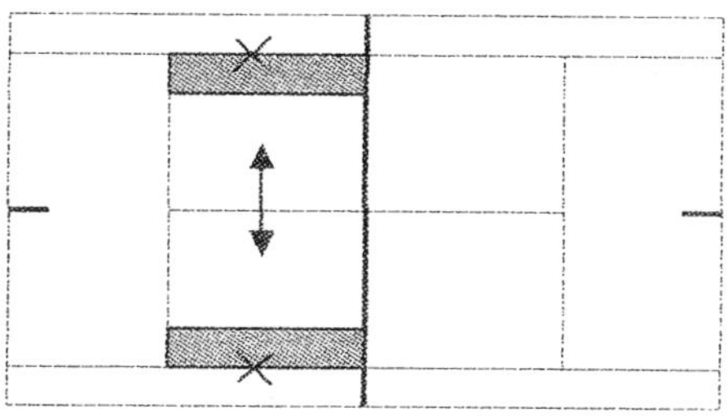

– choix d'un terrain limité ou non (lignes du court ou non).

– choix de différentes balles (balles en mousse, balles souples…).

– diversifier les envois de balle : à la main, avec l'autre main moins habile ; avec la raquette, à droite, à gauche du corps.

– diversifier la façon de réceptionner la balle : avec les mains, avec la raquette en l'arrêtant à la réception ou en la relançant vers l'autre sans contrôle.

– choix de décompte de points ou non (combien de fois la balle a été redonnée à l'autre sans que la balle s'arrête de circuler au sol).

– puis jeu de passes avec des trajectoires légèrement courbes et lentes pour des frappes après rebond près du sol pour aller progressivement vers des échanges doux. D'abord grâce à la qualité des balles distribuées par l'enseignant puis entre enfants. Au début, sans filet puis avec un filet bas… pour aboutir aux jeux en coopération de Mini –Tennis (§ D ci-après).

Les Relais : déplacement avec une balle dans la main pour aller la poser sur un plot, sur une ligne…, retour vers le deuxième relayeur pour poursuivre le relais jusqu'à son terme. Variantes avec une balle sur la raquette, avec jonglage de balle sur la raquette, avec conduite de balle au sol ou avec rebond au sol, avec parcours variés (slalomer entre des piquets, tourner autour de cerceaux…), avec des déplacements variés (pas chassés, courus…), avec une raquette, une crosse de hockey..., avec une balle, un ballon pour dribbler, faire rouler la balle…

Rappel : les enfants réaliseront d'autant plus tous ces exercices - jeux en coopération qu'ils gagneront des points, qu'ils défieront d'autres équipes.

3) Jeux en opposition

Le jeu au sol est idéal pour les petits : que ce soit au pied ou à la main et même avec des frappes de balle avec raquette, les enfants sont dans une coopération ou une opposition simple à l'adversaire.

Le jeu d'opposition entre enfants face à face : tentatives de chaque enfant de **dépasser la ligne de but adverse** en faisant *rouler la balle au sol.*

– choix d'un plus ou moins grand espace de jeu en longueur, en largeur (exemple : le ½ court en largeur). Pour jouer le plus possible *contre* l'autre, privilégier le rapprochement des enfants et une grande largeur de la base de défense de chaque terrain.

– choix d'un terrain limité (au moins au niveau de la base de jeu de chaque enfant (exemple : ligne de couloir)) mais aussi ligne de milieu de terrain que les enfants ne peuvent franchir pour frapper la balle dans le terrain adverse).

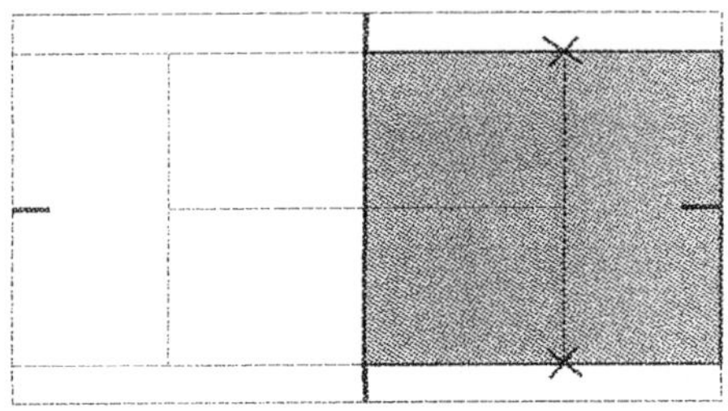

– choix de différentes balles (balles en mousse, balles souples…).

– diversifier les envois de balle : à la main, avec l'autre main moins habile, avec la raquette (particulièrement en tenant la raquette à 2 mains dans une action similaire au golf ou au hockey).

– diversifier la façon de réceptionner la balle : avec les mains, avec la raquette en l'arrêtant à la réception ou en la relançant sans contrôle (à une main, à 2 mains).

– changer d'adversaires (l'enseignant pouvant participer au jeu avec les enfants et augmentant ainsi l'attrait du jeu tout en réduisant ou en renforçant les difficultés de ce jeu en fonction des capacités des enfants).

– décompte de points ou non (point à chaque fois que la balle a franchi la base adverse).

Puis même jeu mais avec des trajectoires légèrement courbes et lentes pour des frappes après rebond près du sol pour aller progressivement vers des frappes contrôlées.

D'abord grâce à la qualité des balles distribuées par l'enseignant (puis entre enfants). Au début, sans filet puis avec un filet bas… pour aboutir aux jeux en opposition de Mini –Tennis (§ **D** ci-après).

En opposition, il suffit, à ce stade de l'apprentissage, de jouer dès le départ sur l'incertitude des lancers ou des envois avec raquette en *visant des zones où l'adversaire n'est pas,* à droite *ou* à gauche, pour gagner des points, *afin qu'il ne puisse pas rattraper la balle ou qu'il ne la renvoie pas bien.*

A partir de ces engagements orientés, la liberté des actions dans le respect des règles (balle roulant au sol; arrêt de la balle avant de la renvoyer ou, au contraire, relance sans contrôle) est alors à privilégier dans ce jeu d'opposition.

Il est certain que, pour jouer en opposition, il faut un minimum de contrôle des actions (en particulier de la première action de lancer, d'envoyer dans ces oppositions simples) car, sinon, la maladresse de l'un est incontrôlable pour l'autre. Mais exécuter des frappes roulant au sol avec la raquette sur des balles arrêtées entraîne des gestes sans ampleur limitant la vitesse de balle et réduisant ainsi la difficulté d'appréciation des trajectoires pour l'adversaire.

Cela signifie qu'il ne faut pas attendre pour passer à ce statut simple d'opposition. Il est, en effet, un moteur puissant pour la motivation et l'action des enfants.

Ces jeux au sol avec ou contre un autre préfigurent le tennis dans sa totalité (échange – rupture avec un autre joueur) et installent des pré – requis : dans le jeu contre l'autre : tactique et technique élémentaires (jouer là où l'autre n'est pas, attente active des balles, goût de l'effort pour aller sur toutes les balles, orientation des épaules, des appuis pour frapper les balles à côté du corps (surtout lorsque les frappes sont faites à 2 mains)...) ; dans le jeu avec l'autre : tactique et technique élémentaires (régularité pour maintenir la balle en jeu le plus possible, plan de frappe avancé pour arrêter, relancer des balles contrôlées doucement par le joueur en face, concentration accentuée par la grande quantité d'échanges avec l'autre... ; acceptation des règles de coopération avec l'autre, d'opposition à l'autre ...).

4) Matches de mini-tennis

Avec le matériel adapté du mini - tennis (voir le kit Mini - tennis FFT), des matches sont effectués en faisant varier les dimensions du terrain, la hauteur du filet, la qualité des balles, la dimension des raquettes pour des tactiques diverses.

Les différents jeux possibles dans la phase du mini tennis :

Jeux en coopération

Jeu 1

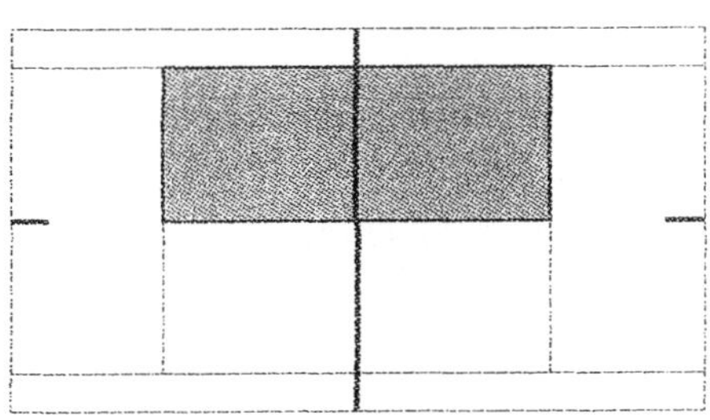

Terrain : le carré de service / sans filet / ballon - paille, balles en mousse, balles souples / raquette (de « pom ' do » à raquette de 43cm en passant par la palette).

Jeu 2

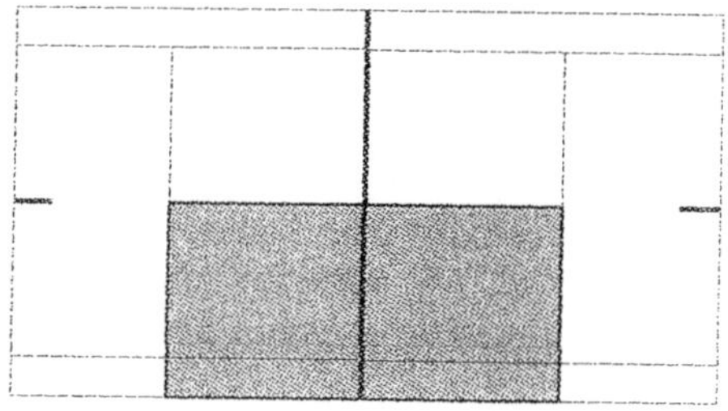

Terrain : le carré de service + le couloir de double / filet à 0,60m / mêmes balles et raquettes que jeu 1.

Jeu 3

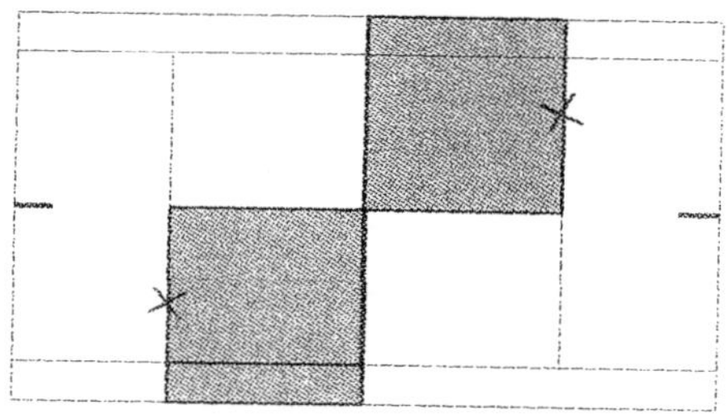

Terrain : le carré de service + le couloir, en diagonale / même hauteur de filet, mêmes balles et raquettes.

Ces jeux 1, 2, 3 ont pour but l'échange, le jeu avec des frappes « douces », le jeu en équilibre.

Jeux en opposition

Jeu 1

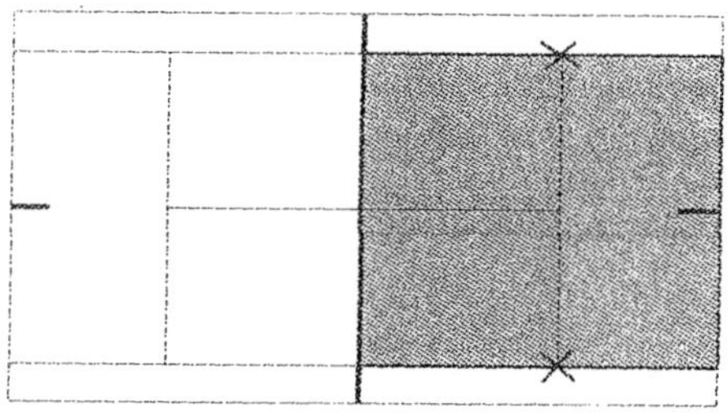

Terrain : ½ court avec jeu dans le sens de la *largeur* du court normal / pas de filet / mêmes balles (mais surtout balles en mousse) et raquettes que lors des jeux en coopération / point si le ballon (la balle) dépasse la base de terrain adverse (s'il sort sur les côtés du terrain, pas de faute et engagement à nouveau sur sa base). Tolérance (ou non) de 2 rebonds.

Jeu 2

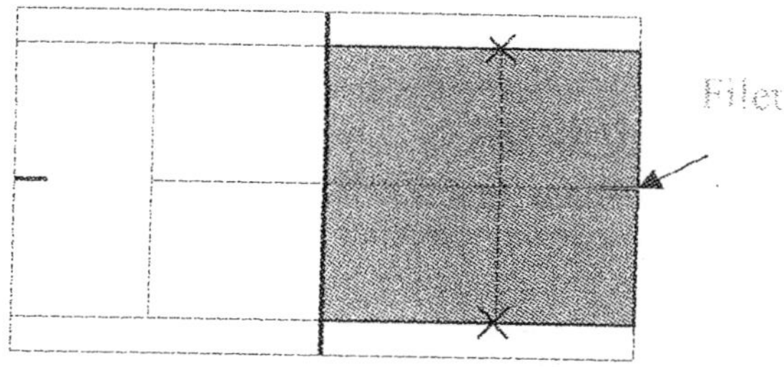

Terrain : même surface et même matériel, mais filet (bas). Mêmes règles.

Variante : début du jeu seulement dans les carrés de service ; au bout de 7 points (par exemple), celui qui mène dans le jeu doit défendre alors tout son terrain ; si son adversaire revient à égalité lors des points suivants, il joue alors lui aussi sur tout son terrain.

Jeu 3

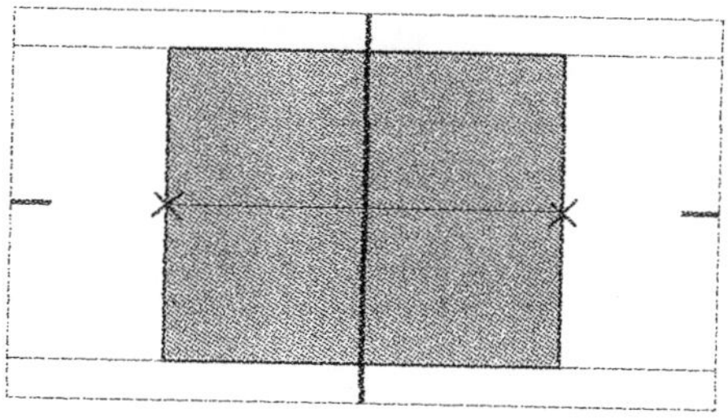

Terrain : les carrés de service du court dans le sens normal *longitudinal* / filet bas / même matériel. Mêmes règles. Variante possible : terrain encore plus large avec carrés de service + couloirs.

Ces jeux 1, 2, 3 ont pour but la rupture de l'échange en jouant « là où l'autre n'est pas », en provoquant de grands déplacements.

Le jeu de référence du Mini – tennis : terrain de 12m sur 6m correspondant ≈ à un jeu sur demi - terrain (carrés de service + couloir de double) / hauteur du filet = 0,60m à 0,65m / balle souple / raquette cordée de 50cm.

Il suffit de faire varier un des éléments matériels du jeu pour que celui - ci soit transformé. Au point que les meilleurs joueurs s'exercent aussi dans les carrés de service mais avec une balle de compétition, un filet à hauteur normale pour un jeu en touché…

II. En Initiation

La diversité des situations (jeu PRES, jeu LOIN, jeu LARGE) ne peut que s'amplifier en Initiation par la variation des surfaces de jeu (mais de plus en plus définies par des limites précises de terrain) et un filet (de plus en plus présent mais à des hauteurs variables), la variation des raquettes, la variation des balles.

De nombreux jeux différents peuvent être ainsi conçus grâce à la combinaison de ces variables.

Cependant, je persiste à maintenir une différence notable par rapport à l'apprentissage « fédéral » dit du tennis évolutif : je mêle en permanence - et cela dès le départ - ces 3 jeux de base très contrastés pour en tirer des maîtrises spécifiques, dans un premier temps, mais qui se lient progressivement entre eux et se fondent ensuite dans un tennis total.

1).Les 3 jeux de base :

Le jeu PRES

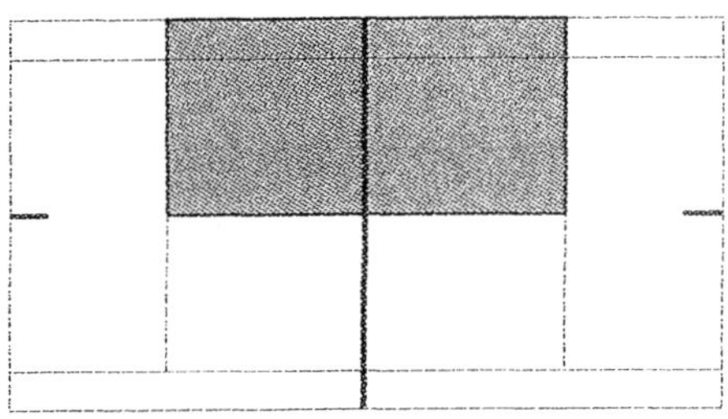

Si l'enfant de 5 - 6 ans a pratiqué le Mini - tennis, il parvient à la fin de cette période à réaliser des échanges et jouer des points avec la balle en mousse sur ce terrain.

S'il démarre le tennis à 7 ans, il sera certainement intéressant qu'il pratique des exercices et jeux de Mini - tennis mais, si on le laisse agir, il se situe aussi, de lui - même, vers la ligne de service comme s'il se sentait capable de communiquer avec un autre enfant par un jeu de « passes » (il se place dans les conditions d'espace qu'il ressent comme possibles pour réussir son jeu).

Ce jeu est « incontournable » pour l'Initiation au tennis puisque l'enfant du Mini - tennis aboutit à ce jeu et que l'enfant plus grand qui démarre le tennis « veut » spontanément ce jeu.

Le jeu LOIN

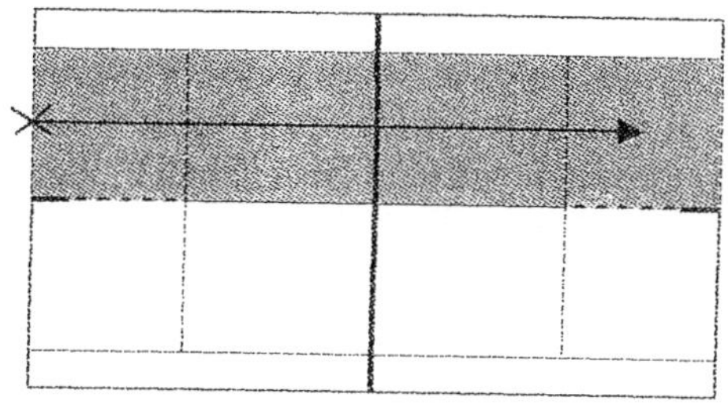

C'est un jeu qui n'est pas, d'emblée, voulu par l'enfant mais qui doit être proposé tout de suite par l'enseignant (même si celui - ci se doute que ce jeu ne pourra aboutir à des échanges (comme dans la situation près) avant de nombreuses séances. En effet l'enseignant sait que cette situation va permettre à l'enfant de développer certaines capacités qu'il a en lui et qui ne demandent qu'à être révélées :

Capacités psychiques (volonté pour réussir un objectif difficile ; agressivité libérée pour « rentrer » dans la balle…).

Capacités tactiques et techniques (frapper fort, frapper loin pour atteindre l'autre enfant loin de lui, en privilégiant naturellement des placements à côté de la balle, des grands gestes…) *dans des conditions d'envoi* puis, plus tard, de renvoi. Au départ, l'enfant peut être plus ou moins devant la ligne de fond de court pour envoyer la balle mais il faut qu'il ait l'impression de jouer dans un grand espace, « comme un grand », « sur le grand terrain »…

Le jeu LARGE

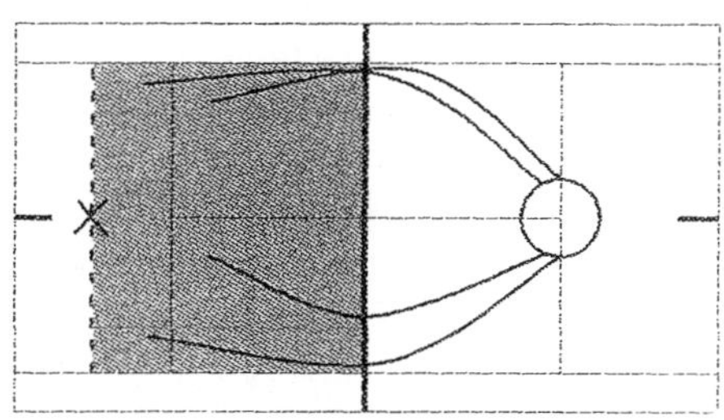

Envoi par l'enseignant de 4, 5 balles de suite à l'enfant qui se déplace sur tout le terrain en largeur pour (tenter de) frapper ces balles. L'enfant est plus ou moins en avant de la ligne de fond selon son niveau. Les trajectoires de balle sont plus ou moins éloignées de l'enfant mais courbes et lentes.

L'enseignant propose également ce jeu, tout de suite, en étant lui-même créateur de multiples jeux grâce à sa maîtrise technique (atteinte de toutes les zones du terrain adverse en variant, à son gré, la longueur, la direction... des balles, en enchaînant rapidement ou non ses frappes...).

L'enseignant sait que ce jeu est riche pour l'enfant, tant psychiquement (forte envie de se « défoncer » pour aller chercher toutes les balles, même les plus difficiles ; goût de l'effort ; plaisir de jouer avec le moniteur) que techniquement et tactiquement (connaissance et défense de son terrain, appréciation des trajectoires, dynamisme dans l'attente des balles et dans les courses...).

▶ **Ces 3 jeux sont simples, complets, évolutifs :**

• *Simples* parce que l'enfant débutant peut s'exprimer avec ses moyens à travers des actions qui ont un sens pour le tennis (près = jouer avec un camarade ; loin = jouer comme les grands, « rentrer » dans la balle ; large = aller sur toutes les balles...).

• *Complets* parce que l'enfant débutant a une grande variété de réponses pour résoudre ses actions (près = envois doux, précis avec rebond (s), de volée, au - dessus de la tête ; loin = frappes fortes, longues en envoi à une main, à deux mains en coup droit, en revers ; large = interception voire frappe avec la raquette tenue par le bras droit, le bras gauche, les 2 bras selon les déplacements à effectuer...).

• *Evolutifs* parce qu'ils peuvent être repris à tous les niveaux y compris dans le futur par les meilleurs joueurs.

▶ **Ces 3 jeux sont à la base de l'apprentissage** car, à travers eux, c'est tout le tennis qui est envisagé :

Même si ces jeux sont, au départ, utilisés séparément en début d'apprentissage pour des raisons de simplification du jeu réel afin de mieux résoudre les difficultés rencontrées, ils doivent être associés à chaque séance et dans le programme général d'enseignement.

Ces jeux sont d'autant plus liés entre eux qu'ils évoluent progressivement les uns vers les autres dans leur structure : le jeu près augmente pour aller jusqu'au jeu loin, s'élargit à la dimension des 2 carrés de service ; le jeu loin diminue pour que l'enfant réussisse des frappes moins fortes et plus précises en envoi, pour mieux être équilibré dans ses déplacements – placements en renvoi...). Ils évoluent aussi par le bagage technique et tactique révélé dans un jeu et transférable aux autres jeux: par exemple, la notion d'attitude active révélée lors de la situation large est transférée à la situation près parce qu'elle y est également nécessaire même en réception de balles douces pour mieux se placer, s'extraire plus rapidement des balles axiales ...).

Ces jeux finissent par se fondre en une même unité de lieu : le terrain officiel de tennis, avec des fondamentaux de jeu solidement acquis.

▶ **Les objectifs initiaux de ces 3 jeux aux plans technique, tactique, physique et mental**

Situation près

Objectifs tactique et mental : recherche de l'échange, de la régularité dans un petit terrain par un jeu doux, dès l'envoi.

Objectifs technique et physique : contacts balle - raquette fréquents, sensation d'équilibre à la frappe (même si, au départ, les gestes sont pendulaires pour les enfants débutant sans l'expérience du Mini -Tennis).

Situation loin

Objectifs tactique, physique et mental : recherche d'un engagement pour un terrain éloigné avec une frappe forte, longue, agressive.

Objectifs techniques : mise à distance (se placer à côté de la balle), technique gestuelle (notions de grand geste, d'élan, d'accompagnement, de fin de geste) lors de l'envoi.

Situation large

Objectifs tactique, physique et mental : connaissance d'un grand terrain à défendre, goût de l'effort pour couvrir ce terrain.

Objectifs techniques : notions d'attitude, de disponibilité dans les déplacements - replacements.

► **L'évolution de ces jeux vers le jeu à 1/1 sur tout le court**

Parvenir au jeu complet est le résultat de deux processus :

+ ***L'évolution de ces jeux passe par des jeux intermédiaires*** (voir ci - après) pour rejoindre un des autres jeux de base.

⇒ *La situation près* qui nécessite un contrôle de balle fait de douceur, de précision évolue vers une situation intermédiaire en longueur pour aboutir au fond du court nécessitant des frappes autant précises que fortes (situation près ⇒ situation loin).

⇒ *La situation loin* qui nécessite, au départ, des engagements forts, longs (pour réussir l'objectif difficile de dépasser le filet, puis d'atteindre le fond de court adverse) passe par des situations plus rapprochées du filet (ligne intermédiaire puis ligne de service). En effet, il faut combiner force et précision, *lors des engagements,* afin de franchir le filet en gardant la vitesse (frappe rasante par rapport au filet) et la précision (contrôle du fond de court adverse): *situation loin ⇒ situation près.*

A noter que, selon l'âge et la motricité des enfants, le jeu loin peut se situer au tout départ plus ou moins en avant de la ligne de fond, l'essentiel étant que l'enfant ressente la nécessité de taper fort, loin comme un « grand ».

Puis la situation loin est entrevue *en situation de renvoi*, en partant de près pour aller de plus en plus loin afin de réussir des frappes combinant longueur et précision : *situation près ⇒ situation loin lors des renvois.*

⇒ *La situation large* qui contraint l'enfant à défendre un grand terrain est entrevue non seulement au fond du court mais à la ligne intermédiaire, à la ligne de service ou encore plus près du filet pour défendre son terrain, couvrir le filet...Elle peut être plus ou moins large (exemple : ½ terrain + couloir de double ; les 2 carrés de service ; en diagonale avec couloir de double ou plus...).

A noter que, selon l'âge et la motricité des enfants, le jeu large peut, au tout départ, être moins étendu que le court de simple, l'essentiel étant que l'enfant ressente la nécessité de défendre un grand terrain, d'aller chercher des balles loin de lui sur les côtés.

+ ***Le transfert de certains comportements tennistiques révélés, déclenchés dans un jeu à d'autres jeux*** pour aboutir progressivement au jeu à 1/1 sur tout le court ***:*** *si des comportements tennistiques sont révélés dans un jeu séparé des autres, ils sont alors exploités non seulement dans la situation déclenchante mais aussi dans toute autre situation qui peut bénéficier de ces comportements. Ils servent de trait d'union technique aux situations et façonnent le bagage futur du joueur pour une disponibilité générale au service du jeu total ⇒* **interpénétration des apports techniques et tactiques dans les situations près, loin, large***:*

Exemples :

La situation près fait ressentir, à travers des frappes douces, un corps équilibré à la frappe ⇒ il convient de transférer cette sensation de l'envoi en CD à l'envoi en Vcd, au RV, au S, au renvoi, de près à large, à loin…

La situation loin fait apparaître, à travers des frappes fortes, longues à l'envoi en CD, RV, une mise à distance de la balle, des appuis « en ligne », un « grand » geste (élan, fin de geste) ⇒ transférer ces sensations à des frappes douces (qui peuvent avoir été exécutées, au départ, en situation près avec des gestes pendulaires, de face…) sans risque d'exagération d'élan et de déséquilibre, autant en envoi qu'en renvoi, dans des espaces proches et éloignés, plus ou moins étendus en largeur. Le dynamisme dans la frappe obtenu avec les envois forts (intéressant pour la rotation des coups mais parfois exagéré sous forme de pivot, en « toupie ») est alors maintenu mais avec un bon équilibre lors d'envois, renvois précis dans le jeu près, le jeu près - large (les carrés de service), le jeu intermédiaire). Pour le service, tenter des frappes loin du filet est plus aléatoire mais pas injouable pour des enfants habiles sachant lancer assez régulièrement la balle au-dessus de la tête : découverte de placement avec des appuis en ligne, d'un élan gestuel. Inversement l'équilibre étant bien ressenti avec des services frappés à des distances proches du filet, maintenir cet équilibre dans des situations plus éloignées.

La situation large (en étant près du filet pour volleyer ou loin pour renvoyer la balle) révèle la nécessité d'une attitude dynamique pour réagir à des balles éloignées, difficiles ⇒ la transférer en réception de trajectoires de balles plus proches, arrivant plus tôt, plus rapidement… pour mieux se placer, s'ajuster tant en CD qu'en RV, à la volée ou au smash.

Ce ne sont pas les seuls coups de fond de court qui méritent ces variations d'espace et de temps: apprendre à *volleyer* en étant situé *vers la ligne de service* (pour aller à la rencontre d'une balle basse vers le milieu du carré de service, voire encore plus courte)⇒ au bénéfice d'une attitude dynamique, d'un plan de frappe avancé, d'une préparation écourtée…)/ *ou*, au contraire *très près du filet* (pour que l'enfant empêche la balle, envoyée largement sur le côté, de passer le filet) ⇒ mêmes avantages techniques + orientation des épaules limitée et préparation haute et directe vers la balle latérale / Apprendre à *smasher* en étant *très près du filet* ⇒ préparation haute, frappe rabattue… / en étant *vers la ligne de service* ⇒ plus de temps pour la préparation qui pourra être ample comme au S, plus d'ajustement avec des appuis en ligne, plus d'accompagnement gestuel vers l'avant…

C'est par l'interpénétration de ces 3 jeux de base (et leur évolution) qui *placent les enfants face à des contraintes différentes d'espace et de temps que tout le tennis s'envisage.* A chaque fois se posent des problèmes de maîtrise de son propre terrain et du terrain adverse (dans des espaces plus ou moins grands), de maîtrise des trajectoires. *Des intentions de jeu* se révèlent pour réussir le jeu proposé : l'enfant effectue des frappes douces pour faire des passes dans le jeu près, des frappes fortes pour joindre son camarade dans le jeu loin…*Des moyens techniques* apparaissent pour favoriser les actions : notions d'équilibre lors des frappes douces, notions de placement à côté de la balle et de grand geste lors des frappes fortes, notions d'attitude pour réagir à toutes les balles envoyées par l'éducateur…

Ces moyens techniques et tactiques vont progressivement se lier les uns aux autres : pour que le joueur maîtrise ses frappes, c'est autant par la précision et la puissance de ses coups avec un apprentissage de frappes douces et de frappes fortes.

Ils se lient d'autant plus que, au fur et à mesure de l'évolution des thèmes travaillés dans ces situations, *ils finissent par se fondre dans une même unité de lieu et d'action : le court de tennis dans sa grande dimension.*

Dès le Mini - Tennis, à travers les lancers de balle à la main, les enchaînements d'actions, les petits matches, *tout avait déjà un sens tennistique au bénéfice de pré - requis techniques et tactiques* : lancers à la cuillère, à bras cassé...; courses orientées ; plans de frappe avancés ; « empreintes » gestuelles (notions d'attitude, d'élan...) ; frappes par-dessus le filet, dans des zones déterminées de terrain.

Ils seront *stabilisés, confirmés, développés lors de l'Initiation.*

► **Cette évolution s'appuie aussi,** en plus *des variables didactiques* (*dimension des terrains, des raquettes* (plus grandes), *la qualité des balles* (plus vives), *la dimension du filet* (plus proche de celle d'un court normal)), **sur :**

• *La valeur de l'enseignant* tant au niveau technique lors du jeu large (qualités des balles envoyées) que pédagogique (discernement des efforts que l'enfant peut faire, de la distance, de la force que l'enfant peut prendre pour envoyer, renvoyer...).

• *Les premiers éléments tactiques simples* envisagés dès le Mini – Tennis (voir l'exemple du jeu au sol en opposition) : jouer là où l'autre n'est pas / jouer là où l'autre n'aime pas. Ils suffisent, dans un premier temps, à développer un sens tactique chez les jeunes joueurs pour gagner des points, des matches. Pour l'enfant habituel de l'école de tennis, *jouer plus sur la précision et la régularité des actions* que sur la puissance et la vitesse des coups (chercher en priorité à mieux s'ajuster à la balle, à développer une bonne technique gestuelle... plutôt que de se précipiter sur le rebond de la balle, se placer approximativement, se crisper dans la frappe pour taper fort). Mais, en revanche, il faut être beaucoup plus ouvert au talent des meilleurs et développer aussi leur rythme, leur agressivité naturelle pour prendre la balle tôt... sans tarder.

• *L'habileté de plus en plus grande des initiés grâce à des savoirs - faire acquis progressivement au service de ces schémas tactiques simples.*

• La séquence initiale du jeu (engagement (envoi) – retour (renvoi)) comme un point de départ privilégié pour utiliser au mieux ces intentions tactiques simples et pour construire encore mieux les techniques de coups ⇒ beaucoup d'exercices d'envois par l'enfant pour réussir ses jeux près et loin (il est vite déconcentré s'il ne réussit pas d'échange à cause de son envoi) et de renvois pour réussir ses jeux près et plus moins loin et larges (qualité des trajectoires envoyées, capacité de concentration sur les tâches techniques et tactiques à effectuer).

Programmation générale de cette interpénétration des situations (pour un enfant de 6 - 7 ans)

1ère étape : en 3 – 5 séances pour les meilleurs, en 1 trimestre pour les moins bons.

Situation près	**Situation loin**	**Situation large**
(balles en mousse, balles souples) Frappes après rebond (s) : *En envoi* (CD, RV, S) Tactique : Frappes douces dans le carré de service adverse. Technique : Equilibre, plan de frappe avancé. *En renvoi* (CD, RV, V, Sm) Mêmes tactique, technique. +notions d'attitude (révélée en situation large. *Echanges : « Passes ».*	(balles souples) Frappes après 2, 1 rebond (s) : *En envoi* (CD, RV), loin du filet. Tactique : Frappes fortes, longues pour franchir le filet, joindre le camarade au fond du court. Technique : Notions de mise à distance de la balle, d'appuis « en ligne », de « grand » geste (élan, fin de geste). +plan de frappe avancé (conditionné par des lancers vers l'avant, en oblique avant et par de bonnes présentations de balle (posés de balle) en situation près).	(ballons paille, balles en mousse et balles souples) *En renvoi* (CD, RV), frappes de balles roulant au sol puis de balles à trajectoires courbes après 2 puis 1 rebond (s). Mais aussi V lorsque l'enfant est près du filet). Tactique : Connaissance, défense de son « grand » terrain dans la largeur (les 2 carrés de service), dans la profondeur et la largeur (terrain intermédiaire). Technique : Notions d'attitude (de pré - action) ; déplacement ; notions de replacement.

2ème étape : en 1 trimestre pour les meilleurs, en 2 à 3 trimestres pour les moins bons.

Situation près (balles en mousse, souples)	**Situation loin** (balles souples)	**Situation large** (balles en mousse, balles souples)
En envoi Même tactique (précision, douceur des frappes) mais avec une technique de CD, de RV ébauchée lors de la situation loin (mise à distance + grand geste mais rythme « doux », placement en ligne avant la frappe). Au Service, appuis en ligne, équilibre dans le lancer et la frappe. *En renvoi* ⊕ en situation près - large (les 2 carrés de service), après rebond : technique d'attitude et de plus ou moins grands déplacements en réception de trajectoires lentes, à rebond avancé. ⊕ en situation très près du filet, volée « posée » dans le carré de service adverse en face : Même attitude avec une tête de raquette au - dessus des mains. ⊕ à la ligne de service, volée dans le carré de service adverse en face : attitude ; avancée du corps sur des balles très en avant de l'enfant. *Echanges* en coopération, en opposition.	*En envoi* après un rebond (en CD, RV) et de volée (Vcd). En situation mi - loin, (filet baissé) (placement à la ligne de service ou intermédiaire pour une frappe longue dans la zone de fond de court adverse)⇒ objectif : frappe longue en « rasant » le filet et en visant le fond de court adverse. Technique : coup « plat » avec moins d'agressivité dans la frappe que dans la situation loin (plus d'équilibre, amplitude gestuelle plus coulée, mise à distance ...). Au service, en situation mi loin (placement à la ligne intermédiaire pour une frappe dans le carré de service en face ou en diagonale) : technique avec appuis en ligne comme les frappes en CD du jeu loin, avec comme position de départ, la même attitude sur le haut du corps découvert dans le jeu large. *En Renvoi, après rebond* même placement à la ligne de service ou intermédiaire, même frappe longue en réception de balles faciles (lentes, proches, rebond avancé), même technique qu'en envoi.	Situations : ⊕ les mêmes qu'à la 1ère étape (le terrain intermédiaire, les 2 carrés de service). Y ajouter le terrain normal ⇒ appréciation des trajectoires de balle, coup d'œil, attitude bras - jambes, qualités de déplacement, de replacement, goût de l'effort... en réception de balles contrastées ou non dans la largeur, la longueur, la direction, la hauteur (sauf la vitesse). Distribution de balles séparées ou enchaînées. ⊕ Situation très près du filet et large pour volleyer avec l'objectif de « couvrir » le filet.

3ème étape: jeu sur tout le court en 1 an pour les meilleurs, en 2, 3 ans pour les moins bons.

Situation près	**Situation loin**	**Situation large**
La situation près est exploitée à des fins de jeu en « touché » (coups en finesse dont ½ volées, découverte des effets). Elle évolue (dans le respect de la même tactique de régularité d'échanges) vers un jeu loin (en passant par un jeu mi - éloigné ⇒ terrain intermédiaire).	Les engagements en CD, S, les renvois, les échanges en CD, RV mêlent de plus en plus la précision et la vitesse de balle pour des phases défensives et offensives. Les déplacements et les replacements amènent le joueur du fond de court vers le filet et inversement.	D'une distribution de balles contrôlée par l'éducateur (devenant de plus en plus difficiles pour solliciter le joueur), c'est le joueur lui - même qui exploite toute la dimension du court selon son placement, ses capacités et ceux de l'adversaire (et cela dès l'engagement).

2) les jeux proches de ces 3 jeux de base

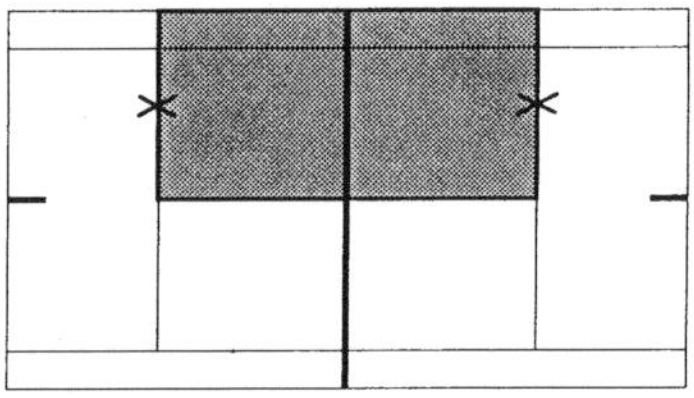

carré de service + couloir de double

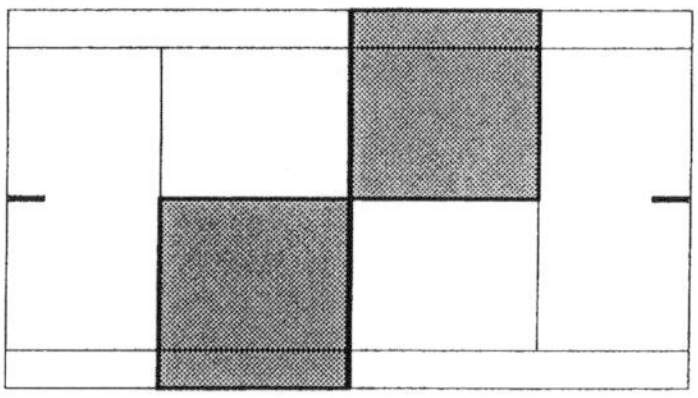

carré de service en diagonale + couloir de double

Ces 2 jeux faciliteront d'autant plus les échanges que le filet sera baissé (exemple : 0,60 à 0, 80m) et que la balle sera lente (balle souple).

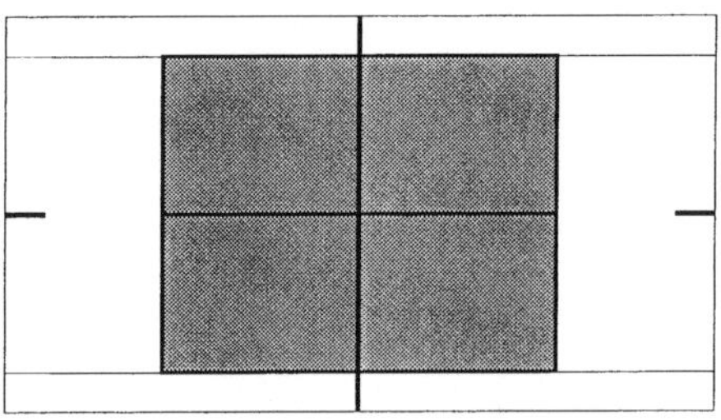

Les deux carrés de service

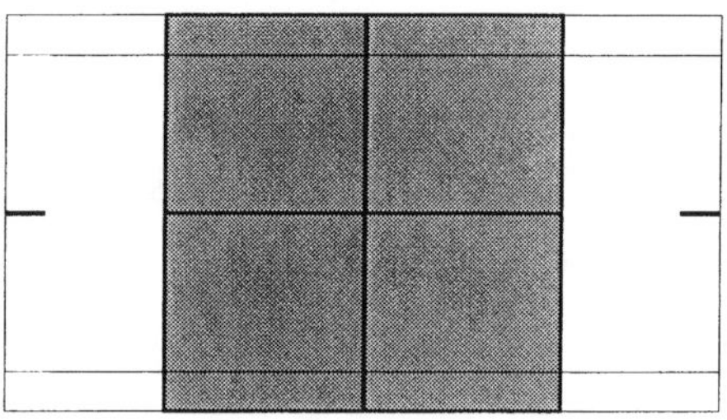

Les deux carrés de service + couloirs de double

Ces 2 jeux faciliteront le jeu « là où l'autre n'est pas » avec de grands déplacements (balles en mousse et balles souples, filet de 0, 60 m à 0, 80 m).

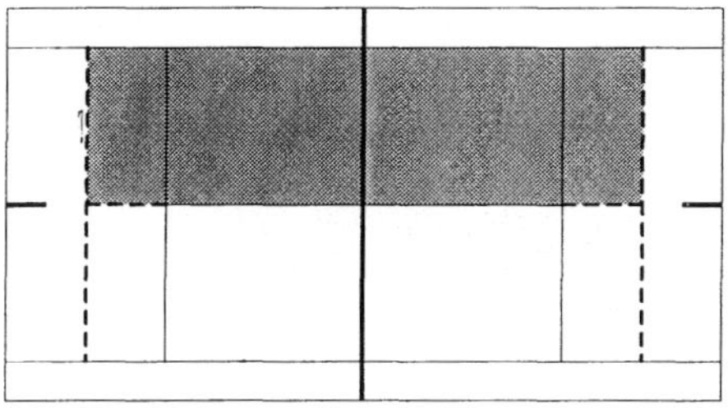

½ terrain de simple intermédiaire

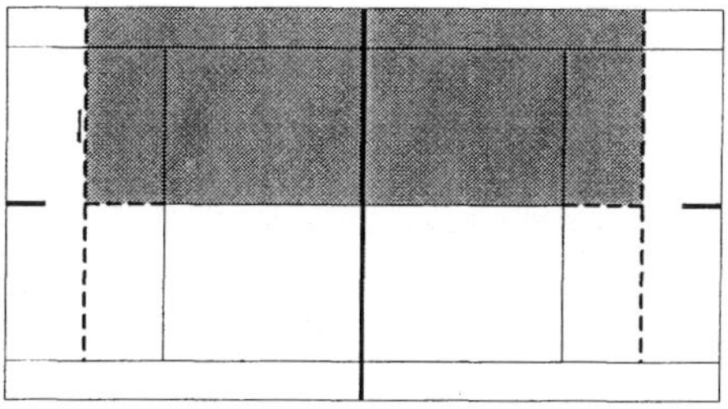

½ terrain de double intermédiaire

Jeux d'échanges avec son meilleur coup; jeux orientés vers le filet (balle souple, filet de 0,60m à 0, 80m).

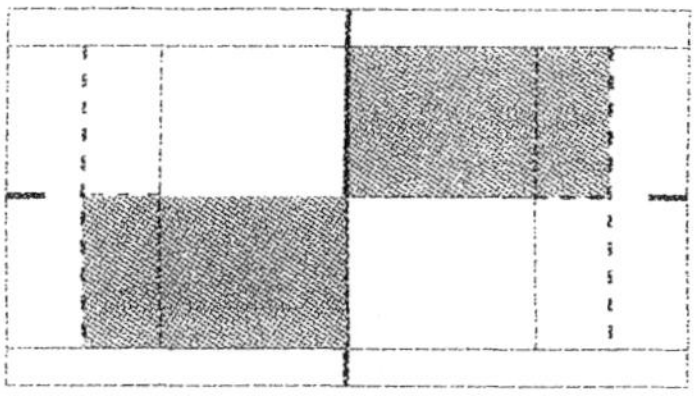

½ terrain de simple intermédiaire en diagonale

½ terrain de double intermédiaire en diagonale

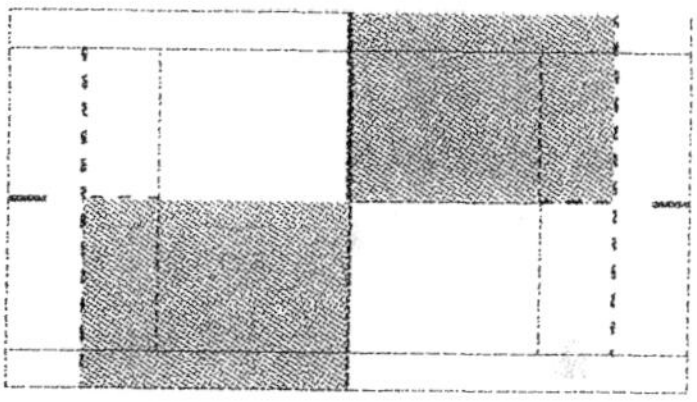

Jeux d'échanges en angle (balle souple, filet de 0,60m à 0,80m) avec appréciation facilitée des trajectoires se déroulant latéralement dans le champ de vision des joueurs.

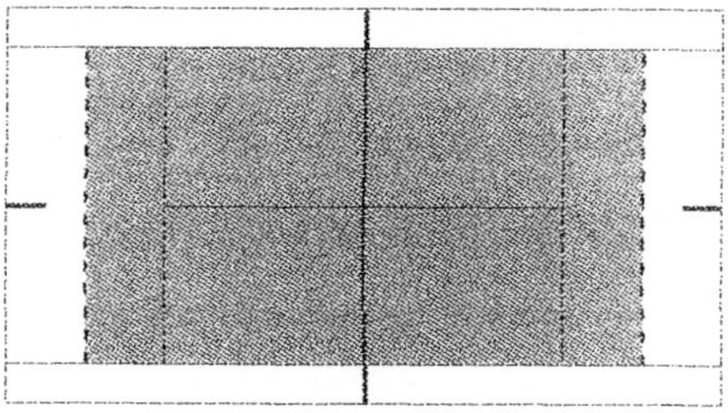

Terrain intermédiaire

Jeux complets à base de déplacement - replacement (balle souple / filet de 0,60m à 0,80m). Le couplage terrain intermédiaire - balle souple est le plus favorable pour la maîtrise technico - tactique de ce jeu.

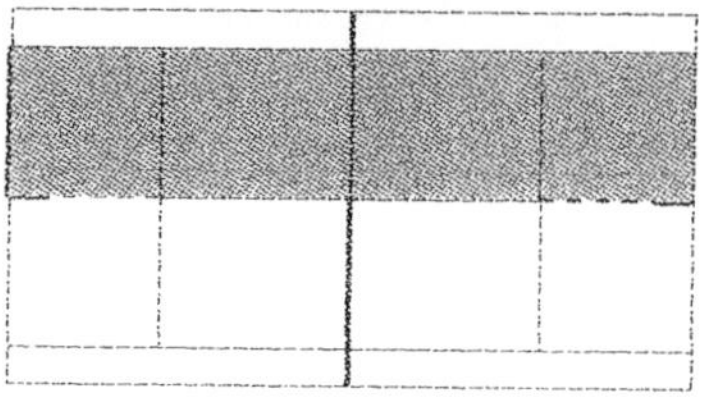

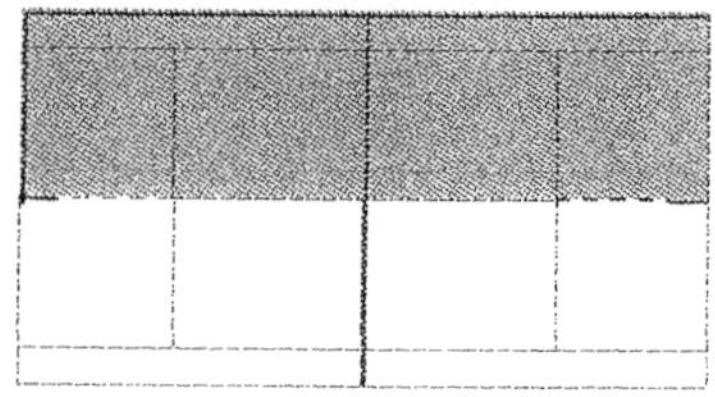

½terrain de simple ½ terrain de double

(balle intermédiaire / filet de 0,80m à 0,91m)

Jeux d'échanges avec régularité des coups de fond de court ou (et) enchaînements vers le filet avec son meilleur coup. Amélioration, renforcement du coup droit utilisé sur toute la surface du terrain ; travail de la profondeur des coups (balles longues – amorties tant avec les coups de fond de court qu'avec les volées) ; travail de la hauteur des frappes (lobs) pour contrer l'adversaire montant au filet ; travail à la volée pour couvrir le filet particulièrement sur le ½ terrain de double.

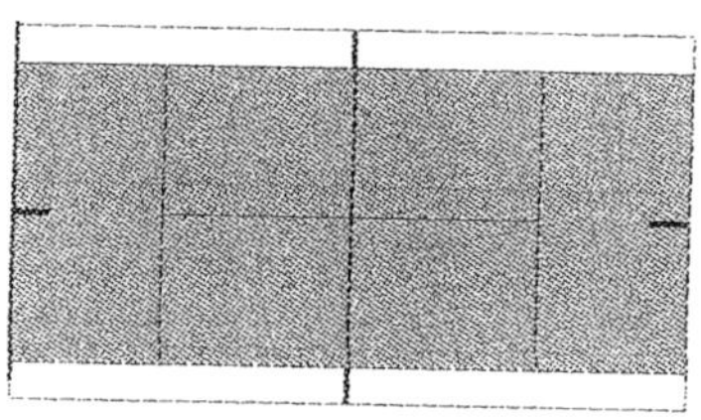

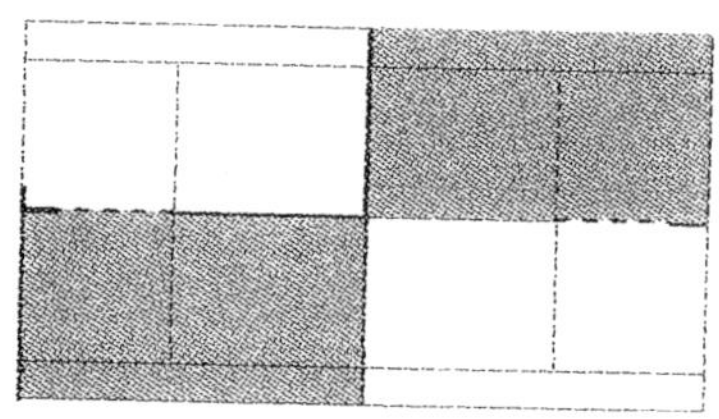

Terrain de simple ½ terrain de simple ou de double en diagonale

Balle intermédiaire / filet de 0,80m à 0,91m Puis balle normale / filet à 0, 91 m
Jeu de jambes de grand déplacement ; recherche de coups forts…

Le couplage terrain de simple - balle intermédiaire donne le meilleur compromis technico - tactique dans ces jeux.

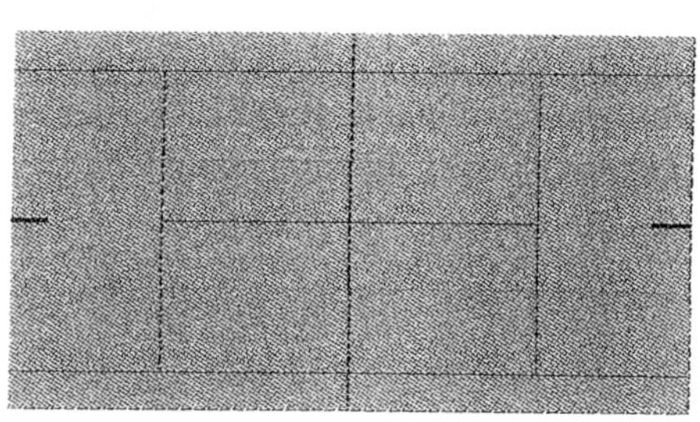

Terrain de double (balle intermédiaire, balle de compétition (en perfectionnement) / filet à 0,91m ou pouvant être surdimensionné (exemple : 2m)).

Jeux de simple au-delà des limites habituelles pour se retrouver dans des situations plus extrêmes et développer encore plus le jeu de jambes (en particulier l'enchaînement des coups), « inventer » des coups (surtout pour les enfants les plus talentueux).

Même les joueurs de compétition peuvent « s'éclater » dans ces jeux (jeu dans les carrés de service pour développer leur touché de balle par des coups en finesse, jeu dans les diagonales pour travailler les effets, trouver des angles...) et *travailler leur tennis* avec des qualités de balle différentes de celles de la compétition (exemple : balles intermédiaires avec des « négatifs » pour privilégier des flexions de jambes plus accentuées vu le rebond plus bas), avec un filet surdimensionné pour privilégier certaines qualités de trajectoire...

Il n'y a donc pas qu'un jeu possible pour les débutants : *plusieurs dimensions de terrain* à explorer (le long, le large ainsi que ses variantes : terrain intermédiaire, terrain en diagonale...) / *Plusieurs balles* : en mousse, souple, intermédiaire / *Plusieurs hauteurs de filet* (et même sans filet) / *Plusieurs types de raquette* : palette, raquettes cordées de différentes dimensions).

Comme il n'y a pas, pour les joueurs de compétition, que le court officiel pour développer leurs capacités : Hopman a su augmenter les surfaces de jeu au-delà des limites habituelles pour faire jouer des coups dans des conditions plus extrêmes et renforcer le bagage technico - tactique, physique et mental de ses joueurs.

Et pourtant, à travers ces jeux, c'est le tennis avec son court, sa balle, ses règles officiels qui sont visés comme but lointain (pour le débutant) ou immédiat (pour le joueur).

3). Les autres variations possibles du jeu

a) par des points particuliers de règlement ou d'organisation du jeu *pour faciliter le jeu, changer le jeu, réduire le temps de jeu, simplifier le score :*

S'intéresser particulièrement à l'engagement (qui est au départ des difficultés si l'on se polarise sur les règles du S) :

- Engagement libre dans l'exécution du coup (en général le CD après rebond) ou imposé (S ou CD ou RV ou Vcd).
- Engagement à des endroits différents de son terrain (derrière la ligne de fond, à l'intérieur du terrain, au centre de son terrain ou plus ou moins nettement sur un côté du court).
- Engagement libre dans le terrain adverse ou imposé dans une zone plus ou moins grande du terrain adverse (dont le carré de service en diagonale !).

Proposer des formules de jeu réduisant le temps de jeu (souhaitable vu le temps faible de concentration et le temps limité des séances d'enseignement) :

- Matches en 7 points, 11 points, 15 points, 21 points. Alternance des engagements tous les points (ou tous les 2 points). Tirage au sort (les enfants aiment cela) de l'engagement ou de la relance.

• Matches avec pour vainqueur le 1er à 7 points, 11points (maximum de points joués : 13 ou 21). Même alternance et tirage au sort.

• Matches avec le 1er à 11 points. Si 10 / 10, point décisif (maximum de points joués : 21).

• Idem mais à 10 partout, il faut 2 points d'écart pour gagner (12 / 10, 13/ 11...).

• Matches avec scores de jeux : le 1er à 4 jeux, 6 jeux... mais chaque jeu se gagne lorsqu'on marque 2 points de suite. Alternance de l'engagement tous les points.

• Mêmes matches avec un décompte normal de points (15 / 30 / 40), les enfants comptant seulement leurs points gagnés (1er point : 15 ; 2ème point : 30 ; 3ème point : 40, 4ème point ⇒ jeu pour A. A ce moment, le joueur B peut n'avoir gagné qu'un point par exemple : il a donc 15 et le garde pour le jeu suivant. Avantages : connaissance du score de tennis et valorisation des points gagnés.

• Mêmes matches mais jeux avec un score normal de tennis et si 40 / 40, point décisif pour gagner le jeu. Le 1er à 3 jeux (nombre maximum de points joués : 35).

• Matches en 4 jeux avec point décisif à 40 partout. Si 2 jeux partout, jeu décisif avec le 1er à 5 points (ou 7 points) ; engagement alternatif à chaque point (nombre maximum de points joués en 4 jeux (+ jeu décisif) : 33 ou 35 points).

• Mêmes matches mais avec règle de l'avantage à 40/ 40. Désavantage : temps prolongé mais connaissance de la règle habituelle qui fait la spécificité du score de tennis.

• Matches avec des jeux (exemple : 4 jeux) uniquement en tie - break (en 5 points (importance de chaque point, de la perte de 2 - 3 points de suite), en 7 points, en 9 points (davantage de temps pour s'adapter au comptage, moins de pression sur chaque point). Apprentissage des règles du tie - break.

• Vrais matches en 2 sets gagnants (avec des sets courts en 3 jeux, en 5 jeux) et, s'il y a un 3ème set, il se fait par un tie - break. Apprentissage de la structure d'un vrai match où l'on peut perdre une manche et gagner la partie.

• Matches en 1 (ou 2) set (s) gagnant (s) en supprimant la règle du net au service. Avantage : le temps gagné (y compris en évitant les contestations des joueurs). Désavantage : moins grande quantité de services.

b) par des thèmes de jeu (généraux) au bénéfice de la tactique de jeu :

• « Jouer là où l'autre n'est pas » (avec exploitation possible du thème dès l'engagement ou seulement dès la relance ou plus tard dans l'échange) ⇒ intention de placer la balle à des endroits éloignés de l'adversaire (loin sur les côtés au fond du court ou près du filet). Matches avec valorisation par l'enseignant du point gagné (2 points) dans ces conditions (jeu dirigé). Même valorisation par un enfant - arbitre (ce qui donne à l'arbitre l'occasion d'apprécier le comportement tactique des joueurs et à ceux - ci d'être évalués sur leurs actions).

• « Jouer là où l'autre n'aime pas » (au début de l'apprentissage du jeu, ce sera souvent le coup faible de l'adversaire : le RV). Mêmes matches avec valorisation du point gagné (2 points) suite à la faute en RV.

• Jouer en étant régulier dans l'échange : faire le maximum d'échanges avec son partenaire à chaque point et garder le meilleur score d'échanges suite à tous ces points ; changer de partenaires et comparer le meilleur score avec les précédents ; comparer le meilleur score avec d'autres paires de joueurs s'exerçant au même moment.

Variantes :

– demander une régularité préalable dans la construction du point : le point ne peut être gagné que si les 2 joueurs ont frappé la balle 2 fois chacun (par exemple) en plus de l'engagement. Combien de points seront ainsi validés au bout d'un temps déterminé pour une paire de joueurs et (ou) en comparaison avec d'autres paires de joueurs ?

– demander de jouer dans une zone centrale du court et, tant que cette zone est atteinte, on continue à respecter la régularité. Si la zone n'est plus respectée, l'adversaire prend la liberté de jouer à sa convenance. Qui gagne le plus de points : celui qui reprend sa liberté, celui qui est le moins régulier ? Début de connaissance des situations favorables, défavorables.

– idem mais la zone à atteindre est en longueur (par exemple au - delà de la ligne de service si l'on joue au fond du court).

– idem mais la zone à atteindre est dans une diagonale du court : si on sort de la diagonale, on peut jouer alors sur tout le court. Exploitation de l'imprécision d'un joueur par l'autre.

– idem en jouant sur un ½ court (si on en sort, jeu sur tout le court).

• Jouer avec le thème attaque - défense (avec exploitation possible du thème dès l'engagement ou seulement dès la relance ou plus tard dans l'échange) ⇒ placer sa balle, accélérer sa frappe, déborder l'adversaire, suivre son coup en direction du filet...

Valoriser l'attaque (exemple : doubler le point s'il est gagné suite à une frappe dans son propre terrain ; tripler le point s'il est conclu par une volée, un smash ; doubler le point si l'adversaire n'a pu toucher la balle...).

Valoriser aussi la défense surtout si l'on place l'attaquant dans des conditions favorables dès le départ (exemple : le joueur attaque dès l'engagement, en étant plus ou moins rapproché du filet ⇒ défense plus stricte ⇒ si le défenseur gagne le point dans cette situation : 2 points).

• Jouer avec un thème technico – tactique : valoriser par exemple le point suite à un CD décalé, le RV suite à un travail technique sur le RV, l'enchaînement S - V...

• Jouer selon des jeux de rôle (base de consigne différente (ou identique) donnée à chaque joueur) : par exemple, qui gagne lorsque A joue ses coups toujours au centre du court et lorsque B cherche à déplacer son adversaire ; qui gagne lorsque A joue court pour obliger B à s'engager vers le filet ; qui gagne lorsque A joue avec des trajectoires courbes et B avec des trajectoires horizontales ?

Variante : donner une consigne à un joueur (sans que l'adversaire en ait connaissance) avant chaque partie ⇒ un joueur - rôle et un joueur libre. Exemple de partie en 11 points : si le joueur libre devine au bout de x points la consigne de l'adversaire, il ajoute à son score 2 points ; en revanche s'il se trompe dans son observation, il perd 2 points. La partie en 11 points se termine avec le même rôle d'un des joueurs qu'il ait été discerné ou non (ou, au contraire, en jeu libre pour les 2 joueurs).

• Jouer en valorisant par un point supplémentaire le gain de 2 points de suite obtenus en respectant les consignes travaillés (prise de balle tôt, prise de risque sur une balle facile...), en pénalisant la perte consécutive de 2 points pour la même faute sans respect des consignes (balle dans le filet ; balle sortant des limites latérales...). Jeu dirigé par l'enseignant et permettant aux enfants de se rendre compte de leur comportement tactique.

• Jouer avec des handicaps :

– de score (exemple : le meilleur du groupe joue en étant mené dès le départ 3 points à 0 sur chaque match en 11 points).

– de terrain concédé (exemple : le joueur qui engage est situé à l'intérieur de son court pour frapper librement sur tout le court adverse, le joueur qui relance est situé dans un coin de son terrain, en difficulté stratégique pour défendre tout son terrain ; un joueur joue sur un ½ court, l'autre sur tout le court...).

– de coup (exemple : l'un engage avec le coup qu'il préfère, l'autre avec son coup le plus faible ; l'un reçoit sur le coup ou dans la zone qu'il aime, l'autre n'est au contraire pas favorisé).

– de jeu avec distribution de 2 balles successives, seule la 2ème étant jouée : mise en difficulté du relanceur en réception d'une 1ère balle (qui n'est pas jouée ensuite) suivie d'une 2ème balle (dès la frappe du relanceur), le jeu débutant seulement à partir de cette 2ème balle (distribution des 2 balles successives par l'enseignant voire par un joueur).

4).Les objectifs de jeu selon les stades de l'apprentissage

a) l'envoi - l'engagement

Le débutant va s'exercer à travers des envois faciles (à la main, avec une raquette, en coup droit, avec un service ou de volée pour viser une zone plus ou moins grande) et gagner des points selon sa réussite. *Il le fait comme le meilleur joueur* qui tente un « ace » au service pour gagner le point dans son match ou à l'entraînement (exemple : exercice FFT« le Noah » comme situation de jeu d'entraînement au service).

b) le renvoi - le retour

Le débutant a le plaisir de gagner des points s'il réussit dans un premier temps à toucher la balle envoyée, puis à passer celle - ci par-dessus le filet, puis à atteindre une zone de terrain adverse... De même le joueur de compétition assure un retour de service le plus efficace, tente un passing - shot pour contrer l'attaquant en match ou bien règle ses coups à l'entraînement dans des conditions plus ou moins difficiles (exemple : les exercices HOPMAN avec distribution de balles au panier).

c) l'échange, la rupture dans l'échange avec un partenaire, un adversaire

Le débutant réussit des passes avec un camarade d'abord en lançant, attrapant avec les mains de gros ballons, des balles, puis avec une raquette adaptée, à petite distance : les enfants réussissent des scores dans leur jeu de passes... De même le compétiteur tient l'échange dans le match tant qu'il n'a pas d'occasions de gagner directement le point ; il travaille sa régularité à l'entraînement avec des « gammes » de coups (exemple : CD – CD dans la diagonale avec son partenaire).

Le débutant a des objectifs simples de rupture : il lance, il frappe là où l'autre n'est pas, n'aime pas, alors que les meilleurs joueurs ont des schémas tactiques élaborés, des stratégies bien définies pour déstabiliser leurs adversaires.

Cette rapide comparaison de la pratique du tennis à ses niveaux de jeu extrêmes conforte l'idée que l' « essence » du jeu est la même, seuls les moyens sont à adapter aux différentes capacités des personnes en préservant toujours cet état d'esprit, ce plaisir du jeu.

III En perfectionnement

Le recours aux jeux PRES, LOIN, LARGE n'est donc pas révolu à ce stade de l'apprentissage parce que le joueur évolue sur un court normal avec des balles de compétition :

– Jouer près en diagonale est une situation idéale pour travailler les coups à effet lifté et coupé.

– Jouer dans les 2 carrés de service permet de développer des coups en touché et favorise un solide jeu de jambes.

– Servir vers la ligne de service permet autant de travailler sur l'extension du corps pour rabattre la balle dans le carré de service adverse que d'effectuer une grande courbe par un service lifté pour ramener la balle, propulsée vers le haut, dans le carré de service adverse.

– Retourner en se rapprochant de sa ligne de service nécessite plus de vigilance, de préparation limitée, de frappe bloquée.

– Attaquer les balles courtes, mi longues voire longues situent le joueur dans des espaces nécessitant des choix de frappes différentes.

– Attaquer en jouant des coups le long de ligne ou court – croisé met l'adversaire en grande difficulté dans le temps et l'espace pour contrer ces attaques.

– Volleyer loin du filet (volées d'approche), près du filet (volées de finition) implique un sens tactique car on ne peut pas toujours être définitif sur un coup selon l'endroit où l'on se situe sur le court.

– Même logique pour smasher en reculant sur un lob profond ou en avançant sur un lob trop court.

– Défendre ou contre – attaquer, ce n'est pas la même chose tactiquement, techniquement dans des zones de terrain plus ou moins loin en fond de court, plus ou moins à l'extérieur du court (la longueur et la largeur du court ne sont plus que des dimensions d'espace très limitées par rapport aux zones d'évolution du joueur qui peut être repoussé jusqu'au grillage ou tenter des passings bien au-delà des lignes de couloir)...

Si l'on garde la même démarche d'enseignement, le processus d'enseignement en Perfectionnement est dans la continuité de l'Initiation : les jeux PRES, LOIN, LARGE s'entremêlent sans cesse mais dans des rapports de force en difficulté supérieure. On exploite d'une façon encore plus poussée le jeu, les situations de jeu, les différentes surfaces de jeu, on augmente la dimension des raquettes, on utilise beaucoup plus la balle vive de compétition ... On stabilise les acquis technico - tactiques, on favorise des pouvoirs nouveaux... rendant le tennis encore plus riche, contraignant les joueurs à développer des tactiques plus élaborées, des techniques nouvelles, un physique et un mental à toute épreuve.

Exemples de jeux, de situations de jeu à des fins tactiques, techniques :

1) formules de jeu pour se préparer à la compétition

Rien ne remplaçant la compétition, faire en sorte que les jeux en perfectionnement puis à l'entraînement se rapprochent le plus possible de la réalité du match :

• Matches avec système de classement interne au club sur une période déterminée : matches de poules puis le 1er, 2ème … de chaque poule rencontre le 1er, 2ème … de l'autre poule. Plus sérieusement encore, sélection interne des jeunes pour le championnat par équipes (valoriser en permanence l'esprit de compétition hors compétition officielle par un enjeu sportif).

• Matches - défis, le perdant payant un pot…, ayant un gage… *(But : mettre une pression voisine de la compétition officielle).*

• Matches avec handicaps : - 15, + 15… *(But : rééquilibrer les forces entre les joueurs pour obtenir la même application, conviction de chacun).*

• Matches commençant à 4 jeux partout dans chaque set *(But : bien négocier les fins de set).*

• Matches sous forme de jeux décisifs *(But : bien négocier les tie - breaks).*

• Matches avec serveurs n'ayant droit qu'à un seul service *(But : compter sur une bonne « 1ère - 2ème »).*

• Matches avec, pour le serveur, mise en jeu à 0/30 *(But : pour le serveur, concentration, détermination accentuées sur son service ; pour le relanceur, saisir l'occasion de conversion en balles de break).*

• Matches avec début de jeu à 40/40 sur quelques jeux de set ou sur chaque jeu *(accentuation des buts précédents car points décisifs à chaque jeu surtout si règle du no - ad ⇒ bien jouer les points décisifs).*

• Sets, matches avec, pour le serveur, service – volée obligatoire sur sa 1ère balle *(But : rendre le serveur plus offensif, accentuer l'exploitation de cet enchaînement d'actions).*

• Sets, matches avec, pour le relanceur, retour – montée à la volée obligatoire sur la 2ème balle de service adverse *(but : développer les capacités de relance, d'agressivité du joueur).*

• Sets, matches avec la possibilité pour un joueur ou les deux joueurs de bénéficier de 3 points gratuits par set (points séparés), sans que le point puisse donner directement le jeu *(But: intelligence tactique).*

• Sets, matches (simple, double) avec service toujours dans la même diagonale *(But : renforcer son service* (qui peut être fort) *ou développer son service* (qui peut être plus faible) *dans telle diagonale)* ; avec service – retour toujours dans la même diagonale *(But : assurer son retour en simple, éviter le joueur à la volée en double)* ; avec service – retour – point dans la même diagonale *(but : être plus fort que l'autre (les autres) dans une diagonale* (excellent pour le jeu de double)).

• Sets, matches avec jeu remporté à chaque fois que le joueur remporte 3 points de suite *(But : jouer point par point ⇒* statistiquement, les joueurs qui gagnent, souvent, 3 points de suite gagnent leurs matches).

• Sets avec points terminés avant 3 - 4 coups pour le serveur, sinon perte du point *(But : forcer le serveur à profiter de son avantage pour attaquer).*

• Idem pour le relanceur sur la 2ème balle de service de l'adversaire *(But : forcer le relanceur à prendre des risques pour gagner le point).*

• Sets avec points seulement gagnés après *x* frappes par chaque joueur, par exemple 2, 3 frappes. Si cette règle n'est pas respectée, le 1er qui commet la faute est sanctionné de 2, 3 points *(but : maîtriser le service - retour, les premiers échanges).*

• Sets avec points qui comptent double (triple) lorsque le joueur les remporte au filet *(but : valoriser le jeu d'attaque au filet).*

• Sets avec points doublement (triplement) perdus lorsque la faute est commise dans le filet *(but : favoriser la sécurité des coups).*

• Sets avec points doublement perdus si les fautes sont commises dans la longueur (frappes trop courtes avec des rebonds en deçà d'une ligne intermédiaire qui peut être plus ou moins proche de la ligne de service ou de fond selon la valeur des joueurs). Sur les frappes trop longues au - delà des limites du fond de court : perte seulement du point *(but : privilégier la profondeur des coups pour neutraliser, repousser l'adversaire).*

• Sets avec points doublement (triplement) perdus sur des fautes latérales *(But : privilégier la régularité, la sûreté des coups, éviter d'ouvrir des angles pour l'adversaire).*

• Sets, matches sur différents terrains (exemples : les carrés de service (but : jouer en touché de balle et développer le jeu de jambes des joueurs) ; jeu sur un ½ court de simple ou de double, dans l'axe ou en diagonale ; jeu sur un ½ court pour l'un, un court pour l'autre...) *(But : adaptabilité).*

• Sets, matches sur différentes surfaces (terre battue, ciment...) *(But : adaptabilité).*

• Sets, matches avec différentes balles de compétition (différence de vivacité entre les marques de balles), voire avec des balles autres que celles de compétition (exemple : balles intermédiaires) *(but : adaptation du jeu de jambes, flexion des jambes, traversée des frappes, entraînement physique).*

• Sets, matches avec différents adversaires à qui l'on peut demander, en plus, de jouer selon une stratégie, un thème de jeu qui valorise ou, au contraire, déstabilise l'autre *(But : adaptabilité).*

• Sets, matches en différents lieux (courts couverts, terrains en plein air...), par tous les temps (froid, vent, soleil...). *(But : adaptabilité).*

Maintenir un esprit de compétition dans le perfectionnement (puis l'entraînement) évite la répétition de séances monotones où le travail étouffe l'instinct du compétiteur, loin des situations réelles de matches. S'il est placé seulement dans un environnement mécanique, certain (où les gammes, les séries de coups sont trop privilégiées), le joueur s'éloigne de la compétition. Il faut équilibrer le jeu et le travail méthodique.

Rien ne vaut la compétition officielle pour l'esprit de compétition. Mais rien ne vaut le travail pour se préparer au mieux à la compétition ⇒ ne pas oublier de mêler aux savoir - faire du joueur cet état d'esprit à travers ces situations de jeu proches de la compétition officielle.

2) renforcement d'un acquis (exemple : l'attitude, les reprises d'appuis).

Recherche de situations qui mettent le joueur dans un état d'urgence, d'incertitude l'obligeant souvent à effectuer un grand déplacement vers la balle :

1°- 1/1 sur tout le court, joueurs face à face en fond de court, au centre : chercher à gagner le point, dès l'engagement avec le CD, vers des zones éloignées de l'adversaire. Variantes : engagement par un service (mais pour toutes les zones du court adverse) ; positionnements variés de l'envoyeur sur la ligne de fond ou (et) du relanceur (au centre, dans un coin du court…).

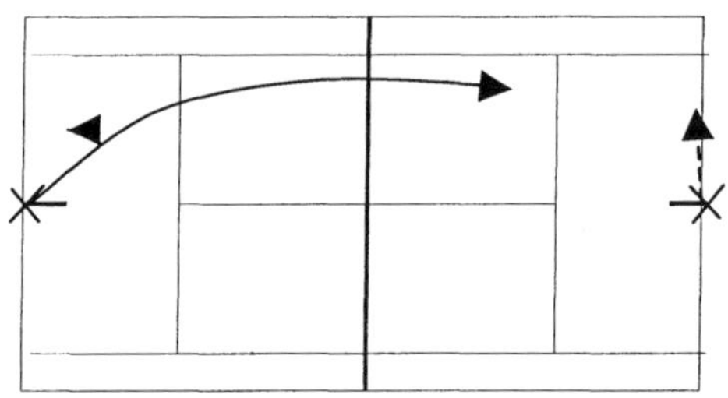

2°- 1/1 avec l'enseignant et le joueur en fond de court : engagement par l'enseignant dans un coin du court en s'efforçant, dans l'échange, de créer souvent des contre - pieds.

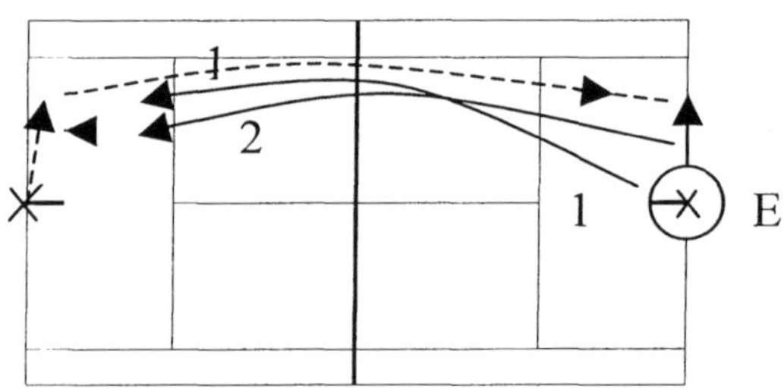

3°- 1/1 sur tout le court, un joueur au filet, un joueur en fond de court ; essai de gain du point dès l'engagement en CD par le joueur au fond pour passer sur les côtés le joueur au filet.

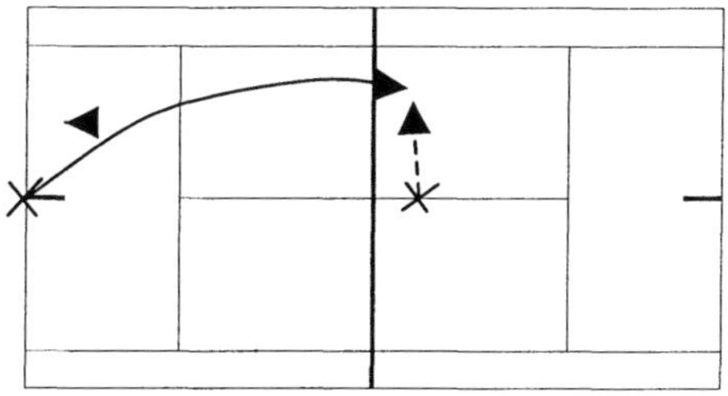

4°- 1/1 sur tout le court, un joueur en fond de court, un joueur à la ligne de service. C'est celui - ci qui engage en CD avec précision pour déplacer l'adversaire afin de gagner le point.

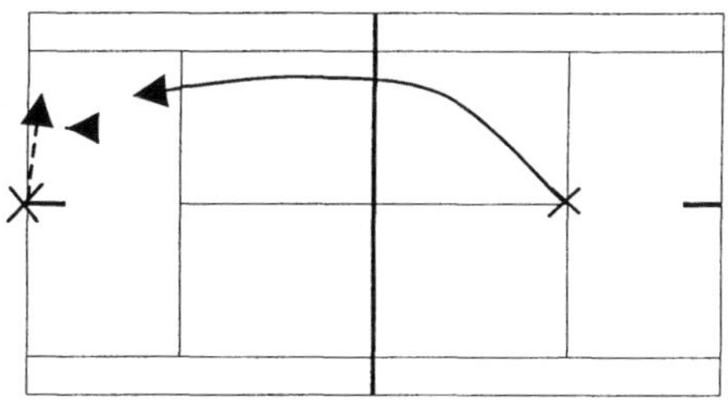

5°- idem mais c'est l'enseignant qui engage à la place du volleyeur (soit pour jouer le point avec le joueur, soit pour distribuer des balles difficiles (exemple : 4° dans un espace latéral ou avant - arrière ou en combinant les deux, coup par coup).

6°- 1/1, les 2 joueurs au fond du court ; celui qui engage a 2 balles à sa disposition *(le point n'est joué qu'à partir de la 2ème balle):* sur la 1ère balle engagée dans un coin du court, l'adversaire fait tout ce qu'il peut pour retourner la balle dans le court sachant que, pour jouer la balle suivante dans l'urgence, il doit se replacer immédiatement pour espérer contrer l'adversaire.

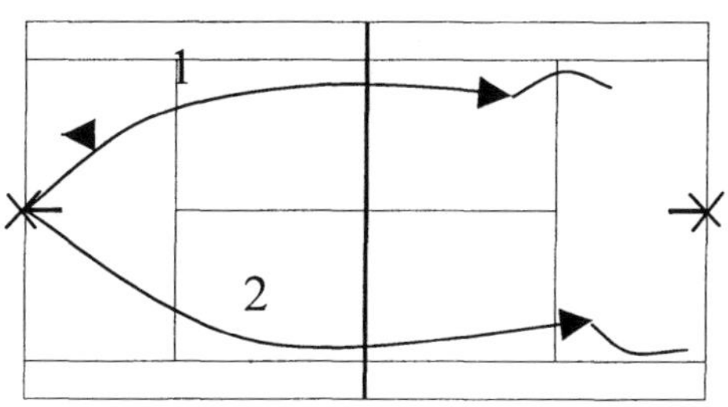

7°- idem mais le joueur qui engage peut déplacer l'adversaire vers l'avant et l'obliger, sur la 2ème balle, à effectuer un replacement vers l'avant pour couvrir le filet.

8°- même processus avec 2 balles pour celui qui engage du fond du court, l'autre joueur étant au filet pour volleyer ⇒ 1ère balle très latérale à intercepter suivie d'une 2ème balle de l'autre côté à jouer jusqu'au gain du point.

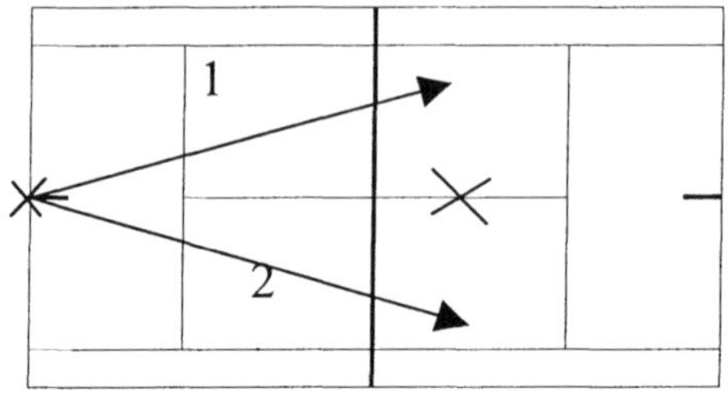

9°- idem mais volleyeur à la ligne de service ; 1ère balle (engagée du fond du court) plongeante sans vitesse pour faire volleyer en avançant vers le filet, 2ème balle lobée suivant cette action.

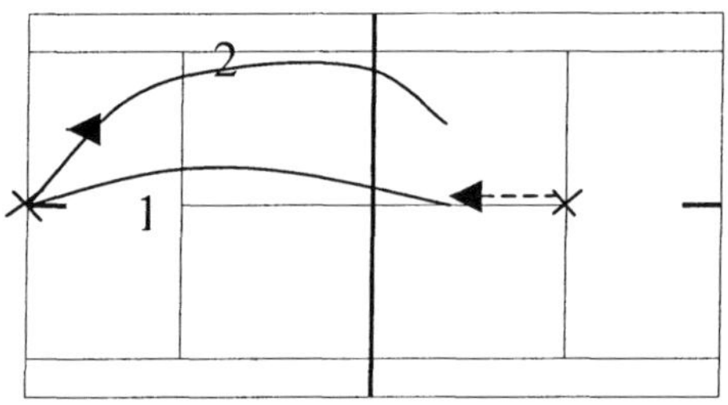

10°- idem mais c'est le joueur au filet qui distribue la 1ère balle longue dans les pieds du joueur au fond du court puis une balle courte qui sera jouée jusqu'au point.

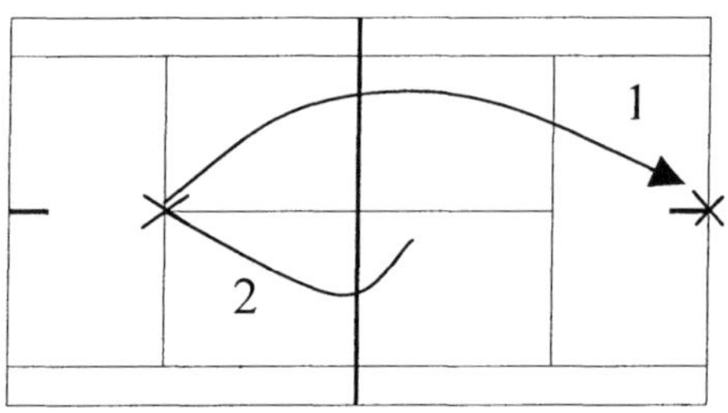

11°- idem mais balle courte puis lob.

Avec toutes ces situations, les joueurs ne peuvent que développer les acquis d'attitude active, de reprises d'appuis conquises dans la phase initiale.

3) exploitation de situations favorisant les coups à effet

Situations ***pour le lift,***

1°/ passer par - dessus un élastique triplant le filet (frappes plus ou moins fortes (pour éviter des balles soulevées, lobées « à plat ») de la ligne de fond de court à la ligne intermédiaire, ou inversement).

2°/ frapper vivement du fond de court, dans une diagonale du court, en cherchant des angles de plus en plus aigus.

3°/ le joueur en fond de court empêche l'autre joueur (situé à la ligne de service) de volleyer en faisant « plonger » la balle dans le carré de service.

4°/ échanger doucement le plus possible en angle, en recouvrant la balle, les 2 joueurs étant au milieu de leur carré de service, dans une diagonale du court.

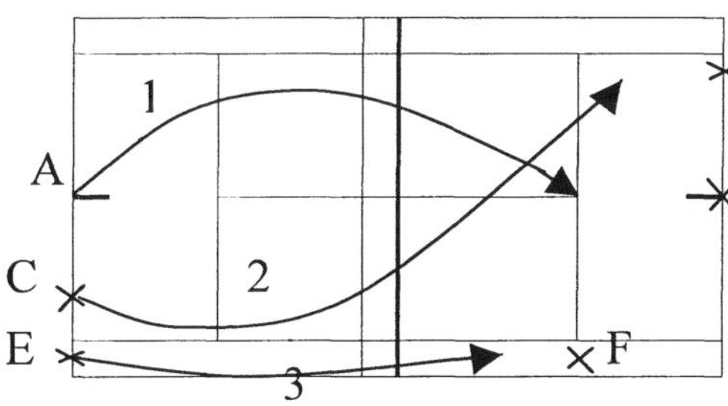

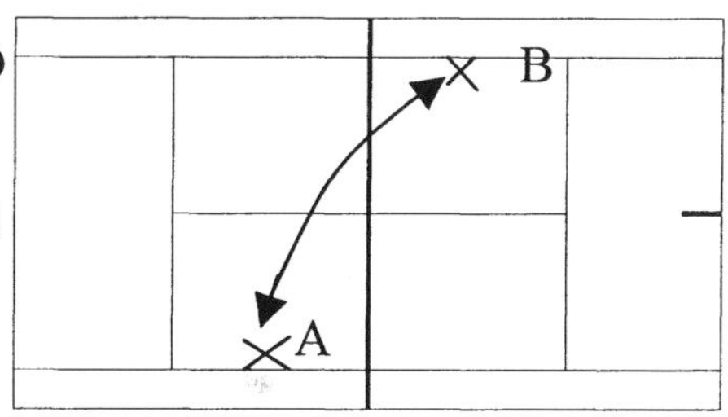

4°

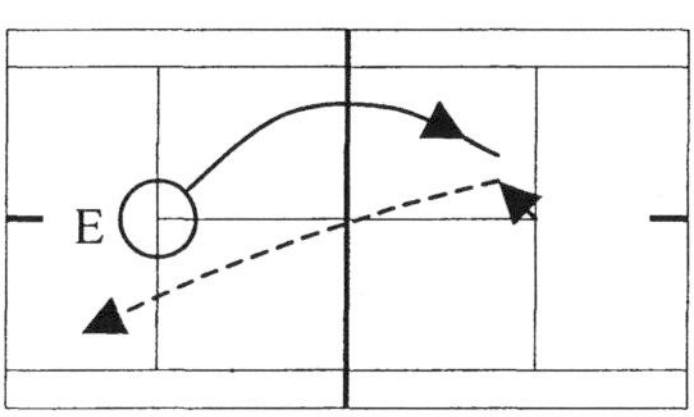

5°- en réception de balles basses et courtes (alimentation au panier par l'enseignant), frappes plus ou moins fortes, pour franchir le filet, pour jouer court croisé.

6°- en réception de trajectoires hautes et lentes au milieu du court (alimentation au panier par l'enseignant), frapper la balle descendante de volée comme un coup de fond de court.

Utilisation de balles différentes : de la balle souple (intéressante pour son rebond bas $\Rightarrow$ descendre plus sous la balle avec jambes, raquette) à la balle de compétition (accentuation des effets).

Situations pour *le top spin,*

1°- frapper fortement des balles hautes (hauteur de tête ou au dessus).

2°- volleyer en frappant fort sur des balles hautes à mi - court.

3°- se décaler en CD avec des appuis ouverts et frapper fort décroisé.

4°- en réception de balles hautes à mi court, frappes en angle, en particulier décroisées. Utilisation de balles plutôt vives de compétition à rebond haut.

Situations *pour le chop,*

1°- jeu sur la largeur des 2 carrés de service mais qui sont réduits de ½ dans la longueur (commencer le jeu, par exemple, avec une balle sur la bande du filet et tombant ainsi très près du filet ; jeu avec interdiction de volleyer).

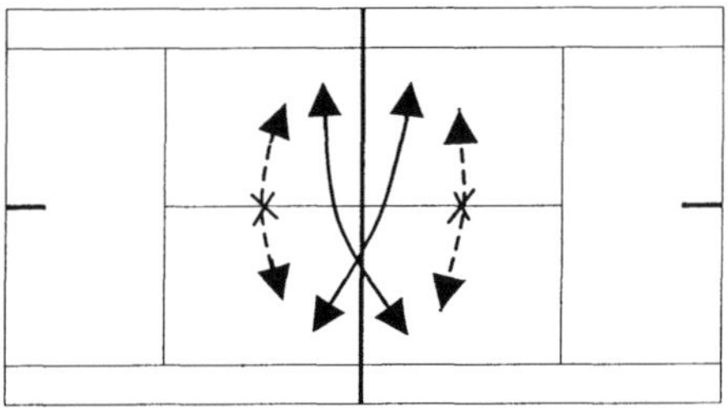

2°- même surface de jeu mais joueurs à la ligne de service : engagement très court d'un joueur pour obtenir de l'autre joueur une volée basse et amortie puis point poursuivi par des coups en touché, en finesse après rebond dans les 2 carrés.

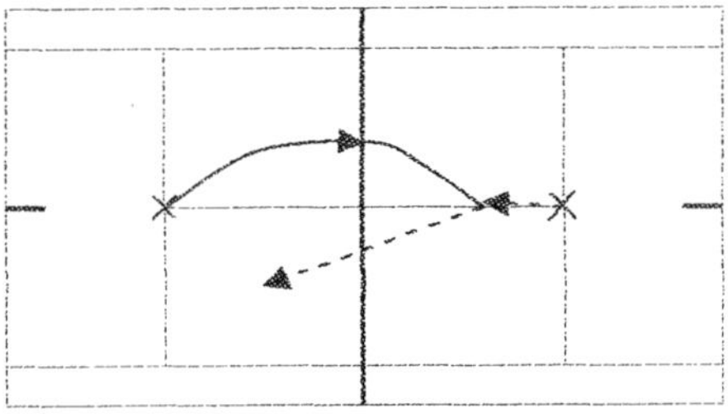

3°- idem mais un des deux joueurs peut volleyer dans l'échange avec des volées amorties.

4°- en réception de balles basses, frapper avec des coups rasants (entre le filet et un élastique à 0,50m – 1 m au dessus du filet), avec un positionnement du joueur de la ligne de fond de court à la ligne de service ou inversement.

5°- en réception de balles basses à mi - court, coups d'approche chopés pour franchir le filet.

6°- en situation défensive, lob de défense coupé ; en situation de contre - attaque, passing coupé, rasant ; contre amortie suite à une amortie de l'adversaire.

Mais les propositions de situations ne suffisent pas pour valoriser tel ou tel effet même si elles tendent à cette influence. Reprenons l'exemple du lift avec la 1ère situation envisagée :

Il faut une bonne mise en place de la situation pour que le joueur ait tendance à développer un coup lifté: non seulement présenter un obstacle haut à franchir mais mettre aussi de la vigueur dans la frappe (on peut frapper haut en soulevant la balle à plat!).

Fort de cette découverte générale dans l'action, **l'enseignant est amené à amplifier ou ajuster ces sensations de coups à effet** selon la plus ou moins grande réussite des joueurs **en intervenant** de plusieurs façons:

– en accentuant la spécificité de la situation (on peut augmenter la hauteur de l'obstacle à franchir…).

– en simplifiant la situation (on peut faire seulement des séries d'envois (facile) ou des séquences d'envoi - renvoi (moins facile) plutôt que d'essayer de lifter lors d'échanges sur des frappes souvent hautes (difficile)).

– en faisant observer les comportements techniques de ceux qui réussissent très bien (dont l'enseignant !) afin de les imiter.

– en faisant varier le rythme des envois, des échanges (pour les moins doués, en ralentissant (sinon risque de raideur dans les frappes); pour les meilleurs en accélérant progressivement leurs frappes).

– en intervenant techniquement (meilleure flexion des jambes, mise à niveau plus prononcée…).

4) exploitation de situations de double (sur le court de simple puis de double)

1) ABCD au fond du court. Thèmes de jeu à base de liaison avec le partenaire de double :

Liaison des actions en direction du filet :

♦ Si A engage en CD (ou par un S) et monte au filet, son partenaire doit le suivre au filet (après concertation préalable ou non).

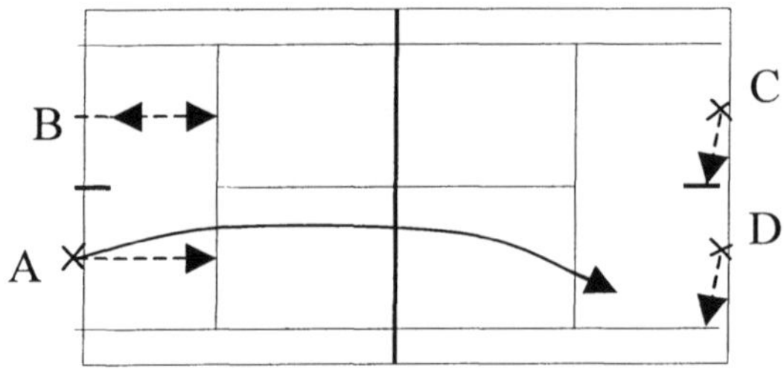

♦ Si B avance vers le filet avant que A engage, A doit suivre son coup vers le filet pour se lier à nouveau à B (si S, action de S-V).

♦ Si C reçoit une balle courte adverse l'obligeant à pénétrer plus ou moins nettement dans le court, D doit s'engager vers l'avant de la même façon.

♦ Si A reste au fond de court suite à son coup, B en fait de même ; si A recule derrière la ligne de fond lors de l'exécution de son coup, idem pour B...

Liaison des actions sur les côtés du court :

♦ Si D reçoit une balle longue dans l'angle du court, C doit aussi se déplacer latéralement comme s'il était lié à son camarade.

♦ Si D reçoit une balle courte croisée, C doit effectuer le même déplacement en oblique avant que D.

2) AB au filet (à la ligne de service ou plus près du filet), *CD au fond du court.*

Liaison des actions de A et B en avant, sur les côtés pour volleyer, en arrière pour smasher selon les actions à mener.

Liaison de C et D pour contrer les volées et les smashes de A et B.

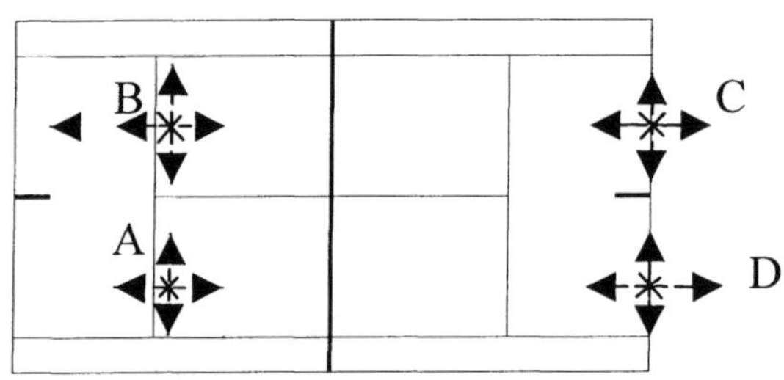

3) B, partenaire du serveur A, déjà placé au filet ; D, partenaire du relanceur C, déjà avancé vers la ligne de service (positionnements classiques des joueurs en formation de double qui peuvent être plus ou moins respectés par rapport au filet : par exemple B seulement à la ligne de service ou D seulement un peu en avant de la ligne de fond de court).

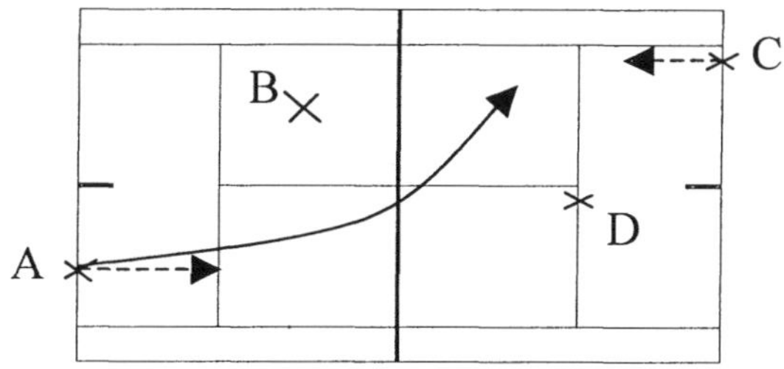

Liaison des actions en direction du filet : A effectue S - V pour rejoindre B vers le filet et prendre l'ascendant au filet ; C tente par son retour de s'engager dans le court pour lier son action à D afin d'espérer conquérir aussi le filet.

4) ABCD au filet (plus ou moins vers la ligne de service)

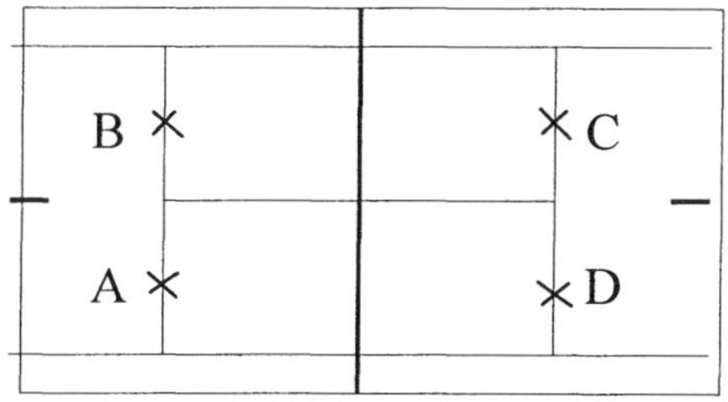

Liaison des actions vers l'avant et sur les côtés selon les actions menées.

NB : à ce stade initial, pour tous ces exercices, importance de l'exercice mixte avec distribution de la 1ère balle par l'enseignant qui sollicite immédiatement les équipes par des déplacements latéraux ou (et) avant - arrière; puis poursuite du point en s'efforçant de respecter les liens entre les joueurs.

5) *Situations favorisant le moment de prise de balle tôt*

1° *Recherche de situations facilitant la prise de balle tôt:*

Jouer sur un espace réduit entre les joueurs favorisant une réception plus rapide de la balle:

⇒ Placements des joueurs rapprochés de la ligne de fond de court (voire en avant de cette ligne) pour des frappes plus tôt après le rebond.

⇒ Placements près du filet pour volleyer (exemples : volées – volées entre les 2 joueurs à 1 m ou plus en avant du T des carrés de service).

Interventions de l'enseignant pour que le joueur soit obligé de prendre la balle encore plus tôt :

Lui demander de ne pas reculer même sur une balle profonde en se dégageant latéralement (plutôt qu'en profondeur, comme si un mur était derrière lui) ; en prenant la balle en ½ volée, voire de volée sur ces balles profondes; en favorisant les frappes en mouvement vers l'avant, les frappes enchaînées vers le filet ; en exigeant une attitude pré – dynamique ; en jouant « juste » lorsque les balles sont courtes (⇒ enchaînement vers le filet), lorsque les balles sont longues (⇒ continuité du jeu de fond de court) …

Lorsque l'enseignant distribue, au départ, les balles, il rend d'abord les trajectoires lisibles (suffisamment courbes et lentes) pour que le joueur s'engage vers l'avant plutôt que de subir des trajectoires mal appréciées. Puis il varie de plus en plus les trajectoires.

2° Situations contraignantes voulues par l'enseignant :

Jouer sur l'espace - temps (grand espace entre les joueurs et temps réduit d'intervention sur la balle) :

Imposer une prise de balle au sommet de la trajectoire après rebond :

Placement du joueur plus ou moins loin derrière la ligne de fond de court : l'attirer vers l'avant par des trajectoires mi longues. Favoriser les frappes en mouvement vers l'avant, les enchaînements vers l'avant, travailler sur l'attitude.

Varier les trajectoires selon l'adaptation du joueur afin d'obtenir la meilleure disponibilité possible de celui - ci en fonction de l'exigence du moment de prise de balle.

Imposer une prise de balle de volée :

Placement du joueur à 1 m. derrière la ligne de service en réception de trajectoires de balle plongeantes dans le carré de service. Mêmes interventions et variations de trajectoires selon l'adaptation du joueur.

Placement du joueur sur la ligne de fond de court ou en avant. En réception de trajectoires délivrées du fond de court adverse (d'abord longues, courbes, lentes puis plus variées), imposer au joueur de volleyer. Mêmes interventions et variations de trajectoires selon l'adaptation du joueur.

Imposer une prise de balle en ½ volée :

En plus des placements et situations précédentes, placement du joueur à la ligne de service en réception de balles distribuées dans le (s) carré (s) de service par un partenaire plus ou moins près du filet qui échange après rebond ou de volée (ou au panier).

Jouer sur un espace réduit entre les joueurs ***et un temps réduit*** d'intervention sur la balle :

Par la vitesse de balle adverse (exemples : volleyeur près du filet exécutant des volées fortes, rapides, dans les pieds du joueur en fond de court ; distribution de balles rapides par l'enseignant placé à la ligne de service sur un joueur en fond de court ou au filet ; passing - shots le long de la ligne sur un joueur près du filet ; retours de service pour contrer la puissance de la 1ère balle de service ou les effets des services adverses).

Par le choix stratégique du joueur d'enchaîner son action vers le filet (ou par ce thème de jeu imposé par l'enseignant).

Service – volée, montée au filet à la moindre occasion d'attaque (y compris par des montées à contre - temps), retour sur 2ème balle de service - volée.

En plus de la mise en place des situations, les interventions de l'enseignant sont nécessaires :

Travailler sur l'attitude, le jeu de jambes défensif, le jeu de jambes offensif, les préparations écourtées, les mises à niveau limitées...

Faire jouer « juste » : tenir compte du moment de prise de balle et de la qualité de frappe ⇒ ne pas se focaliser seulement sur la prise de balle au sommet du rebond si la frappe est médiocre ⇒ accepter une prise de balle après le sommet du rebond pour donner au joueur un temps supérieur de placement, un temps plus adapté d'exécution gestuelle ...et une meilleure qualité de frappe !

B. Choix des objectifs et exercices [15]

La participation active de l'enfant au (x) jeu (x), si elle est nécessaire, *ne peut être suffisante* : il est, certes, important pour mieux jouer de s'adapter au jeu (surtout quand on a des habiletés naturelles) mais des maîtrises de plus en plus précises exigent un travail régulier ⇒ choix par l'enseignant d'objectifs et d'exercices pour résoudre les tâches plus ou moins complexes du jeu.

L'enfant débutant et le meilleur tennisman ont, en fait, les mêmes maîtrises du jeu à résoudre (à des degrés différents d'habiletés) :

- Réagir aux trajectoires de balle reçues dans leur terrain ⇒ *maîtrise de son propre terrain.*
- Produire des trajectoires de balle dans le terrain adverse pour gagner le point ⇒ *maîtrise du terrain adverse.*
- Ces 2 maîtrises sont totalement liées à la *maîtrise des trajectoires:*

Lors de l'apprentissage du tennis, l'enfant est confronté à un problème majeur : l'appréciation des trajectoires de balle. Qu'il reçoive des balles d'un partenaire ou d'un adversaire, ou qu'il leur adresse des balles, en étant situé à différents endroits du court, il doit apprécier la qualité des trajectoires :

– il apprécie le lancer, la frappe qu'il effectue (connaissance de la trajectoire par la vision de celle - ci et les sensations qu'il se procure lors de l'exécution du coup).

– il apprécie la balle qu'il reçoit (vision, détection, identification de la trajectoire).

Pour réduire la difficulté de l'appréciation des trajectoires, l'enseignant joue d'abord sur la qualité propre de la balle (par sa taille, son poids, sa matière...) : ballon (dont ballon paille) ⇒ balle en mousse ⇒ balle souple (mini - tennis) ⇒ balle intermédiaire ⇒ balle de compétition, mais aussi sur une progression partant de

---

[15] L'initiateur fédéral doit connaître les objectifs d'envoi, de renvoi, d'échange mais, dans le répertoire d'exercices ci- après, il est suffisant qu'il maîtrise sur le terrain quelques exercices identifiés par un * (connaissance + démonstration).

ballons, balles circulant lentement dans l'espace, d'abord au sol puis rebondissant lentement au sol pour terminer par des frappes fortes avec des balles « vives » ⇒ on voit mieux, on attrape ou on frappe plus facilement une grosse balle…, on a plus de temps pour apprécier une balle qui sort lentement du tamis d'une raquette, qui rebondit lentement au sol (exemple : balle en mousse).

Toutes les actions d'apprentissage étant orientées vers le jeu, il est logique que les objectifs de travail se focalisent autour des situations principales de jeu : l'engagement (l'envoi) ; le retour (renvoi) ; l'échange (continuité - rupture) pour chercher la maîtrise de son terrain, du terrain adverse au travers d'une maîtrise des trajectoires lors des frappes. Ces objectifs se concrétisent par des exercices :

I) Objectif : l 'engagement, l 'envoi

EXERCICES :

**1) les LANCERS de balle à la main*

a) lancer la balle dans une cible, au-dessus d'un obstacle (voir les jeux individuels de lancers du chapitre **A) le jeu**). Avec ces lancers, l'enfant joue en comptant ses points, en réussissant à atteindre des objectifs qu'il s'est fixés (qu'on lui a donnés) avec une réussite plus importante quand il lance lentement dans une zone proche, grande, avec une moindre réussite quand il lance vite dans une cible étroite, éloignée…

b) « se » lancer la balle pour la rattraper, la frapper sans se déplacer ou après avoir couru… (voir les jeux individuels d'enchaînements d'action du chapitre **A) le jeu**). Avec ces lancers, l'enfant joue en comptant ses points en adaptant son lancer et sa motricité pour réussir son action (essais, erreurs, dépense physique, coordination œil - main, sensations glanées avec la variété des lancers, des objectifs, des contraintes…).

c) lancer la balle à un autre enfant : « donner », ne pas « donner » la balle : l'enfant joue avec (contre) un camarade (voir les jeux de coopération ou d'opposition du chapitre **A) le jeu**). Avec ces lancers, l'enfant facilite ou gêne les actions du camarade selon les objectifs proposés ou les initiatives qu'il se donne (ou qu'on lui suggère) ; il apprécie le produit de son action (la trajectoire) et enrichit son expérience autant au niveau kinesthésique que visuel. Ces lancers ont de la valeur pour le joueur lui – même : il est bien obligé de se donner la balle à la main pour engager avec une raquette (importance accrue lors de la présentation de balle au S) ; ils sont précieux aussi pour le camarade de jeu (partenaire ou adversaire) : par exemple, balle régulièrement lancée pour faire travailler un coup du partenaire ou feinte pour placer l'adversaire dans l'incertitude).

**2) les ENVOIS de balle avec RAQUETTE*

Après s'être donné la balle (voir ci - dessus), l'enfant apprécie sa propre frappe lors des envois, des engagements. Ceux-ci ont une importance majeure non seulement pour l'initiation aux coups du tennis mais aussi pour l'exploitation tactique du terrain adverse, dès l'engagement.

a) les envois en CD, RV, V avec des modalités d'exécution variées dès que l'enfant sait se donner la balle dans des conditions équilibrées (voir mini - tennis):

1) partir d'une bonne attitude (équilibre sur les 2 jambes, raquette tenue à 2 mains) : prendre la bonne habitude de démarrer chaque envoi par une bonne positon de départ (ce positionnement ayant été particulièrement ressenti et compris en réception de balles à droite, à gauche ⇒ équilibre sur les 2 jambes ; raquette « au milieu » du corps lors du jeu large).

Marianne

2) partir de 2 présentations de balle contrastées :

2a) à côté du corps (côté CD) en oblique avant, avec lâché de balle vers le sol (le bras est allongé, la main s'ouvre vers le sol, sans geste du bras : la balle est « posée »).

⇒ Frappe en CD après rebond (s), sans déplacement.

⇒ Frappes en CD avec appuis en ligne avant la présentation de balle (appuis ressentis lors de frappes longues, fortes lors du jeu loin).

⇒ Frappe en CD avec appuis de face (les appuis pivotant sur les avant - pieds lors de la présentation de balle sur le côté).

⇒ Frappes en CD avec appuis de face au début de la présentation de balle et passant en ligne lors de la pose de balle, avant la frappe.

NB: attention à bien laisser tomber la balle et non à la projeter vers le sol pour éviter précipitation, saccade entraînant des raideurs dans l'exécution du coup ; privilégier les présentations en oblique avant pour favoriser un plan de frappe avancé et une mise à distance.

2b) devant soi, appuis de face par rapport au filet, par un lancer à la verticale

Attitude gestuelle correcte (tenue de raquette à 2 mains) avant le lancer.

Frappes en CD, RV après rebond (s) après avoir contourné la balle lancée vers le haut. Frappes au - dessus de la tête (ébauche de service).

NB : le lancer vers le haut, devant soi, « devant le nez » donne du temps à l'enfant, lui laisse sa souplesse, le prépare aux lancers pour le service, le contraint à se sortir de la trajectoire, le fait passer d'une attitude face à la balle à un placement d'appuis à côté de la balle pour une frappe dans un plan avancé vu le lancer devant lui …

Ce lancer vertical sera fait également en oblique avant sur le côté droit (pour le CD, la Vcd), en oblique avant sur le côté gauche (RV) *avec des appuis de face* (mais pivot sur les avant - pieds), mais aussi *avec des appuis en ligne* avant ce lancer (photos ci-après).

NB : avec les appuis de face et le lancer oblique, il y a une amorce de dissociation haut du corps – jambes (début de rotation des épaules sur un bassin restant face au filet) ; avec les appuis en ligne, bonne sensation de l'orientation du corps de profil avant la frappe.

Présentation de balle devant soi, devant « le nez », avec des appuis en ligne avant ce lancer

3) partir d'une préparation déjà effectuée avant de se présenter la balle

Frappes en CD, Vcd selon les différents moyens envisagés précédemment (préparation initialement ressentie sous forme d'élan lors du jeu loin).

NB : cette préparation avant la frappe est un éducatif facilitant l'acquisition du coup sans « casser » le geste dans sa globalité : le contrôle technique est facilité lors de cette phase initiale et importante du coup (contrôle visuel et kinesthésique).

4) effectuer des coups à 1 main, à 2 mains en CD et en RV.

Les coups à 2 mains (y compris avec le CD) permettent une meilleure coordination globale du coup (orientation des épaules et mise à distance facilitées, rotation naturelle des coups dans la frappe...).

Toutes ces modalités d'exécution dans les envois ont leur intérêt pour une meilleure conscience du schéma corporel, une coordination générale évitant la stéréotypie et pour mieux apprécier le résultat des actions (les trajectoires produites): à 2 mains, on sentira peut - être qu'on frappe plus fort ; avec des appuis en ligne, on réalisera peut - être qu'on est plus précis...

Essai de RV à 1 main de Ludovic (joué habituellement à 2 mains) Préparation de CD à 2 mains, fin de geste de CD à 2 mains (joué habituellement à 1 main)

b) les envois avec des intentions différentes (au bénéfice des bases techniques)

5) frapper doucement.

Pour de meilleures sensations d'équilibre à la frappe, d'un meilleur contrôle du poignet à l'impact.

6) frapper précisément à droite, à gauche, dans l'axe.

Au bénéfice de l'accompagnement dirigé vers la cible choisie avec un meilleur contact, contrôle du poignet à l'impact.

7) frapper loin.

Pour une meilleure prise d'élan avec une orientation générale du corps à côté de la balle (appuis en ligne, épaules orientées associées à la préparation du bras) ; pour un accompagnement prolongé vers l'avant ; pour une frappe en avançant dans la direction du coup ; pour une frappe « conduite ».

8) frapper fort.

Même avantage de prise d'élan ; rotation du coup assuré dans la frappe tant sur les jambes (pivot des appuis) que gestuellement (fin de geste complet croisant l'axe du corps avec une tête de raquette s'enroulant autour du corps (du cou) et vers l'arrière) pour une frappe « dynamique ».

L'enfant de 6 - 7 ans apprend beaucoup par contraste : toutes ces variations de frappe lui donnent des sensations tennistiques larges et variées lui permettant d'apprécier la production de ses envois. *Ces variations sont non seulement intéressantes pour lui mais pour le tennis* puisque la réalité de ce sport est faite de frappes violentes, en finesse, conduites, avec des adaptations gestuelles (plus ou moins grande amplitude gestuelle, rythmes différents) et de jeu de jambes (appuis de face, de profil ; équilibre statique ou dynamique dans la frappe).

Chaque qualité de frappe apporte sa justesse technique (par exemple, avec une frappe douce, on a une meilleure sensation d'équilibre lors de l'exécution du coup ⇒ à inscrire dans le champ d'expérience de l'enfant particulièrement lors de cette intention). *Mais chaque qualité de frappe n'a pas que des avantages pour jeter les bases techniques des coups* (par exemple : avec la frappe douce, le rythme général du coup est pauvre). *Les sensations techniques justes glanées à travers chaque frappe spécifique doivent être éprouvées puis restituées, transférées à d'autres qualités de frappes* augmentant ainsi la famille des exercices pour l'enseignant et le champ d'expérience de l'enfant (par un répertoire technique le plus juste et le plus large possible) ⇒ :

9) frapper doucement mais avec « la manière forte ».

Pour un placement équilibré (habituellement ressenti lors des frappes douces) avec des appuis en ligne (ressentis lors de frappes fortes) en y associant souplement la technique gestuelle de la frappe forte (élan, fin de geste).

10) frapper doucement mais avec « la manière longue ».

Pour le même placement en ligne équilibré en y associant la technique gestuelle de la frappe longue (élan, accompagnement vers l'avant de la frappe longue). Repères privilégiés : *raquette dirigée vers la direction choisie ; épaule droite (CD à 1 main), hanches, épaules (CD, RV à 2 mains) revenant face au coup produit. En RV à une main, laisser aussi revenir naturellement et souplement les épaules face puis, dans un 2ème temps, maintenir plus longtemps les épaules dans la direction du coup).*

11) frapper fort, loin mais avec « la manière douce ».

Pour associer l'équilibre de la frappe douce et le dynamisme du coup : placement équilibré, appuis en ligne avant la frappe avec un retour souple des appuis face à la balle jouée, après coup.

Equilibre du corps avec retour des appuis après coup face à la situation

12) frapper mi - loin (terrain intermédiaire)

Pour un espace le plus favorable au lien entre les techniques des frappes douces et longues, fortes (équilibre dynamique sur les jambes et technique gestuelle).

13) frapper plus on moins loin, plus ou moins fort à différents endroits du court.

14) frapper dans différentes directions ; plus ou moins loin ; du même endroit ; de différents endroits du court en longueur et en largeur.

Pour une plus ou moins grande amplitude gestuelle et un placement des appuis plus ou moins ouverts ou en ligne selon les positions et les intentions d'envoi.

15) frapper fort, rasant (filet baissé), à partir de la ligne de service, pour atteindre le fond de court adverse.

Pour un coup « plat » conditionnant une bonne mise à distance, une meilleure flexion des jambes dans la frappe, avec un objectif rasant bien ciblé (filet proche).

16) frapper fort, rasant (filet baissé), à partir de la ligne intermédiaire, pour la zone intermédiaire adverse.

Pour la même qualité de frappe, pour la même distance de frappe mais avec un éloignement par rapport à la 1ère cible (le filet).

17) frapper rasant doucement puis de plus en plus vite, à la ligne de service, à la ligne intermédiaire et, inversement, frapper rasant, fort puis de plus en plus doucement.

Pour apprécier le rythme des coups.

18) alterner les frappes fortes et les frappes douces (en privilégiant les trajectoires rasantes) de différents endroits dans la longueur du court (ligne de service – ligne intermédiaire) ***et dans la largeur du court*** (d'une ligne de couloir à l'autre) pour différentes zones du court adverse (zones larges pour les frappes fortes, zones plus réduites pour les frappes douces).

Pour ressentir le rythme des coups et, en particulier, évaluer à quel moment on se crispe dans la frappe (limiter alors la force des frappes pour garder un geste coulé et une rotation des appuis sans « toupie »).

19) accélérer les frappes tant que la cible est atteinte (cible plus ou moins grande selon les capacités de l'enfant) ***à différents endroits du court en longueur et largeur.***

Pour repérer la vitesse à laquelle la réussite est la meilleure et répéter les frappes à cette vitesse.

20) décélérer les frappes pour arriver à une vitesse donnant une meilleure réussite dans la cible.

Pour associer le contrôle du coup (dans la forme et le rythme) et le résultat, l'efficacité du coup.

21) frapper en diagonale doucement en produisant des trajectoires courbes (de la ligne de service à une position près du filet) ***puis de plus en plus en diagonale.***

Pour une mise à niveau et un balancement du bras de bas en haut dans la frappe.

22) frapper doucement avec des courbes de plus en plus hautes (jusqu'à *x* fois le filet) (de la ligne de service à la ligne intermédiaire pour le terrain intermédiaire adverse).

Pour les mêmes objectifs.

23) accélérer et décélérer ces courbes à partir de la ligne intermédiaire, de la ligne de fond pour le terrain adverse.

Ces frappes accélérées à composante plus verticale ne sont envisagées que suite aux envois doux précédents (frappe fluide de bas en haut) afin d'éviter des raideurs gestuelles et sur les jambes par une extension trop brusque à la frappe.

24) frapper en ½ volée.

Pour la mise à niveau (souplesse sur les jambes et allongement du bras vers le bas), l'adresse, la réduction de l'amplitude gestuelle.

Tous ces envois (engagements) intentionnels et tout le bagage technique concomitant sont au service du jeu, des jeux près, loin, large : pour le près (le carré de service) ⇒ frappes douces ; pour le près - large (les 2 carrés de service) ⇒ frappes douces et précises dans les directions ; pour le mi - loin (le ½ terrain intermédiaire) ⇒ frappes mi - longues, conduites ; loin (tout le court) ⇒ frappes fortes, longues.

Pour jouer avec ou contre un autre, l'engagement est primordial puisqu'il est au départ du jeu (qu'il soit effectué en CD, Vcd, S, voire en RV) : on « donne bien » la balle pour que l'autre la redonne (dans le jeu d'échange), on «vise » une zone où l'autre n'est pas, on « tire » sur une zone que l'autre n'aime pas, pour gagner sur l'adversaire (dans le jeu d'opposition).

Pour bien contrôler l'engagement, il faut nécessairement passer par un grand nombre d'envois isolés en dehors même des situations de jeu. Ces exercices d'envois sont d'autant plus facilement répétés qu'on les transforme en jeu par des gains de point à chaque fois que l'objectif est réalisé (filet franchi, cible atteinte, frappe bien exécutée…) Tout cela donne un sens, un motif, un moteur à l'action. L'enfant joue à la fois avec lui-même (pour marquer encore plus de points que lors des tentatives précédentes) et avec les autres (pour gagner plus de points que les autres pendant le même temps de jeu).

Cependant, le but principal de la répétition de ces envois c'est de mieux démarrer le jeu : il faut donc sans cesse revenir au jeu pour mieux apprécier la qualité du travail effectué et garder toujours l'enfant dans l'esprit du jeu.

Importance et richesse d'un temps long consacré aux envois, aux engagements (qui se prolonge sur toute la carrière du joueur par la qualité de son service) :

Les envois ne dépendent que de l'enfant (il n'est pas tributaire du « mauvais » envoi d'un autre enfant).

L'enfant aime jouer pour lui (égocentrisme).

Il a tout le temps de se concentrer sur l'exécution de son coup facilitant ainsi le travail technique.

Les tests fédéraux soulignent la place majeure de l'engagement et particulièrement du service.

D'où la logique constante d'envoyer, d'engager pour gagner ou chercher à gagner des points, de l'étape initiale à l'étape finale :

Les étapes dans les envois

Etape initiale (le débutant)	**Etapes intermédiaires**	**Etape finale (le joueur)**
Envois les plus simples : envois à la main dans des zones plus ou moins proches, plus ou moins grandes.	Envois plus complexes, plus précis, avec raquette dans des zones plus ou moins éloignées, pour ou contre un adversaire.	Envois les plus difficiles: engagements au service pour tenter l'« ace » avec la plus grande vitesse, précision, effet.

c) le plus difficile des envois : le SERVICE

Dès les 1ères séances favoriser tous les envois possibles : frappes après rebond, de volée *mais aussi au - dessus de la tête* à partir d'une variété de lancers à la main :

***♦ Lancers variés dans la forme, dans le rythme**

. *Lancers à bras cassé* de cailloux, balles, ballons (main droite, main gauche) dans la direction, la hauteur, la longueur (voir les exercices de lancers).

Pour la bonne préparation naturelle au « bras cassé » (= fléchi) du geste de service.

Lancers à bras cassé à partir d'un placement d'appuis avant arrière pour lancer loin, vite

. *Lancers* variés de balles, ballons *à la cuillère* (main droite, main gauche, à 2 mains) dans la direction, la hauteur, la longueur (voir les exercices de lancers).

Pour obtenir un lancer précis, doux, pour coopérer avec le camarade (envoi - renvoi) et par la suite pour effectuer un lancer vertical contrôlé avec la main la moins habile (une nécessité pour le S).

*♦ **Lancers à la main associés ou dissociés de 2 balles** (lancers à la cuillère de 2 balles par la main gauche et la main droite vers le haut, devant soi ; mêmes lancers mais avec les bras qui se séparent sur les côtés ; lancer d'une balle vers le haut avec le bras droit cassé, puis de l'autre balle avec le bras gauche vers le haut, à la cuillère; inverser l'ordre de ces lancers (main gauche puis main droite)...).

Willy lance ses balles en même temps sur les côtés de son corps

*♦ **Premiers essais de service avec le jeu près** (à la ligne de service ou plus près du filet).

Des frappes au - dessus de la tête, avec plus ou moins de déplacement, s'effectuent dès les 1ères séances *à partir d'un petit lancer de balle* (voire même avec une balle tenue dans la main gauche et présentée au - dessus de la tête en contact avec la raquette) / *Corps face au filet (ou à l'amble* (pied droit devant pied gauche pour un droitier)*), bras associés directement vers le haut.*

Pour des expériences correspondant à des envois avec une adresse naturelle, sans connotation technique, au-dessus ou au niveau de la tête. Il n'est pas rare de voir des enfants de 3 - 4 ans prendre une balle, aller contre le filet, placer la balle au contact du tamis de la raquette devant leur tête et faire passer la balle derrière le filet.

*♦ **Premiers apprentissages techniques** :

Les premiers apprentissages techniques ne peuvent être que décalés car l'enfant doit se donner une balle ≈ au-dessus de la tête. Or le contrôle de ce pré - requis de lancer avec la main gauche la moins habile demande un temps d'expérimentation (passer par une variété de lancers (contrastés vers le haut, en avant, en arrière, au-dessus, à droite, à gauche), main droite, main gauche, tant dans la forme que dans le rythme (voir mini - tennis)) pour réguler un lancer à la verticale.

⇒ *Retarder les apprentissages de technique gestuelle par rapport aux autres coups du tennis pour deux raisons :*

● attendre une relative stabilisation du lancer au-dessus de la tête (le service se situe dans un espace au-dessus du corps) pour obtenir un équilibre du corps lors du lancer.

● tenir compte d'une coordination plus complexe des deux bras au service dans l'espace et le temps (contrôler un lancer vertical avec le bras gauche seulement est déjà compliqué ; assurer cette action en contrôlant simultanément sa raquette avec la main droite n'est pas simple…).

Les premières empreintes de technique gestuelle au S ne pourront s'inscrire qu'à travers un corps en équilibre sous un lancer proche de la verticale des appuis.

Les réaliser avec des petites raquettes d'abord dans un espace proche (jeu près), avec des frappes douces. Ces frappes douces évitent des lancers anarchiques dus à une trop grande vitesse et amplitude gestuelle et permettent une meilleure stabilité à la frappe.

Thelma (6ans) réalise plusieurs éléments de technique gestuelle intéressants pour l'avenir de son service (bon lancer de balle au-dessus de sa tête, frappe au-dessus de sa tête, équilibre dynamique…

1) *la position de départ :

- *Sur les jambes* (incorporer les appuis en ligne (ressentis lors des envois forts, longs en CD) au départ de chaque service (tout en gardant, en début d'apprentissage les épaules et les hanches en direction de la cible pour maintenir un lancer équilibré vers celle-ci)).

Effectuer de nombreux services sans autre consigne que ce placement équilibré initial.

– *Sur les bras* (incorporer la bonne attitude sur les bras (ressentie lors de l'attente des balles avec le jeu large) au départ de chaque service ⇒ raquette tenue à 2 mains, au milieu du corps).

Pour une bonne tenue de raquette à 2 mains, mains basses avec angulation poignet – raquette : y consacrer du temps car ce positionnement de départ évite les prises extrêmes, associe les bras.

2) *la coordination des bras

A la ligne de service, avec des frappes douces,

• Lancer d'une balle (associée ou dissociée de la préparation) - frapper :

– lancer et préparation associés (avec une montée des bras directement vers le haut) ⇒ frappe.

Pour bénéficier de l'adresse initiale de l'enfant avec un gestuel réduit vers l'avant et le haut, en compatibilité avec le lancer. Pour combiner la bonne position de départ avec la disposition naturelle de l'enfant à irradier directement ses 2 bras vers l'avant et le haut.

– lancer et préparation dissociés : à partir d'un placement du bras droit « cassé » tenant la raquette, coude vers l'avant, lancer vers l'avant ⇒ frappe.

Pour un constat visuel possible du bon positionnement du bras fléchi avant la frappe et un meilleur contrôle long et lent du lancer (de la main au contact de la cuisse gauche à un bras gauche allongé vers le haut).

A la ligne de service puis à la ligne intermédiaire pour des frappes conduites, plus longues,

• (à partir d'une bonne position de départ) augmenter l'amplitude gestuelle lors de la préparation + frappe, dans un mouvement lent, conduit :

*– *en associant les bras dans le temps (descente puis montée des 2 bras ensemble) et dans l'espace (vers l'avant)* (donner des repères plus précis lors de la

descente des bras : de la position de départ, descendre la main gauche sur la cuisse gauche, la main droite le long de la cuisse droite, tête de raquette vers le sol).

Nb : il est nécessaire que la raquette du « petit » ne soit pas trop longue pour qu'elle ne heurte pas le sol dans la descente vers le sol. Sinon la préparation risque d'être « escamotée ».

Amplitude correcte vers le bas des 2 bras qui vont pouvoir monter ensemble soit directement vers l'avant, soit en se séparant dans l'espace (bras gauche vers l'avant, bras droit vers l'arrière pour un droitier)

– **en associant les bras dans le temps (descente et montée simultanée) et en les séparant dans l'espace (bras gauche en avant / bras droit en arrière).*

Ne pas exagérer, au début, la séparation des bras ⇒ éviter un lancer trop haut et souvent trop en arrière ; garder un contrôle du bras et de la raquette dans l'axe antéro - postérieur. Retrouver, avant le retour vers la balle, la sensation du bras cassé, découvert dès les premiers apprentissages, permettant la boucle au S.

– **en dissociant les bras dans le temps (préparation en arrêtant la préparation en fin d' « armé »* (bras droit fléchi et tête de raquette vers le ciel) *puis lancer)* à partir de 2 préparations contrastées : Préparation jusqu'à l'armé par descente puis montée du bras droit / Préparation directe, horizontale du bras droit.

Puis le bras droit étant placé, lancer avec le bras gauche qui s'allonge vers le haut.

Pour rendre plus simple l'exécution du S et pour privilégier une plus grande amplitude gestuelle (à associer au jeu mi - loin voire loin pour des frappes plus profondes).

Avec les premiers types de lancer et une préparation associés, le service est exécuté globalement selon un rythme lent, en souplesse, avec relâchement.

Avec les bras dissociés dans le temps et l'espace, le service est exécuté plus analytiquement, de façon plus précise en particulier pour faciliter le maintien de la prise de départ et la meilleure sensation d'un armé correct, clé majeure d'une bonne boucle avant la frappe (une fois cette exécution ressentie, retrouver cet armé avec une préparation associée dans le temps au lancer convenant mieux à des qualités rythmiques pour un enfant).

Apprendre le geste autant par la descente et la montée simultanée des bras (avantages : coordination, relâchement) que par la dissociation des actions bras droit -bras gauche (particulièrement avec la préparation horizontale, directe, « compacte » du bras droit suivie du lancer avec le bras gauche) (avantages : position de l'armé mieux contrôlée, prise mieux maintenue dans la préparation).

Zoé en position d'armé au Service

•*privilégier d'abord les frappes sans vitesse, vers le haut et l'avant (exemple : au-dessus d'un élastique plus haut que l'enfant et en avant de celui -ci).

Pour privilégier encore plus la boucle que l'extension (qui risque de raidir le corps, donc le geste).

• privilégier ensuite les frappes longues

Accompagnement gestuel + Projection du corps dans la direction du coup

Pour assurer l'amplitude gestuelle (autant dans la préparation que lors de l'accompagnement (avec le passage de l'épaule) et la fin du geste) et pour obtenir la boucle (avec une détente du bras plutôt qu'une vitesse de bras risquant d'aboutir à une crispation).

• privilégier, particulièrement, lors de ces frappes (sans vitesse) :

– Les descentes et montées lentes des bras ; le passage de la raquette le long de la jambe droite lors de la descente lente du bras droit, en début de préparation.

Pour un bon relâchement du bras, une meilleure amplitude vers le bas et une prise maintenue comme à la position de départ.

– En fin de geste, le passage de la tête de raquette vers le sol, à gauche de la jambe gauche, tamis face à la partie extérieure de cette jambe.

– La prise (celle qui est naturellement envisagée lors de l'attitude en fond de court et répercutée à la position de départ du service : au départ, prise ½ fermée de CD ; puis évoluer en cours d'apprentissage vers la prise continentale) en la contrôlant visuellement à la position de départ, lors de la face descendante de la préparation, lors de l'armé (lorsque la préparation est dissociée du lancer) et en fin de geste après coup.

Pour la meilleure amplitude et le relâchement du geste ; pour le repérage identique du passage de la raquette vers le bas lors de la préparation (jambe droite), de la fin de geste (jambe gauche), ces repères étant facilités parce que contrôlés visuellement en début et fin de geste ; pour une prise plus facilement maintenue avec une telle fin de geste.

3) la coordination bras – jambes

L'enfant a tendance naturellement à se grandir sur les jambes au moment où il lance la balle vers le haut (à l'inverse de la technique juste sur bras – jambes : balle en haut - flexion des jambes).

La coordination gestuelle se mettant en place, essais de coordination bras - jambes dans des conditions variées :

- *Départ jambes fléchies + armé du bras droit à bras cassé (fléchi)* ⇒ lancer en maintenant ce positionnement, puis extension jambes - bras droit.

Pour associer la flexion des jambes et du bras puis associer l'extension des jambes et du bras.

- *Départ normal, jambes souples, puis flexion des jambes lors de la phase descendante de la préparation* puis maintien de cette flexion sur la jambe gauche lors du lancer (favorisant un lancer vertical à partir de cette stabilité d'appui qui donne un repère au lancer) associé à la préparation armée du bras droit (fléchi), puis extension des jambes et du bras lors de la frappe.

Pour associer la *descente* des bras (extension) et la *descente* des jambes (flexion).

• *Départ normal ou départ fléchi. : associer dans le temps l'action des bras (lors du lancer et de la préparation) à la flexion des jambes* (mais avec des bras en opposition dans l'espace : bras gauche vers le haut et en avant, bras droit vers le bas et en arrière); puis extension jambes - bras à la frappe.

Pour associer l'allongement des bras à l'opposé dans l'espace, pour créer la bascule des épaules, pour retarder le retour de la raquette au bénéfice du rythme du coup.

• *Mêmes positions de départ mais avec un décalage plus ou moins important des bras dans le temps et l'espace* en particulier par des préparations effectuées plus ou moins avant le lancer.

• *Position de départ en appui sur la jambe arrière fléchie et, lors du lancer, transfert du poids du corps sur la jambe avant fléchie* (en maintenant les 2 appuis au sol).

Pour assurer les conditions de translation lors de la frappe.

NB : lorsqu'on veut coordonner les bras et les jambes, il faut veiller à l'association des jambes dans un bon équilibre ⇒ dans un premier temps, intérêt d'appuis rapprochés voire joints pour une même action des jambes (ex : Monfils); puis écarter les appuis.

4) l'extension du corps

Il faut assurer l'extension de tous les chaînons, sans cassure, des jambes jusqu'au poignet.

• *Extension statique* contre un mur, un grillage ; extension à l'aplomb d'une potence …

Pour une contraction isométrique avec étirement du corps, du bras pour atteindre une marque, un objet le plus haut possible (alignement de tous les segments du corps).

• *Extension dynamique* à travers des situations favorables : frapper une balle haute suspendue à une potence, une feuille d'arbre au plus haut de ses possibilités d'extension, passer la balle au- dessus d'un élastique placé en avant et haut par rapport au joueur.

• *Extension privilégiée du bras - poignet* par des positionnements au S ou au Sm proches du filet pour rabattre la balle derrière le filet.

• *Toutes les solutions techniques concourant à l'extension de la frappe et à l'accélération du coup* :

– allongement du bras gauche pour présenter la balle (étirement maximum de la partie gauche du corps influençant ensuite l'extension à la frappe de la partie droite du corps).

– rythme lent lors de la préparation et de la présentation de balle favorisant ensuite une accélération - extension à la frappe.

– coordination des bras, coordination jambes – bras.

– bonne prise permettant la pronation - extension du poignet …

*5) *la prise* (prise continentale ou marteau) au moment de la frappe.

Une prise extrême (exemple : prise de CD fermée) dénature le geste en escamotant la boucle, en ne permettant pas l'extension à la frappe …Il est donc important, dans un premier temps, de faire ressentir à l'enfant une prise proche de celle de base (accepter au départ une prise ½ fermée de CD) dès les premières empreintes (importance de la position de départ). Puis, plus tard, faire travailler cette prise spécifique au S (qui est trop « étrangère » à l'enfant débutant pour qu'il puisse s'en accommoder au début).

+ Lors des SM en position préalablement armée ou non.

+ Lors des S.

**Privilégier un rythme lent du début à la fin du geste, avec des frappes douces* (d'abord avec des placements vers la ligne de service puis de plus en plus loin vers la ligne de fond).

Pour le contrôle du poignet pendant la préparation, la boucle, à l'impact, lors de l'accompagnement conduit ⇒ Précision du coup grâce à ces frappes douces.

Frotter la balle par une frappe slicée.

Pour attaquer la balle avec le tranchant de la raquette (permettant le maintien de la prise). *Maintenir la prise à l'impact par l'orientation du tamis face à la balle* (pour trouver la pronation de l'avant - bras) *avec différents procédés et situations* :

– une tenue de la raquette (provisoirement) plus haute sur le manche (après la pronation à la frappe, le talon de la raquette sort à droite de la main, pouvant être constaté visuellement par l'enfant après coup).

– une frappe décroisée (par rapport à la direction des appuis lors de la position de départ) pour favoriser la pronation par cette intention.

– un pouce dirigé vers le filet au moment de la frappe pour créer aussi cette pronation.

– un arrêt juste après l'impact lors de ces frappes douces pour constater la pronation ou non.

– une fin de geste vers le bas avec l'orientation du tamis face au péroné de la jambe gauche pour conditionner la pronation à la frappe.

– sans oublier de vérifier la prise avant, après le coup en sachant que, dans le meilleur des cas (il existe !), il suffit de dire, de démontrer, de faire vérifier pour obtenir la prise (surtout si l'on donne des intentions facilitant cette technicité : frappes douces, décroisées, slicées).

– assez souvent, il est nécessaire d'en passer par un *guidage physique* du joueur dans la phase *entre la position d'armé et l'impact* (manipulation du bras et de l'avant - bras pour faire comprendre, en geste à vide, la flexion de l'avant - bras sur le bras (et non le cassé de poignet faisant lâcher la prise)) / *lors de l'extension à la frappe* (pour faire ressentir en geste à vide la pronation de l'avant - bras).

Nb : Pour le travail de la prise, les enfants manieront mieux leur raquette avec une petite raquette, un petit manche. Une fois la prise mieux ressentie, revenir vers la longueur de raquette qui convient à leurs coups de fond de court.

II) Objectif : le retour, le renvoi

a).Progression dans la LECTURE des TRAJECTOIRES

L'enfant apprend la lecture des trajectoires reçues à partir d'une découverte globale d'abord confuse, anarchique, en « baignant » dans un monde de jeux avec des ballons, des balles. Dans ce milieu, il voit « circuler » des balles qui roulent, rebondissent et qui l'attirent. La pédagogie de découverte est particulièrement importante pour l'enfant débutant. Elle lui sert d'approche globale à la connaissance des trajectoires et lui donne des occasions de réagir (ou non) en courant, touchant, frappant des balles avec le pied, la main ou une raquette...

Si, dans un 1er temps d'exploration des trajectoires, on ne peut espérer mieux que la réussite d'une réaction à la balle (même tardive), on doit obtenir au fur et à mesure des actions plus complexes, plus tennistiques : qualité des déplacements - placements, qualité des coups... Or, pour que l'enfant agisse sur la balle dans de bonnes conditions de coordination et d'efficacité, les trajectoires doivent être de mieux en mieux perçues, détectées, identifiées dans leurs différents paramètres. S'impose alors une progression plus « méthodique » de l'appréciation des trajectoires de « faciles » à « difficiles ».

Par le Mini - tennis, le petit de 6 ans se familiarise avec des trajectoires de balle « faciles » dans un petit espace, avec des balles qui lui donnent du temps par la lenteur de leur rebond et du contrôle par leur taille (ballon de mini-basket, ballon paille, plus ou moins grosse balle en mousse, balle souple). En fin de cycle, il sera en avance sur ce plan par rapport à l'enfant de 7 ans débutant le tennis. Celui - ci (surtout s'il est maladroit) devra faire « son » Mini - tennis, lui aussi, même s'il a un peu moins de difficulté dans l'appréciation des trajectoires qu'un enfant de 6 ans qui débuterait son tennis.

Progression Qualité des trajectoires	Types de trajectoires reçues	Progression interventions de l'enfant sur la balle
« faciles » à «Difficiles»	1) *trajectoires lentes dans un espace proche* de l'enfant (de 1 à ≈ 6 m (distance filet – ligne de service ⇒ par exemple, espace de tennis : le carré de service). Balles circulant dans un espace sans obstacle, puis au - dessus d'une ligne au sol, puis d'un élastique… D'abord avec des balles roulant au sol puis avec des trajectoires légèrement courbes, axiales, à petite distance de l'enfant, « dans ses mains ». Si la distance augmente dans cet espace, ces mêmes trajectoires sont faites avec rebond nettement en avant de l'enfant. 2) trajectoires lentes et latérales dans un espace encore proche (de l'espace de tennis du carré de service jusqu'à la largeur des 2 carrés de service). D'abord trajectoires courbes un peu à droite, à gauche, en avant de l'enfant, pour toucher, attraper de volée, frapper la balle après rebond (s). Puis trajectoires de plus en plus latérales (les 2 carrés de service) avec des courbes plus importantes et plus lentes, avec les mêmes rebonds avancés ⇒ grande lisibilité de la trajectoire courbe et latérale qui se « déroule » devant les yeux de l'enfant. 3) trajectoires lentes et longues ou courtes . dans un petit espace en longueur et peu large : exemple : les carrés de service dans le sens longitudinal du court. . dans un espace plus long et peu large (exemple : le ½ terrain intermédiaire). Contraster les balles longues avec les balles courtes (les séparer, les alterner, les mêler) ⇒ savoir que la balle axiale courte ou longue est moins facilement identifiable que la balle latérale (même si une fois identifiée, l'enfant peut avoir moins de distance à parcourir pour l'atteindre). ⇒ savoir que plus on augmente la longueur de la trajectoire, plus la vitesse de balle est accélérée même si on cherche à modérer cette vitesse en « arrondissant » la trajectoire (interdépendance entre les paramètres). 4) trajectoires rapides . dans un espace proche (exemple : enfant près du filet pour volleyer ; enfant à la ligne de service pour frapper après un rebond) pour la défense d'un petit terrain (le carré de service par exemple). . dans un grand espace (enfant plus ou moins proche de la ligne de fond) pour défendre un grand terrain (le terrain intermédiaire par exemple). Trajectoires de plus en plus horizontales autant dans les espaces proches que longs et larges pour placer l'enfant dans l'urgence quant à ses possibilités d'intervention sur la balle dans l'espace et dans le temps.	- Attraper le ballon (puis) la balle avec les mains. - Toucher la balle avec la raquette. -Frapper la balle avec la raquette. *Difficulté augmentée par le moindre temps pour jouer la balle* -Après plusieurs rebonds -Après 1 rebond -Tôt après le rebond -De volée Mais si on laisse beaucoup de temps au cheminement de la balle vers l'enfant, la balle est mieux appréciée quand elle ne rebondit pas (le rebond transformant le vol de la trajectoire en une nouvelle trajectoire). *Difficulté augmentée également selon le degré de certitude ou d'incertitude de l'action adverse:* -Facile (exemple: balles toujours à droite). -Moins facile (exemple : balle à droite ou à gauche). -Difficile (exemple: balles variées, incertaines).

Le meilleur « pourvoyeur » en balles « juste comme il faut » reste l'éducateur grâce à la maîtrise de ses coups. *Il donne mieux* que l'enfant la même trajectoire (exemple : toujours à droite de l'enfant, toujours avec un rebond avancé), surtout lorsqu'il faut fournir une balle difficile (exemple : lob) pour permettre la réussite. *Il contraste mieux* les trajectoires (exemple : une balle à droite puis une balle à gauche). *Il varie* les trajectoires *à son gré* (alors que l'enfant débutant varie... sans le vouloir avec des lancers, des frappes incertaines, imprécises).

Par sa pédagogie, l'enseignant fait accéder l'enfant à cette capacité d'appréciation des trajectoires : en peu de temps pour discerner les balles faciles (lentes, proches, délivrées à la main...), beaucoup de temps pour des balles difficiles (rapides, longues... frappées avec la raquette). Il le fera d'autant mieux au panier mais, selon sa qualité de joueur, il peut aussi échanger, jouer pour distribuer les balles adéquates à l'acquisition visée (attention cependant au « trop plein » de panier dans lequel se complaisent les mauvais enseignants qui figent leurs séances à travers ce processus commode, certes, mais qui oublie le relationnel, la coopération entre les enfants...).

• Une des situations les plus simples pour renvoyer des balles est de s'aider du mur : commencer à petite distance (à 2, 3 m du mur), par des balles roulant au sol (balle en mousse puis balle souple), avec des frappes avec la raquette (en particulier en tenant la raquette à 2 mains pour mieux sentir les orientations du corps pour frapper et pour faciliter les contacts conduits avec la balle).

• Continuer à privilégier ces trajectoires roulant au sol par des « passes » au sol, sans obstacle, entre enfants à faible distance (5 - 6 m), avec raquette, balle en mousse puis souple (à 1 main ou à 2 mains).

• Puis faire envoyer par l'enfant (à la main puis avec la raquette) des balles « faciles » (lenteur et courbe des trajectoires, distance réduite entre les enfants...), sans oublier la qualité de distribution de balles par l'enseignant ⇒ situations facilitées de renvoi dans un 1er temps grâce au temps laissé à l'appréciation simple des trajectoires.

NB : favoriser le plus possible les envois de l'enfant avec une raquette pour rendre plus vivantes les séances (les envois à la main « bloquent » plus l'exercice) et pour concentrer les élèves sur leur premier coup qui conditionne la réussite de l'autre.

*** b) EXERCICES pour améliorer la qualité des renvois**

Même s'il est judicieux, à certains moments de l'apprentissage, de se focaliser sur les caractéristiques propres des trajectoires reçues, celles-ci seront d'autant mieux perçues qu'elles s'inscriront dans des actions de renvois ayant un sens tennistique. Réagir, mieux réagir pour bien se déplacer vers les balles dans un espace délimité, certes, mais pour agir sur la balle avec des intentions de jeu et sentir ce que l'on fait de la balle. Les actions isolées de renvoi, dans un 1er temps, sont intéressantes pour privilégier la qualité des coups. Mais le coup après coup ne suffit pas : la qualité des coups et des replacements après coup est importante pour permettre à l'enfant de dépasser le stade de « spectateur » de sa frappe et pour se projeter véritablement dans le jeu par un enchaînement d'actions ...

Certes, beaucoup de renvois seront effectués d'abord dans un espace proche de l'enfant facilitant l'appréciation de trajectoires de balles « faciles » et le meilleur contrôle de l'ajustement, du placement à la balle, de la précision du coup...

Mais l'évolution technico-tactique du joueur passe aussi par son adaptation à des situations plus urgentes : dynamisme nécessaire sur les jambes (reprise d'appuis, déplacement rapide vers la balle), ajustement gestuel (précocité de la préparation...) pour défendre des espaces plus grands en longueur et en largeur. Cette évolution passe aussi par des intentions de frappe réalistes que le joueur se donne en fonction de ses capacités (plutôt rechercher la précision avant la vitesse des frappes en renvoi par exemple).

Les exercices ci-après ne sont donc pas à exécuter strictement dans l'ordre du répertoire (exemple : la reprise d'appuis demandée lors de l'exercice 1) a été reconnue comme nécessaire à travers la situation large et doit aussi s'exécuter dans un espace proche, le joueur s'ajustant mieux à la balle pour la contrôler.

♦ ***DANS UN ESPACE PROCHE*** (exemple : carré de service, positionnement à la ligne de service) en réception de balles faciles (lentes, proches...).

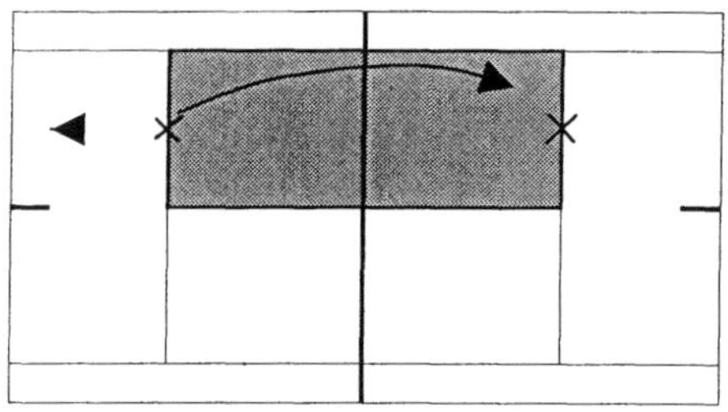

***1) frapper (**Volée (V), Smash (Sm), coup droit (CD), revers (RV)).**après avoir déclenché une bonne reprise d'appuis.**

Reprise d'appuis

Importance, au départ, de la qualité de cette attitude sur les jambes (facilement contrôlable et qui peut être guidée physiquement à l'avance).

*2) **frapper doucement, précisément** (exemple : dans le carré de service adverse) avec le même coup (exemple : toujours la Vcd).

Importance du rôle tactique « placeur » parmi les 1ères intentions tactiques. Meilleure concentration sur l'action vu qu'elle est prévue, certaine et répétée.

*3) **mêmes objectifs** pour CD, RV et même V mais **avec des coups à 2 mains ou en mixant coups à 2 mains, coups à 1 main.**

Grande importance des coups à 2 mains (même en CD), autant pour une meilleure appréciation du placement à côté de la balle que pour le geste mieux lié au corps

*4) **frapper doucement, précisément en privilégiant, pour le même coup, un élément technique essentiel** (placement à la balle / prise/ plan de frappe/ forme et rythme gestuels…).

(Presque) toujours s'intéresser d'abord aux bases techniques du jeu de jambes (reprise d'appuis, ajustement, placement); repérer particulièrement la qualité du plan de frappe ; privilégier la précocité de l'orientation des épaules, de la préparation du (des) bras ; faire prendre des repères gestuels en début, en fin de geste sur un corps équilibré.

Olivier Transfert du poids du corps et accompagnement vers l'avant

*5) **frapper doucement, précisément en alternant 2 coups** (exemple : CD – RV), en privilégiant le même élément technique (exemple : placement en ligne) ou en privilégiant, pour chaque coup, un élément spécifique (exemple : placement en CD, préparation précoce en RV).

La certitude de l'action est maintenue, la décision technique est déjà retenue pour une meilleure focalisation sur les coups à effectuer dans un enchaînement simple d'actions incluant un replacement.

*6) **mêmes objectifs de frappe** (en choisissant un seul objectif) **mais enchaînement de coups sans alternance (séquences de 2 coups puis séquences de plusieurs coups).**

Enchaînement non déterminé rapprochant plus du jeu au niveau informationnel mais limitant le champ d'action à un travail technique spécifique (exemple : dès que je discerne que la balle va vers le CD, je pense à me placer…) d'autant plus que les balles reçues restent faciles.

♦ ***DANS UN ESPACE LARGE ET COURT*** (exemple : les 2 carrés de service) ⇒ *réception de balles **latérales*** (mais assez faciles car **lentes, avec rebond avancé**).

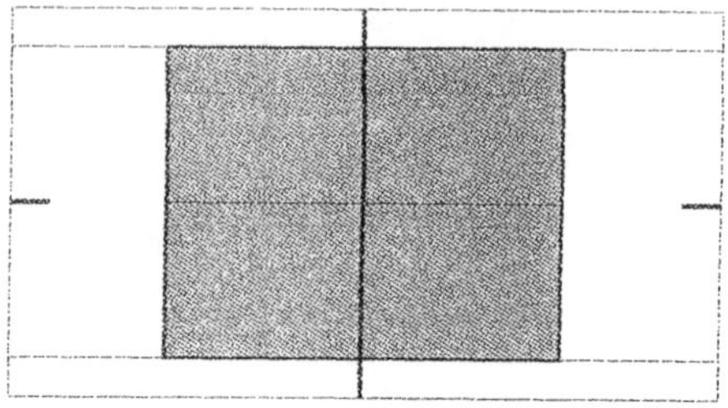

+ A partir de la ligne de service (puis de la ligne intermédiaire) pour frapper en CD et en RV.

*7) les mêmes exercices précédents (**l'attitude** avant chaque renvoi, chaque enchaînement de coups, **la précision des frappes (là où l'envoyeur est, là où celui – ci n'est pas)…**

*8) privilégier les **frappes suite à un déplacement latéral** pour faire ressentir à l'enfant des orientations différentes de son corps par rapport à la balle (épaules tournées naturellement) en comparaison avec les balles proches ; **exploiter encore mieux ces sensations d'orientation du corps** par certains exercices plus spécifiques :

*9) avant l'envoi, **demander au renvoyeur une orientation des épaules avant le déplacement latéral (avant même le début de la préparation sur le (s) bras).**

Pour bien ressentir le vissage précoce sur le haut du corps (ressenti encore mieux à partir d'appuis de face, jambes souples, hanches légèrement vissées, pivot sur la pointe des pieds).

*10) idem mais **à partir d'une fin de préparation effectuée avant l'envoi.**

Pour avoir un bon repère d'élan par le (s) bras dégagé (s) du corps (meilleure sensation à partir d'appuis de face avec des jambes souples).

Pour les V, léger vissage et peu de préparation ; pour les CD, RV, préparation complète.

Appuis de face (Ludovic, droitier) fin de préparation CD / (Rachel, gauchère) fin de préparation RV

*11) idem mais, **pour le CD, mobiliser aussi le bras gauche** en avant et à droite du corps avant le déplacement latéral.

Ne pas oublier que le bras gauche exerce aussi une influence sur le vissage du haut du corps en CD à 1 main (le problème étant automatiquement résolu à 2 mains).

*12) en contraste aux positionnements précédents, **se placer, avant l'envoi, avec des appuis en ligne, la préparation étant déjà effectuée. Retrouver**, suite au déplacement, **ce placement et cette préparation à la frappe (CD, RV).**

L'orientation complète du corps prédispose à une évaluation de la mise à distance de la balle ; des repères de fin de préparation sont pris avant le déclenchement de l'action soit visuellement par l'enfant, soit guidés par l'enseignant ; la sensation de frappe à distance du corps est, dans un 1er temps, mieux ressentie avec des appuis en ligne qu'avec des appuis de face.

Bonne orientation du corps avec une préparation du coup à 2 mains.

*13) **alterner, mixer cet apprentissage technique :** orientations du corps, préparations avec le (s) bras ***déjà effectuées avant l'envoi*** ou, au contraire, *déclenchées dès que la balle est envoyée.*

Privilégier les repères de début de geste dans l'apprentissage des techniques gestuelles dans la forme (et même dans le rythme : intérêt certes, d'une fin de préparation placée (pour de bons repères facilement contrôlés) mais ne pas casser le rythme en fixant constamment celle-ci).

Insister toujours sur une bonne attitude gestuelle préalable mais aussi sur le lien entre l'orientation des épaules et la préparation par le (s) bras ainsi que le contrôle du poignet pendant la préparation.

14) **alterner, mixer les petits et grands déplacements latéraux pour moduler le rythme des préparations** (au début, sur des balles lentes dans la distribution).

Préparation progressive pendant un long déplacement avec contrôle kinesthésique de la forme de la préparation (particulièrement du contrôle du poignet) ; préparation plus rapide sur des petits déplacements ou (et) des réceptions de balles plus rapides afin que l'élan soit assuré avant le placement à la balle.

15) **à partir d'un placement sur le côté du court, recevoir des balles toujours latérales, en succession, pour frapper ainsi plusieurs balles toujours avec le même coup jusqu'à l'autre côté du court.**

Avec cet exercice, préférer la distribution plus précise de l'enseignant au panier.

Après la frappe, l'enfant reste à l'endroit de la frappe pour mieux assurer son équilibre à la frappe (sans perturbation dû au replacement)⇒ **coup après coup** pour mieux repérer le positionnement des appuis, l'équilibre, la fin de geste après coup (y compris par un contrôle visuel). Attention à bien vérifier que la fin du coup se termine avec des appuis face à la direction du coup joué (ou avec un équilibre sur des pieds restant en ligne mais avec un retour des hanches, des épaules vers l'avant), bien que la frappe soit faite sur place.

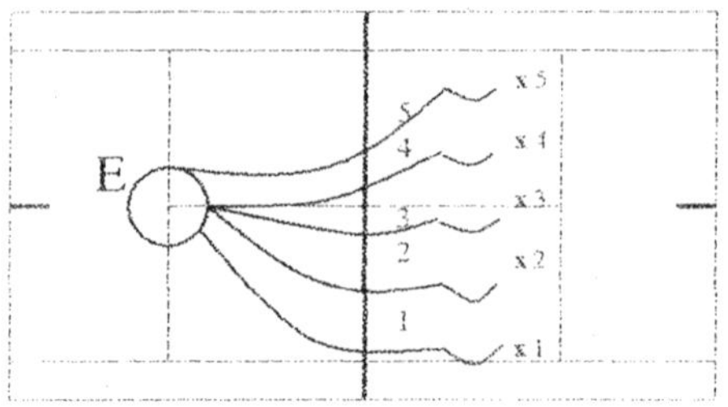

16) Idem mais **renvois seulement avec le CD de balles lentes reçues côté RV** (balles distribuées sur toute la ½ gauche du court, du centre du court jusqu'à la ligne de couloir gauche ; départ du joueur au centre du court au début de l'exercice).

17) idem mais **renvois en RV de balles lentes reçues légèrement côté CD** (balles venant de la gauche du joueur, distribuées sur toute la ½ droite du court, du centre du court jusqu'à la ligne de couloir droite ; départ du joueur au centre du court au début de l'exercice).

18) idem exercices 16), 17) mais **frappes de balles dans des directions décroisées** (donc dans la même direction que celle qui est reçue).

Pour travailler sur les mêmes repères mais à partir de situations contraignantes sensibilisant les enfants sur la nécessité de s'écarter de la balle (mise à distance) et les obligeant à une orientation du corps encore plus marquée vu la direction choisie.

Placement avec des appuis en ligne pour une frappe décroisée

19) idem exercice 18) mais **frappes de balle dans des directions croisées** (donc en « brisant » la trajectoire).

Pour travailler en plus sur des plans de frappe avancés, sur la rotation des coups et les fins de geste.

*20) idem en minimisant cette situation contraignante : **balles reçues axiales.**

Le dégagement latéral moindre mais toujours nécessaire permet d'assurer un meilleur placement équilibré alors que les situations précédentes faisaient d'abord ressentir la plus grande nécessité de s'adapter à des trajectoires inhabituelles en réagissant différemment avec son corps.

21) même distribution de balles axiales mais **alternance de coups** (CD / RV).

Toujours travailler sur la précocité de l'orientation des épaules, la préparation du (des) bras lors du déplacement ; prendre du temps pour effectuer une frappe à partir d'un placement équilibré avant d'enchaîner par un replacement.

22) même travail mais sur des balles à trajectoires latérales, plus lentes lorsqu'elles sont éloignées, plus rapides lorsqu'elles sont rapprochées, **avec alternance ou non de coups.**

Importance de l'attitude pour réagir vite, se déplacer vite vers la balle et se replacer dans la frappe.

23) distribuer, en alternance, les balles à droite, à gauche **avec une qualité de balles envoyées telles qu'elles assurent un déplacement tôt vers la balle, une frappe avec un placement équilibré et un replacement enchaîné dans la frappe.**

L'enseignant est le mieux à même de fournir cette qualité de balle juste comme il faut selon les ressources propres de chaque enfant. Il peut, de plus, moduler l'alternance soit en donnant le temps à l'enfant de frapper voire même de se replacer complètement avant de distribuer la 2ème balle, soit en accélérant le temps d'enchaînement par une 2ème balle peu après la frappe du joueur.

24) **idem mais séquence de deux à plusieurs frappes sans alternance.**

*25) quel que soit l'exercice, intervenir aussi (en dehors de la précision des coups) sur la direction des coups:

Frapper dans la même direction que la trajectoire reçue.

Frapper en « brisant » la trajectoire reçue.

⇒ Sur balle reçue en diagonale, renvoyer en diagonale ou le long de la ligne.

⇒ Sur balle reçue axiale, renvoyer axial ou croisé, décroisé.

Privilégier les frappes dans la même direction pour mieux ressentir l'équilibre à la frappe et le replacement mais briser la trajectoire possède toute sa valeur au plan tactique.

*26) associer **à la direction des frappes de fond de court en diagonale** (et plus particulièrement en CD) des **appuis ouverts** ; associer **à la direction des frappes axiales, le long de ligne ou décroisées** des **appuis en ligne.**

Favoriser les ajustements adaptés à la balle reçue et à la qualité de la frappe plutôt que de stéréotyper une seule réponse ⇒ pas seulement des appuis en ligne qui dans un 1er temps, conviennent le mieux pour bien ressentir une orientation de profil à la balle reçue et incitent, ainsi, à une mise à distance pour frapper la balle. D'autant plus que les appuis ouverts pour frapper en diagonale ne sont pas loin d'être en ligne par rapport à cette direction, font bien ressentir la poussée de la jambe extérieure et assurent une meilleure liaison frappe - replacement.

+ Dans le même espace en longueur (positionnement du joueur à la ligne de service), *mais en réception de balles plus ou moins longues (V, CD, RV)*

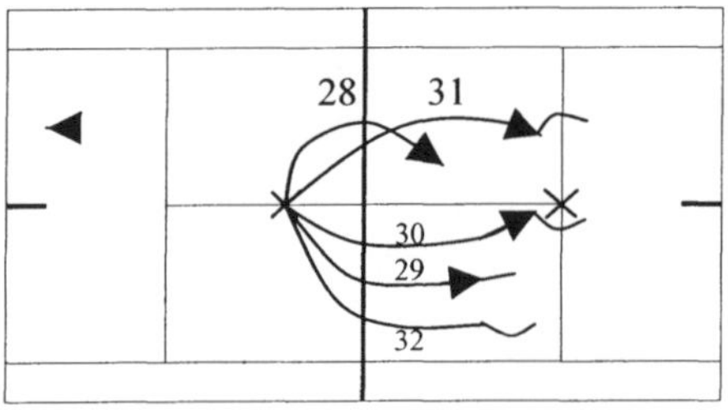

27) **Volleyer** des **balles** envoyées **courtes**, plus ou moins dans l'axe du joueur, nettement en avant de la ligne de service ⇒ **volées basses.**

Importance de l'attitude appropriée à la situation (corps, bras et raquette plus engagés vers l'avant ; plan de frappe avancé privilégié par la situation ainsi que l'engagement du corps vers l'avant, le contrôle du poignet à l'impact (frappe plus « bloquée » vu la balle basse et la préparation forcément limitée) ⇒ une situation de base pour apprendre à volleyer.

Raquette au milieu du corps, en avant/projection du corps vers l'avant avec une préparation limitée

Equilibre à la frappe ; plan de frappe avancé, poignet contrôlé

28) **Volleyer sur des balles latérales et assez courtes nécessitant** un déplacement rapide de l'enfant vers l'avant et sur le côté, **une frappe dans la foulée; un replacement latéral** (idem exercices 22 à 25).

Se concentrer sur un élément technique (exemple : le contrôle du poignet à l'impact) ou tactique particulier (exemple : la précision du coup dans les carrés de service adverse).

L'enseignant règle au panier ses envois à la fois dans la latéralité et la longueur.

29) **Frapper après rebond en CD ou RV, sur des balles axiales de plus en plus longues** mais lentes (rebond jusqu'à la ligne de service).

Se dégager tôt latéralement et en profondeur. S'orienter et préparer tôt.

30) **Idem mais sur des balles latérales et profondes** (rebond vers la ligne de service).

Se déplacer en oblique arrière et se replacer.

31) **Idem mais sur des balles latérales et courtes.**

Se déplacer en oblique avant (« couper » la trajectoire) et se replacer latéralement pour enchaîner par une volée ou vers la ligne de service pour reproduire la séquence.

+ Au milieu des carrés de service pour volleyer

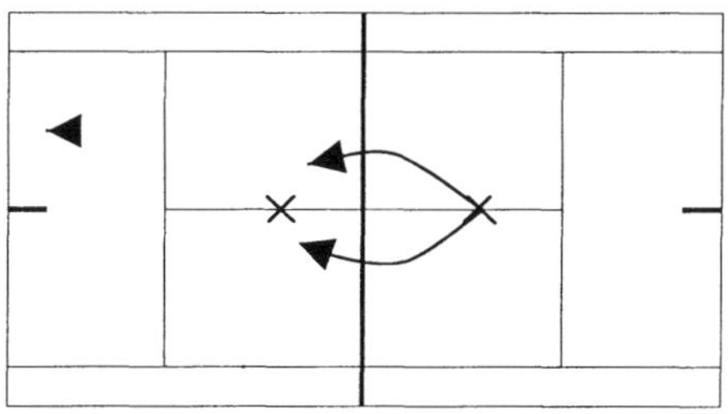

*32) **volleyer à partir d'une bonne attitude.**

33) **volleyer en réception de balles légèrement sur le côté** en restant équilibré sur des **appuis ouverts** et en présentant tôt le **tamis face à la balle** pour frapper précisément dans les carrés de service.

Bien ressentir l'équilibre pendant toute la frappe avec appui sur la jambe extérieure fléchie lors de la préparation.

Plutôt qu'une frappe, « poser » la balle dans le carré adverse permettant un contrôle du poignet à la frappe.

Appui jambe extérieure fléchie

*34) **volleyer** (positionnement au milieu des 2 carrés de service mais près du filet) *en réception de balles de plus en plus éloignées latéralement* **et se replacer.**

Privilégier l'attitude sur les jambes pour « couvrir » le filet, l'attitude sur le haut du corps (raquette au milieu) pour présenter le tamis de la raquette tôt à droite et à gauche.

En réception de trajectoires peu éloignées, assurer une bonne qualité d'appui sur la jambe extérieure pour pousser vers l'avant dans la frappe et poser la balle dans le carré de service en face puis à droite ou à gauche (direction croisée, axiale, décroisée).

Poussée sur la jambe extérieure

Projection du corps vers l'avant dans la frappe

35) **volleyer** à partir de la plupart des exercices précédents :*ex : 9 10, 11 (mais moins d'orientation des épaules et de préparation de bras) ; ex : 16 à 21 (mais en privilégiant les balles venant sur soi) ; ex : 26.

+ Dans un espace de plus en plus long (de la ligne de service jusqu'à la ligne de fond) en réception de trajectoires de balles « faciles », proches, lentes, à rebond avancé nécessitant plutôt un placement qu'un déplacement à la balle ⇒ situation favorable ⇒ frappe avec intention offensive ⇒ :

*36) **frapper long** de sa ligne de service à la ligne de fond adverse ; de sa ligne intermédiaire à la ligne intermédiaire adverse ; de sa ligne de fond à la ligne de fond adverse.

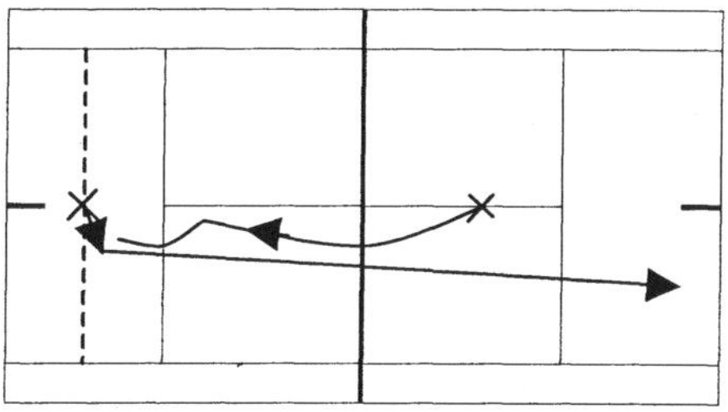

Retrouver, avec ces balles reçues sans difficulté, les techniques de frappes ressenties lors des envois longs, forts ⇒ équilibre dynamique à la frappe ; amplitude gestuelle...pour des zones de plus en plus longues dans le terrain adverse.

Répéter le même coup pour mieux se concentrer sur son exécution technique, sur le résultat de son action (balle dans le terrain adverse, précision du coup...).

Loïc dirige son corps et son geste vers la direction du coup choisi.

37) **frapper fort** dans les mêmes conditions qu'avec l'ex 36).

Etre plus attentif, dans un 1er temps, à produire une trajectoire « rasante » par rapport au filet qu'à la cible à atteindre dans le court adverse.

*38) **frapper précisément :** « fixer » le joueur adverse (jouer le coup dans la même direction que la balle reçue) ; jouer là où l'adversaire n'est pas (« briser» la trajectoire reçue), n'aime pas (zone du RV adverse, balle courte...).

*39) **frapper en enchaînant son action en direction du filet** pour volleyer sur le coup suivant, autre façon d'être offensif suite à une balle favorable

+ Dans tous ces espaces mais en réception de trajectoires de balle variées en hauteur, direction, longueur (en ne faisant varier qu'un de ces 3 paramètres dans un 1er temps) :

40) **apprécier les trajectoires plus ou moins hautes, plus ou moins courtes, plus ou moins longues, plus ou moins axiales ou éloignées du joueur** (envois par le camarade et beaucoup par l'enseignant au panier).

L'enfant subit la situation ou s'y adapte en établissant des constats : frappes basses, hautes parce que la trajectoire reçue l'y contraint mais aussi variation de son comportement pour aller plus vite sur la balle courte ou éloignée, pour se dégager plus tôt d'une balle profonde, d'une balle axiale...

41) **s'adapter aux trajectoires courtes**

En étant sollicité constamment par ce même type de trajectoire (d'abord courte avec courbe lente de trajectoire) ⇒ attitude et déplacement dynamique. Puis même trajectoire courte avec moins de courbe, d'où moins de temps pour réagir. Puis partir de plus loin ou envoi plus court...avec encore plus de stimulation pour réagir à cette balle.

Parallèlement à cet exercice, réception alternée de balle courte - balle plus longue (et même en contrastant balle courte - balle très longue) : s'accommoder du mieux possible à cette variation de trajectoire en longueur.

Puis, sans alternance : réagir le plus vite possible à toute balle courte parmi différentes longueurs de trajectoires.

42) **idem pour des trajectoires longues**

Se dégager rapidement de la balle en profondeur (mais aussi latéralement). Distinguer les balles très profondes dans les pieds du joueur et les balles courtes (travail obtenu précédemment), les balles à mi - court ne nécessitant ni un déplacement vers l'avant, ni un recul mais un ajustement pour se placer à la balle (exemple : A et B à la ligne de fond de court : sur des trajectoires courbes reçues à vitesse identique, si le rebond de la frappe de A est au milieu des carrés de service de B = balle courte = courir vers l'avant pour frapper la balle avant un 2ème rebond / s'il est vers la ligne de service de B = balle moyenne = rester près de sa ligne de fond et se placer pour frapper la balle ≈ à hauteur de taille / s'il rebondit sur la ligne de fond de B = balle longue = se dégager tôt et nettement de la ligne de fond pour frapper la balle dans des conditions équilibrées).

Nb : moduler ces repères en fonction de la qualité de balle (intermédiaire voire de compétition).

43) **idem pour des trajectoires hautes**

En étant sollicité constamment par un même type de trajectoire haute (exemple : trajectoire à 2m au-dessus du filet, rebond nettement avancé par rapport au joueur) : se déplacer, se placer pour frapper la balle dans la phase descendante de sa trajectoire après rebond.

En réagissant à différentes hauteurs de trajectoire avec le même rebond avancé et la même recherche de prise de balle. ou des prises de balle différentes.

44) **idem pour les trajectoires axiales ou éloignées sur les côtés.**

En étant sollicité constamment par un même type de trajectoire axiale (ou sur le côté droit ou gauche) / attitude et dynamisme dans le dégagement latéral (balle axiale), dans le déplacement (balle sur le côté).

En contrastant les balles axiales et sur le côté.

En mêlant différentes directions de trajectoires de balle.

45) **frapper plus ou moins tôt la balle en réception de trajectoires identiques** : de volée, après rebond, en ½ volée, au sommet du rebond, dans la phase descendante.

En contrastant nettement les prises de balle à chaque frappe, (exemple: de volée / dans la phase descendante après rebond). En les contrastant moins nettement (exemple : sommet du rebond / phase descendante du rebond).

A l'inverse, frappes au même moment de prise de balle.

L'enfant adapte son comportement au choix qu'il a fait.

46) **frapper avec des intentions variées selon que l'on se sent en situation favorable ou défavorable** (fonction d'un plus ou moins grand déplacement, d'une balle plus ou moins longue, plus ou moins haute ⇒ frappe pour placer sa balle ; pour déborder l'adversaire...

Apprendre à ressentir ce rapport de forces dès la séquence envoi – renvoi.

Adapter son jeu de jambes et son gestuel aux circonstances initiales du jeu pour développer des intentions tactiques adéquates : attaque – neutralité – défense.

+ De l'espace proche au court normal, mais en réception de balles de plus en plus difficiles :

- en associant 2 paramètres (**longueur + direction, longueur + hauteur, hauteur +direction**). Mêmes exercices mais, par exemple, réception de balles variées dans la longueur et la hauteur.

- Puis **en associant** les 3 paramètres (**longueur, direction, hauteur**).

- Puis **en associant la vitesse horizontale de balle** (la longueur ayant déjà créée de la vitesse).

47) **les mêmes exercices précédents vont placer le joueur dans un état d'urgence si la dimension vitesse est privilégiée** (que le joueur soit positionné au filet, à la ligne de service, à la ligne intermédiaire, à la ligne de fond).

Etre encore plus vigilant (attitude), plus rapide, avoir plus de réflexe, d'adaptabilité...

48) **les mêmes exercices précédents vont devenir encore plus difficiles si la qualité des renvois est exigeante** : frapper après décalage, frapper en angle, frapper fort, long, dans une zone réduite...

La plus grande variété des envois associée à la plus grande exigence des renvois fait apparaître de plus en plus de dynamisme sur les jambes, de variété du jeu de jambes à la frappe (offensif, défensif, de compensation), **d'adaptation gestuelle** (plus ou moins grandes préparations, différentes fins de geste, différents plans de frappe...), **de variété de trajectoires, de zones de frappes privilégiées**...Pour en arriver là, il faut franchir des étapes et savoir que **le paramètre vitesse est le plus difficile à maîtriser au niveau de l'appréciation des trajectoires et du contrôle lors de la frappe. Pourtant le facteur vitesse dans l'exécution des coups est à valoriser tôt pour des raisons d'apprentissage rythmique**, dans des conditions d'envoi puis de renvoi en réception de balles « faciles » **De même, il ne faut pas tarder de valoriser, au niveau des jeunes talentueux, les prises de balle tôt sur les trajectoires de balle.**.

Les étapes dans les renvois

Etape initiale	Etapes intermédiaires	Etape finale (joueur)
« toucher » la balle (balle facile : en mousse, souple) avec une petite raquette dans l'intention de la renvoyer au sol puis par-dessus le filet ; de la redonner à l'envoyeur, dans un espace proche.	Frapper la balle reçue (balle plus vive ⇒ balle intermédiaire) pour la diriger dans des zones précises d'un terrain intermédiaire, hors de portée de l'adversaire.	Renvois les plus difficiles : smash, retour de service, passing - shot, sur le court normal avec des balles de compétition.

NB : ***pour le SMASH**, la variété de renvois avec beaucoup d'exercices ci - dessus convient tout à fait à ce coup aussi (ex : *7 à *10, *12, *13, 16, 18, 19, 20, 23, 24, 25, 29, 31, 33 ainsi que toutes les adaptations à effectuer sur des lobs plus ou moins hauts, longs, axiaux ou non) mais :

♦ L'appréciation des trajectoires hautes, au - dessus de la tête est plus difficile pour l'enfant.

♦ La qualité des lobs demande une maîtrise plus importante pour l'enfant (même à la main) ⇒ rôle prépondérant de l'enseignant comme « distributeur ».

♦ Le travail service - smash est à associer au plan gestuel (complémentarité technique).

♦ Privilégier la précision du coup plutôt que la force (pour une recherche de meilleur placement et une bonne coordination).

III) Objectif: l'échange

Le débutant peut arriver à l'échange si on lui en facilite les conditions, dans un 1er temps, par des **EXERCICES – JEUX :**

*1) **donner le ballon, la balle à l'autre, de la main à la main ou** le (la) déposer au sol, sur un plot, dans un panier...pour l'autre, ou se déplacer avec la balle posée sur le tamis de la raquette pour transmettre à l'autre, ou...

Pour une communication facile et exploitée aussi à travers des **relais.**

*2) **échanger en l'air un ballon léger** (« ballon de baudruche ») flottant longtemps en l'air après chaque frappe à la main vers le haut (possibilité aussi de jeu d'échange avec soi- même).

*3) **échanger au mur avec soi–même : le ballon** (exemple : ballon paille de 26 cm de diamètre puis de 15 cm de diamètre), **la balle** (exemple : en mousse : grosse puis petite) **roulant au sol** (échange au pied ou à la main avec une raquette).

*4) **échanger entre enfants face à face, dans un espace proche, avec une balle en mousse, un ballon paille roulant au sol, avec des « passes » de hockeyeur (palette ou petite raquette de tennis).**

Communication facile au sol, vers le sol, avec une balle lente ou un ballon - paille restant plus facilement au sol (car plus lourd).

*5) **même situation mais échanger un ballon, une (grosse) balle (type Basket-ball) à partir de lancer - attraper avec les mains, sans obstacle entre les joueurs.**

Même s'il n'y a pas continuité dans l'échange, il y a un début d'échange d'autant plus facilité que la balle est plus grosse pour mieux la capter après un, des rebonds lents.

*6) **sur un court de tennis, idem mais avec un ballon - paille, une balle de tennis** (au départ balle en mousse puis souple), sur une **surface délimitée de terrain** (exemple : les carrés de service face à face), **sans filet** (mais ligne au sol de séparation des camps ou ligne avec des plots) **puis filet** (plus ou moins baissé) : attraper la balle à la main, la jouer par un lancer à la main « à la cuillère » de l'endroit où elle a été récupérée dans son camp (⇒ sans déplacement du joueur) : jeu à 1/1 avec décompte de points (fautes si balle dans le filet, hors limites, plus d'un rebond).

Jeu où l'adresse, la vivacité, la ruse… sont présents.

Variantes : toute la largeur des 2 carrés de service ; 2/2 ; lancer à 2 mains ; terrain plus long mais 3/3, lancer libre dont lancer à bras cassé…

*7) **échanger à partir de jonglages avec raquette** (au départ balle en mousse puis souple) : Jonglages avec la même balle de l'un puis l'autre dans le même espace proche / Jonglages de l'un en direction de l'autre pour laisser alors celui-ci jongler à son tour, en continuité, avec cette balle libérée / Jonglages de A pour lui-même, sur place, puis frappe plus bombée pour B à faible distance (puis dans un espace plus long) qui contrôle par un (des) jonglage (s) avant de faire une frappe bombée vers A.

*8) **échanger avec raquette et volant de badminton** (sans filet).

Echange plus facile à effectuer qu'au tennis.

Toutes ces situations sont des occasions de communiquer entre enfants sans apprentissage tennistique réel.

L'enfant s'étant familiarisé avec le tennis par des envois et des renvois, l'échange tennistique prendra de plus en plus de valeur :

*9) **échanger contre un mur, avec soi-même, par des envois - renvois doux**, à une courte distance du mur (3 - 4 m), avec une balle en mousse, une balle souple.

*10) **idem mais échanger avec un camarade contre un mur** par des frappes douces alternées entre eux.

*11) **échanger avec l'enseignant** dans les carrés de service face à face puis sur le ½ terrain intermédiaire mais aussi sur (presque) toute la largeur des 2 carrés de service (balle en mousse, balle souple ; sans filet puis filet plus ou moins baissé).

Echange grandement facilité vu que la balle est donnée « comme il faut » pour que l'enfant réussisse ⇒ participation active de l'enseignant comme joueur lors de certaines épreuves des tests de balle.

Progression dans l'échange (au fur et à mesure des progrès de l'enfant) par la qualité de balle de l'enseignant, l'augmentation du court dans la largeur, dans la longueur, le choix d'une balle plus vive, la hauteur du filet ...

*12) **échanger de la même façon (régularité des « passes ») entre enfants en coopération**, en parallèle aux échanges effectués avec l'enseignant.

Bien souligner l'importance de la qualité de l'engagement, du 1er renvoi pour envisager un échange avec des conseils aussi simples que : être concentré pour être prêt, engager dans une zone de rebond favorable à l'échange, viser une zone de jeu centrale pour assurer plus facilement la continuité de l'échange... ⇒ coopération entre enfants.

Décompte du plus grand nombre de passes entre 2 enfants ; comparaison des meilleurs scores avec les autres paires de joueurs.

Surfaces de jeu de plus en plus grandes, balles de plus en plus vives.

*13) **échanger véritablement entre enfants pour construire le point et aboutir, au moment le plus favorable, à la rupture avec l'adversaire ⇒ opposition.**

Cela nécessite une plus grande expérience : discernement plus rapide des trajectoires, meilleur contrôle des coups, rôles tactiques plus diversifiés ...

Surfaces de jeu de plus en plus grandes, balles de plus en plus vives pour aboutir au jeu réel à 1/ 1.

*14) **échanger avec son partenaire dans le jeu en double pour s'opposer aux adversaires.**

En conclusion, même si l'échange tennistique est « injouable » pour le débutant, beaucoup d'échanges sont possibles pourvu qu'on en aménage les conditions (au pied, à la main, avec ballons, balles, avec ou sans obstacle, avec des engins pour transmettre (crosse de hockey, palette, raquette...) ou des mains pour lancer - attraper - lancer... Or l'enfant est à la fois égocentrique et désireux de communiquer avec des copains : il faut l'aider à cette communication, ce partage, quitte à passer par des voies moins tennistiques (exemple : jouer au pied avec un gros ballon mousse est un jeu « d'enfant » ! en comparaison avec un échange raquette - balle de tennis - raquette).

Les étapes dans l'échange

Etape initiale	Etapes intermédiaires	Etape finale
Jouer à la main avec un autre enfant, avec une grosse balle, sur un petit terrain, sans obstacle. Echanger au sol avec raquette-balle.	Gagner le point en étant plus régulier, plus précis que son adversaire sur différents terrains (petit, large, long, intermédiaire) avec balle souple, balle intermédiaire ; respect des principales règles et scores divers de tennis.	Gagner des matches en construisant au mieux ses points pour battre ses adversaires dans le respect des règles officielles du tennis.

Le joueur par la qualité de ses envois, renvois (engagements – retours), de ses échanges dans différents espaces de jeu se rend ainsi de plus en plus maître du terrain de tennis :

IV) Objectif : maitrise du terrain

a) Maîtrise de son propre terrain

♦ ****L'enfant débutant apprend d'abord à « connaître » son terrain*** **à travers ses différents positionnements** dans la longueur et la largeur (voir jeux près, loin, large). Cette connaissance s'affirme autant à l'envoi qu'en renvoi :

⊗ **En envoi**

•Voir les jeux individuels en Mini – tennis (lancers de balle, se donner la balle sans se déplacer – frapper, à partir de différents endroits de son terrain ; se lancer la balle – courir – frapper (ou courir – se lancer la balle – frapper) dans des espaces de son terrain). Ces actions individuelles sont à privilégier car l'enfant aime « se faire jouer ». Elles lui permettent de connaître différentes limites et espaces de son terrain dans l'action, tout en appréciant de plus en plus les trajectoires qu'il produit. Il apprécie mieux les trajectoires qui sortent de son corps, au moment où il le décide, que celles venant d'ailleurs (avec une facilité supérieure par des lancers à la main par rapport à des envois avec une raquette).

• Voir les exercices de lancers et d'envois avec raquette en Initiation (au chapitre choix d'objectifs et exercices). ⇒ L'enfant apprend à se situer dans son terrain en engageant à différents endroits tant dans la longueur que la largeur de son court.

⊗ **En renvoi**

• Voir les jeux en coopération, en opposition en Mini – tennis.

• Voir les exercices de renvois en Initiation (au chapitre choix d'objectifs et exercices).

Par des positionnements variés, l'enfant découvre plusieurs sortes de terrain : petit, moyen, grand et s'y reconnaît en agissant, en produisant des trajectoires de balle à partir de ces placements, en envoi comme en renvoi.

Dans ces espaces différents, il voit circuler diverses trajectoires : dans sa direction lorsqu'il se situe dans son carré de service, dans des directions variées quand il se mobilise par rapport aux 2 carrés de service, avec des longueurs variées quand il passe au ½ terrain intermédiaire et au ½ terrain normal, avec des longueurs, directions, hauteurs différentes sur un terrain normal. *Le paramètre vitesse des balles reçues est introduit nécessairement lorsque les dimensions de terrain augmentent* car les frappes sont forcément plus rythmées pour jouer plus loin, latéralement et en profondeur. *Mais la vitesse reste atténuée, au début de l'enseignement, par la qualité du matériel (petite raquette + balles peu rapides= souple, intermédiaire). Cependant la rapidité (relative) des trajectoires peut aussi se justifier* pour mettre l'enfant dans des conditions d'urgence et le solliciter au plan des attitudes, de la vitesse de déplacement à la balle, des réflexes ⇒ *favorable pour la prise d'information rapide, pour l'enchaînement d'actions mais pas pour l'exécution du coup proprement dit.*

Ces *espaces seront non seulement reconnus à travers leur géométrie particulière mais aussi pour les comportements qu'ils génèrent* (exemple : les enfants ne ressentent pas la même nécessité d'une attitude pré - dynamique dans un petit terrain et un grand terrain...).*Dans chaque espace, l'enfant ressent la nécessité de défendre son terrain ou de profiter, au contraire, de son terrain pour prendre des initiatives.*

Pour cela, il ne suffit pas de jouer des coups pour des coups. Même s'il est normal de consacrer, à certains moments, toute l'attention de l'enfant sur la qualité du coup lors d'envois, de renvois quitte à l'isoler complètement (exemple : le service), *il faut aussi savoir le restituer dans un enchaînement d'actions. La qualité des replacements du joueur prend alors toute sa valeur et lui permet une « couverture » du terrain tant en largeur qu'en profondeur pour la maîtrise de son terrain, en défense comme en attaque.*

♦ ***L'enfant apprend à défendre son terrain par ses replacements***

Ils sont mieux ressentis d'abord latéralement puis plus tard en profondeur. *La distribution au panier par l'enseignant est préférable pour réaliser des enchaînements définis d'actions.* Cependant, entre enfants, il est tout à fait possible de leur faire entrevoir des replacements dans des conditions simples d'enchaînement d'actions voire de jeu selon leurs capacités : Exemples: 1/1 sur le terrain intermédiaire avec thème de jeu : jouer là où l'autre n'est pas. Engagement de A d'un coin du fond de court, B au centre du court ⇒ nécessité de revenir vers le milieu du court pour jouer (pour A, dès l'engagement et pour B s'il est déplacé latéralement).

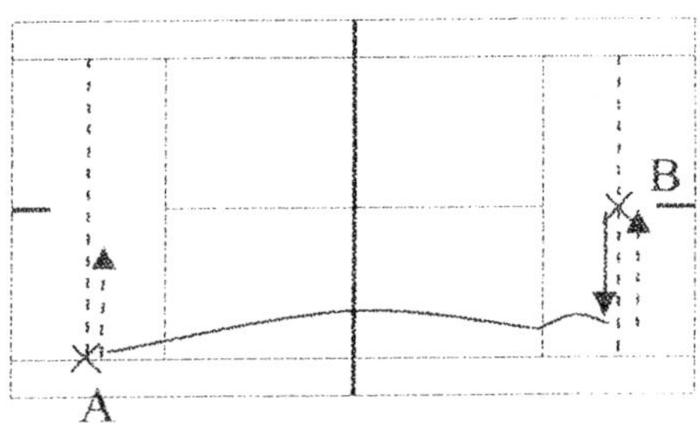

Exercices *au panier* pour les replacements

Replacement latéral

1)* l'enseignant distribue 2 balles en succession : la 1ère avec une trajectoire à droite, la 2ème à gauche (ou inversement). La 2ème balle est envoyée dès que l'enfant touche, tente de toucher la 1ère. Commencer par de grands déplacements latéraux.

Meilleure façon de comprendre la nécessité d'enchaîner les coups en augmentant l'espace et en diminuant le temps entre les 2 envois (le replacement est perçu au départ de l'apprentissage comme un 2ème déplacement effectué en pas courus).

Si les trajectoires de balles sont très latérales, assurer évidemment une trajectoire courbe pour laisser des chances à l'enfant de réussir (toucher, frapper, passer le filet...)

2)* **idem mais sur des distances latérales moins importantes, en redonnant du temps à l'enfant** (2ème balle envoyée un peu après la frappe de l'enfant).

Demander à l'enfant de regarder en direction de l'enseignant dès qu'il a frappé la balle pour voir quand et où celui-ci envoie la 2ème balle.

Meilleure situation de réussite quant à la qualité des frappes (moins de précipitation, plus d'équilibre dans les déplacements et frappes, replacement plus logique face à la situation entraînant plutôt des pas chassés voire une ébauche de reprise d'appuis au 2ème envoi.

3)* **idem mais sur un enchaînement de 4 trajectoires de balles droite – gauche.**

Amplification de l'action et du rythme de l'enchaînement.

4)* **2 balles en succession latéralement mais la 2ème est envoyée à nouveau du même côté (contre - pied)** (sans que l'enfant en soit prévenu).

Attendre le retour de l'enfant vers l'intérieur du court pour l'envoi de la 2ème balle ; freinage dans le replacement vu l'incertitude du 2ème envoi ; trajectoires de balle plus ou moins éloignées latéralement.

Possibilité supérieure et naturelle de vraies reprises d'appuis.

5)* **idem mais incertitude quant au contre - pied** (D - G ou D – D ou G - G) ; enchaînement de 2 ou 4 balles.

6)* **idem mais variation du moment du 2ème envoi** (de peu à beaucoup de temps après le replacement).

Comprendre qu'il y a un milieu de replacement, un replacement maximum qui permet de partir aussi bien à D qu'à G si on en a le temps. S'il on a le temps d'être à ce milieu, maintenir une attente active pour mieux réagir à la balle suivante.

7)* **exercice** 6) **transformée de plus en plus en une véritable situation de jeu de défense de son terrain** autant en fond de court (après un rebond) qu'au filet pour volleyer ⇒ *couvrir son terrain.*

Provoquer ce dynamisme maximum dès le début de l'action par l'envoi d'une trajectoire de balle difficile pour un déplacement latéral important et nécessitant une attente active.

Favoriser cette attente active par des sursauts simultanés sur les avant - pieds similaires à la reprise d'appuis et donc transférables, au moment de l'envoi, à cette reprise effective d'appuis.

8)* **même situation mais créée par l'enfant** devenu capable d'envoyer les balles plus habilement et de défier l'adversaire en rusant avec lui.

9)* **idem mais, seulement après la 2ème balle envoyée, les 2 enfants (ou l'enseignant et l'enfant) jouent le point librement.**

Replacement en profondeur

Ressenti plus tardivement dans l'Initiation : au début, l'enfant a beaucoup plus de mal à juger les trajectoires de balles profondes ⇒ il ne s'en dégage pas et n'a donc pas l'occasion de se replacer ensuite vers l'avant ; de même sur les trajectoires de balles à rebond avancé dans son terrain, il les identifie mal et, quand il le fait, il se précipite sur le rebond et reste à l'endroit de sa frappe ou, au mieux, se replace latéralement ⇒ pas de replacement vers l'arrière et encore moins vers l'avant.

Ce comportement a au moins un côté positif pour le futur : frapper la balle en avançant !

A partir de la ligne de fond

10)* **succession de 2, 3, 4 trajectoires de balles distribuées par l'enseignant de plus en plus courtes pour que l'enfant enchaîne ses actions et entrevoit ainsi une sorte de replacement** (en fait un déplacement) **vers l'avant** (idem à l'appréciation initiale du replacement latéral lors de l'exercice 1).

Bien rythmer la succession de trajectoires de balles courtes pour que l'enfant ressente l'enchaînement de ses actions, reste en mouvement vers l'avant, en capacité permanente d'intervention sur la balle. « L'attirer vers le filet ».

11)* **idem mais, sur le dernier envoi, l'enfant est près du filet pour volleyer.**

12) **idem mais après la volée de l'enfant, lob de l'enseignant pour le faire courir vers l'arrière afin de toucher, frapper la balle.**

Cette succession des balles place de plus en plus l'enfant dans un « futur » après sa frappe (il ne reste pas « spectateur » de sa frappe) préfigurant un réel replacement.

13) **succession rapide de 2 trajectoires de balles (une courte puis encore plus courte pour volleyer sur la 2ème).**

14) **idem mais retarder le 2ème envoi.**

Pour laisser à l'enfant la possibilité de se rapprocher du filet (se replacer) vu la certitude de la 2ème balle très courte.

15) **idem** 13) **mais trajectoire de balle courte puis lob.**

A partir de la ligne de service

16) **distribution d'une trajectoire de balle courte, pour faire volleyer en avançant, suivie rapidement d'un lob.**

Toujours pour des enchaînements d'actions.

17) **idem mais retarder le lob.**

Début du replacement vers l'arrière envisagé par l'enfant vu la certitude du lob.

18) **distribution d'un lob suivi d'un envoi court pour faire volleyer l'enfant.**

Début du replacement vers l'avant envisagé par l'enfant vu la certitude de l'action.

19) **idem** 14) **mais dans le (début du) replacement vers l'avant, lob.**

Freinage, reprise d'appuis pour réagir au contre - pied.

20) **trajectoire de balle courte pour volleyer, puis lob permettant d'exécuter un smash, puis balle courte pour volleyer.**

Laisser plus ou moins de temps pour anticiper sur les actions futures déterminées.

A partir de la ligne de fond

21)* **distribution d'une trajectoire de balle longue suivie d'une courte.**

Se dégager de la ligne et y revenir vu l'enchaînement certain de l'action vers l'avant.

22)* **idem, mais en laissant le temps à l'enfant de revenir vers la ligne de fond comme prévu (pour jouer sur une trajectoire de balle courte), envoyer à nouveau une trajectoire de balle longue.**

Freinage, reprise d'appuis facilitée, compréhension (sommaire) par l'enfant que le replacement vers l'avant ne va pas au - delà de la ligne de fond vu que la balle longue peut rebondir à cette limite.

23)* **trajectoire de balle mi - longue à D ou à G suivie d'une trajectoire de balle longue**. Dans un 1er temps, succession assez rapide des 2 envois pour enchaîner les 2 frappes. Puis laisser du temps entre les 2 balles afin que l'enfant puisse réellement s'engager dans sa frappe avant de se replacer vers la ligne de fond tout en contrôlant visuellement son terrain et la situation à venir.

Bonne situation pour travailler sur la dynamique du 1er coup vers l'avant et du replacement en oblique arrière avec des pas chassés (au lieu d'une frappe avec recul immédiat en marche arrière).

24)* **trajectoire de balle courte dans l'axe du joueur ou un peu à D, à G suivie d'une trajectoire de balle très courte pour faire volleyer.**

Bonne situation pour faire comprendre à l'enfant que lorsqu'on s'engage nettement dans le court, il faut poursuivre vers le filet ; faire se succéder plus ou moins rapidement les 2 envois pour ressentir soit l'enchaînement des actions, soit la qualité de la 1ère frappe suivie d'un réel replacement vers l'avant ; lorsque le replacement vers le filet est acquis, la 2ème balle envoyée peut être plus tendue.

25) **idem mais trajectoire de balle courte croisée** (exemple : à D) **suivie d'une trajectoire de balle axiale voire de l'autre côté** (exemple : à G) **pour volleyer.**

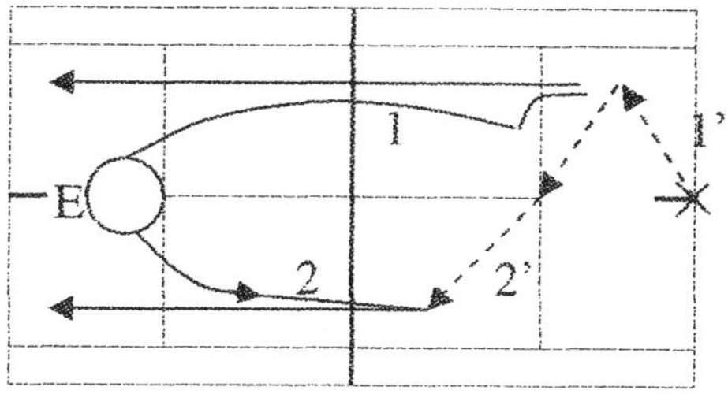

Mêmes objectifs qu'avec l'exercice 24) mais avec un replacement latéral et en avant.

26) **trajectoire de balle longue et latérale (avec déplacement de l'enfant en oblique arrière) suivie d'une trajectoire de balle axiale - courte voire d'une balle croisée - courte dans l'autre direction.**

Exploitation maximale du replacement latéral et longitudinal.

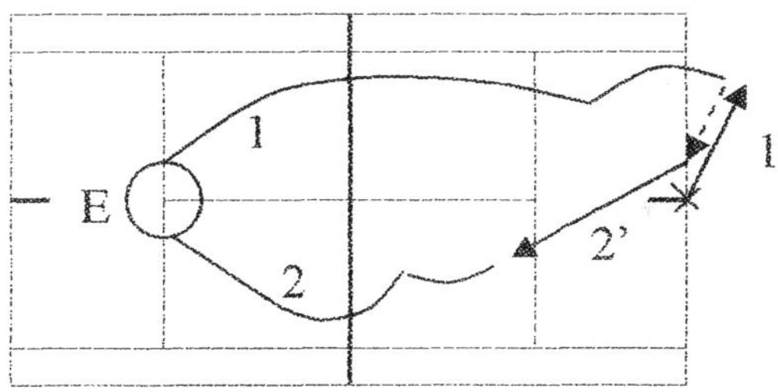

27) **trajectoire de balle courte - croisée suivie d'un lob dans l'autre diagonale.**

Même objectif qu'avec l'exercice 26). Ces 2 exercices sont d'initiation si...du temps est laissé entre les 2 envois et si le lob, dans la direction opposée, est juste ce qu'il faut pour permettre la frappe de l'enfant (en smash ou, plus vraisemblablement, après rebond).

Plus on privilégie l'enchaînement de frappes dans des espaces différents de terrain, plus on fait ressentir à l'enfant la nécessité de se replacer. Pour cette raison, lorsque le joueur a l'intention de jouer là où l'autre n'est pas, c'est *une tactique simple idéale pour favoriser les replacements de l'adversaire* (ainsi que les siens car le jeu s'«ouvre» automatiquement avec des angles plus prononcés).

C'est en connaissant mieux son terrain, en le défendant d'abord que l'enfant s'organise suffisamment bien et tôt, se situe mieux sur le court pour chercher à exploiter de plus en plus le jeu par la recherche de la maîtrise du terrain adverse.

b) Maîtrise du terrain adverse

La maîtrise du terrain adverse par le joueur est liée à plusieurs facteurs :

• ***La maîtrise de son terrain*** (même au service, de très bons joueurs maîtrisent mieux ce coup dans la diagonale des avantages plutôt que dans celle des égalités (par exemple) ; en retour comme pour les coups de fond de court, on peut jouer de préférence ses coups plus ou moins en retrait de la ligne de fond ; à la volée, on peut être à l'aise en « collant » plus ou moins le filet...); plus on frappe les balles dans son terrain en se rapprochant du filet, en prenant les balles à des impacts hauts dans la trajectoire, plus on domine le terrain adverse (par exemple avec une volée haute très près du filet, on peut atteindre (presque) toute la surface adverse).

• ***La qualité technique de ses coups.*** *Cela même dès le 1er coup de l'un ou l'autre joueur (le service ou le retour),* au bénéfice de la meilleure qualité de trajectoire de balle dans la direction, longueur, hauteur, vitesse, effets.

• ***La qualité tactique de ses coups.*** Il ne s'agit pas seulement d'être sûr de son coup mais de savoir décider du choix du coup en fonction des qualités de l'adversaire. Le seul impact des balles dans le camp adverse ne suffit pas, c'est la déstabilisation de l'adversaire dans son propre espace de jeu qui doit être envisagée pour le faire sortir de son court ou, inversement, pour le mettre en difficulté dans son aire de jeu.

**Il est évident que la maîtrise du terrain adverse par le débutant sera obtenue d'abord dans des situations simples* pour exécuter les frappes :

⊗ ***en envoi*** (en général plus faciles avec le CD que la Vcd, le S ou le RV) :

– *A de petites distances de jeu avec des obstacles limités* (exemple : envoi dans le carré de service adverse, de sa propre ligne de service, filet abaissé).

– *Par des frappes douces* assurant mieux l'équilibre dans la frappe et une précision du coup dans la zone adverse.

– *Avec un matériel adapté* (petite raquette, balle en mousse ou souple).

Elle sera de plus en plus assurée dans ces espaces réduits ***grâce à la progression technique des coups.*** *Or celle-ci dépend aussi des envois longs, forts* (placement à côté de la balle, grand geste) vu les intentions de frappe (mais avec une grande tolérance pour la réussite des coups dans une zone adverse éloignée). ⇒*La variation de ces envois doux (pour des raisons de précision) et longs, forts (plus pour des objectifs techniques) s'associent dans le temps d'apprentissage* ⇒ envois avec des techniques justes que ce soit pour des frappes précises dans des espaces proches (zones réduites) ou dans des espaces lointains (zones plus larges).

Autant les coups de fond de court bénéficient au maximum de ces variations dans la longueur et la vitesse, autant *il faut être plus nuancé pour le S* : les services longs, forts restent intéressants au plan de l'apprentissage gestuel (élan + appuis en ligne), mais les déséquilibres dès le lancer et dans la frappe perturbent le coup. Il convient, pour le S, d'allonger progressivement la distance en maintenant la précision, y compris pour assurer une prise spécifique à l'impact.

⊗ ***en renvoi** (maîtrise plus difficile à obtenir) :*

• *Par la prise d'information de la trajectoire adverse* (autant pour la volée (lecture plus courte du trajet de balle réduit à la 1ère trajectoire) que pour les coups après rebond (prédiction souvent erronée du rebond et nouvelle trajectoire après rebond à apprécier)).

• *Par le choix de la décision du coup (fonction de l'adversaire) ainsi que son exécution (placement et technique gestuelle)* à assurer dans un temps limité.

Il est évident qu'il faut à nouveau ***simplifier les conditions d'exécution des renvois si l'on veut obtenir, dès le début de l'apprentissage, une réussite dans le terrain adverse :***

• *Par l'envoi d'une trajectoire de balle facile* lente, dans un espace proche, avec rebond avancé, pour le coup au départ le plus contrôlé (en général le CD mais aussi la Vcd), avec une raquette et des balles adaptées.

• *Par une frappe douce, prédéterminée (⇒ pas de problème de décision) vers un espace proche* (exemple : le carré de service adverse).

• *Avec la seule séquence envoi - renvoi, en répétant plusieurs fois la même séquence.*

Parallèlement à cette recherche contrôlée d'une zone adverse, ***il faut aussi travailler sur l'appréciation des trajectoires de balle*** (celles qui sont les plus facilement discernables mais progressivement aussi celles où l'on associe 2 puis 3 paramètres : la direction, la hauteur, la longueur). Cette appréciation est liée au travail sur l'attitude pré - dynamique et facilite un déplacement rapide indispensable à l'évolution en qualité du placement sur les renvois. Dans ce cas, on ne peut être exigeant sur le contrôle du terrain adverse : tous les objectifs ne peuvent être atteints en même temps.

De façon concomitante, il faut ***associer l'évolution technique obtenue lors des envois dans des conditions aisées*** (principalement grâce au temps à disposition de l'enfant pour engager)***, aux renvois sur des trajectoires de balles faciles.*** L'enfant est ainsi dans une situation proche de celle des envois en réduisant le problème d'appréciation de la trajectoire, en se donnant le temps pour s'organiser par rapport à la balle et exécuter son coup en équilibre.

La progression en qualité des renvois se fera alors par :

• *La difficulté supérieure des trajectoires reçues* (selon un ordre croissant : voir § lecture des trajectoires reçues) pour continuer à préserver la valeur technique du coup dans des conditions de plus en plus proches de la réalité du jeu). Ce qui entraîne une plus grande maîtrise de son terrain dans des espaces plus grands et dans des temps plus courts.

• *La qualité supérieure des renvois techniquement et tactiquement* pour des espaces de jeu se rapprochant de plus en plus du court normal adverse, avec des frappes conciliant de plus en plus précision et puissance et tenant compte du rapport de forces avec l'adversaire (vu la qualité de la balle reçue, de ses forces et faiblesses et de celles de l'adversaire).

Enfin, il faut savoir trouver un équilibre entre le jeu (où la motivation, le plaisir, la liberté d'agir, la prise en compte globale de la réalité du jeu sont préservés) *et la recherche, avec application, d'exécution d'actions spécifiques dans des conditions plus « fermées »* où l'incertitude est plus ou moins atténuée : envois ; séquences d'envoi - renvoi, séries de coups toujours alternées à D, à G...

Ce dosage entre l'expression libre de l'enfant *(d'autant plus s'il a des facilités)* et le travail méthodique pour améliorer le jeu tient à la valeur de l'enseignant.

Toute cette panoplie d'exercices, sériés par action générale *(engagement (envoi), retour (renvoi), échange (en continuité, en rupture) enrichit le répertoire de l'enseignant par un contenu de savoir - faire qu'il s'agit de bien exploiter pédagogiquement : l'enseignant doit apporter l'exercice qu'il faut, au moment où il le faut dans le respect de la logique du jeu.*

La façon de fonctionner pédagogiquement qui « colle » le mieux aux besoins des joueurs correspond *à des objectifs de séance ciblés au plan technique ou tactique au fur et à mesure de l'évolution du joueur* ⇒ des thèmes de jeu et de travail technique :

– ***Tactiquement***, il est facile de mettre en place des thèmes de jeu lors de l'apprentissage (voir le chapitre **Le Jeu**). Par exemple :

- En utilisant des intentions de jeu simples (être régulier, jouer là où l'autre n'est pas, n'aime pas).
- En exploitant le terrain de tennis dans toutes ses dimensions (plus ou moins grand terrain dans la longueur, la largeur pour les 2 joueurs ensemble ou avec un terrain différent pour chaque joueur).
- En positionnant les joueurs à différents endroits du court (dans les coins, au centre, au filet, au fond, au milieu du court, ensemble ou séparément).
- En supprimant le filet, en l'abaissant, en l'augmentant.
- En modifiant la qualité des balles (souples, intermédiaires, de compétition).
- En donnant des jeux de rôle aux joueurs dès l'engagement, le retour, dans l'échange : placer les frappes dans une certaine direction, fixer, déborder l'adversaire, suivre les actions au filet...

Techniquement, il est souvent judicieux d'exploiter un thème de travail majeur pendant plusieurs séances (mise à distance, plan de frappe avancé...) à partir du choix d'objectifs envisagés par l'enseignant professionnel ⇒

V) Fiches pédagogiques pour l'apprentissage des techniques

Objectif : *Disponibilité*

être prêt à réagir aux situations qui se présentent, être capable d'organiser sa conduite en fonction d'un projet immédiat ou lointain

Moyens :

Situations

Pour donner à l'enfant des possibilités de réaction à des situations, c'est d'abord créer ces situations. Celles - ci sont objectivées au tennis par les trajectoires de balle fournies par le joueur, l'adversaire dans le respect des règles du jeu proposé. Comment créer, dès le début de l'apprentissage, ces situations pour l'enfant ?

• ***Situations que l'enfant se crée lui-même*** : il s'envoie des balles, court et frappe ses balles : il joue pour lui et se rend disponible pour des tâches plus ou moins précises (frappes à un certain endroit du court, après *x* rebonds...) ⇒ voir exercices Mini - tennis.

• ***Situations créées par l'enseignant*** pour l'enfant par une distribution de trajectoires de balle significatives d'actions pour le jeune élève.

Ces deux solutions sont séparées tant que l'enfant ne peut créer lui-même des situations pour un camarade (envoyer des balles à l'autre avec un minimum de contrôle (à la main ou avec une raquette)). Toutes ces solutions (enfant qui crée pour lui-même; enseignant qui crée pour l'enfant; enfant pour l'autre enfant) sont alors reprises dans des proportions variables en fonction des nécessités de l'apprentissage.

L'enfant est d'autant plus acteur qu'il aime s'engager dans les situations auxquelles il est mêlé en y trouvant de la réussite ou ... des obstacles :

. Réussite ⇒ plaisir éprouvé ⇒ à renouveler.

. Obstacle ⇒ envie de dépasser ses limites, goût de l'effort.

Le passage de l'un à l'autre peut être subtil (une balle plus vite envoyée, un conseil donné, une durée de l'action plus longue, une cible plus précise, un adversaire différent...).

Il est véritablement acteur quand il porte de l'intérêt à l'action, lorsqu'il perçoit bien la situation (suffisamment simple et large pour qu'il réalise des actions), *et qu'il a un projet d'action* (forcément simple et immédiat plus l'enfant est débutant : atteindre la balle – jouer la balle dans une zone définie – jouer sur tel coup adverse).

La disponibilité de l'enfant s'obtient par *:*

• **La variété des actions** : les enfants trouvent le plus de disponibilité par des actions diverses dans lesquelles ils s'impliquent et qui donnent des résultats (réussite

- échec). Variété d'actions dès le mini - tennis et à toutes les étapes de l'enseignement (voir partie pratique) jusqu'à l'entraînement.

• **L'urgence des actions** : même s'il faut relativiser le facteur temps, l'enfant apprend à se rendre plus présent aux situations proposées si on le « bouscule » à certains moments, si on lui laisse un tout petit peu moins de temps que d'habitude (balles à droite, à gauche ; balles longues, courtes...). C'est une façon de le mettre en éveil, de l'empêcher de rester dans son confort habituel à partir duquel il « ronronne » et ne fait plus les efforts pour réagir vite et s'adapter au mieux à des situations plus urgentes.

• **La certitude, l'incertitude des actions** :

– *Avec la certitude,* c'est la possibilité pour l'enfant d'avoir un projet et d'essayer de l'appliquer, que ce soit dans des conditions d'engagement (j'envoie la balle dans telle zone, avec tel coup), de relance (recevant la balle sur mon CD, j'essaie de diriger ma frappe sur le coup faible de l'adversaire), d'échange (échange en diagonale, par exemple). Avec un projet, l'enfant est attentif, disponible pour son action, pouvant ainsi se consacrer à ses moyens pour exécuter la tâche (appréciation des trajectoires, qualité du déplacement, du placement, du coup).

– *Avec l'incertitude,* c'est une mobilisation plus intense de l'attention et du corps pour s'adapter à des circonstances imprévues. Pour le débutant, c'est une incertitude relative (une incertitude totale le laisserait dépourvu de réaction et le démobiliserait) : « ou bien, ou bien » ⇒ je reçois la balle sur mon RV ou mon CD, j'aurai à frapper une balle courte ou longue... Cela lui permet de se concentrer, de se préparer pour une option dont il connaît les caractéristiques : il n'est pas complètement dans l'imprévu. L'incertitude devient de plus en plus grande à partir du moment où l'on dépasse cette alternative en faisant intervenir de plus en plus de paramètres (balle à droite ou à gauche et longue ou courte, forte ou douce...). C'est le jeu, le match, la compétition qui entraîne son lot le plus total d'incertitudes en confrontant le joueur à des adversaires différents. Mais c'est aussi le cas pour le débutant qui, dans des tentatives d'échange avec un autre enfant attend avec la plus grande incertitude car les balles n'arrivent pas souvent. C'est aussi la désillusion de celui qui croit qu'il joue bien (parce qu'il prend des leçons avec un professeur très complaisant qui distribue des balles idéales) et qui est désarmé face à un joueur à priori moins fort mais posant des problèmes par un jeu varié ou « tordu »!

Le réglage de comportements techniques (exemple : amélioration d'une préparation de RV), d'une maîtrise du terrain adverse (exemple : jeu dans une zone précise)... nécessite certitude et répétition des actions. Mais il faut également brouiller ce bel ordonnancement en revenant progressivement à l'incertitude des actions (exemple : envoi systématique par l'enseignant d'une balle sur le RV du joueur (pour qu'il travaille précisément ce coup) puis 2ème balle jouée « ailleurs ») pour aller finalement à une totale incertitude : le jeu (au cours duquel l'enseignant observe si le travail entrepris méthodiquement se greffe ou non).

• **L'enchaînement des actions** : c'est une résultante de la variété, l'urgence, la certitude et incertitude des actions:

Exemples : variété : je tente service – volée / urgence : je suis déplacé très latéralement pour jouer en CD et je me replace très rapidement pour contrer la balle suivante, vraisemblablement à l'opposé du court sur mon RV / certitude : je suis certain de la valeur de mon coup qui va faire mal à l'adversaire, donc je monte à la volée / incertitude : j'ai retourné court, je risque donc d'être attaqué et je me replace en conséquence.

Dés l'approche du tennis, il est important que l'enfant trouve cette disponibilité par :

– L'enchaînement d'actions générales qu'il se crée (exemple au Mini – tennis : lancer – courir – frapper ; en initiation : CD ou S suivi par une montée à la volée).

– L'enchaînement d'actions créées par l'adversaire ou l'enseignant (exemple en Initiation : jeu large avec une distribution successive de balles par l'éducateur sur tout le terrain).

La disponibilité du joueur est essentiellement conditionnée par les situations auxquelles il est confronté. En tennis, les situations sont objectivées par des trajectoires de balle : il n'est donc pas étonnant de porter beaucoup d'attention à l'appréciation des trajectoires de balle dans l'apprentissage ⇒ importance à la fois de l'attitude du joueur en attente des balles adverses et de cette appréciation des trajectoires. De plus des moyens techniques et physiques tant au niveau du jeu de jambes que des bras aident à une meilleure adaptabilité aux situations et à une meilleure coordination des mouvements ⇒ fiches ci-après.

Objectif : Attitude (Reprise d'appuis *(attitude sur les jambes)* et *attente sur le haut du corps)* **au moment de la frappe adverse**.

Moyens :

Situations

- **Jeux de volée**

a) enfant positionné devant le grillage du court, en interception (avec la (les) main (s) ou la raquette) de ballons, balles envoyés par un camarade en direction du grillage (type gardien de but).

b) enfant positionné à la ligne de service, en réception de balles nettement en avant de lui (plus ou moins au milieu du carré de service, si rebond) ⇒ situation incitant à un dynamisme préalable sur les jambes pour aller volleyer la balle très en avant ; raquette en avant pour gagner cette balle devant.

c) enfant positionné près du filet, en réception de balles à droite, à gauche ⇒ couverture du filet nécessitant un dynamisme sur les jambes et une raquette « au milieu » du corps, vu l'incertitude des balles à droite ou à gauche.

Volées dirigées dans le (s) carré (s) de service.

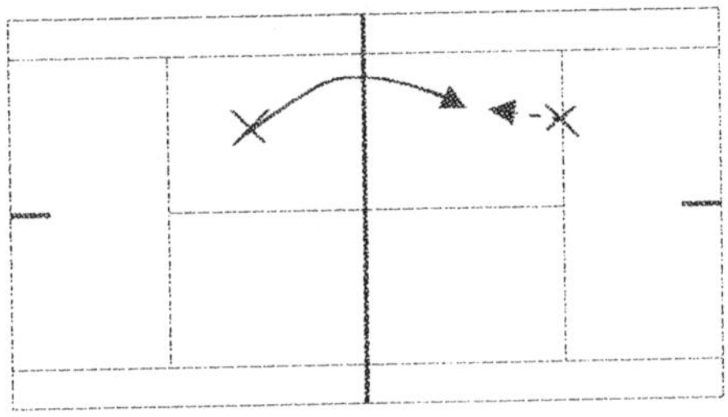

b)

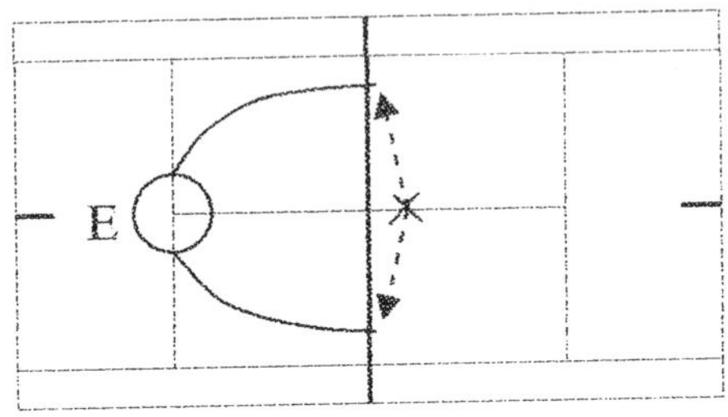

c)

• Jeux de fond de court

a) l'enfant frappe (essaie de frapper) après rebond des balles distribuées plus ou moins loin à droite ou à gauche par l'enseignant (voire par le camarade de jeu) ⇒ attitude dynamique sur les jambes et raquette « au milieu » vu l'incertitude des envois.

b) l'enfant enchaîne plusieurs frappes de suite vu la distribution rapide des balles ⇒ dynamisme permanent vu l'urgence des actions (exemple : à peine une balle est frappée par l'enfant qu'une 2ème balle est distribuée pour mobiliser de suite son attention et son dynamisme).

c) l'enfant réagit à des balles envoyées à contre - pied de son replacement sur son action précédente ⇒ reprises d'appuis naturelles.

Renvois dans le court adverse (voire dans une zone précise de ce court).

Imitation – Démonstration – Explication

« Je suis prêt » avec mes jambes comme le gardien de but qui défend sa cage, comme le chien qui attend avec impatience qu'on lui lance la balle... (Situation - imitation).

Je tiens ma raquette devant mon corps, « au milieu » de mon corps car je sais que je vais volleyer une balle envoyée très en avant de moi ou ... car je sais que la balle va à droite ou à gauche et qu'il faut donc que j'amène ma raquette aussi vite d'un côté comme de l'autre (situation - compréhension).

Imitation facile de l'attitude d'attention sur le haut du corps (de bras « ballants » le long du corps, raquette en bas... passer à une raquette soutenue par l'autre main, tête de raquette relevée, bras souples).

Imitation facile d'une attente pré - active particulièrement par des petits sursauts simultanés sur les 2 appuis avant l'action (même forme générale que les reprises d'appuis) qui prédisposent à déclencher naturellement une reprise d'appuis lors de la frappe adverse (démonstration - imitation).

Montrer le moment d'allègement, la reprise d'appuis quand l'adversaire frappe (à la fois dans des situations bloquées (exemple : envoi – renvoi) et ouvertes comme le jeu).

Clé de la réussite

Incertitude des actions (à droite, à gauche, en avant ?) ; rapidité d'enchaînement des actions, urgence des actions (vu la difficulté de balles envoyées loin, vite…) ; variations des actions (par les positions lanceur - joueur, par les lancers, les feintes…).

Mais aussi répétition de la même séquence envoi - renvoi pour mieux quantifier et améliorer l'attente active, l'allègement – reprise d'appuis…

Objectif : ***Appréciation des trajectoires***
Moyens :

Situations

♦ Jouer avec des balles, ballons différents au pied, à la main, avec des engins différents (raquettes différentes de tennis, de badminton, crosse de hockey, pala…), dans des espaces différents (carré, rectangle, triangle, cercle plus ou moins grands, avec des obstacles (ou non) entre les joueurs (ligne, plots, filet, mur…).

♦ Apprécier ses propres lancers en les diversifiant : lancers à différentes vitesses, hauteurs, longueurs dans différentes directions, pour atteindre ou non des cibles, avec des formes différentes de lancers (à bras cassé, à la cuillère).

♦ Apprécier ses envois (avec raquette) avec la même diversité (frappes fortes, douces, hautes, rasantes…) et en les contrastant pour mieux les identifier.

♦ Apprécier les trajectoires reçues de l'enseignant (mais aussi du camarade) avec :

- Une distribution des balles à trajectoires variées dans la hauteur, direction, longueur, (avant la vitesse plus difficile à percevoir dans un 1er temps), avec des angles différents (plus facile d'identifier une trajectoire de balle qui se déroule devant les yeux de l'enfant (balle latérale plus facile à apprécier qu'une balle axiale) ⇒ appréciation globale des trajectoires.

- Une distribution de la même trajectoire de balle avec la même qualité de balle (exemple : avec une balle souple, trajectoire toujours à droite du renvoyeur) ⇒ identification de la trajectoire.

- Une contrainte d'intervention sur la balle en contrastant au maximum les prises de balle d'abord globalement (exemple : de volée / après rebond (s)), puis avec de plus en plus de finesse (de volée / dans la phase descendante après rebond ; en ½ volée / au sommet du rebond…), en demandant au joueur de prendre la balle à différentes hauteurs par rapport à son corps (au-dessus de la tête, à hauteur de tête, d'épaules, de taille, de genoux) sur des trajectoires identiques ou différentes.

- Une contrainte de temps pour annoncer où va tomber la balle avant que celle-ci touche le sol (annonce de plus en plus tôt selon l'évolution de l'élève : quand elle franchit le filet, avant qu'elle franchisse le filet) ou pour réagir techniquement (préparer, se déplacer plus ou moins tôt en fonction du vol de la trajectoire).

- Bloquer (même trajectoire) et ouvrir (variété de trajectoires), avec méthode (exemple : incorporer tel type de trajectoire (trajectoire haute à rebond profond) dans une variété relative de trajectoires (exemple : sur 3 trajectoires hautes successives, 1 profonde et les 2 autres à rebond plus ou moins avancé)). Puis blocage et ouverture plus variée du champ des trajectoires (exemple : pour la même trajectoire haute et profonde sur le coup droit, plusieurs autres trajectoires variées sur tout le court).

Imitation – Démonstration - Explication

La mise en place des situations où l'enfant «baigne dans un monde de trajectoires » reste essentielle. Mais démontrer, expliquer qu'il faut aller vite vers le rebond de la balle si l'on veut prendre la balle tôt après le rebond et, à l'inverse, prendre plus son temps si l'on veut frapper cette balle dans la phase descendante de la trajectoire… est un plus en finesse d'appréciation pour l'enfant.

Clé de la réussite

Connaissance par l'enseignant des trajectoires qui sont *faciles et difficiles* à discerner par l'enfant.

Alternance des situations globales, ouvertes (variété des trajectoires) *et des situations fermées* (reproduction de la même trajectoire).

Dans un 1er temps d'apprentissage des trajectoires, c'est l'information prise sur la trajectoire de balle qui compte et l'exécution n'a pas la même importance (exemple : objectif de prise de balle tôt même si la frappe n'a pas trop d'efficacité). Puis, la détection des signaux s'améliorant, associer mieux l'appréciation des trajectoires et l'exécution des coups.

Objectif : *Déplacements*
Moyens:

Situations

a) L'enfant se déplace vers la balle, le ballon qu'il se lance lui-même (au sol ou en hauteur) pour les frapper ⇒ déplacements variés dans la longueur, la direction, la vitesse en privilégiant cependant les déplacements vers l'avant, en oblique avant pour assurer des frappes en avant du corps (fondamental technique). Avec des contraintes plus ou moins importantes : frappes après un ou plusieurs rebonds ; frappes effectuées à un endroit de terrain déterminé ou non ; obstacle de filet à franchir ou non; pour une zone précise ou non dans le terrain adverse…

b) L'enfant se déplace sur des balles, des ballons de différentes tailles et consistances envoyées par un camarade ou l'enseignant (au départ balles au sol puis en hauteur), trajectoires de balles lentes dans un 1er temps, pour donner plus de temps d'identification des trajectoires (donc plus de facilité de déplacement vers la balle).

c) L'enfant se déplace dans un espace de jeu qui lui facilite l'appréciation des trajectoires de balle ⇒ espace large et peu profond, au départ (exemple : les 2 carrés de service), assurant une meilleure lisibilité vu les trajectoires latérales et sans vitesse et laissant du temps à l'enfant pour se déplacer.

d) Puis l'enfant se déplace dans un espace de jeu plus long et peu large (exemple : ½ terrain intermédiaire) où il a plus de mal à apprécier les trajectoires axiales (intérêt du ½ terrain intermédiaire en diagonale donnant des trajectoires encore latérales, se déroulant mieux dans le champ de vision de l'enfant).

e) Puis l'enfant se déplace dans un espace de plus en plus long et large (exemple : le terrain intermédiaire puis le court normal).

Avec la variété des balles de tennis (balle en mousse ⇒ balle de compétition) et la variabilité des espaces de jeu à coupler judicieusement (exemple : terrain intermédiaire + balle souple), les déplacements coordonnés vers la balle sont mieux assurés vu que les trajectoires sont mieux appréciées.

Cette progression nécessaire concernant les terrains et les balles pour les enfants *habituels* fréquentant l'école de tennis ne doit pas faire oublier, au moins *pour les meilleurs*, des mises en situation plus ouvertes (moins de méthode, plus d'adaptation, plus de variabilité en passant de grands à de petits terrains et inversement, des balles vives à des balles molles et inversement).

La démonstration est de peu de secours en comparaison avec les situations qui provoquent naturellement des déplacements.

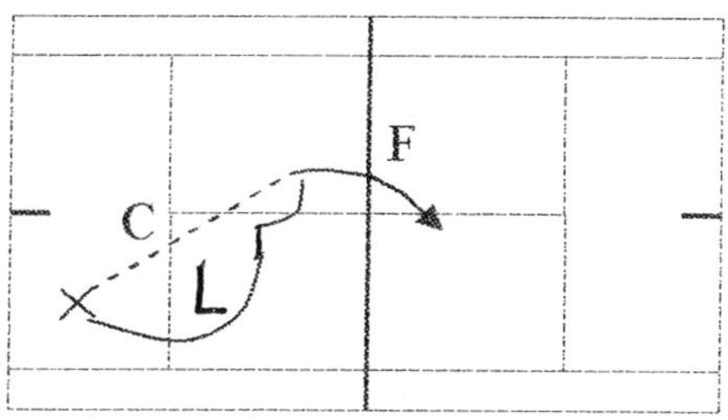

a)

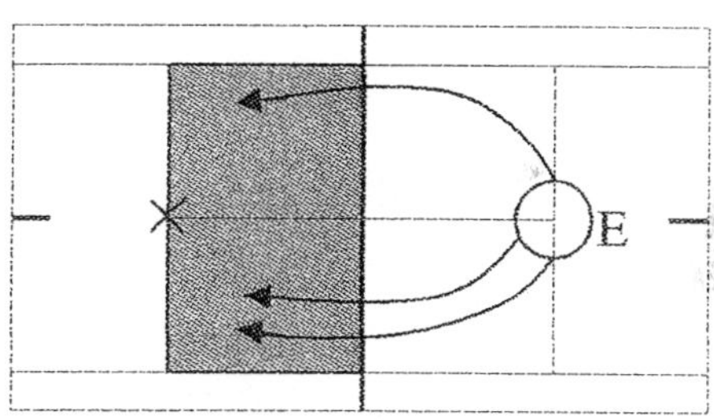

c)

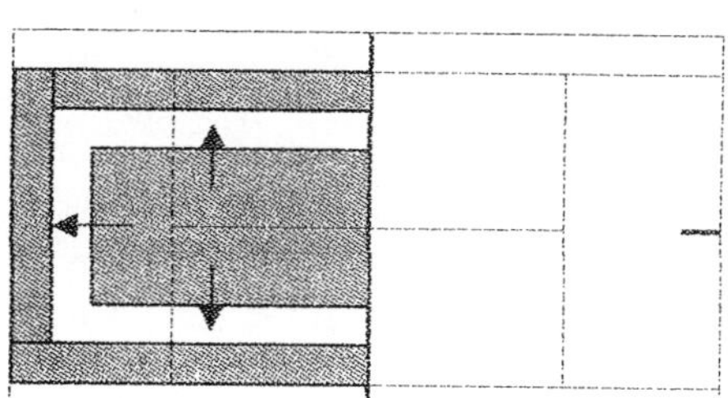

d - e)

Clé de la réussite

La mise en situation doit être adaptée aux capacités d'appréciation des trajectoires des enfants. Les enfants ont besoin de mouvement ; encore faut-il le susciter (et pourtant ils aiment naturellement courir vers des balles, des ballons) en leur donnant l'espace et le temps pour qu'ils puissent déclencher leurs actions.

Objectif : *Replacements*

Moyens :

Situations

a) L'enfant défend un grand espace de jeu en largeur (exemple : les 2 carrés de service) en étant sollicité par plusieurs balles successives le déplaçant à chaque fois hors de sa base de départ ⇒ nécessité de replacements :

- perçus par l'enfant comme des déplacements (en pas courus) au départ (exemple : après avoir été déplacé nettement vers la droite, il est sollicité ensuite rapidement vers la gauche).
- puis compris comme un véritable replacement si la situation reste la même (droite - gauche) mais avec un temps laissé entre les deux frappes, avec une technique naturelle de replacement en pas courus (au moins dans la phase initiale du replacement).

⇒ Passer d'un état d'urgence à un état de moindre urgence dans le temps mais pas dans l'espace.

b) L'enfant défend un petit espace de jeu en largeur (exemple : carré de service + couloir de double). Fort de sa connaissance précédente, il sait que s'il est déplacé d'un côté, il doit se replacer vers sa base de départ mais sur un trajet moins important permettant une technique de replacement en pas chassés le maintenant face au jeu.

c) L'enfant défend un grand espace de jeu en profondeur (exemple : ½ terrain intermédiaire ou ½ terrain normal). Même scénario mais avec des balles envoyées successivement longues puis courtes nécessitant d'abord un dégagement en profondeur par rapport à la ligne de fond puis un déplacement nettement vers l'intérieur du terrain ⇒ au départ impression de déplacements puis, en espaçant les deux envois contrastés, replacement vers la ligne de fond (la base de départ) en pas marchés ou courus pour mieux réagir sur la balle courte suivante.

La distribution de balles systématiquement à droite et à gauche ou longue et courte, avec un enchaînement plus ou moins rapide, est mieux effectuée par l'enseignant (avec le panier). Elle peut aussi être assurée par un camarade (habile) à la main ou avec la raquette en jouant le rôle de distributeur, seulement (pas d'échange), mais avec moins de précision et de timing.

Ces balles alternées doivent évoluer vers une distribution de balles plus incertaines en maintenant cependant la largeur (ou la longueur) mais en redoublant également l'action du même côté (ou dans la même longueur) ⇒ sorte de contre - pied incitant le joueur à ne pas anticiper l'action suivante ⇒ replacement plus juste.

Cette distribution de balles doit se réaliser autant au fond du court qu'au filet (couverture du terrain). Elle se poursuit ensuite par des montées au filet qui sont des enchaînements d'actions simples mais plus difficiles à apprécier quant à un replacement juste. De même les volées – smashes sont plus difficiles à maîtriser autant dans l'exécution que dans la justesse du replacement qui demande plus d'expérience de jeu.

Passer d'une situation bloquée de distribution de balles (même si elle doit évoluer vers une situation de plus en plus ouverte avec des balles de plus en plus incertaines) où les replacements sont bien identifiés et travaillés *à des situations ouvertes à travers des échanges, du jeu* (replacements naturels ou acquis ou oubliés!).

Imitation – Démonstration – Explication

Je vois, je ressens, je comprends que si je reçois une balle nettement à droite puis nettement à gauche, il faut que je revienne vite vers le centre, le milieu de mon terrain…; je ne reste pas « spectateur » de ma frappe ; je cours _ quand je reviens _ lorsque je suis loin de l'axe du jeu ; je reste face au jeu _ quand je me replace peu, sans urgence _(pas chassés)… (Situation – imitation ; compréhension – imitation) ; je fais des pas chassés (démonstration – imitation).

Clé de la réussite

A la fois varier les situations pour que l'enfant défende un plus ou moins grand terrain dans la longueur et la largeur *et répéter la même situation* pour qu'il maîtrise mieux les techniques de replacement adaptées à la situation.

Donner de l'importance aux replacements en pas chassés pour éviter d'être pris à contre - pied *et à la qualité des reprises d'appuis* à la frappe adverse (les pas chassés et la reprise d'appuis ont la même forme d'exécution générale).

Objectif : ***Frappe de balle en avant du corps*** (le « tiercé » de O. Letort : balle toujours devant, raquette toujours derrière la balle, joueur toujours derrière la balle et la raquette)

C'est, certainement, le 1er critère d'efficacité à vérifier sur les coups.

Moyens :

Situations

♦ **En envoi**, se présenter, se lancer la balle en avant, en oblique avant pour avoir toutes les chances de frapper la balle en avant du corps. Avec un corps de face pour cette présentation ; avec un corps de profil (appuis en ligne) pour le même lancer dirigé en oblique avant par rapport au corps.

♦ **En renvoi, en échange,** privilégier d'abord un espace étroit en largeur avec peu de profondeur (exemple : carrés de service face à face), en utilisant des ballons, des balles lentes, des petites raquettes ⇒ au départ sans obstacle entre les enfants avec des échanges au sol, puis par-dessus un petit obstacle (filet baissé).

Quand les techniques de coups se mettent en place au niveau gestuel, privilégier les renvois, les échanges en réception de balles à rebond très avancé et lent (par la douceur des coups et la qualité des balles (type balles souples))⇒ coups avec des plans de frappe avancés (exemple : placement du joueur derrière la ligne intermédiaire en réception de balles souples rebondissant vers la ligne de service).

♦ Intentions de coups favorisant l'impact de balle en avant du corps :

Frappes croisées / Frappes longues / Frappes précises, contrôlées, conduites dans la direction choisie.

♦ Techniques de coups influençant les plans de frappe en avant :

Attitude avec tête de raquette vers l'avant (importance principale à la volée, en retour de service, en réception de balles rapides) / Appuis ouverts / Préparations précoces et peu amples (en particulier pas de boucle exagérée avec les préparations de CD, RV, peu de préparation à la volée) / Prises fermées / Coups plats avec des accompagnements prolongés dans la direction du coup / Coups rotationnels avec des effets top - spinés.

Pour les frappes de volée

♦Privilégier la projection de l'enfant vers l'avant en réception de balles très en avant de lui (trajectoire courbe, lente, courte) pour frapper vers l'avant (situation jouant sur le facteur « espace ») ⇒ exemple : exercice27) des renvois (positionnement de l'enfant vers la ligne de service; envoi d'une balle très en avant de la ligne de service (si elle rebondissait, elle se ferait vers le milieu du carré de service) ; volée dirigée vers le carré de service en face. Au plan technique, importance de l'attitude avec une raquette bien en avant du corps, un tamis présenté rapidement face à la balle pour ces prises de balle nettement en avant du joueur. Puis ouvrir la situation à des réceptions de balle en oblique avant continuant à privilégier le plan de frappe avancé mais assurant aussi une légère orientation d'épaules, une préparation (limitée), une poussée de la jambe extérieure.

♦ A l'inverse, favoriser le rapprochement entre l'envoyeur et le volleyeur (situation jouant sur le facteur «temps» empêchant de faire de grands gestes pour frapper) ⇒ réception de balles venant tôt vers le volleyeur même si elles doivent rester au départ peu rapides et contraignant l'enfant à ne pas s'orienter, préparer ⇒ favorable à une frappe en avant (exemple : volleyeur «collé» au filet qui essaie d'empêcher la balle de franchir le filet ; le camarade est lui aussi rapproché du filet pour envoyer doucement la balle ; frappe devant dans le carré de service en face, en contrant (s'opposant à) la balle, tamis présenté tôt à la balle).

♦ Les envois de volée (Vcd) sont également intéressants à effectuer : présentation de balle par un petit lancer vers le haut et en oblique avant.

Pour les smashes

Eviter les lobs trop profonds reculant les plans de frappe mais aussi les lobs qui n'en sont pas ne parvenant pas au-dessus de l'enfant. En dehors des conseils techniques classiques (orientation du corps, préparation précoce, déplacement - placement sous la balle...), intérêt de la bascule du poignet pour un plan de frappe avancé.

Imitation – Démonstration – Explication

Explication (par exemple) qu'une grande préparation effectuée (en plus) avec retard, en réception de balles rapides... provoque un plan de frappe reculé.

Démonstrations utiles des bonnes techniques et des objectifs visés (exemple : à la volée, montrer un tamis déjà positionné face au filet avant l'envoi de la balle pour placer le poignet en position de force avant l'impact et faciliter la frappe en avant, montrer un poignet ferme à l'impact, l'endroit de frappe en avant du corps.

Guidage physique

« Marquer» le plan de frappe en avant du corps par des contacts isométriques de la raquette contre un poteau du filet (ou le grillage ou la raquette en opposition du camarade ou au contact d'une balle fixe de potence).

Clé de la réussite

D'abord les situations, les intentions avant les techniques spécifiques de coups (importance cependant d'une bonne attitude initiale même si elle est souvent conditionnée par la situation). La qualité des balles est un facteur important de la situation pour des frappes en avant du corps (balles lentes puis plus vives). L'appréciation des trajectoires est, elle aussi, déterminante dans ses paramètres longueur, vitesse : tant que l'enfant n'apprécie pas bien la profondeur des trajectoires de balles, il risque d'effectuer de mauvais plans de frappe (pour pouvoir frapper la balle en avant du corps sur une balle longue, il faut se dégager tôt du rebond ; sur une balle courte, il ne faut pas trop se précipiter vers le rebond au risque de se faire dépasser par la trajectoire après rebond). Quant à la vitesse, il faut non seulement une vitesse de réaction tant sur les jambes qu'au plan gestuel et une bonne technicité des coups pour frapper la balle dans un bon plan de frappe.

Objectif : ***Mise à distance   Elle est à l'origine de la plupart des fautes techniques à la frappe (placement + geste).***

Moyens :

La mise à distance de la balle passe par une orientation du corps de profil avant la frappe (au contraire du positionnement du débutant : jambes - épaules face à la balle) **et une technique gestuelle de coups adéquate** (au contraire des gestes pendulaires du débutant) *en plus de l'appréciation des trajectoires de balle.*

Situations

♦ **En envoi**

• Lancer de balle loin, à bras cassé (favorable à un placement antéro - postérieur des appuis, condition d'une orientation nouvelle et globale du corps de profil et qui influencera en renvoi la mise à distance).

• Envoi long ; fort ; rasant le filet ; décroisé.

. Suite à une présentation de balle devant le corps face à la cible d'envoi, avec un lancer à la verticale (lancer « devant le nez »), l'enfant est obligé de tourner autour de la balle afin de se placer à côté de celle-ci pour frapper (surtout pour des frappes exigeant de l'élan, de l'énergie) ⇒ les appuis passent « de face » (présentation de balle) à « en ligne » (frappe).

. Mais aussi suite à une présentation de balle en oblique avant par rapport au corps : distance ainsi assurée par :

- le bras gauche (droitier) pour poser la balle à droite et frapper en CD sans déplacement.

- un lancer (courbe à une plus ou moins grande distance à droite ou à gauche) pour un déplacement et une frappe en CD ou en RV.

. Mais aussi à partir d'appuis en ligne pour présenter la balle et la frapper avec ce même placement d'appuis, sans déplacement ou après déplacement. Idem mais avec des appuis ouverts (lors de la présentation de balle) suivis d'appuis en ligne (lors de la frappe). Dans un 1er temps d'apprentissage, la distance à la balle est mieux entrevue avec tout le corps de profil (appuis en ligne) avant la frappe (incitant le joueur à frapper la balle à côté du corps); ne pas tarder, cependant, à faire ressentir cette même distance acquise avec des appuis plus ouverts.

♦ **En renvoi, en échange**

• Réception de balles très latérales (orientant naturellement le corps de profil dans le déplacement).

• Réception de balles axiales voire sur le revers et frappées en décalage avec le coup droit ou inversement (balle sur le coup droit et frappée en revers). Avec le contournement de la balle, bonnes chances d'orientation naturelle du corps de profil et d'écart pris par rapport à la balle.

• Réception de balles axiales et profondes sans se décaler en profondeur (comme si un mur existait derrière le joueur). A partir de cette contrainte, tendance à s'adapter en se séparant de la trajectoire latéralement.

Nb : réception de trajectoires courbes et peu rapides pour permettre le décalage.

• En réception de balles plus faciles (un peu sur le côté du joueur et nécessitant moins de déplacement), privilégier :

. Les frappes longues, voire fortes, (orientant le corps grâce à des prises d'élan plus marquées).

. Les frappes axiales ou décroisées (orientation du corps facilitée grâce à ces directions de frappe privilégiées).

. Les frappes plates, « rasantes » conditionnant un retour de la tête de raquette à l'impact plus à distance du corps (que des coups liftés ou chopés).

. Les frappes hautes (sur des balles basses on peut « tricher » avec la mise à distance et frapper la balle plus près de l'axe du corps ; avec les balles hautes, il faut trouver de la force avec le haut du corps).

Dans un 1er temps d'apprentissage c'est tout le corps qui s'oriente de profil d'un bloc (jambes et épaules par rapport à la direction de frappe); *amener rapidement l'enfant à dissocier le haut du corps de profil par rapport aux appuis de face*, en commençant par des envois puis des renvois (particulièrement en CD).

Pour une bonne mise à distance, il n'y a pas que le jeu de jambes qui compte ⇒ importance de la précocité de la préparation (orientation d'épaules + bras gauche placé en oblique avant – bras droit avec raquette vers l'arrière) qui oblige l'enfant à regarder la balle avec un haut du corps déjà tourné conditionnant un déplacement - placement pour se situer à côté de la balle ; importance également *de la forme de préparation* : privilégier un trajet horizontal, direct (voire légèrement convexe) de la tête de raquette circulant à l'extérieur du corps (donc à distance du corps) et conditionnant en retour la même distance pour la frappe (au contraire d'une préparation descendante qui tend à tirer la raquette dans l'axe du corps).

Au début de l'apprentissage, *les frappes à 2 mains* (pas seulement côté RV !) sont très *intéressantes* pour apprécier la mise à distance par rapport à la balle (orientation naturelle du corps : épaules + appuis de profil).

Les *raquettes de plus grande taille* ont aussi une influence sur la distance à trouver par rapport à la balle (mais avant d'augmenter les tailles de raquette, influencer les enfants pour qu'ils aient une tenue de raquette correcte en bout de manche plutôt que vers le cœur de la raquette). Tout dépend de la morphologie de l'enfant (taille mais aussi tonus) et de son habileté tennistique : plus grande est la raquette, plus le levier bras - raquette est important, ce qui peut conditionner une action sur la balle plus extérieure au corps. Il ne faut pas hésiter à faire essayer à l'enfant des raquettes de différentes tailles non seulement pour tester leur plus ou moins bonne adaptation mais aussi pour faire ressentir une autre distance à la balle, un autre rythme du coup…

Pour les Volées, l'orientation sera recherchée dans la frappe, d'abord en réception de balles en oblique avant et plutôt basses (meilleure sensation d'ancrage des appuis en ligne à la frappe) pour les mêmes intentions de frappe axiales voire décroisées, longues. Mais aussi en réception de balles nettement à droite (ou à gauche), à hauteur d'épaules et en avant du joueur (orientation des épaules assurée + tête de raquette dirigée directement vers la balle, tamis face à la balle).

Pour le Service, importance d'une bonne position de départ, d'un lancer dans l'axe de la jambe gauche donc légèrement à droite du corps.

Pour les Smashes, sur des balles lobant l'enfant, la situation peut, en elle-même, déclencher un recul de profil. Mais, si ce n'est pas le cas, la démonstration du recul du pied droit (droitier) mais aussi de la raquette placée tôt en arrière favorise l'orientation du corps de profil. Mêmes intentions de frappe qu'à la volée (exemple: frappes décroisées). L'orientation du corps peut être aussi facilitée par des lobs légèrement à gauche du joueur.

Imitation – Démonstration – Explication

Exemples :

– Pour un coup de fond de court, en attente de la balle adverse, montrer :

• *Une bonne attitude sur le haut du corps* (une attente avec une raquette bien détachée du corps vers l'avant, une angulation poignet – raquette influencent favorablement un début de préparation à l'extérieur du corps).

• *Une préparation précoce* dès le déclenchement du déplacement pour assurer l'orientation du haut du corps.

• *Le positionnement du joueur de profil épaules - jambes* (mais aussi le *placement avec des appuis ouverts mais avec une orientation d'épaules et une préparation complètes*).

• *Le placement des appuis en ligne* lors du placement avant de frapper; montrer ce même placement avant de recevoir une balle latérale et le retrouver après un déplacement avant de frapper.

• *Un dégagement latéral sur une balle axiale sans reculer de la ligne de fond* (pour que l'enfant constate qu'il est primordial de s'écarter plutôt que de reculer sans sortir de la trajectoire) …

– A la volée, montrer une fin de préparation latérale, tamis ouvert face au filet, appuis de face avant l'envoi … au smash, un positionnement du joueur de profil, un «armé» avant l'envoi…

Guidage

Utiliser des repères au sol pour obtenir le placement avec des appuis en ligne (exemple : placement d'appuis sur une ligne de couloir), pour diriger la balle (cibles horizontales au sol déjà tracées (exemple : le couloir pour des frappes axiales) ou installées au sol (plots, bandes de plastique) ou cibles horizontales (au mur).

Utiliser des cibles fixes (balles de potence) pour se déplacer, placer, arrêter son coup à l'impact raquette - balle de potence (pour vérifier la distance) ou la frapper (ce que les enfants adorent répéter vu qu'ils tapent dans une balle « facile » puisque immobile !).

Clé de la réussite

Faire découvrir globalement les orientations du corps par des situations qui déclenchent cette action, avant d'obtenir des placements, orientations du corps plus précis, plus techniques (exemple : dissociation épaules - jambes).

Exercer autant d'influence sur l'orientation du corps par les appuis que par la technique gestuelle car ils conditionnent autant la mise à distance.

Objectif : ***Equilibre (stabilité du corps lors des différentes actions que le joueur effectue).***

Ludovic, droitier, est équilibré malgré un coup à 1 main, à gauche. Avant de frapper, Zoé est stable

L'équilibre au tennis est le résultat de la meilleure organisation possible du corps par rapport à la balle : appréciation des trajectoires, qualité des déplacements (harmonie entre le jeu de jambes, le placement du tronc au dessus de appuis et le déclenchement de la préparation du coup), la mise à distance de la balle pour se placer avant la frappe, l'adéquation de la frappe avec le but poursuivi et l'enchaînement d'actions nécessité par la qualité de cette frappe.

L'enfant débutant ne peut résoudre toutes ces conditions à la fois car il apprécie mal les trajectoires, il élargit son champ de frappe avec l'utilisation d'une raquette…

Moyens :

Situations

♦**En envoi**

• Privilégier les envois en début d'apprentissage en se servant de l'équilibre initial et naturel du corps face à l'action : frappes dans l'axe du corps et en avant du corps avec un geste pendulaire (par en bas : CD ou par-dessus : S).

• Privilégier les frappes douces.

♦ **En renvoi**

• Réceptionner des balles dans un espace proche (peu de déplacement) et les frapper doucement vers des zones proches et en avant.

Si l'on veut faire ressentir à l'enfant des sensations d'équilibre dès le départ, il faut accepter dans un 1er temps «le jeu près», avec un corps face à la balle, des frappes douces et une technique gestuelle pendulaire et naturelle.

Cet équilibre minimal étant enregistré, il faut le perturber par une nouvelle organisation du corps à distance de la balle au moment de frapper. Au départ, il faut aider l'enfant grâce à un matériel adapté (balles à rebond lent, petites raquettes) pour qu'il ait du temps pour réaliser ses actions et utiliser un levier bras - raquette peu important à côté de son corps. L'inscrire alors dans toutes les situations développées dans les fiches précédentes (en particulier la mise à distance qui perturbe l'équilibre initial par un passage du corps face à la balle à un corps de profil avant la frappe).

• Importance de la qualité de balle reçue : donner le temps au corps de s'organiser pour se placer dans les meilleures conditions de stabilité avant la frappe.

Réception de trajectoires de balle lentes, dans un espace proche (à côté du joueur, pas trop longues (déséquilibre arrière), pas trop courtes (déséquilibre avant), pas trop hautes (déséquilibre latéral). En fonction de l'évolution favorable, augmenter l'espace de jeu et diminuer le temps d'intervention du joueur.

• Importance de la qualité de la frappe effectuée.

Privilégier les *frappes basses* (prise de conscience de jambes fléchies à la frappe, d'appuis ancrés au sol), les *frappes douces, conduites* (sensations d'équilibre plus longuement ressenties), les *coups plats, précis* (technique gestuelle rectiligne allant dans la direction du coup) avant d'évoluer vers d'autres qualités de frappe (voir ci - après la fiche sur le placement équilibré).

Imitation – Démonstration – Explication

Montrer l'équilibre du corps dès l'attente des balles (attitude d'attention - reprise d'appuis avec un écart d'appuis, jambes fléchies, épaules au dessus des appuis, bras souples le long du corps (fond de court) ou un peu plus vers l'avant (filet))...

Montrer l'équilibre du corps dans les déplacements - replacements (participation des bras à la course et à la préparation du coup, foulées avec un buste à la verticale des appuis...).

Montrer la stabilité du placement d'une façon statique, dynamique selon le moment d'apprentissage.

Montrer l'équilibre dans l'enchaînement frappe - replacement.

Objectif : ***Placement équilibré à la frappe (conséquence de la bonne appréciation de la trajectoire de balle, d'un déplacement et d'un ajustement efficace tant par les jambes que gestuellement).***

Moyens :

Situations

♦En envoi

• A partir d'appuis ouverts ou en ligne pourvu que la présentation de balle ne déplace pas l'enfant pour frapper (pose de balle en oblique avant, à bonne distance, pour l'engagement en CD ; petit lancer de balle vers le haut et en oblique – avant pour une frappe en Vcd ; lancer au - dessus de la tête pour le service).

• Idem mais présentation de balle avec un lancer sous forme de courbe, en oblique avant, ne déplaçant pas ou peu l'enfant pour frapper en CD ou en RV.

♦En renvoi

• En réception de balles «faciles» :

. Enfant face et à peu de distance de l'envoyeur qui adresse une trajectoire courbe (donc lente) un peu à droite ou à gauche de l'enfant ⇒ volée en restant stable sur ses appuis.

. Trajectoire identique mais positionnement de l'enfant un peu plus à distance pour laisser la balle rebondir en avant et un peu à côté de lui ⇒ CD ou RV suite à un petit déplacement latéral.

Axel

. Idem mais déplacements latéraux plus importants.

. Puis progression en difficulté (sans la vitesse) des trajectoires : recherche de placement suite à des déplacements vers l'avant ⇒ vers l'arrière ⇒ avant - arrière et latéraux.

Etre équilibré, c'est être stable sur ses appuis pendant la frappe.

• Cette stabilité est d'abord «statique» (à privilégier dans un 1er temps pendant toute la frappe en double appui au sol) pour que l'enfant apprécie son placement (trop près, trop loin ?), le positionnement de ses appuis (ouverts, en ligne, croisés ?). Pour ressentir cet équilibre dans un 1er temps d'apprentissage, l'enfant doit l'éprouver longuement (avant, pendant, après la frappe). D'où l'intérêt de la balle facile donnant le temps à l'enfant de se placer (voir ci-dessus) mais aussi l'importance d'une séquence limitée à l'envoi - renvoi (temps laissé pour ressentir l'équilibre après la frappe). S'il est stable avant et après la frappe, il l'est forcément pendant celle-ci. Cette recherche de longue stabilité à la frappe se ressent d'autant mieux à partir de frappes douces, basses, précises, conduites qui permettent de maintenir des appuis au sol, certes, mais souplement.

• Elle doit passer rapidement à un équilibre «dynamique» (ne pas oublier que le dynamisme réside dans la technique du coup lui - même avec un transfert du poids du corps vers l'avant à chaque fois que c'est possible : passage de l'appui arrière à côté de l'appui avant dans la frappe pour le CD, le RV et le S projection du corps vers l'avant par la jambe de poussée droite (Vcd), gauche (Vrv). Elle est facilement obtenue tout d'abord lors des envois (engagements) mais aussi en réception de balles faciles pour obtenir un placement «idéal» à la balle.

• Elle s'améliore ensuite dans ces conditions par des intentions de frappe plus conduites, plus longues, plus agressives, mais aussi par des prises de balle plus tôt *libérant encore plus les appuis* (dynamisme possible par un cloche pied sur le pied avant); *et le geste dans la frappe.*

• Elle se développe encore en réception de trajectoires de plus en plus difficiles. Au point que le placement devient plus subi que volontaire : à cette construction de l'équilibre, s'ajoute «l'équilibre dans le déséquilibre» subi par la difficulté des trajectoires de balles adverses (d'où un placement plus aléatoire et un jeu de jambes de défense ou de compensation aboutissant souvent à des sauts).

• Elle se renforce aussi par le travail des coups à effet qui accentuent les poussées de jambes par rapport au sol.

♦En échange

Préférer d'abord la continuité dans l'échange (plutôt que la rupture) dans un espace de jeu adapté (ni large, ni long (exemple : ½ terrain intermédiaire)) avec des balles lentes (exemple : balles souples) pour réaliser des frappes douces, précises ⇒ meilleure chance de placement équilibré vu le peu de déplacement sur des balles sans difficulté d'appréciation et la douceur des frappes. *Puis augmenter progressivement les dimensions du terrain, la vivacité des balles, la vigueur des frappes...*

Imitation – Démonstration – Explication

Montrer le placement avec des *appuis en ligne*, le *transfert équilibré* vers l'avant ; montrer le placement avec des *appuis ouverts*, *l'enchaînement équilibré frappe – replacement* ; montrer *l'écart des appuis* (meilleure base de sustentation), *la flexion des jambes* et expliquer leur importance pour l'équilibre (centre de gravité plus près du sol, pression des appuis au sol) ; *pose - photo* pour montrer l'équilibre dans la frappe ...

Guidage

Pousser l'enfant aux épaules (lorsqu'il est en appuis en ligne, de face), s'il est droit sur les jambes ou fléchi pour qu'il vérifie son équilibre (statique) ; l'enfant étant derrière la ligne de fond, avec un placement d'appuis antéro - postérieur avant qu'il envoie (CD, S mais aussi RV), lui faire vérifier, après le coup, qu'il a ses pieds au niveau de la ligne de fond (équilibre dynamique dans le coup)...

Clé de la réussite

Travailler d'abord sur l'appréciation des trajectoires de balle, sur le dynamisme pour se déplacer vers les balles avant de se focaliser sur un placement équilibré dans des situations de renvoi, d'échange. Cependant, *en condition d'envoi* (présentation de balle adéquate pour une frappe douce, précise), garder une *stabilité d'appuis* est un *pré – requis à transférer à des renvois* de cette même qualité en réception de balles faciles. Puis la technique des coups évoluant, les appréciations de balle étant mieux détectées dans leur variété, les déplacements et les ajustements à la balle étant plus précis, des placements équilibrés sont la conséquence de ces maîtrises.

Ne pas se contenter de placement statique, «installé» pendant toute la frappe (même si c'est nécessaire dans un 1er temps avec du «coup par coup» pour mieux ressentir l'équilibre). *Evoluer vers un équilibre dynamique* au bénéfice de la qualité de la frappe et de l'enchaînement des actions (frappe - replacement).

Objectif : ***Frapper la balle plus ou moins tôt***

Frappe basse, dans la phase descendante   Frappe haute, au sommet du rebond

Moyens :

Situations

♦ **En envoi**

• Lancers pour soi - même (sans ou avec déplacement) et frappes après un, deux rebonds, au sommet du rebond, de volée, en ½ volée.

♦ **En renvoi**

• Sur la même trajectoire de balle reçue (rebond au même endroit, même courbe...), *frappes en contrastant les moments de prises de balle* : de volée / après deux rebonds; au sommet du rebond / après deux rebonds; dans la phase descendante après le 1er rebond / en ½ volée; dans la phase descendante après le rebond / au sommet du rebond; dans la phase ascendante après le rebond / juste avant le 2ème rebond.

• Sur le même type de trajectoire mais en ne faisant varier qu'un seul paramètre (exemple : différentes hauteurs pour une direction, une longueur, une vitesse identiques...) : mêmes contrastes de moments de prises de balle dans les frappes.

• Sur une trajectoire qui ne varie que sur deux paramètres (hauteur – longueur / hauteur - direction / direction - longueur) :

Mêmes contrastes de moments de prises de balle dans les frappes. Mais aussi répétition du même moment de prise de balle (au sommet du rebond ou dans la phase descendante après le rebond ou ...). Egalement moments de prises de balle selon des repères par rapport au corps (à hauteur de genoux, de taille, d'épaules, de tête, au-dessus de la tête).

• Sur des trajectoires de plus en plus variées (dernier paramètre à varier: la vitesse): en privilégiant de plus en plus la prise de balle tôt.

Imitation – Démonstration – Explication

Montrer les moments caractéristiques des prises de balle et particulièrement *les frappes à hauteur d'épaules*, les prises de balle tôt.

Expliquer l'intérêt des prises de balle tôt (temps gagné sur l'adversaire, conquête d'un espace de jeu adverse plus grand).

Clé de la réussite

Dans un 1er temps, *contraster les prises de balle sur des trajectoires uniformes,* ce qui concourt à la prise d'information. *Puis rendre plus complexes ces trajectoires* et finir par privilégier les prises de balle les plus intéressantes pour l'efficacité des coups.

Objectif : ***Technique gestuelle***

Moyens : les repères gestuels les mieux discernés se situent au début du coup (importance de l'attitude : voir fiche attitude), avant la frappe (fin de préparation), à la fin du coup (fin de geste) ⇒ fiches ci – jointes :

Objectif : Préparation des coups

Orientation nette d'épaules en RV à 2 mains

Orientation d'épaules avant la préparation avec le bras Clovis en CD

Pour déclencher naturellement une orientation d'épaules et un élan gestuel avant de frapper la balle,

- Envoyer, renvoyer loin (voire fort) avec une trajectoire horizontale («rasant» le filet).
- Envoyer, renvoyer en jouant les coups à 2 mains des 2 côtés.
- Y ajouter les situations de mise à distance (voir la fiche spécifique) qui provoquent, en général, une orientation des épaules propice à un élan (se décaler, frapper décroisé…).

***Situations** pour le service, pour le smash*

- Envoyer loin à la main, à bras cassé ; envoyer loin avec une raquette (si la présentation de balle est correcte au - dessus de la tête). Voir fiche spécifique pour le service. Pour le smash, renvoi loin.

***Situations** pour les volées*

Voir fiche frappe de balle en avant du corps + Volées à 2 mains (Vcd, Vrv) pour éviter une préparation importante des coups.

Démonstration – Imitation – Explication

A partir de cette découverte des préparations par des mises en situation, affiner le travail technique par des exercices plus précis concentrant l'enfant sur ses préparations (particulièrement au début (attitude) et à la fin de sa préparation (armé pour le S)). Par exemple, en partant d'une bonne attitude sur le haut du corps (voir fiche sur l'attitude), *démontrer* :

• *Des envois, des renvois* à partir d'*appuis de face* et d'une *préparation déjà effectuée* (avant la présentation de balle en envoi ; avant l'envoi du camarade en renvoi).

• *Des renvois en déclenchant tôt la préparation* pour être tôt en fin de préparation : dès le lancer du camarade / avant même le déplacement vers la balle / avant que la balle franchisse le filet / avant que celle-ci rebondisse…

• *Des renvois en contrastant 2 formes de préparation* :

. Amener la tête de raquette en arrière du corps (passage de cette tête de raquette à l'extérieur du corps dans un mouvement horizontal) ⇒ préparation essentiellement faite par le (s) bras et entraînant une orientation d'épaules.

. Effectuer une rotation des épaules d'abord (ou tirade du coude (droit pour le CD, gauche pour le RV) vers l'arrière) avant de déclencher la préparation par le bras.

• *Des renvois en CD en plaçant tôt le bras gauche allongé en oblique avant droite*, en direction de la balle reçue (rotation automatique des épaules + bras droit associé dans un allongement vers l'arrière à l'opposé du bras gauche).

• *Des renvois en RV en plaçant tôt le dos de l'épaule droite, en orientant le talon du manche de la raquette en direction de la balle reçue* (vissage net des épaules plaçant la raquette tenue à 2 mains en arrière du corps (d'autant plus que le talon du manche orienté face à la balle amène la tête de raquette en arrière de l'axe du bras droit)).

• *Des renvois en Smash* en étant *en position d'armé avant le lob* ; *de Volée en ayant effectué préalablement sa «½ préparation» (tamis face à la balle reçue).*

• *Des Services* à partir d'un placement *déjà en armé du bras.*

Guidage

Geste à vide, geste devant une glace.

Aide physique de l'enseignant pour faire ressentir la position de départ, la rotation des épaules, le contrôle du poignet lors de la préparation, la position de la tête de raquette en fin de préparation… avant l'envoi, le renvoi.

Clé de la réussite

Faire découvrir d'abord *par des situations appropriées* les sensations globales de prise d'élan du coup avant de chercher des techniques plus précises de préparation (dissociations jambes - haut du corps, épaules - bras). La technique ne doit pas étouffer le naturel (surtout s'il est excellent) et, inversement, le naturel doit être recadré techniquement quand il est peu efficace.

Apprendre à préparer tôt puis à préparer dans le déplacement en fonction de la trajectoire reçue (tôt si la trajectoire est rapide, de façon mesurée si la trajectoire est lente).

Apprendre à préparer plus ou moins amplement selon les situations qui laissent plus ou moins de temps.

Objectif : Accompagnement – Fin de geste

Moyens : dans un 1er temps, c'est la fin du geste qui est la plus facilement repérée (parce qu'elle correspond à une détente naturelle du bras dans le coup et elle peut être ressentie après le coup).

Objectif : fin de geste
En fond de court (CD – RV),

Situations

♦ **En envoi**

• Envois forts et horizontaux (rasants) en CD à une main, en CD et RV à 2 mains. Cependant ne pas développer le maximum d'agressivité dans la balle qui peut, au contraire, faire pivoter le joueur («toupie» sur les jambes et épaules avec bras bloqué au corps à l'impact) ⇒ en dehors des 1ers essais qui peuvent se faire «très - très» forts (pour encourager l'enfant «timide» à développer de l'énergie dans la frappe), favoriser des frappes «longues» déliant le (s) bras avec des appuis qui se retrouvent face au coup joué après la frappe (coup rotationnel).

• Après ces repères ressentis globalement par des envois forts, longs, les généraliser sur toutes sortes d'envois, y compris doux, pour des zones précises.

♦ **En renvoi**

• En renvoi, retrouver ces mêmes repères (ressentis lors des envois), d'abord en réception de balles «faciles», avec des frappes douces, précises avant d'envisager des frappes plus agressives (consolider d'abord le placement équilibré avant la frappe (voir la fiche sur le placement équilibré).

Démonstration – Imitation – Explication

Il est facile de faire voir à l'enfant la fin des gestes des bons joueurs, de soi-même en tant qu'enseignant (au moins dans des conditions d'envoi et même de renvoi sur balle facile pour n'importe quel éducateur !), d'enfants les plus adroits. Faire comprendre aussi que, quand le geste ne «s'arrête» pas, c'est comme quand on utilise un fouet, une lanière qui s'enroule autour du corps ou de l'objet qui est vivement cinglé.

Guidage physique

Il est utile quand l'enfant (plutôt maladroit) n'a pas réussi à éprouver cette sensation naturelle de fin de geste à travers les situations et démonstrations. A la fin de ses envois plus ou moins forts, lui demander de marquer sa position gestuelle et le guider en lui faisant enrouler sa raquette par-dessus l'épaule gauche (CD), droite (RV à 2 mains, voire à 1 main).

Au Service, au Smash,

Situations

– Attendre que l'enfant sache lancer une balle ≈ au dessus de sa tête (S) ou apprécie une balle au-dessus de lui (SM) pour un réel apprentissage gestuel. Il est indispensable qu'il soit stable avant de frapper. Pour qu'il ressente d'autant mieux cet équilibre, il est préférable qu'il le reste pendant toute la frappe (préférer aussi pour le smash une frappe en double appui pour cette technique gestuelle).

– Privilégier d'abord les frappes assez longues pour que le geste ne s'arrête pas en haut à l'impact et poursuive son trajet en détente vers le bas et à gauche du corps (éviter la frappe violente que l'enfant aime faire, surtout pour un smash, car il effectue son coup sans placement, en déséquilibre, avec une technique gestuelle étriquée).

Démonstration – Imitation – Explication

Vu que le Service est une habileté fermée ne dépendant que du joueur, la démonstration de ce coup a toute sa valeur. Pour le Smash qui est un coup techniquement proche du Service dans ses fondamentaux, le transfert de l'apprentissage gestuel du Service est d'autant plus facile que le lob est parfaitement contrôlé (par l'enseignant) pour faire jouer l'enfant sur place (comme s'il se lançait la balle au-dessus de lui).

Guidage physique

Il est souvent utilisé au Service à différents moments de la préparation (de la position de départ jusqu'à l'armé) ainsi que pour l'exécution de la boucle et le retour à l'impact de frappe. De même si le geste s'est arrêté à l'impact, guider physiquement le geste du service vers le pied gauche… Le guidage sert aussi pour un meilleur lancer de balle (contrôler longtemps le bras gauche de l'enfant du bas vers le haut). Le guidage physique se fait aussi souvent lors du geste du service à vide.

A la volée,

Situations

(Eviter un geste complet ⇒ pas de fin de geste)

- Près du filet, contrer la balle reçue, poser la balle dans le carré de service en face (favorisant le contrôle du poignet, l'arrêt du geste à l'impact).
- Volleyer à 2 mains (Vcd, Vrv), limitant la préparation et assurant une fermeté du poignet à l'impact.

Démonstration – Imitation – Explication

Coup certainement le plus facile à imiter.

Guidage physique

Se placer derrière l'enfant en tenant avec lui son poignet pour l'aider à être ferme à l'impact.

Clé de la réussite pour les fins de geste

Les situations, les intentions de frappe adaptées sont particulièrement efficaces en CD, RV à 2 mains (fins de geste naturel, techniquement efficace). De même qu'à la volée, «poser» sa volée (plutôt que de frapper) facilite l'arrêt du coup à l'impact, le contrôle du poignet. En revanche, pour le service, le smash, la principale situation à mettre en place est au niveau de la présentation de balle. Tant que l'enfant ne sait pas situer son corps sous la balle, il est illusoire d'entreprendre un apprentissage gestuel précis (ce qui n'empêche pas de frapper des balles au-dessus du corps pour apprécier les trajectoires hautes et faire des frappes au-dessus de la tête). Ne pas oublier également que les fins de geste sont fortement conditionnées par les prises.

Objectif : Accompagnement

En CD, RV, au S, SM, (moins à la V) :

Situations

♦ En envoi ou en renvoi

⇒ *Précision* des coups (la raquette va plus longtemps vers la direction de la cible choisie).

⇒ *Longueur* des coups (plus la frappe est longue, plus l'accompagnement est réalisé).

⇒ *Frappes axiales, frappes décroisées* (de préférence aux frappes croisées vu le risque de gestes en rotation plutôt qu'en translation).

⇒ *Frappes à 1 main* (CD, RV) engageant plus le bras vers l'avant qu'un coup à 2 mains.

⇒ *Frappes en mouvement vers l'avant.*

Démonstration – Imitation – Explication

Montrer la raquette allant dans la direction de la cible, les bras à l'opposé dans la frappe en RV à 1 main... Pose - photo avec le bras et la raquette vers l'avant en fin d'accompagnement... Expliquer que, pour accompagner, il faut faire comme si on frappait 3 balles successivement vers l'avant...

Guidage

Matérialiser les zones à atteindre, exploiter les cibles étroites et profondes (exemple : couloir de double).

Clé de la réussite

L'accompagnement est *à favoriser dans l'apprentissage après avoir obtenu des fins de geste correctes* car celles-ci sont plus facilement découvertes et donnent une forme générale au coup en respectant des qualités rythmiques (détente du bras).

La *technique d'accompagnement* doit être particulièrement *liée aux intentions de frappe en longueur et précision.*

Objectif : *Rythme*

A définir plutôt *au sens de «timing»* (organisation du corps dans le temps en fonction de la tâche envisagée : «il va vite sur la balle, quelle accélération en CD»...) *et non au sens de cadence* (périodicité du retour d'une certaine structure : «il impose une cadence folle au match»...).

C'est *un des éléments techniques qui peut être le moins construit* : on ne crée pas vraiment le rythme chez l'enfant, on le lui fait trouver ou retrouver.

Situations

Contraster les situations :

♦ *Au niveau du temps laissé au joueur* pour s'adapter aux trajectoires de balle :

• Par la plus ou moins grande vitesse des frappes du partenaire (ou adversaire).

• Par la plus ou moins grande distance entre les joueurs.

• Par le plus ou moins grand temps laissé au joueur pour réagir à des enchaînements de coups effectués par l'adversaire (ou l'enseignant quand il distribue les balles au panier).

⇒ Différences d'organisation du corps dans le temps.

♦ *Au niveau du choix que le joueur donne à la qualité de sa frappe :*

• Prises de balle plus ou moins tôt.

• Frappes contrastées dans la force (fort - doucement), dans la longueur (long - court), la hauteur (lob - frappe rasante), dans la direction (axiale - croisée - décroisée).Frappes progressivement accélérées (jusqu'à la perte de contrôle) et, inversement, frappes fortes progressivement ralenties (jusqu'à une qualité de balle totalement maîtrisée).

• Grande vitesse de jambes et grande vitesse de bras ou, inversement, grande vitesse de jambes et geste de frappe dosé, contrôlé, précis ou moindre vitesse de déplacement à la balle et prise de balle tardive pour un geste de frappe accéléré…

♦ *Au niveau d'une tactique générale établie par le joueur pour contrer l'adversaire* :

• Ralentir le jeu par rapport à un adversaire agressif.

• Accélérer par rapport à un adversaire qui ralentit le jeu.

• Utiliser le même rythme (lent ou rapide) que l'adversaire.

• Changer de rythme dans l'échange avec l'adversaire.

⇒ Favoriser la variété des intentions au niveau rythmique permet d'éviter que des joueurs aient un bon rythme seulement quand l'adversaire le leur donne, de créer des accélérations quand l'adversaire veut les entraîner dans un jeu mou…

Démonstration – Imitation - Explication

Montrer les thèmes de jeu mettant en valeur les variations rythmiques.

Contraster les techniques (en expliquant leur intérêt, en les démontrant) :

♦ *Recherche rythmique globale* :

• Au niveau gestuel : technique rotationnelle / technique translationnelle; frappes brèves / frappes conduites ; technique à 2 mains / à 1 main.

• Au niveau du jeu de jambes : attente avec dynamisme d'appuis simultanés / avec appuis alternatifs ; déplacements en grandes foulées / en foulées plus réduites; replacements en pas chassés / en pas courus ; placement avec des appuis installés / libérés dans la frappe ; frappes suite à un grand déplacement / à un déplacement limité (avec un replacement en conséquence) ; frappes avec des enchaînements d'action plus ou moins importantes vers l'avant, vers l'arrière, latéralement.

⇒ Chaque technique apporte non seulement une forme différente mais un rythme différent (exemple : pour un joueur qui contrôle son jeu sans qualité de «punch», une technique rotationnelle peut être privilégiée ; pour un joueur qui manque de dynamisme, une attente active en appuis simultanés est proposée au contraire d'un joueur trop tonique à qui une attente en appuis alternés convient mieux pour plus de relâchement).

♦ *Recherche rythmique plus fine* :

• Au niveau du jeu de jambes : reprise d'appuis à la frappe adverse ; fréquence des appuis ; placement mesuré à la balle si le temps d'ajustement est suffisant ; appuis dynamiques pour une frappe enchaînée avec le replacement…

• Au plan gestuel : intérêt des coups plats pour la circulation la plus rapide de la tête de raquette à l'extérieur du corps / des coups chopés par l'attaque directe de la balle par la raquette / des coups liftés par les mises à niveau favorisant les relâchements / des coups top - spinés par le travail important du poignet en «essuie - glace».

Importance d'éléments techniques particulièrement essentiels pour le rythme des coups : la prise (qui provoque plus ou moins d'angulation, de retard de la tête de raquette avant la frappe, de plans de frappe plus ou moins avancés) ; le bras libre (l'action du bras gauche est déterminante pour les coups ⇒ exemple : S); la forme et le rythme de la préparation (éviter par exemple un temps d'arrêt en arrière avant la frappe ⇒ intérêt d'une préparation convexe, d'une préparation avec une tirade de coude en CD…) ; les dissociations segmentaires (jambes – haut du corps / bras – avant - bras – poignet)…

Clé de la réussite

Par la variation des situations, des intentions de frappe et des techniques de coup.

Par les contrastes pour mieux repérer les sensations rythmiques puis par la graduation dans les intensités de frappe (de fort à lent / de lent à fort en passant par des intensités intermédiaires).

VI) L'apprentissage du PHYSIQUE [16]

C'est encore *par le jeu* à travers les jeux sportifs que l'enfant de l'école de tennis (7 - 10 ans) s'initie physiquement et développe un esprit sportif, le goût de l'effort... Il faut se servir autant des sports collectifs traditionnels (qui marquent l'univers sportif des enfants à travers les médias, *mais en adaptant les règles*) que des jeux enfantins (qui, de génération en génération, motivent toujours autant les enfants). De plus, il n'est pas nécessaire d'être très qualifié comme préparateur physique pour initier les enfants à ces jeux: être un bon animateur de ces jeux peut suffire au stade de l'apprentissage physique du tennis.

1) Les jeux sportifs collectifs traditionnels (avec adaptation des règles)

****Le Football***

Exemple de jeu de football adapté :

Terrain réduit / nombre de joueurs limité : 3/3; 4/4.../ ballon en mousse / petits buts sans goal / touches effectuées au pied / pas de corners/ temps réduit : 2 x 5' par exemple... Favoriser le jeu collectif en imposant un nombre minimum de passes pour valider le but...

Autres possibilités :

- attaque - défense avec 4 joueurs en attaque contre 2 en défense, avec décompte du nombre de buts marqués suite à 5 possessions du ballon par les équipes de 4 joueurs (but si ballon marqué dans les buts défendus par un goal ou si ballon contrôlé (pied sur ballon arrêté) derrière la ligne de but).

- 4 contre 2 (ou 3 contre 1) : compter le nombre de passes successives entre les 4 joueurs sans interception (décompte du nombre total de passes au bout de 3 possessions de ballon).

Intérêt : participation constante des enfants; beaucoup de courses et de contacts avec le ballon (avantages du ballon en mousse : il ne fait pas mal si on le reçoit, il ne s'éloigne pas trop des joueurs même quand il est frappé fort, d'où un attrait constant pour un ballon toujours accessible).

Intérêt pour le tennis : appréciation de trajectoires de ballon, courses variées, freinages, reprises d'appuis, contacts avec le ballon fréquemment en avant du corps...

---

[16] Donner certains jeux sportifs et enfantins* à l'initiateur en les lui faisant conduire comme enseignant ou en les éprouvant comme joueur lors de stages de formation.

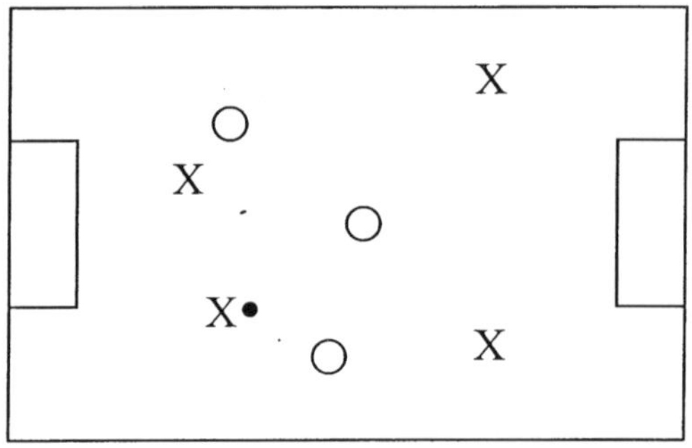

Le Basket-ball

Terrain de jeu réduit / nombre de joueurs réduit : 3/3… / ballon de mini - basket ou de basket / mini cercles (à partir d'éléments du kit mini - tennis) ou paniers de mini - basket transportables / ne pas compter les «marchés» ni les «reprises de dribble» mais, cependant, interdiction de courir sans dribbler, de toucher l'adversaire… Possibilité de limiter le nombre de dribbles, d'imposer un nombre minimum de passes avant de tirer, d'accorder plus facilement des points (ex : 1 point pour le cercle touché, 2 pour le panier marqué)…

Autres possibilités de jeu de basket-ball :

– Attaque du panier à 2, à 3.

– Attaque du panier et tir au panier au bout de x passes minimum (ou maximum) (ex : 5 passes).

– Attaque - défense du panier adverse par 1 (ou 2) joueur (s) (1/1; 2/2) et, dès que le ballon touche le panier, repli défensif car 1 (ou 2) adversaire (s) partent vers le panier opposé avec le ballon récupéré.

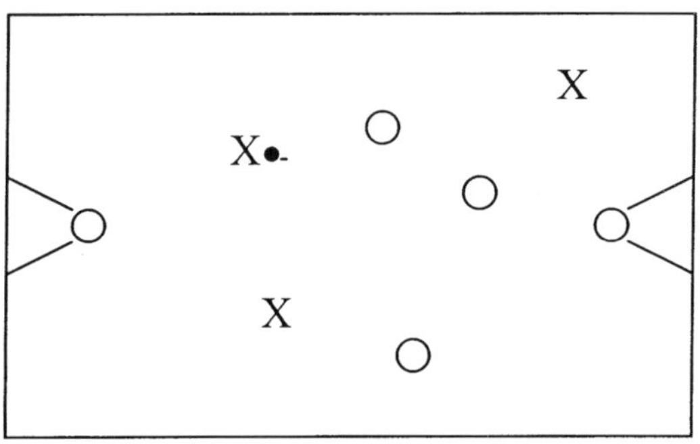

***Le Handball** à partir du Jeu : *la balle au but, le ballon roi*

Même réduction du terrain et du nombre de joueurs mais au lieu de paniers, un joueur de chaque équipe se tient dans un cercle (plus ou moins grand) ou dans une zone latérale du fond de terrain opposé, pour attraper le ballon de son équipe dans cette zone.

Progression vers le but par des passes ou des dribbles limités (à 3 par exemple). Opposition de l'autre équipe à cette progression.

Pas de marchés ballon en main, pas de contact entre joueurs... sinon ballon à l'adversaire.

Autres possibilités de jeu de handball : 3 - 3; 4 - 4; 5 - 5 comme au football (mais à la main) ainsi que des attaque - défense en surnombre pour les attaquants (ex: 4/2) pour des tirs au but avec goal ou des tirs sur des cibles au mur.

Mêmes intérêts que pour le foot mais avec la possession manuelle d'un ballon.

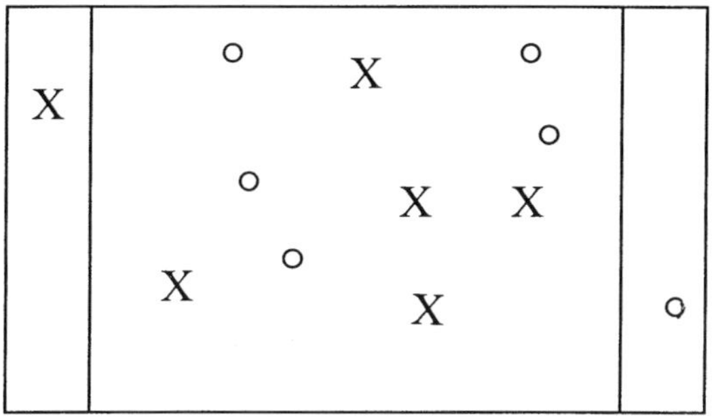

Le Rugby

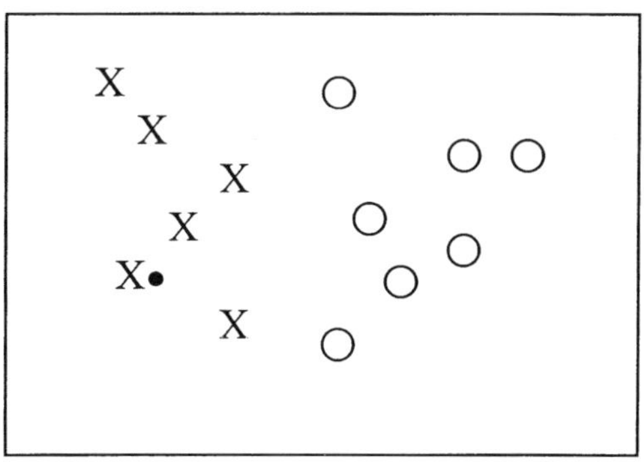

Grand terrain / joueurs en nombre (7/7...) / jeu au pied ou à la main pour porter et poser le ballon dans l'en-but adverse / le joueur en possession du ballon, touché par un adversaire (seul contact possible à la main), doit poser le ballon au sol pour le laisser à l'équipe adverse.

Type de jeu qui mélange frappe au pied et course avec ou sans ballon (le «kick and rush» des anglais).

Autres possibilités :

– à 2, 3, 4 joueurs, combien de temps pour aller dans l'en-but en faisant des passes en retrait (pas d'en avant) à ses partenaires après quelques pas de course (passage du ballon à tous les partenaires ou fixer le nombre minimum de passes; fixer le déplacement de course avec le ballon à 4 - 5 m).

– Idem mais à 3 contre 1; 4 contre 2 (si joueur touché en possession du ballon, pose du ballon au sol avec reprise par un autre joueur du groupe de 3 (ou 4) (faisant ainsi perdre du temps à l'équipe et lui demandant une réorganisation).

Le Volley-ball

Terrain de jeu réduit (exemple : les carrés de service / petit nombre de joueurs : 2/2; 3/3… / ballon léger (exemple : ballon en mousse) / 2 contacts de balle possibles dans les mains avant de passer / 3 passes au maximum dans son camp / filet à plus ou moins 1,50m.

Autres possibilités : le plus grand nombre de passes pour un groupe de 4 à 6 joueurs, sans filet de séparation.

Tous ces sports sont abordés également individuellement par le maniement de ballons au pied, à la main. Exemple : dribbles au pied avec un ballon de foot, à la main avec un ballon de hand, basket…Mais cela demande plus de matériel et d'organisation pédagogique.

**** L'Ultimate***

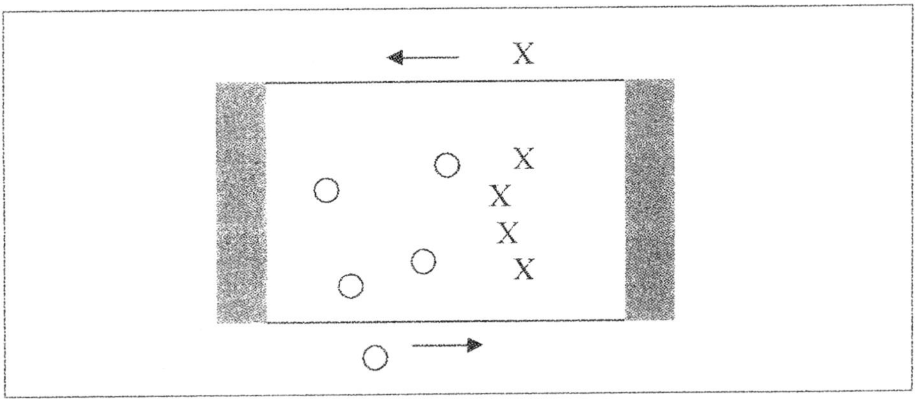

Terrain plus ou moins grand (exemple : court de tennis pour 3/3; terrain de handball pour 5/5).

2 équipes de 3 à 5 joueurs face à face au départ de chaque point. 2 en-but délimités.

Conquérir, sans contact entre les joueurs, un disque : le frisbee (ou un mini - ballon type football américain) pour l'envoyer dans la zone de marque (Les joueurs d'une équipe doivent s'échanger le frisbee (progression par passes successives dans toutes les directions) pour finir par le transmettre à un coéquipier situé dans la zone délimitée adverse, malgré la défense de l'équipe adverse).

Règles essentielles du jeu : le porteur du frisbee est inattaquable; les contacts ne sont pas autorisés; interdiction de toucher le disque quand il est tenu par l'adversaire; interdiction de courir avec le disque; lorsque la passe n'arrive pas, que le frisbee tombe, celui-ci revient à l'équipe adverse; le point n'est valable que si le joueur contrôle le frisbee dans la zone de réception adverse; après un but adverse, on repart de sa propre zone d'en-but.

NB: le jeu peut se simplifier ⇒ exemple : équipes de 3, 4 joueurs avec un disque : point si plusieurs passes de suite (type passe à 5…10); puis introduire la zone de marquage (sans opposition) et marquer des points à chaque fois que le disque est amené dans la zone; puis opposition…

Le Hockey

Même terrain avec petits buts que le jeu adapté de football précédent; mêmes règles mais jeu avec contrôle, frappe de balle au sol par des joueurs tenant leur crosse de hockey avec les deux mains (interdiction de frappes au pied).

2) Les jeux enfantins, les jeux traditionnels

Parmi les différents jeux que j'ai proposés dans un document fédéral à l'usage des formateurs de cadres pour les initiateurs, je retiens plus particulièrement :

****Le ballon prisonnier***

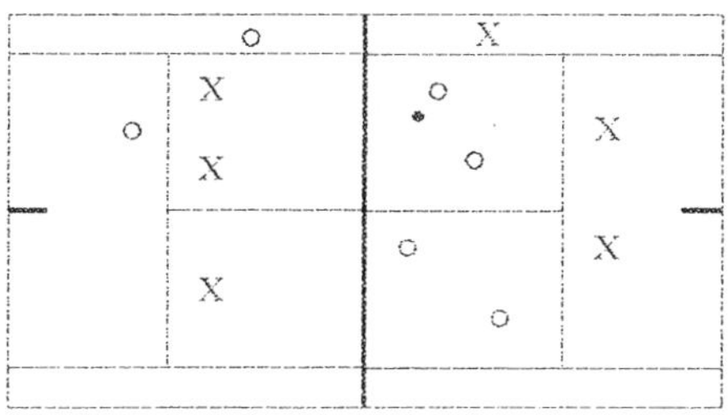

2 équipes dans chaque camp. Si un joueur est touché directement par un tir adverse, il est prisonnier et se place sur la base (ou un des côtés) du camp adverse. Un prisonnier peut se délivrer en touchant un adversaire (un joueur qui bloque le ballon de volée n'est pas touché et peut tirer ou passer). Les passes se font entre joueurs et prisonniers du même camp. L'équipe perd lorsque tous ses joueurs sont prisonniers.

****Le ballon chasseur***

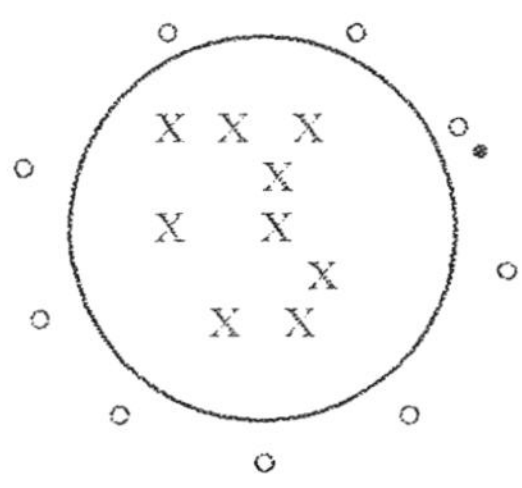

Une équipe de chasseurs, une équipe de lapins : les chasseurs, à l'extérieur du cercle tirent avec un ballon sur les lapins dans le cercle. Les chasseurs peuvent se faire des passes avant de tirer sur les lapins. A chaque fois qu'un lapin est touché directement par le ballon, il est éliminé. La partie est terminée quand tous les lapins sont touchés. On inverse les équipes chasseurs - lapins pour une 2ème partie.

L'équipe gagnante est celle qui a éliminé l'autre le plus rapidement (temps à chronométrer pour chaque partie).

Le billard*

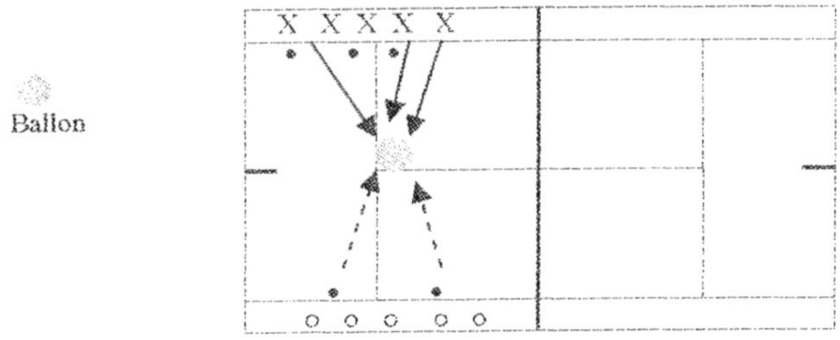

Ballon (s) sur la ligne médiane. Au signal, les joueurs lancent des balles de tennis sur le (s) ballon (s) pour le (s) faire avancer dans le camp adverse (ou freiner, repousser ce (s) ballon (s) avançant dans leur camp). Si le ballon atteint la limite du camp adverse, le point est pour l'équipe attaquante.

Le jeu du béret*

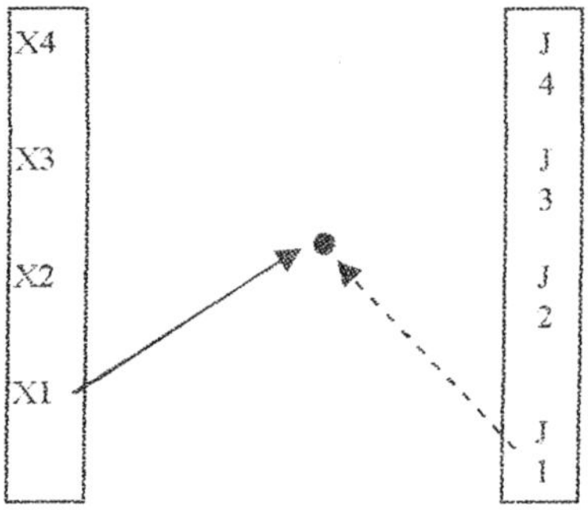

2 camps avec des joueurs (debout, assis, à plat ventre...) qui ont chacun un numéro. L'animateur appelle un n° : les deux joueurs de même n° courent pour prendre la balle (« le béret ») posée au centre du terrain.

1 point pour l'équipe du joueur revenant avec la balle dans son camp sans être touché par l'adversaire. Variante : 1 point pour l'équipe du joueur attrapant le premier la balle; 1 point supplémentaire si ce joueur retourne dans son camp sans être touché par l'adversaire ou, au contraire, 1 point pour l'adversaire s'il le touche.

Variante: ***Le combat de coqs***

Mêmes disposition et numérotation des joueurs. Au centre, au lieu du béret, est tracé un cercle.

Les joueurs appelés de même n° se rendent dans le cercle à cloche - pied et s'y affrontent en se poussant avec les bras croisés. Le joueur qui perd l'équilibre en posant les deux pieds au sol ou en sortant du cercle donne le point à l'équipe adverse. L'animateur peut appeler un autre n° quand le combat initial se prolonge de trop : alors 4 joueurs s'opposent dans le cercle; dès qu'un joueur est déséquilibré, le combat est terminé avec point pour l'équipe adverse.

Equipe vainqueur : la 1ère à x points.

La passe à dix

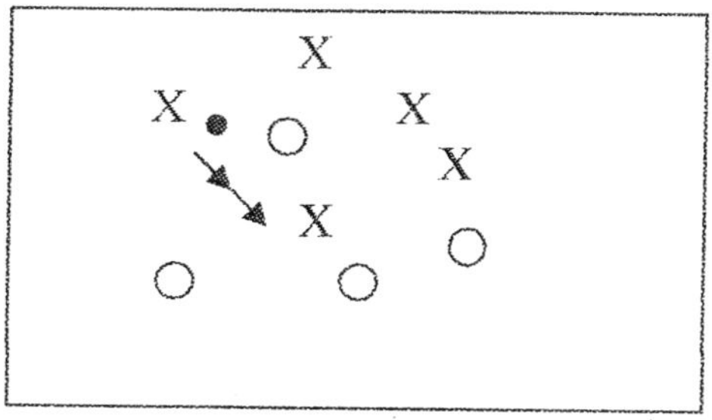

2 équipes : à chaque fois qu'une équipe fait 10 passes de suite dans un terrain délimité (ou 5, 6...selon la règle), elle gagne 1 point. Après chaque série de 10 passes (5...), le ballon revient à l'équipe adverse. Si l'équipe adverse intercepte le ballon, une nouvelle série de passes commence.

Pas de déplacement avec le ballon (exemple : pas plus de 3 pas), pas de contact entre les joueurs, pas de brutalité ⇒ ballon à l'adversaire. Si le ballon sort des limites du terrain, touche pour l'équipe adverse.

Variantes : Passes à 10 mais avec chaque équipe répartie en 2 sur les 2 demi - terrains (exemple : équipe de 6 joueurs ⇒ 3 joueurs restent dans un ½ terrain, 3 autres dans l'autre ½ terrain); passes à 10 avec rebond à chaque passe; passes à 10 au pied; la balle ne peut être redonnée à celui qui vient de la passer...

Les déménageurs

Des équipes de 5, 6 joueurs essaient par des passes (dribbles limités à 2, 3) de «déménager» le plus rapidement possible les ballons d'un cerceau à un autre (placés aux extrémités de chaque terrain). Un seul ballon est déménagé à chaque fois dans chaque terrain.

Un (ou deux) «gêneur (s)» de l'équipe adverse tente (nt) d'intercepter le ballon lors des passes des joueurs, sans toucher ceux-ci. Si la balle est attrapée par un gêneur, il la pose au sol à l'endroit d'interception, ce qui retarde la progression des déménageurs.

But du jeu : être l'équipe qui déménage le plus vite tous les ballons.

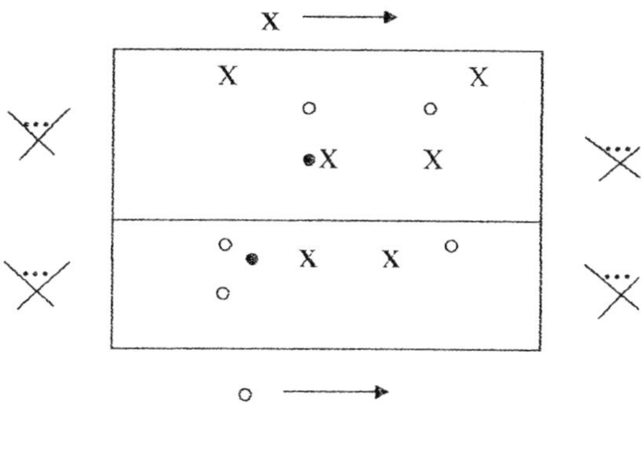

*****Le ballon aux 4 buts***

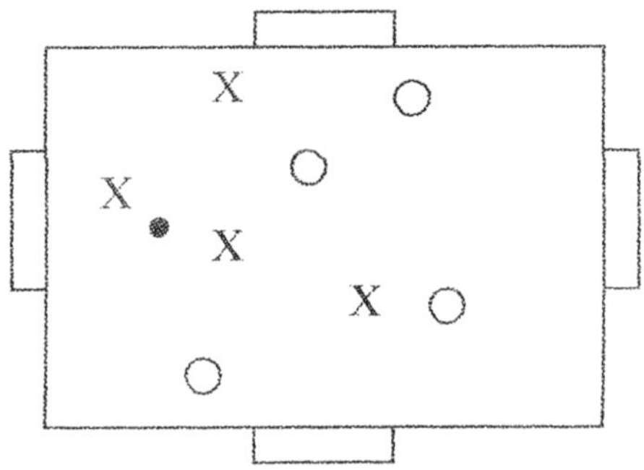

Chaque équipe essaie de marquer un but, au pied avec un ballon de foot, dans l'un des 4 buts. Après un but marqué, il faut aller marquer dans l'un des 3 autres buts.

Variante avec un ballon de rugby tout en gardant le jeu au pied.

*****L'épervier***

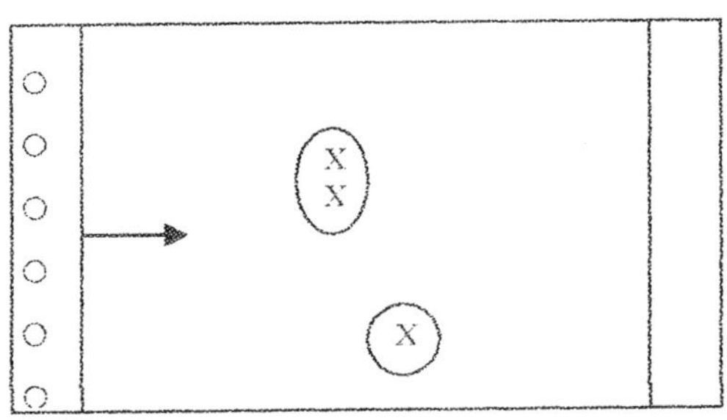

1 joueur (épervier) s'oppose au passage des autres joueurs d'un camp à l'autre. S'il touche de la main un (plusieurs) joueur (s), il le (s) prend comme épervier (s) pour s'opposer aux joueurs restants au passage suivant.

Les éperviers peuvent intercepter individuellement ou se tenir par la main à 2 (3) selon la règle de l'animateur. Dans ce cas, les joueurs ne seront touchés valablement que si les 2 (3) éperviers restent liés. Est gagnant celui qui est le dernier touché dans les passages.

Variantes :

a) ***les crocodiles*** Dans un gymnase, sur des tapis (genre tatamis d'une salle de Judo), même déroulement mais avec un crocodile à 4 pattes au sol qui touche les joueurs (ou qui doit les faire tomber).

b). ***les kamikazes***

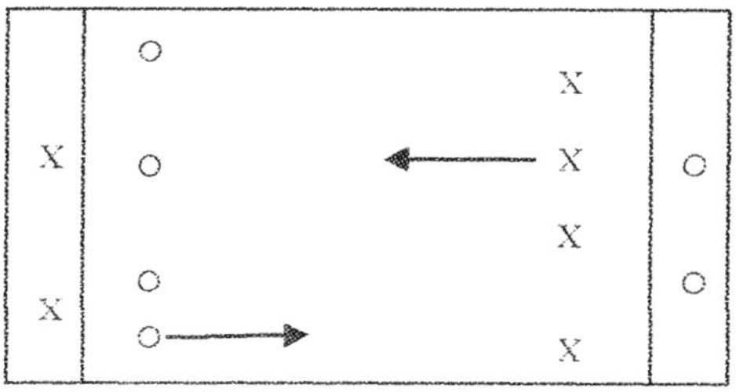

2 équipes avec 2 prisonniers désignés au départ dans chaque équipe qui se situent dans la zone de fond de terrain opposé. Envoi par les équipes de 1 à plusieurs kamikazes pour délivrer les prisonniers en traversant les lignes ennemies. Si un kamikaze est touché par l'adversaire, il va dans la zone des prisonniers mais, s'il délivre un prisonnier sans être touché, il regagne son camp avec lui. Partie gagnée par l'équipe ayant le moins de prisonniers, dans un temps de jeu déterminé.

c).***les gendarmes et les voleurs***

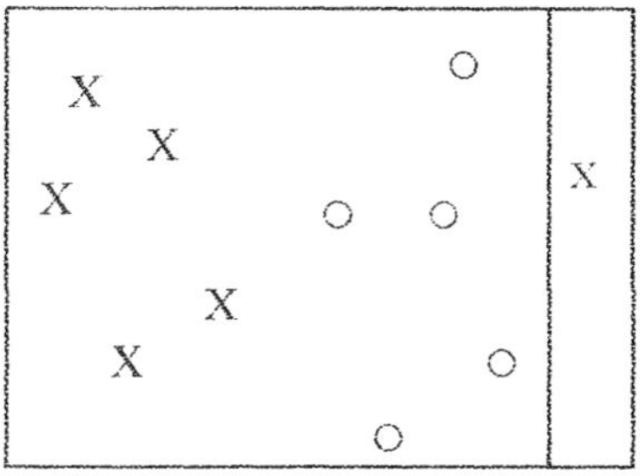

X : voleur, o : gendarme

Une équipe de gendarmes courent après une équipe de voleurs pour les faire prisonniers. Si un voleur est touché par un gendarme, il va en prison. Un voleur peut libérer des prisonniers en entrant dans la prison et en touchant un ou plusieurs voleurs. Les gendarmes gagnent si tous les voleurs sont en prison avant la fin du jeu (durée déterminée de *x* minutes). Après une partie, inverser les rôles.

d). ***le rouge et le noir***

Même scénario que pour le jeu précédent sauf que les équipes sont rouges ou noires. A l'annonce de la couleur rouge (ou noire) par l'animateur, les joueurs rouges (ou noires) poursuivent les autres pour les attraper en les touchant. Les joueurs touchés s'assoient mais peuvent être délivrés par la touche d'un coéquipier. A la fin de chaque séquence, c'est le nombre de joueurs assis qui détermine le nombre de points gagnés par l'autre équipe. Répartir le nombre des séquences à égalité entre les équipes sur toute la partie. L'équipe vainqueur est celle qui a le plus de points à la fin de la partie.

**Les trois quilles*

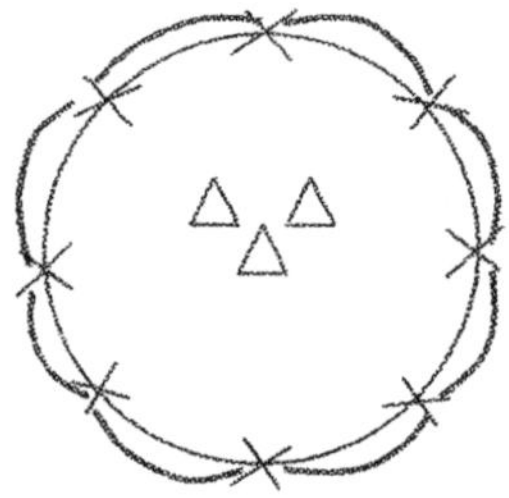

Les joueurs se tiennent par la main (par les avant-bras) et forment un cercle au centre duquel sont disposés 3 quilles (ou plots, ballons) en triangle.

Sans se lâcher, les joueurs se tirent et se poussent pour que l'un d'entre eux fasse tomber une quille et soit éliminé. Le jeu se poursuit jusqu'aux deux derniers joueurs, vainqueurs, ayant toujours évité les quilles.

Les balles «brûlantes»

2 équipes, de chaque côté du filet de tennis, envoient le plus grand nombre de balles dans le terrain adverse. L'équipe gagnante est celle qui a le moins de balles dans son camp au bout d'un temps déterminé (2-3').

Variantes :

.Lancers de balles (≈ 10) en l'air par l'animateur pour 4 à 6 joueurs situés dans un ½ terrain : chaque joueur doit ramener une seule balle pour approvisionner le panier de balles; l'animateur lance de moins en moins de balles à chaque ramassage supplémentaire et, au fur et à mesure, élimination de (s) joueur(s) qui ne ramène (nt) pas de balle (jusqu'au moment où il ne reste plus qu'un joueur gagnant).

.Mêmes lancers de balles par l'enseignant mais avec beaucoup de balles (≈ 30) ; 4 à 6 joueurs. Tous les joueurs ramassent les balles le plus vite possible pour les déposer dans le panier (balle après balle et non plusieurs balles à la fois). Le jeu est d'améliorer le temps de ramassage.

.Le test de l'étoile (voir tests physiques) peut se transformer en jeu de ramassage, soit individuellement par le temps effectué, soit en opposition avec un autre joueur partant au même moment sur un trajet identique.

**Le «miroir»*

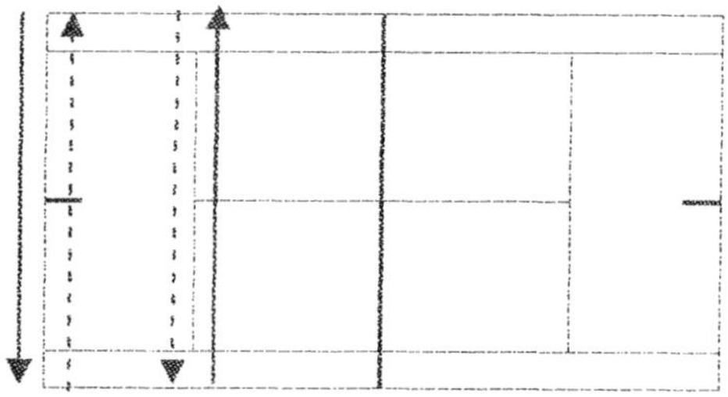

2 équipes. 1joueur de chaque équipe effectue le même parcours que son vis à vis (sur une ligne latérale du terrain de tennis ou sur des diagonales de ce terrain…;

avec ou sans raquette; pour aller poser ou prendre des balles à certains endroits de son parcours...) pour être le 1er des 2 à terminer le parcours.

Compétition par paire de joueurs sur *x* parcours ou par équipes avec la 1ère équipe à *x* points.

Les tests physiques de vitesse comme «la navette», «l'étoile» peuvent se faire en miroir entre 2 joueurs ou par équipes.

La Thèque

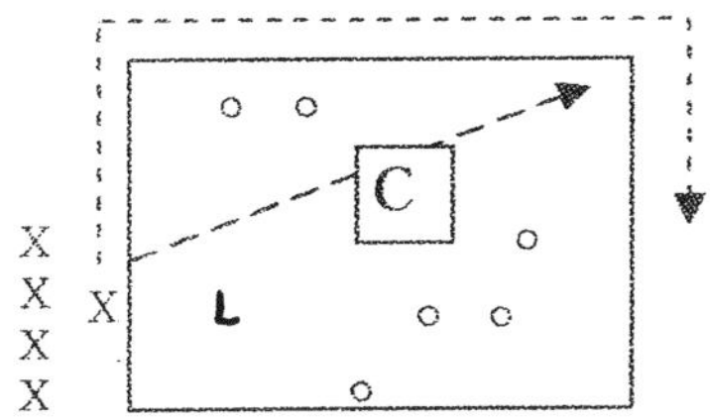

x: attaquant, L: lanceur; o: défenseur

2 équipes attaquants - défenseurs.

L'équipe des attaquants avec un lanceur (L) qui envoie la balle à la main au frappeur x; x frappe cette balle de volée (avec une raquette, une palette ou une batte) le plus loin possible dans le terrain et court autour du terrain pour en faire, si possible, tout le tour.

L'équipe des défenseurs est répartie sur le terrain. Ils cherchent à ramener la balle à l'un des leurs, placé au milieu du terrain (joueur - cible **C**). Dès que **C** est en possession de la balle, la course de l'attaquant est interrompue. L'attaquant marque 1, 2, ... *x* points selon qu'il a dépassé 1, 2, ... *x* cône (s) matérialisant les distances du parcours.

Décompte des points de l'équipe puis inversion des rôles des équipes.

Les relais

Beaucoup de relais attrayants peuvent être envisagés : avec ou sans bâton de relais (en transmettant un ballon, une raquette...); avec des équipiers au même endroit du terrain pour se relayer (ou face à face ou disséminés sur un parcours) pour parcourir une certaine distance; avec des parcours variés ou non (ligne droite, slaloms, franchissements de haies); avec des déplacements imposés ou non (course normale, à 4 pattes...); avec des dribbles ou non avec un ballon; sur un terrain de tennis ou sur une aire de jeu...

Equipe vainqueur : celle qui termine la 1ère le parcours.

*** Les jeux de tennis à la main («la balle vivante»)***

2 équipes de 2 à 3 joueurs opposées sur un terrain de tennis (des carrés de service au terrain normal selon l'âge et l'adresse).

Matches avec envois, renvois de balle à la main à partir de l'endroit où la balle est attrapée, sans déplacement pour lancer la balle (si la balle n'est pas rattrapée dans les limites du terrain ou après 2 rebonds, point à l'adversaire).

On peut varier le jeu par des envois différents dans la surface de jeu (à une main, à deux mains, main droite, main gauche... avec lancers à la cuillère (voire à bras cassé)) mais aussi par des rebonds dans son camp avant le passage du filet (comme lors de l'engagement au tennis de table) avec des lancers à bras cassé.

Le jeu au mur

Jeu des cibles : chercher à envoyer la balle dans une cible constituée de 3 cercles cotés 1, 5, 10. Distance et grandeur des cibles variables selon le niveau, l'âge. Compter les points individuellement ou en opposition à un (des) enfant (s).

Jeu des enchaînements : l'animateur impose un enchaînement de coups simple (envoi - renvoi en coup droit ; envoi en coup droit - renvoi en revers ; envoi de volée - renvoi en coup droit...) et met les enfants en compétition pour gagner autant de points qu'ils réussissent l'enchaînement.

Jeu «à toi, à moi» : une balle, 2 joueurs; jouer à tour de rôle la balle envoyée au mur après rebond (ou roulant au sol) (si possible échanges en particulier avec la balle en mousse). Décompte du plus grand nombre de rallyes.

Jeu contre toi : une balle, 2 joueurs; même jeu l'un après l'autre mais selon des limites définies (tracer, par exemple, une ligne au mur à 50 cm du sol (point perdu si l'adversaire frappe sous cette ligne), une ligne au sol à 2 (3) m du mur (point perdu si le rebond de balle de la frappe adverse ne dépasse pas cette ligne)).

Jeu des cerceaux : suite à une frappe contre le mur, la balle doit rebondir au sol dans un cercle (distance et grandeur du cercle adaptés au niveau). Nombre de points gagnés en un temps déterminé, en confrontation à d'autres, à des endroits définis...

La tournante

2 équipes de 3 joueurs (ou plus) opposées dans les carrés de service (ou sur un terrain plus grand).

Après chaque frappe de balle (ou envoi à la main) du joueur, celui - ci tourne pour aller dans l'autre camp et se met en attente pour jouer à son tour. Elimination du joueur qui fait une faute jusqu'au point final joué entre les 2 derniers joueurs. Le point est marqué selon les règles normales du tennis. Variante : record d'échanges sans élimination de joueurs.

3) Le perfectionnement des qualités physiques des meilleurs jeunes de l'école de tennis

En perfectionnement, le préparateur physique n'oubliera pas ces jeux sportifs et enfantins mais il complètera la formation des jeunes par des situations et exercices principaux de vitesse, endurance, coordination (voir les cassettes de la DTN pour ces qualités) :

Moyens supplémentaires proposés *pour les meilleurs jeunes du groupe avenir club* (7-10 ans et par extension jusqu'à 11ans (filles), 13 ans (garçons)) lors de séances spécifiques de préparation physique :

7 - 9 ans garçons et filles

Vitesse : se servir au maximum du plaisir qu'ont les enfants de courir en jouant.

Privilégier la vitesse de réaction (avec des signaux de départ variés) et la vitesse de mouvement (lancers rapides, courses très courtes (à 5'' avec une grande fréquence d'appuis) associés à une bonne attitude) $\Rightarrow$ acquisition des qualités de vélocité.

Exercices : sports collectifs aménagés, jeux sportifs enfantins (poursuite (épervier..), changements de place (jeu aux 4 coins...), réaction (pile ou face, béret...).

Force :

Gainage, équilibrage musculaire pour une force de maintien de la stature, pour une tonicité générale :

Exercices : Appuis, suspensions, grimpés, poussées, tirés. Parcours d'obstacles, opposition naturelle du poids du corps (exemples : passages variés d'une position en planche faciale à une planche dorsale, latérale (et inversement) pour un gainage des abdominaux – dorsaux ; flexions et fentes ...).

Endurance : Entre 8 et 16 ans, période la plus favorable pour l'endurance (filière aérobie).

Exercices : Footing (10 - 20'), Vtt, Natation, activités de pleine nature.

Coordination- Adresse : Entre 5 et 12 ans, âge d'or de cette qualité (système nerveux central particulièrement malléable et réceptif aux mouvements et techniques nouveaux).

Confronter l'enfant à une multitude de situations de plus en plus complexes pour solliciter au maximum ses capacités psycho – motrices : parcours de motricité; jeux sportifs; exercices avec des ballons, des balles différents au pied, à la main avec des engins différents (jokari, pala, crosse de hockey, raquettes de badminton, de tennis...⇒ jonglages, dribbles...

Souplesse : Naturellement, le petit enfant est souple (cependant différences individuelles importantes). Préserver cette souplesse par des étirements actifs et passifs, par des exercices avec bâtons et massues, avec une amplitude.des mouvements.

10 – 11 ans (filles), 10 – 13 ans (garçons)

Vitesse : Réagir vite à des signaux variés / Sprints ⟨ à 5'', multiformes : courses en duel; relais / Technique de course avec des déplacements variés /.Sports collectifs aménagés.

Force : Gainage et équilibrage musculaire : pompes et tractions adaptées / exercices avec medecine-ball ⟨2 kg) / exercices avec élastique ou en résistance à un partenaire / flexions et fentes sans charges additionnelles / sauts horizontaux et verticaux.

Endurance : Avant 12 - 13 ans, la plupart des exercices s'effectuent par des courses continues (footing de 15 à 30') ou des activités sportives variées (sports collectifs, natation, vélo). Buts : technique de course, contrôle de la respiration, capacité aérobie.

Coordination- Adresse : Pratiquer des sports collectifs aménagés / Orienter les exercices de coordination vers des techniques plus spécifiques au tennis (dissociation jambes - bras, bras – avant-bras...).

Pendant la puberté, le corps se transformant beaucoup, stabiliser les apprentissages déjà acquis.

Souplesse : Après 10-12 ans, la souplesse diminue si on ne l'entraîne pas. Proposer des exercices spécifiques d'étirements à l'échauffement et lors de la récupération. Ensuite, seule une pratique très régulière des assouplissements est source de progrès.

VII) L'apprentissage du MENTAL[17]

Les qualités mentales fondamentales (voir connaissances du tennis) trouvent leur place dès les premiers enseignements du tennis. Avec le club junior, tous les ingrédients sont rassemblés pour développer chez l'enfant une éducation sportive : la joie de jouer, l'esprit de compétition, l'esprit d'équipe, le goût de l'effort, les valeurs morales du sport (respect, volonté, contrôle de soi...).

1) La motivation, l'envie, l'engagement à travers le plaisir

A toutes les étapes de l'apprentissage, le plaisir de jouer doit rester intact.

♦ Au Mini - tennis, tout est prétexte au jeu, à la découverte du jeu par une grande variété de situations.

♦ A l'Initiation, même si l'apprentissage technique présente quelques contraintes, le jeu reste l'essence même de l'activité. Tout part du jeu et les acquisitions technico - tactiques ne sont que des moyens pour mieux jouer.

♦ En Perfectionnement, l'enfant apprend à vivre de plus en plus la compétition en développant un jeu plus sûr, plus complet. Sa motivation devient de plus en plus spécifique pour gagner des matches : aimer le challenge, avoir envie de combattre, relever des défis...

L'investissement des parents commence par le respect de la présence régulière des enfants aux séances, le soutien à leur passion de tennis, à leur rêve en donnant de l'importance à cette activité sportive (on parle, on joue avec eux, on leur fait voir du tennis de haut niveau...).

L'enseignant est lui-même passionné et fait partager cette passion.

⇒ *Recommandations :* importance du jeu, du temps consacré au jeu (dans les séances et en dehors de l'enseignement); influence des parents, des camarades de jeu, de l'enseignant; structure de club adéquate (club junior).

2) La confiance, l'assurance

Faire en sorte que les enfants aient la conviction d'être capables d'accomplir, de réussir des actions.

♦ Au Mini - tennis, les jeux, les exercices seront suffisamment simples, accessibles, aménagés, ouverts à l'aventure motrice des enfants. Un vaste champ d'expériences leur est proposé pour qu'ils développent une grande variété d'actions, en particulier à travers des situations nettement contrastées. Le but n'est pas forcément un résultat précis, c'est le plaisir de fonctionner, de découvrir son corps, de connaître ses capacités avec son corps.

♦ A l'Initiation, il ne s'agit pas seulement de se faire plaisir en réalisant des actions. Il faut progresser dans la manière de les exécuter afin d'acquérir des sensations justes permettant le contrôle, la solidité, la permanence, la vitesse des coups. La complémentarité des ateliers du club junior facilite le développement de toutes les facettes de la motricité et concourt ainsi à une meilleure confiance, une bonne maîtrise tennistique.

♦ En Perfectionnement, il faut non seulement donner à l'enfant le temps de stabiliser et renforcer les sensations acquises à l'Initiation mais aussi les enrichir par des pouvoirs supérieurs (techniques plus fines, tactiques plus élaborées). C'est aussi

---

[17] Même l'initiateur peut influer sur la motivation, la confiance ...de l'enfant par sa présence stimulante, rassurante...lors de son enseignement.

apprendre à vivre la compétition en s'appuyant sur plusieurs moyens pour obtenir plus d'assurance :

– La compétition, ce n'est pas victoire = succès / défaite = échec mais gagner, c'est une chance pour la confiance, perdre, c'est une chance pour la croissance («les échecs fortifient les forts» (Saint-Exupéry). Les «erreurs», les «fautes» sont naturelles dans le processus d'apprentissage ; les succès dépendent non pas de la défaite ou de la victoire, mais de ce que les joueurs ont accompli et appris par rapport aux objectifs fixés. Il s'agit de valoriser la performance, les progrès, le comportement de l'enfant et non le résultat du match.

– Le choix des objectifs doit garantir la réussite de l'élève : rechercher des objectifs optimaux correspondant aux possibilités des joueurs. Les actions, les situations doivent être juste ce qu'il faut de difficile pour accroître le plaisir, l'engagement, l'envie de se dépasser, de surmonter l'obstacle. Si c'est trop facile, la motivation chute, l'ennui s'installe; si c'est trop difficile, le renoncement, l'angoisse arrivent.

– Lorsque l'enfant a l'impression que le mérite de sa réussite, de son succès lui revient, il renforce son assurance, sa motivation interne : mise en valeur de ses capacités intellectuelles, d'analyse, de compréhension lui permettant de développer sa confiance, son autonomie.

– L'attitude et les commentaires de l'enseignant, des parents, des camarades... sont très importants pour la confiance du joueur. Celui - ci croit plus en ses capacités si l'on croit en lui (interdépendance).

Les parents doivent être informés sur la bonne attitude qu'ils doivent avoir vis-à-vis de la compétition (face à la victoire, la défaite...), de l'enseignement (confiance envers le professeur...).

Les camarades : un besoin de comparaison avec les autres, pour agir, est très présent au départ. Il évolue, avec l'âge, vers une amélioration personnelle.

L'enseignant doit savoir faire confiance à l'enfant et le lui montrer à travers une attitude positive.

– *L'enfant* doit, lui-même, développer des pensées positives, exprimer sa joie lorsqu'il réussit un bon point plutôt que de se détruire quand il commet une faute.

L'enfant en confiance fait davantage d'efforts, persévère, même lorsque les conditions sont difficiles.

⇒ *Recommandations :*

La confiance se bâtit sur la réussite de l'enfant dans ses expériences (pas seulement tennistiques!) : elle n'est pas innée, elle s'apprend et s'additionne ⇒ plus on a de réussite dans ses actions, plus on a confiance; plus on a confiance, plus on est victorieux (interdépendance) et cette chaîne, cette liaison commencent très tôt dans la carrière du joueur.

Valoriser la performance, les progrès, le comportement de l'enfant plus que les résultats pendant l'apprentissage. Cela confirme l'enfant dans sa valeur, lui permet d'intégrer peu à peu une image de soi positive. Or l'estime de soi se bâtit très tôt à partir d'une bonne connaissance de soi-même et d'une compétence confirmée par ses réussites, son autonomie, son habileté à gérer ses problèmes avec ses ressources propres et en tenant compte de l'environnement.

Les travaux de l'OCDE montrent que la confiance en soi est un facteur clé de la réussite. Or, en France, «Notre école reste aujourd'hui encore fondée sur un système punitif où c'est à l'élève d'être digne de recevoir l'enseignement et non à l'école de l'encourager» (M. Porchet). Au contraire, dans des pays comme le Canada, les Etats-Unis, les pays nordiques, l'encouragement y est plus permanent, ce qui bâtit plus facilement la confiance en soi.

3) La persévérance, le goût de l'effort

♦ Au Mini-tennis. Avec le concours de l'enseignant, l'enfant se donne l'envie de recommencer, de vouloir encore réussir, de réaliser encore mieux son jeu : il n'est pas rare de voir un enfant en Mini - tennis «rater» (au sens de l'adulte) la balle et de renouveler sans cesse son action avec le plaisir constant de «fonctionner». Ce petit enfant dont on dit qu'il a des difficultés à être attentif peut persévérer dans une action qui lui plait bien au-delà de ce que l'on peut soupçonner pourvu qu'on lui en laisse le temps. Ces temps laissés aux essais, aux erreurs, à l'invention de modalités différentes pour la même action sont des moyens qui permettent aux enfants de poursuivre dans la même tâche (exemple : envois de balles différentes, dans des conditions variées, pour des cibles diverses...). Le plaisir et l'effort de l'enfant persistent à travers la même situation pendant un temps qui pourrait être considéré comme ennuyeux pour un adulte... Cela n'exclut pas, parallèlement, la grande variété des jeux, des exercices....

♦ A l'Initiation, l'enseignant doit avoir suffisamment de rigueur pour donner à l'enfant une bonne technique de base. Cela suppose de la part de l'enfant plus d'attention, de répétition, d'envie de bien faire, d'observation pour imiter... L'apprentissage des règles, l'acceptation des «fautes» dans le jeu demandent aussi des efforts car le match contre un adversaire est une «épreuve» pour l'enfant.

♦ En Perfectionnement, ce n'est plus seulement réussir des actions de jeu, c'est rechercher l'efficacité par rapport à un adversaire, c'est donner le meilleur de soi-même dans la compétition, être un «battant» quel que soit le résultat («je ne peux savoir ce que je suis, ce que je veux, ce que je vaux que dans la rencontre et dans l'épreuve» (Boris Cyrulnik). Pour donner toute son énergie, surtout lorsque la confrontation est dure, la persévérance dans l'effort physiquement et mentalement est absolument nécessaire.

⇒ *Recommandations :* l'éducation sportive, la rigueur de la formation tennistique, la nécessité d'une préparation physique, d'une préparation à la compétition dans le club junior sont des atouts indispensables pour faire de l'enfant un joueur sachant se surpasser.

4). La concentration

♦ Au Mini-tennis, l'enfant de par son égocentrisme, sa vie dans l'instant est «ici et maintenant» avec «son» jeu, «ses» règles, «sa» raquette... Mais l'enseignant lui rend aussi l'espace de jeu attractif (zones colorées, cibles attirantes visuellement (avec des repères horizontaux et surtout verticaux), affectivement (silhouettes d'animaux). De plus la variété des ateliers permet de mieux maintenir l'enfant dans la séance en prolongeant l'aventure motrice.

♦ A l'Initiation, l'enfant développe ses qualités d'observation au bénéfice d'une meilleure imitation; il est plus à l'écoute des conseils; il est capable de respecter des consignes techniques d'exécution et d'appliquer des tactiques simples; il commence à s'auto-évaluer à la fois sur le résultat et sur les moyens de ses actions.

♦ En Perfectionnement, la précision des coups, la rapidité d'intervention sur la balle, le choix des intentions... nécessitent une attention plus soutenue, de tous les instants, vu l'urgence des situations. Avec la compétition, toute une série de distractions sont à combattre car elles «rivalisent» avec la concentration.

⇒ *Recommandations :* Le rôle de l'enseignant est essentiel pour fixer l'attention des enfants, la faire durer en combinant le plaisir, l'intensité de la stimulation dans l'exercice ou le jeu, les consignes précises au bénéfice de la réussite dans les actions.

L'apprentissage de la compétition apporte, aussi, des remèdes à la distraction qui survient particulièrement entre les points, aux changements de côté. Il faut que l'enfant vive ces moments de distraction, qu'il en prenne conscience et qu'il soit aidé à travers des solutions simples (des mots, des pensées, des rituels...). Il lui faut stopper rapidement les réactions émotionnelles destructrices par des pense-bêtes mentaux simples («stop» quand je sens de l'énervement, « je suis prêt » pour le point, le jeu suivants...)...), des comportements (quitter rapidement l'endroit où l'on a fait la faute...). Les enfants s'imprègnent vite, en effet, de comportements négatifs. En conséquence, pour s'approprier des pensées et comportements positifs, il faudra à la fois donner des solutions et beaucoup répéter, appliquer.

5). L''esprit de compétition, l'énergie pour gagner

♦ Au Mini-tennis. Le besoin de l'enfant de s'activer, de s'accomplir pour tester ses capacités (qu'il croit «énormes» : «je sais»...sans savoir faire !), pour accomplir des exploits... le vitalisent, l'émoustillent et le font toujours gagner ! Car, même quand il partage un jeu avec d'autres, il joue pour lui...

♦ A l'Initiation, la relation avec les autres est plus importante que le besoin de performance. Les jeux en coopération, les jeux duels favorisent un désir de compétition mais pour des gains relatifs, évalués par rapport aux autres. Les enfants aiment bien aussi qu'on les prenne comme témoins de la performance de leur (s) camarade (s) (que ce soit pour une bonne appréciation (et non pour dévaloriser les copains) ou une comparaison proche de leur valeur). Cette émulation est positive car elle fait, de plus, apprécier à l'enfant ce qu'il fait soi-même en comparaison non seulement avec la valeur de l'enseignant (qui peut être jugée lointaine car idéale) mais avec celle des autres enfants.

♦ En Perfectionnement, la recherche de l'efficacité vis-à-vis de l'adversaire, la mise en place d'un système de compétition engagent l'enfant dans un processus de duel : le désir de se mesurer à un adversaire, de montrer ce qu'il sait faire dans des situations d'opposition amorce l'attitude de l'enfant face à la compétition.

⇒ *Recommandations :* prendre le temps avant de lancer l'enfant dans la «vraie» compétition officielle : l'aguerrir par une bonne formation sportive dans le club, le préparer par des compétitions internes puis par des compétions officielles par équipes où le soutien pédagogique est encore possible. Avec la compétition officielle individuelle, le monde tennistique devient plus stressant, les parents sont souvent angoissés et les enfants ne sont pas toujours prêts à supporter la «pression» du match.

Quelques conseils supplémentaires pour la formation mentale des jeunes

Les considérations précédentes permettent de comprendre qu'il n'est pas nécessaire d'être un préparateur mental professionnel pour influer positivement sur le psychisme des enfants qui apprennent le tennis. Il suffit d'être tout simplement un bon enseignant qui s'intéresse aux enfants dans leur expression totale (mentale, physique, motrice).

Pour apporter un «plus» à la formation des jeunes joueurs:

– Leur faire observer (et, si possible, leur commenter) des matches de joueurs de bon (haut) niveau pour une prise de conscience de la nécessité des qualités mentales autant que physiques, techniques.

– Leur fixer des objectifs personnels et concrets en les impliquant dans le choix de leurs buts. Leur apprendre progressivement à s'auto-évaluer (d'autant plus s'ils sont perfectionnistes !).

– Profiter de leur goût de l'effort pour leur demander de réaliser des tâches difficiles (c'est aussi un moyen de les concentrer fortement sur leurs actions alors qu'ils manquent, en général, d'attention). Savoir leur redonner du temps (comme lors des «temps morts» dans les matches) pour qu'ils se ressourcent et donnent à nouveau le maximum.

– Les concentrer sur la balle en choisissant des exercices qui développent cette qualité visuellement (regarder le plus longtemps possible la balle, essayer de discerner si la balle tourne lors de son vol...); auditivement (écouter le son à l'impact de la balle à la fois lors de la frappe de l'adversaire et de sa propre frappe); par des sensations kinesthésiques (contacts au sol avec les appuis pour se placer à la balle...); en match, les concentrer sur l'objectif primordial de «jouer *toutes* les balles».

– Les convaincre de garder une attitude positive par rapport à la victoire ou la défaite / Les amener à penser, agir de façon positive : se parler avec des pense - bêtes mentaux / Avoir un comportement conquérant (marcher droit entre les points...), des rituels simples avant d'engager (faire rebondir quelquefois la balle avant de servir...), de retourner (sautillés...).

- Former les parents à une même attitude positive vis-à-vis de la compétition (état d'esprit, comportement, langage lors des matches de leur enfant) et dans la vie courante.

C. L'évaluation [18]

En Initiation*, la référence c'est le document DTN n° 2* : les nouveaux tests de balle).

Nb : la FFT s'est conformé en 2008 à l'ITF ⇒ 1ère balle «rouge» (terrain de 11m sur 5 à 6m, balle en mousse) ; 2ème balle «orange» (terrain de 18m sur 8, 23m, balle souple); 3ème balle «verte» (terrain normal, balle intermédiaire).

L'évaluation s'effectue *en contrôle continu ou lors de séances - tests.*

Elle vérifie les acquis techniques, tactiques, physiques, mentaux autant dans des conditions de matches que de situations de jeu, de situations d'apprentissage et de tests physiques pour apprécier toutes les qualités du joueur.

L'évaluation d'un exercice, d'une situation de jeu

Constat de la réalisation (ou non) des objectifs fixés :

[18] Connaissance, seulement, des tests de balle pour l'initiateur.

• Par la quantité d'actions réalisées (nombre de frappes, nombre de réussites dans des cibles, rôle et temps passé par chaque élève dans son rôle (ramasseur, envoyeur, joueur...)).

• Par la qualité des actions :

– écart entre le niveau de réussite au départ et celui atteint en fin d'exercice ; écart entre ce qui est réussi dans l'exercice et lors du retour à une situation plus globale.

– transformations techniques, comportements tactiques... plus ou moins acquis à la fin de l'exercice ou en situation.

– motivation lors de l'exercice (réactions des enfants : plaisir, vitalité, rires, commentaires...).

– capacité de compréhension et d'expression des élèves.

L'évaluation globale ***d'un jeune joueur de 7 – 10 ans***
Qualités notées de 1= faible à 5 = fort)

	1	2	3	4	5
Adresse					
Aisance gestuelle					
Vitesse de balle					
Dynamisme					
Plaisir du jeu					
Concentration					

En Perfectionnement, l'évaluation est plus précise :

L'évaluation TECHNIQUE d'un joueur de 10 - 12 ans en perfectionnement
Sur les fiches ci-après, cocher les points qui sont caractéristiques du joueur.

Jeu de jambes

Date
☐

Avoir une bonne attitude d'attente
Travailler les reprises d'appuis et le déclenchement des premiers pas
Travailler sur le dynamisme des déplacements
Travailler les replacements
Travailler les ajustements pour se placer à la balle
Travailler sur le placement équilibré avant la frappe
Travailler sur le dynamisme du jeu de jambes à la frappe
Travailler à aller jouer la balle plus tôt, plus vite
Travailler la coordination bras - jambes dans les déplacements

Service

Date
☐

Avoir une meilleure position de départ
Changer de prise

Respecter le même rituel avant de commencer le service
Effectuer un meilleur lancer
Préparer avec plus de rotation des hanches et des épaules
Effectuer une préparation compacte / descendante
Avoir une position d'armé correcte
Fléchir les genoux dès la présentation de balle
Etre plus fléchi avant de déclencher la frappe
Etre équilibré avant la poussée des jambes
S'étirer pour atteindre la balle plus haut
Transférer le poids du corps dans la frappe
Etre équilibré lors de l'accompagnement dans la direction du coup
Travailler le pourcentage de 1ères balles
Améliorer le second service
Varier ses services
Coup fort ?

Coups de fond de court

Date

COUP DROIT — REVERS

Avoir une bonne attitude d'attente entre les coups
Changer de prise
Limiter la préparation / Amplifier la préparation
Effectuer une préparation convexe / horizontale
Préparer plus tôt
Orienter plus les épaules dans la préparation
Frapper la balle plus en avant
Frapper la balle plus à distance du corps / plus près du corps
Effectuer une mise à niveau plus importante
Traverser plus la balle
Terminer le geste
Placer ses appuis en ligne / ouvrir ses appuis
Fléchir plus sur les jambes
Contrôler plus ses coups
Accélérer plus ses coups
Varier plus ses coups
Coup fort ?

Jeu au filet

Date

VOLEE — SMASH

Avoir une bonne attitude d'attente entre les coups
Changer de prise
Préparer moins — Préparer plus
Préparation compacte / ample
Préparer plus tôt
Fléchir plus sur les jambes — Orienter plus les épaules

Frapper la balle en avant
Se placer et s'équilibrer sous la balle
Avancer dans la frappe
Avoir un poignet ferme à l'impact
S'étirer pour atteindre la balle
Avoir un équilibre dynamique dans la frappe
Effectuer un effet coupé
Bascule du poignet à la frappe
Travailler les volées hautes / les volées basses
Travailler les volées de préparation / les volées décisives
Enchaîner la frappe et le replacement

L'évaluation TACTIQUE d'un joueur de 10 - 12 ans en perfectionnement
OUI/NON

Mise en jeu lors du 1er service :
– gêne l'adversaire par la puissance de son coup..........................
– gêne l'adversaire par la variété de ses services..........................
– gêne l'adversaire par la précision de ses services ....
– gêne l'adversaire en jouant le coup faible de l'adversaire ....
– ne pose pas de problèmes à l'adversaire ....
– pourcentage de 1ères balles de service.......................................

Mise en jeu lors du 2ème service :
– nombre de double fautes ....
– gêne l'adversaire par des services à effet ....
– ne met pas en difficulté l'adversaire..

Relance du jeu lors du 1er service adverse :
– neutralise l'adversaire ....
– le met en difficulté...
– effectue des retours faibles...
– commet la faute – nombre de fautes directes..............................

Relance du jeu lors du 2ème service adverse :
– prend l'initiative du jeu
– ne prend pas d'initiative...
– commet la faute – nombre de fautes directes..............................

Régularité dans l'échange :
– tient l'échange en utilisant des zones longues axiales.......................
– tient l'échange en utilisant les diagonales......................................
– tient l'échange en variant ses trajectoires (hauteur, direction, longueur)...
– tient l'échange en variant ses trajectoires par les effets....................
– n'est pas régulier dans l'échange...

Reconnaissance du rapport de forces avec l'adversaire :
– attaque lorsqu'il est en situation pour le faire..............................
– défend lorsqu'il est en situation pour le faire..............................

Attaque:
– par des frappes accélérées du fond du court................................
– par des frappes suivies au filet...
– en jouant sur la (les) faiblesse (s) de l'adversaire..........................

Défense :
– par des trajectoires longues et hautes..
– par des lobs...
– par des passings..

L'évaluation du COMPORTEMENT d'un joueur de 10 - 12 ans en perfectionnement

OUI/NON

– montre de l'enthousiasme, est motivé
– a confiance en lui
– possède le goût de l'effort
– est concentré et applique les consignes
– analyse bien ses situations d'échec et de réussite
– a l'esprit de compétition

L'évaluation des QUALITES PHYSIQUES

Qualités aérobies : test de Luc Léger, très performant pour mesurer la Vo2 max. Mais ce test (cassette à la disposition de peu d'enseignants) peut être remplacé par le test de Cooper : course continue le plus vite possible pour la plus grande distance possible pendant 12' (test moins scientifique mais donnant un bon aperçu des qualités aérobies).

Vitesse :

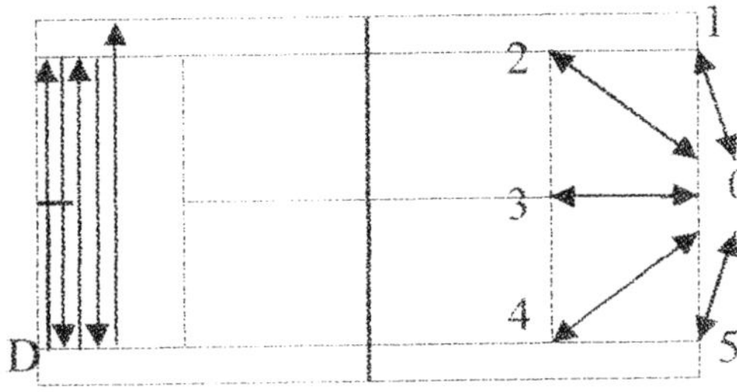

Test de la NAVETTE Test de l'ETOILE

Navette : Temps pour 5 sprints entre les lignes de simple avec ½ tours face au filet.

Etoile: à partir d'une raquette au point O et de balles posées en 1, 2, 3, 4, 5, sprints pour aller ramasser et poser successivement chaque balle en O. Temps à la pose de la 5ème balle sur la raquette.

Force* : *Force du haut du corps

LANCER de balles (de tennis pour l'Initiation ; lestée =200 g pour 10 - 12 ans).Debout, pieds décalés, lancer le plus loin possible (force du haut du corps).

Force des jambes

MULTI – BONDS : 4 bondissements horizontaux alternés puis le 5ème groupé pour le plus grand saut en longueur.

SERGENT - TEST (debout bras tendu puis saut pieds joints sans élan bras tendu : différence entre les deux marques de la main contre un mur).

Souplesse :

Debout sur un banc. Maintenir pendant 3'' le haut du corps enroulé sur des jambes tendues. Si les doigts sont au-dessus du banc : distance – en cm. Si les doigts sont en dessous du banc : distance + en cm.

Coordination : ces qualités sont évaluées à travers l'aisance des apprentissages techniques, l'économie et l'efficacité dans le rendement musculaire pour développer les actions.

L'évaluation des QUALITES MENTALES

En Initiation, Perfectionnement, on ne peut pas ne pas entrevoir les qualités mentales fondamentales des enfants pour le tennis : l'envie, le plaisir de jouer ; la confiance en soi ; le goût de l'effort ; la concentration; voire l'esprit de compétition.

En dresser un tableau objectif ne semble pas réaliste : on ne peut que juger les qualités mentales et non les quantifier objectivement au contraire des qualités physiques ⇒ part de subjectivité.

Rendre compte aux parents de ces qualités mentales par des jugements (surtout s'ils sont moraux) qui ne seraient pas positifs ne passe pas toujours bien ! («insuffisant au niveau de l'effort, faible en concentration», «a tendance à voir les balles de l'adversaire plus souvent fautes qu'en réalité»...). Ils acceptent mieux que leur enfant ne court pas vite, s'essouffle rapidement !...

Dire avec tact aux enfants ce qu'on pense de leur comportement (qui peut être différent lors de l'enseignement, du jeu mais aussi dans la vie hors tennis) est pourtant pertinent. Mais les valoriser autant que possible.

Dialoguer avec les parents sur le comportement de leur enfant est aussi nécessaire mais, même en ayant une bonne connaissance des parents, il faut présenter avec finesse tout jugement à forte dose négative au plan mental. Il faut dire la vérité, certes, mais avec beaucoup de tact, en choisissant ses mots, au bon moment, même par rapport au parent qu'on pense le plus ouvert...

Conseils pour bien observer

D'abord observer avec le plus d'objectivité possible. Pour cette raison, une observation - bilan la plus sincère à la fin d'un cycle nécessiterait le regard d'un autre enseignant («un œil neuf») ... s'il en connaît le point de départ. Sinon l'objectivité de l'enseignant directement concerné par son travail dépend de sa faculté à se mettre à distance (sans préjugé, sans passion...), de se détacher de l'objet d'observation, d'avoir un esprit critique, ce qui n'est pas aisé ! De plus il a tendance à observer ce qu'il a envie de voir, ce qu'il connaît bien ; or observer n'est pas interpréter : c'est mettre en évidence les modalités d'action du sujet .

Bien observer exige donc une compétence à base de connaissances (avoir des références sur l'activité, sur les niveaux d'apprentissage... ⇒ être un expert dans sa discipline), *de savoir - faire* (fiches d'observation, moments, lieux d'observation...) et *de savoir - être* (objectivité...).

Conditions d'observation

Eviter la distraction, la perturbation (s'isoler).

Se placer judicieusement (éviter d'être face au soleil, prendre du recul : champ d'observation large, changer d'angle de vision...).

Prendre du temps pour observer ⇒ saisir ainsi toutes les capacités de l'élève comme celles du joueur (qui peut avoir un comportement très différent en match (et selon différents adversaires) par rapport à la séance d'enseignement).

Gagner en expérience car voir avec pertinence nécessite des connaissances, un coup d'œil averti, un bagage pédagogique, une curiosité...

Etre le plus neutre possible par rapport à l'objectif recherché.

Faire en sorte que l'élève se sente le moins possible «jugé».

Observer le plus possible dans une situation globale se rapprochant du jeu.

Moyens

• ***L'œil*** (si possible expert : œil du « maquignon»!) pour une observation globale, empirique.

• ***La vidéo*** (objectivité parfaite ; joueur face à la réalité ; trace dans le temps avec possibilité de comparaison au cours de l'apprentissage... mais nécessité d'une compétence, utilisation lourde en temps, matériel et argent). De peu d'importance au niveau de l'Initiation sinon pour observer des cassettes pédagogiques (cassettes FFT : «de la démarche pédagogique...», cassettes Mini - Tennis) permettant à l'enseignant d'avoir de solides références sur les comportements habituels des enfants lors de l'apprentissage, de mieux saisir la démarche... Mais au niveau des joueurs professionnels, les matches sont filmés avec une possibilité d'exploitation par l'entraîneur.

• ***Les fiches d'observation*** (l'observation globale ne permet pas de tout mémoriser ⇒ fiches pour rationaliser l'observation du professeur et structurer ses remarques). Là encore ce soutien est plus utile pour l'entraînement car, en Initiation, le rapport pédagogique est énormément basé sur la relation directe, l'enfant croyant tout ce que dit l'enseignant (feedbacks directs) ... Cependant elles peuvent servir de guide (surtout techniquement) pour apprécier la progression de l'élève et pour comptabiliser sa réussite (document DTN n° 2.: fiches de tests vérifiant les acquis et le résultat des actions).

Exemples de fiches simples d'observation en Perfectionnement :

– *Observation tactique* à privilégier pour donner, suite au jeu, un éclairage supplémentaire au joueur ⇒ quels espaces adverses le joueur utilise-t-il ? Dans quelle zone préférentielle se situe-t-il en fond de court et pour volleyer ? (fiche des points d'impact sur le terrain adverse ou hors des limites faisant apparaître la diversité ou non dans la longueur, la direction des frappes, les fautes commises) ; quels sont ses espaces privilégiés de replacement) ⇒ voir mon livre Tennis et Pédagogie.

– *Observation technique* : fiches «classiques» de moments de prises de balle, de moments de préparation des coups selon les trajectoires reçues, de niveaux de frappe... Même si elles sont simples, elles sont de peu d'intérêt vu que les jeunes ne contestent pas les conseils de l'enseignant qui leur demande de préparer plus tôt, de prendre la balle au sommet du rebond ou dans la phase descendante après rebond... En revanche les appréciations sur les acquisitions techniques attendues suite au travail effectué valident la progression technique de l'apprenant (voir les tests de balle et le carnet d'évaluation technique du jeune joueur en perfectionnement ci - dessus) et pas seulement sa réussite en situation de jeu (préférer la performance plus que les résultats pour la formation d'un joueur complet).

• ***Les matches.***

L'évaluation de l'ENSEIGNANT

Qualités: faible, insuffisant, moyen, bon, très bon sur : **le comportement de l'enseignant** : communication (voix, langage, démonstration...) / enthousiasme / dynamisme / autorité, rigueur ; **la démarche** pédagogique (faire jouer / observer / évaluer / choisir des objectifs et des moyens pédagogiques adaptés / mettre en place et diriger des exercices / individualiser voire personnaliser les interventions).

D. La Programmation [19]

Programmation pour le Mini – tennis

1er cycle (1 - 2 mois) 2ème cycle (1 - 3 mois) 3ème cycle (1 - 3 mois)

Objectifs au plan des actions

Envois	Lancers et envois de différentes balles, de différentes manières (à la main, avec raquette).	Lancers (différentes balles) et envois (balles en mousse, souples) dans des cibles larges.	Envois de balles en mousse, de balles souples par-dessus un obstacle (dont le filet) dans des cibles réduites.
Renvois	Contact balle (en mousse) – raquette, au sol.	Renvois de balle (en mousse, souple) de volée, après rebond (s), dans une zone large.	Renvois de balle (mousse, souple) de volée (Vcd et Vrv), après rebond (CD et RV) par-dessus un obstacle (dont le filet), dans une zone large.
Echanges (partenaires)	Passes à la main, au pied, avec une crosse de hockey ou une raquette de différentes balles, ballons roulant au sol.	Echanges avec raquette de ballon - paille, balle mousse, entre l'enseignant et l'enfant, sans obstacle, dans différents espaces.	Echanges enseignant_ - enfant et entre enfants, par-dessus un obstacle (dont le filet) avec balles mousse, souple (terrain de 12 m sur 6m).
Opposition (adversaires)		Idem mais en jouant là où l'autre n'est pas.	Idem mais en jouant là où l'autre n'est pas.

[19] L'initiateur sera peut-être plus tenté de s'appuyer sur le programme type d'initiation ci-après car il aura le sentiment sécurisant d'être sur une voie d'enseignement bien délimitée

Objectifs au plan des premières empreintes technico – tactiques

Technique	Etre équilibré lors des lancers, des envois.	Tenir sa raquette en bout de manche. Avoir une bonne attitude (jambes - bras) en attente avant de renvoyer, d'échanger.	Se déplacer et se replacer tôt. Etre équilibré et frapper les balles en avant de soi. Frapper des balles au -dessus de soi.
Tactique	«Donner» la balle à son camarade par un lancer à la main, par un envoi avec la raquette.	Lancer, envoyer la balle à son camarade près ou loin de lui. Renvoyer la balle de volée ou après rebond vers le camarade. Faire le plus possible de «passes» avec l'enseignant.	Gagner le point en déplaçant l'adversaire sur les côtés et en avant, en arrière. Mettre en jeu par un service. Matches avec décompte de points (exemple : le 1er à 7 points).

Pour situer le programme type d'initiation ci-après, je me réfère à la programmation générale de l'Initiation du document DTN n°3 avec quelques petites modifications personnelles.

Programmation générale technico - tactique de l'Initiation

A la fin de l'Initiation, l'enfant doit être capable de jouer des points sur un terrain intermédiaire (avec des balles souples) ou sur un terrain normal (balles intermédiaires).

Pour un enfant de 7 ans ayant des aptitudes moyennes, le temps à peu près réaliste pour parvenir à cet objectif me semble être de 2 ans (terrain intermédiaire – balles souples), 3ans (terrain normal – balles intermédiaires). Ces temps d'apprentissage sont d'autant plus plausibles que des objectifs techniques, tactiques, éducatifs sont à acquérir. En revanche, pour un enfant adroit et pratiquant le tennis plus d'une fois par semaine, les temps d'acquisition seront, évidemment, nettement plus réduits,. Selon le niveau des enfants, envisager des périodes de temps entre 3 et 6 mois (voire plus) dans la phase d'Initiation.

Initiation – 1ère période (souvent en situation près et plus ou moins large; parfois en situation loin en envoi)	
Objectifs généraux	**Objectifs d'apprentissage**
Tactique : Jouer des points en cherchant à atteindre des zones.	*Tactique* : -*placer* la balle dans une zone proche et large, *donner* une bonne balle à l'autre. - *jouer là où l'autre n'est pas.*
En fond de court Mettre la balle en jeu en coup droit. Renvoyer des balles faciles.	*Technique* : -*attitude* jambes- haut du corps -notion de *placement* du corps *de profil* avant l'envoi (*tout le corps*: jambes – bras ; *le haut du corps* sur des appuis ouverts). -*frappe de balle en avant.*
A la volée Renvoyer de volée des balles faciles.	-*attitude/ tenue de raquette.* -positionnement du *joueur plus ou moins près du filet.* -*frappe de balle en avant.*
Au service Mettre la balle en jeu en la frappant au - dessus de la tête.	-présentation de la balle au - dessus de la tête pour une *frappe sans déplacement.*
Initiation 2ème période (situations de plus en plus variées en longueur et largeur)	
Tactique : Avoir une intention de jeu.	Tactique : - *jouer avec l'autre* dans des zones précises. - *jouer contre l'autre.*
En fond de court Apprécier des trajectoires lentes dans des espaces différents. Renvoyer des balles faciles, droit devant soi, croisées, décroisées. Rechercher la régularité dans des zones larges. Echanger avec l'enseignant : .alternance ou non de CD et RV. .frappes contrôlées.	-*notions de déplacements – placements – replacements* : . sur balles lentes plus ou moins latérales .sur balles lentes plus ou moins longues - *placement équilibré*, épaules de profil avant la frappe. - *notions de technique gestuelle* : . hauteur de frappe de balle (entre taille et épaule). .préparation précoce et directe : orientation d'épaules et tête de raquette placée vers l'arrière.
A la volée Renvoyer de volée des balles faciles (enfant plus ou moins près du filet) Frapper dans des zones larges, droit devant soi ou dans des directions croisées. (balles frappées à mi - hauteur).	-*attitude d'attention.* -*tamis présenté tôt à la balle.* -*frappe en avant de soi.* -jeu de jambes : *frapper en mouvement vers l'avant.*
Au service Atteindre le carré de service en	-*position de départ / tenue de raquette.* - *descente simultanée puis séparation des*

diagonale ou dans l'axe : .de la ligne de service . de la ligne intermédiaire.	*bras pour le lancer, la préparation.* *-découverte de la boucle.* -contrôle de l'*équilibre lors du lancer et de la frappe.*
Initiation 3ème période (de plus en plus sur tout le court (balles souples sur terrain intermédiaire, balles intermédiaires sur terrain normal))	
Tactique Chercher à gagner un match.	*-jouer là où l'autre n'est pas ou n'aime pas.* *-jouer avec son meilleur coup* dans des zones précises. *-rechercher la précision, la régularité.*
En fond de court Défendre son terrain ; apprécier des trajectoires variées. Renvoyer des balles à la suite d'un grand déplacement latéral ou (et) vers l'avant ou l'arrière. Enchaîner des coups différents. S'exercer à des vitesses de frappe différentes en réception de balles faciles.	*-amélioration des reprises d'appuis, des déplacements, des placements, des replacements.* - différencier *prises de CD et RV.* - notion d'*accélération à la frappe.* *-accompagnement vers l'avant.*
A la volée Frapper en avançant pour atteindre des zones larges, droit devant soi ou croisé.	*-couverture du filet* (déplacement - replacement). *-prises différenciées en Vcd et Vrv.* *-poignet ferme à l'impact.*
Au smash S'adapter à des trajectoires lobées et proches.	-notions de déplacement et de *placement du corps sous la balle.* -recherche d'*équilibre* à la frappe.
Au service Servir en diagonale .d'une position intermédiaire . de la ligne de fond de court. Rechercher la régularité.	-contrôle de l'*équilibre* lors de la frappe. -amélioration de la *boucle.* -notion de *prise* (1/2 fermée de CD tolérée).

Programme pratique «type» d'Initiation (enfant débutant à 7 ans)

Séance d'1h 15 / semaine (temps de séance possible même pour les petits clubs)

Plan d'une séance :

1) jeux sportifs ou jeux tennistiques (dirigé ou libre) (≈ 15 min.).

2) mise en place et déroulement de situations de jeu et d'exercices pour apprendre à jouer au tennis (50 min.).

3) jeux sportifs ou jeux tennistiques (dirigé ou libre (dont des petits matches avec de l'arbitrage)) (≈ 15 min.).

Les jeux sportifs sont d'excellents compléments pour les habiletés motrices générales ainsi que pour les valeurs sportives. De plus, ils sont faciles à mettre en place, ils plaisent aux enfants par leur caractère ludique. Ils peuvent constituer de bons échauffements et prises en main ou terminer une séance en activant, en relançant les enfants vers d'autres formes de jeu.

Les jeux tennistiques répondent à un impératif de démarche pédagogique (tout part du jeu et revient au jeu) et à une motivation fondamentale de l'enfant (le jeu).Ils sont placés à tout moment de la séance en fonction des exigences pédagogiques : ils servent de fil conducteur à la séance.

Lorsque le jeu est dirigé, l'enseignant intervient pour mentionner des fautes, des points forts, faire prendre conscience de situations caractéristiques, rendre significatifs des éléments importants du jeu...).

Le jeu libre est le vrai révélateur du niveau des acquis de l'enfant car, celui-ci retrouvant sa spontanéité, se met à nouveau «à nu», oubliant ou intégrant ce qu'il a travaillé.

Séances 1 à 5

1) **Jeux sportifs** (voir les jeux sportifs collectifs ou les jeux enfantins traditionnels dans le chapitre général «le physique à l'Initiation»).

2) **Situations et Exercices** :

a) Situation près (15 à 20 min.) :

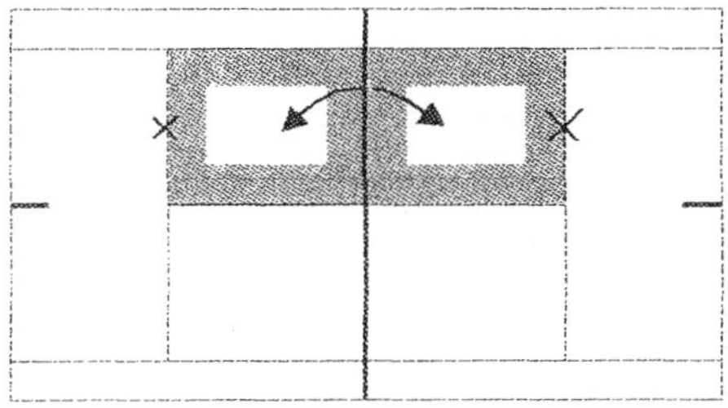

a1) *essai de* jeu d'échanges : *«passes»* entre camarades (coopération).

a2) *constat* : *dès l'envoi, la balle n'est pas bien «donnée» au camarade* ⇒ exercices avec des *envois individuels de frappes «douces»* ⇒ problèmes de présentation de balle, de cible à valoriser (rebond au milieu du carré de service adverse) pour le contrôle de la frappe douce (voir les exercices d'envois de balle avec raquette).

a3) *essai d'échange* suite à ces séries d'envois doux, précis (alternance situation - exercices).

a4) exercices d'*envois individuels doux* avec une importance à accorder aux *plans de frappe avancés*, à l'*équilibre à la frappe* à travers la variété des coups à jouer (ébauches de CD, RV, S, Vcd).

a5) retour aux essais d'*échanges.*

a6) *distribution de balles au panier pour un ½ groupe (l'autre ½ groupe en essais d'échange sur l'autre ½ terrain dans les carrés de service),* avec alternance de ces ateliers. Distribution par l'enseignant de balles à rebond toujours avancé dans le carré de service pour des renvois faciles avec plan de frappe en avant (consigne particulière : rester vers la ligne de service pour laisser venir la balle plutôt que de se précipiter sur le rebond).

a7) essais d'*échange entre l'enseignant et l'enfant (qui engage*) (1/2 groupe). Rotation des élèves après deux points joués.

a8) *distribution par l'enseignant de la même trajectoire de balle (avec plus de courbe) à l'enfant près de la ligne de service, pour des renvois de volée* ⇒ être prêt à s'engager rapidement vers l'avant et frapper la balle avant le rebond (contraste avec la situation a6) précédente) ⇒ être dynamique avant de recevoir la balle (attitude sur les jambes) + raquette au milieu du corps (attitude sur le haut du corps) avec une tête de raquette logiquement vers l'avant pour cette frappe en avant.

NB : tous ces exercices sont à mêler dans ce cycle de séances pour contribuer particulièrement à une appréciation de trajectoires de balle dans un petit espace de jeu, une ébauche d'attitude, des plans de frappe avancés. Avec des balles (en mousse, souples) adaptées au niveau des enfants.

b) Situation loin (15 à 20 min.)

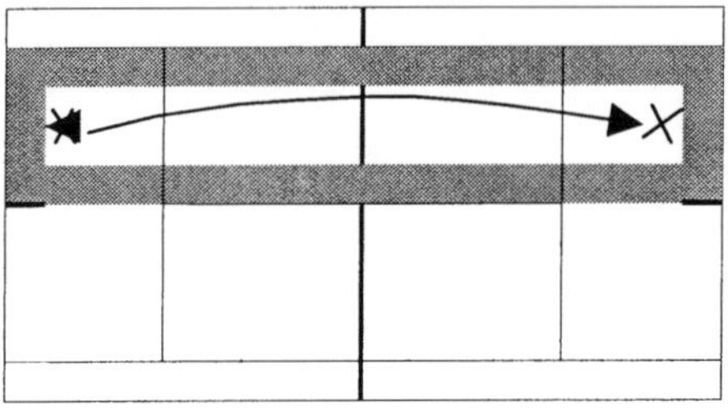

b1) essayer de *jouer comme les «grands»* qui se placent au fond du court pour envoyer la balle à un camarade situé aussi vers la ligne de fond de l'autre côté du filet ⇒ essais d'envois longs, forts pour joindre l'autre.

b2) les balles arrivant rarement vers l'autre vu la difficulté de la tâche, nécessité de *séries d'envois individuels pour une meilleure réussite* :

– *Valoriser la plus grande agressivité dans la frappe, la plus grande horizontalité de frappe* (voir le chapitre d'exercices : appréciation par les envois de balle avec raquette).

– *Varier la position de l'envoyeur* (passer de la ligne de fond à la ligne intermédiaire, à la ligne de service et inversement).

– *Matérialiser la cible de la trajectoire* (pour obtenir une trajectoire horizontale, placer un élastique à 2 m du sol au-dessus du filet (à 0,70m) ⇒ faire passer la balle dans cette lucarne).

– Favoriser la présentation de balle vers le haut, à la verticale, pour que l'enfant ait le temps de prendre de l'élan au plan gestuel et s'orienter naturellement à côté de la balle présentée (comme l'intention de frappe forte ou longue l'y incite). Accepter même dans un 1er temps un 2ème rebond avant la frappe pour un temps d'organisation supérieur.

– *Varier les modalités d'exécution des coups en CD et en RV* (coups à 1 main, coups à 2 mains, coups à 1 main avec l'autre main).

A travers cette vaste expérience mais vite ciblée pour des trajectoires horizontales (où il s'agit de trouver le meilleur compromis entre la distance du joueur par rapport au filet et sa frappe rasant le filet), c'est la découverte de la mise à distance par rapport à la balle, d'un élan, d'une fin de geste à exploiter techniquement (sensations à travers les situations proposées mais aussi imitation des réalisations réussies par les autres enfants, l'enseignant).

b3) sur des séries d'envois, *compter les points* (par exemple, point à chaque fois que, du fond de court, le filet est franchi ; point lorsque la balle passe entre le filet et l'élastique, l'enfant étant à x m de distance du filet...). Egalement décompte de points avec une appréciation de la qualité technique du coup (par exemple, si le geste ne s'arrête pas (fin de geste)).

c) Situation large (15 à 20 min.)

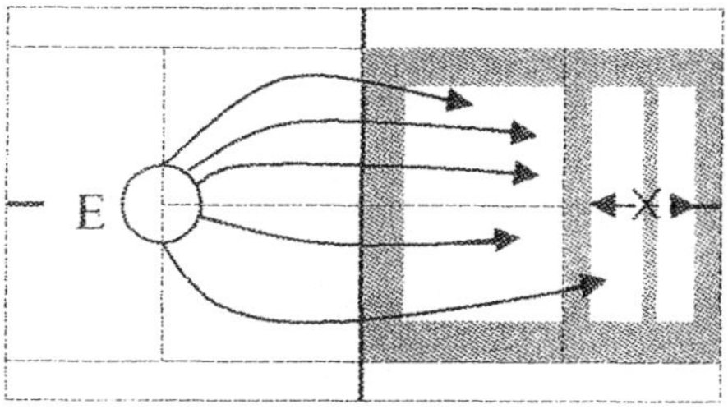

c1) *distribution au panier, par l'enseignant, de 5 balles pour chaque enfant* : balles séparées les unes des autres, plus ou moins éloignées de l'enfant dans la largeur du court ⇒ faire réagir aux trajectoires par des déplacements rapides vers la balle pour frapper, à travers une grande variété de situations :. Placements variés de l'enfant (à la ligne de fond - à la ligne de service - à la ligne intermédiaire).

. Filet - pas de filet - filet abaissé.

. Variabilité des balles (balles en mousse, souples).

. Balles roulant au sol (enseignant positionné devant le filet)/ balles envoyées sous forme de trajectoires plus ou moins courbes et lentes.

A travers ces situations multiples, il s'agit de faire apprécier à l'enfant les trajectoires de balle dans un grand espace latéral (autant au sol qu'en l'air), avec des ballons, balles de différentes consistances, avec le souci premier de défendre son espace de jeu (exemple : les balles reçues roulant au sol ne doivent pas dépasser la ligne de fond de l'enfant, les balles à trajectoires courbes doivent être frappées avant le 2ème rebond...). Puis faire frapper l'enfant avec des intentions (faire rouler la balle vers une zone, franchir le filet...). Cette perception des actions à mener sera facilitée par une distribution de trajectoires latérales que l'enfant perçoit mieux car elles se «déroulent» devant ses yeux.

c2) même distribution de balles au panier mais, dès que l'enfant a frappé la balle (ou essayé de la frapper), l'enseignant délivre une autre balle ⇒ *enchaînements de frappes et activité permanente de l'enfant (attention - action).*

Avec les exercices c1) et c2), les enfants comprennent et ressentent la nécessité d'une attitude pré - dynamique favorisant les réactions à toutes balles plus ou moins éloignées et difficiles ainsi que la tenue d'une raquette à 2mains au milieu du corps (vu l'incertitude de frapper la balle à droite ou à gauche du corps).

c3) *ces ébauches d'attitude étant envisagées* (autant par des découvertes que par l'imitation de camarades de jeu et de l'enseignant), *les répéter* particulièrement avant la 1ère des 5 balles et, si possible, après chaque frappe de la série des 5 envois (ou, au moins, à chaque fois qu'il y a un temps d'arrêt dans cette distribution des 5 balles).

c4) *même distribution de balles droite - gauche* (mais sur des séries de 2 balles) *par un enfant* pour son camarade (formation de travail en quinconce ⇒ voir § l'enseignant est organisé). Pour que cet exercice ressemble quelque peu au précédent, s'attarder sur l'exécution des lancers à la main de l'envoyeur à la cuillère (avec des appuis en ligne, des jambes fléchies, un balancement souple du bras de l'arrière vers l'avant).

c5) *compter les points* (sur 5 balles, combien de frappes, combien de frappes passant par - dessus le filet...). Donner aussi des points à la qualité technique de l'attitude (exemple : raquette reprise à 2 mains après chaque frappe).

Nb : pour éviter une trop longue attente de passage, le groupe de 6 enfants se répartit en 2 ateliers (4 au panier, 2 au ramassage des balles).

Remarques générales:

Sans exagérer l'importance des situations où l'enseignant distribue des balles à l'enfant (exercices au panier, jeux d'échange ou de rupture avec lui = pas plus du tiers d'une séance), il est incontestable que cette *relation directe avec l'enfant* est *très appréciée par celui- ci.* Cela change le rythme de la séance, la relation pédagogique, la qualité de travail vu la compétence technique de l'enseignant qui distribue les balles «juste comme il faut» pour les enfants à leur niveau de réussite possible.

Ne pas négliger le *jeu contre le mur* car il multiplie la quantité d'envois, de renvois et cela à travers des manières variées de frappes (balles roulant au sol ou avec rebond, à deux mains, à une main, frappes horizontales ou douces...). Des murs, il y en a dans un gymnase ! Les enfants sont en prise directe avec leurs actions sans rouspéter après un copain qui ne donnerait pas de bonnes balles...

3) **Jeux sportifs ou jeu tennistique (dirigé ou libre)** (15 min.)

Séances 6 à 10

1) **Jeux sportifs ou jeux tennistiques (dirigé ou libre).**

2) **Situations et Exercices**

a) Situation loin

a1) *même recherche de frappes horizontales en envoi (CD et RV) mais exploitation de la situation :*

– Au niveau intentionnel :

. Envois à l'endroit permettant le mieux la frappe rasant le filet (à 0,70m) ⇒ frappes fortes (à la ligne de service, à la ligne intermédiaire ?...).

. Envois à l'endroit permettant le mieux la frappe dans la zone de fond de court adverse ⇒ frappe longue (même positionnement que pour la frappe rasante ou positionnement différent?).

– Au niveau technique :

. Placement des appuis : valoriser la présentation de balle vers le haut, à la verticale, avec des appuis face au filet qui passent à des appuis «de côté» dans la frappe (l'enfant a la sensation de tourner autour de sa balle, d'autant plus si elle est présentée «devant son nez», face au filet) ⇒ notion de mise à distance avec des appuis avant - arrière («en ligne»). En fin de coup, retour des appuis face au coup joué (rotation des appuis dans la frappe).

. Placement des appuis en ligne avec la même présentation de balle vers le haut mais en oblique avant : rechercher la même distance de frappe et la même rotation du coup.

. Plan de frappe : suite au contournement de la balle (appuis de face) et suite au lancer en oblique avant (appuis en ligne), garder le plan de frappe avancé par rapport aux appuis.

. Geste : tenue de la raquette au bout du manche pour augmenter la sensation de mise à distance et d'élan / prise d'élan (préparation) / fin de geste (qui ne «s'arrête pas», «s'enroule autour du cou»).

Toujours avec une variété de moyens : à 2 mains, à 1 main, après 1 rebond en CD, après 2 rebonds en RV).

a2) compter les *points* (exemple : 1point pour la balle qui passe dans la lucarne, 2 points si elle rebondit en plus dans la zone de fond de court...).

Nb : Les situations loin, large, près se placent dans n'importe quel ordre dans la séance mais chacune apporte à l'autre des éléments transférables.

Les frappes fortes déclenchent de l'agressivité dans la balle et ébauchent facilement les mises à distance, les élans. Cependant elles seront moins mises en valeur ensuite que les frappes longues car elles peuvent exagérer les rotations sur les jambes dans la frappe («toupie»), les élans (en CD) et crisper le coup en fin de geste.

b) Situation près

b1) essais d'*échanges* avec un camarade, ligne de service à ligne de service (balles en mousse, souples ; filet baissé à 0, 70 m).

b2) *séries d'envois individuels avec des frappes douces après rebond* : CD, RV (2 rebonds pour frappe en RV) à partir d'une présentation de balle «posée» au sol (CD) ou lancée à la verticale (CD, RV) à distance du corps et en oblique avant, avec des appuis de face ou «en ligne» (découverts lors des frappes fortes, longues).

. En intégrant à ces frappes douces les éléments techniques des frappes fortes, longues (repérées et répétées en situation loin) : placement à côté de la balle, élan... ⇒ «frapper doucement avec la manière forte».

. En visant une cible nettement en avant de la ligne de service adverse, ce qui facilitera le début de l'échange lors de la recherche d'échange.

b3) *profiter de l'amélioration du lancer vertical* (déjà expérimentée lors des présentations de balles pour des envois forts, loin) *pour obtenir un lancer plus haut afin de frapper la balle au - dessus de la tête*, sur des appuis qui restent stables. Service pendulaire, certes (pas d'objectif de technique gestuelle), mais avec un lancer plus régulier vers le haut, au-dessus de la tête, dans des conditions d'équilibre à la frappe (lancer lent et long de bas en haut, bras allongé).Les lancers à la cuillère avec la main droite pour le camarade dans les exercices précédents ont leur importance car ils aident à la maîtrise de ce lancer avec la main gauche selon la même forme mais en variant la main et la hauteur.

Profiter de la notion d'appuis «en ligne», entrevue dans la situation loin lors des envois en CD, RV, pour prendre un placement identique au départ de l'envoi avec un service.

b4) *séries d'envois individuels en Vcd*, appuis de face, en s'appropriant les techniques entrevues lors des frappes douces après rebond (lancer (petit) à la verticale en oblique avant, à distance du corps; élan et fin de geste comme en CD).

b5) retour aux essais d'*échanges à partir d'un envoi doux et précis* (rebond en avant du camarade), avec la manière forte (CD, RV ou Vcd), sans la manière forte (S) en restant encore sur un geste pendulaire.

b6) *renvois de volée* (avec des balles en mousse puis des balles souples) : *volleyeur à la ligne de service ; envoyeur au milieu de son carré de service* lançant à la main, à la cuillère (⇒ utile non seulement pour cet exercice mais aussi pour la présentation de balle au service car étant de la même famille) ou frappant avec la raquette.

Jeu avec point pour l'envoyeur s'il réussit à faire rebondir la balle dans le carré de service adverse ⇒ intérêt à envoyer très en avant de son adversaire; *point pour le renvoyeur* si la balle est interceptée de volée.

. Se servir de ce jeu pour *travailler la technique des volées au plan de l'attitude* (jambes : être prêt, mobile avant l'envoi adverse; bras : raquette en avant, tenue à 2 mains, mains basses pour une frappe basse, vers l'avant vu la trajectoire courte d'envoi).

Nb : les enfants gagnant en qualité d'envoi ou de lancer, il est important de s'en servir pour qu'ils distribuent des balles précises, en particulier à petite distance, pour jouer avec ou contre un autre (au lieu de s'en remettre toujours à l'enseignant pour distribuer des balles, comme c'était nécessaire lors des séances 1 à 5).

b7) idem b1) à b5) mais de la ligne intermédiaire à la ligne intermédiaire (balles souples, filet baissé). *La meilleure distance pour concilier frappe douce avec la manière forte, longue.*

b8) *échanges entre l'enfant et l'enseignant, engagement par l'enfant.*

. Enfant et enseignant à la ligne de service : jeu dans les carrés de service (balles en mousse et souples).

. Enfant et enseignant à la ligne intermédiaire : jeu dans le ½ terrain intermédiaire (balles souples).

Laisser l'enfant jouer dans ce petit espace latéral avec son meilleur coup (souvent le CD) pourvu qu'il fasse le plus de «passes» à l'enseignant, celui-ci s'appliquant à délivrer des trajectoires de balle lentes, à rebond avancé, dans une zone centrale pour faciliter l'échange.

Insister, en revanche, sur l'engagement précis de l'enfant (exemple : refuser d'échanger avec lui si sa balle ne rebondit pas dans une (grande) zone centrale et en avant de l'enseignant). Insister aussi sur la qualité technique de l'engagement (présentation de balle ou appuis ou élan ...).

Après plusieurs échanges avec l'enseignant, l'enfant donne le meilleur score de ses frappes et le compare avec ses camarades.

Nb : pour ce jeu, le groupe de 6 enfants se sépare en 2 : 2 enfants passent en alternance en échange avec l'enseignant sur un ½ court, les 4 autres échangent par paires, en alternance sur l'autre ½ court ; rotation par paires pour passer avec l'enseignant.

c) Situation large (et près)

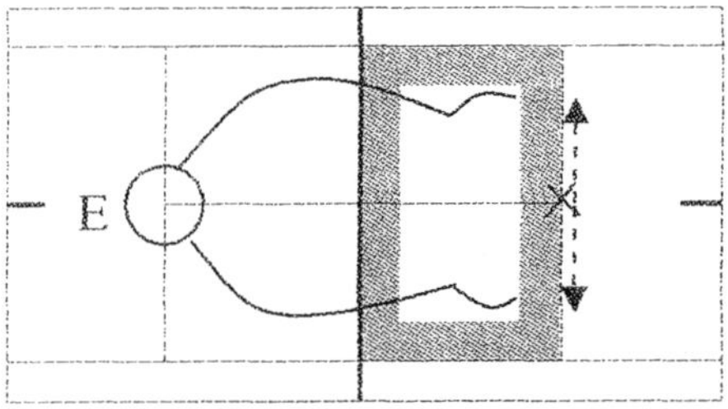

c1) *distribution de balles* (en mousse puis souples) *au panier par l'enseignant à l'enfant situé à la ligne de service et «défendant» son grand terrain dans la largeur* (les 2 carrés de service). Trajectoires latérales et lentes à rebond avancé.

▪*d'abord envois nettement séparés* pour privilégier la prise d'information sur les trajectoires de balle : toujours à droite (ou toujours à gauche)/ toujours un peu à droite ou beaucoup à droite... / toujours à droite puis toujours à gauche (et inversement), un peu ... ou très latéralement.

Sans souci de replacement : après la frappe, l'enfant attend à l'endroit où il a frappé, (essayé de frapper) ⇒ exemple : frappes sur balles envoyées de plus en plus à gauche; frappes sur une balle reçue un peu à droite puis frappe sur une balle nettement à gauche...Ces trajectoires identiques dans leur vitesse (lentes), longueur (rebond avancé), hauteur (courbe), permettent une meilleure identification de la trajectoire qui varie sur un seul paramètre : la latéralité mieux perçue par les débutants.

▪ *puis enchaînement des envois (4 balles successives) en gardant la seule variabilité dans les directions pour faire comprendre la liaison frappe - replacement* (sans souci de technicité de jeu de jambes de replacement (sinon de lieu de replacement ⇒ vers le milieu du court)) :

D'abord avec des balles systématiquement à droite puis à gauche (ou inversement) qui font comprendre la nécessité de revenir vers le milieu du court (succession de balles assez soutenue pour ressentir cette nécessité).

Puis avec plus de variété dans la latéralité (avec une succession moins rapide de balles mais plus ou moins éloignées).

⇒ Travail sur l'œil, l'attitude, l'enchaînement des actions.

c2) compter les *points* (1point si la balle est frappée par-dessus le filet, 2 points si la balle rebondit dans les carrés de service adverses) sur chaque série de 4 balles.

c3) *jeu enseignant - enfant dans les 2 carrés de service, engagement par l'enfant là où l'enseignant n'est pas* ⇒ sur les côtés , l'enseignant déplaçant lui - même l'enfant sur toute la surface de jeu avec des frappes douces.

c4) même tentative de *jeu enfant - enfant* avec des balles en mousse.

Rappel : séparation en 2ateliers lorsque l'exercice est au panier (voir situation large, séances 1 à 5).

3) **Jeux sportifs ou jeux tennistiques (dirigé ou libre).**

Séances 11 à 15 (seule la programmation des situations est envisagée mais se rappeler qu'à chaque séance, il y a toujours les séquences de jeux sportifs et de jeux tennistiques).

a)Situation près (carré de service + couloir de double)

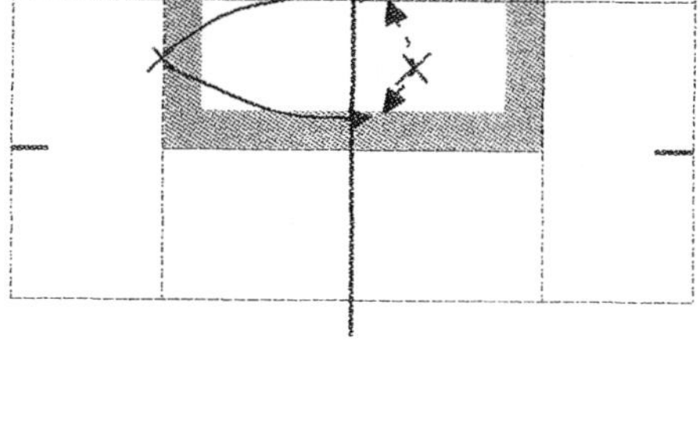

a1) *renvois de volée, volleyeur très près du filet (à 1m.)* au milieu de son terrain, envoyeur au milieu de son carré de service (lancer à la main) ou à la ligne de service (envoi avec raquette) en situation d'envoi - renvoi (balles en mousse puis souples).

– jeu avec *point pour l'envoyeur* (lancer à la main ou envoi avec la raquette) s'il réussit à passer le volleyeur sur les côtés, en faisant rebondir la balle dans le terrain adverse; *point pour le volleyeur* s'il intercepte la balle et la place dans le terrain adverse.

– Se servir de ce jeu pour *travailler la technique des volées* (même *attitude* jambes et haut du corps (travaillée dans les séances précédentes) vu l'urgence pour réagir aussi bien à droite qu'à gauche : *activité préalable* sur les jambes par des petits sursauts simultanés ; *raquette au milieu du corps, tête de raquette en avant.* Mais aussi *engager tôt la tête de raquette dans la direction de la balle reçue sur le côté en plaçant immédiatement le tamis face à la balle)*; précision de la frappe (*balle posée* dans la surface adverse proche par un poignet ferme s'opposant seulement à la balle).

a2) essais d'*échanges de volées*, les 2 volleyeurs étant au milieu de leur carré de service. Engagement de volée (appuis ouverts) et volées douces pour faire le plus de volées possible dans l'échange (balles en mousse).

Garder la bonne attitude ainsi que les frappes en avant sans avoir besoin d'élan vu la douceur des frappes.

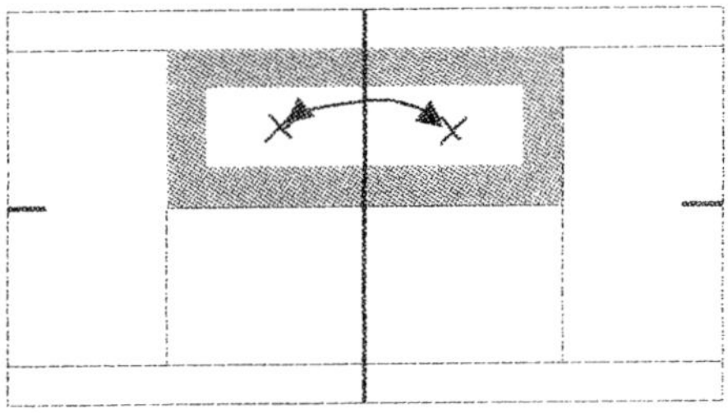

a3) *échanges avec un camarade par des frappes après rebond, ligne de service à ligne de service* (balles en mousse, souples).

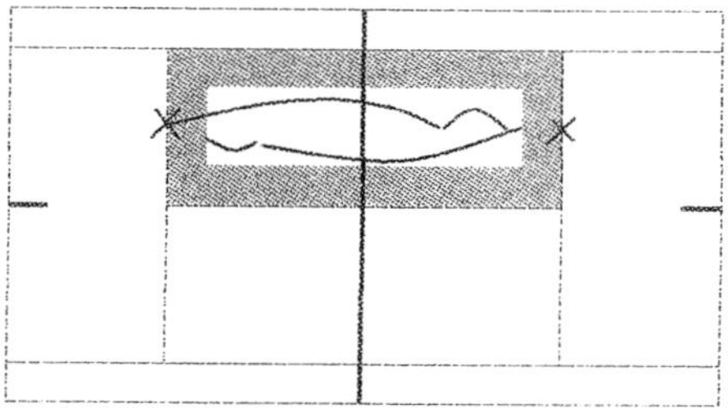

a4) *amélioration de l'engagement après rebond (CD et RV) par des séries d'envois doux avec la manière forte* (idem b2) séances 6 à 10).

a5) *séries d'envois - renvois (envois «faciles» (avec le CD) et renvois (CD ou RV) doux après rebond)* pour permettre aux 2 enfants, lorsqu'ils reviendront à l'échange, de mieux le démarrer l'un et l'autre.

Importance de l'envoi «facile» : trajectoire lente (légère courbe), proche du renvoyeur (à droite ou à gauche), rebond en avant du joueur.

Dans cette situation facilitée, certaine, au plan de la prise d'information, reproduire en renvoi les mêmes techniques d'exécution de coup qu'en envoi doux avec la manière forte (avec un déclenchement précoce de la préparation).

a6) *échanges avec un camarade*, de la ligne intermédiaire à la ligne intermédiaire (balles souples) *sur le ½ terrain intermédiaire.*

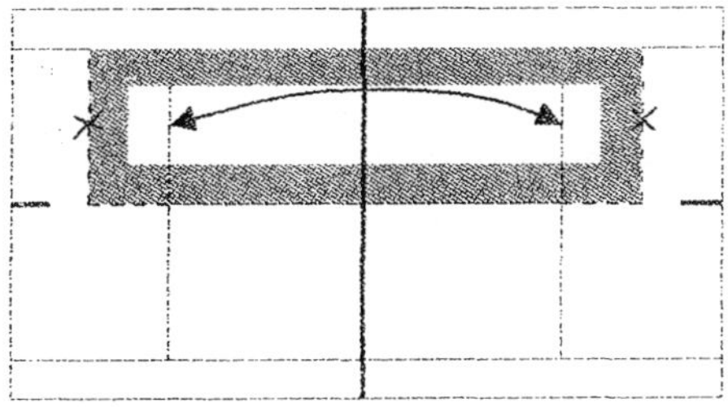

a7) *mêmes séries d'envois - renvois* (CD et RV) qu'en a4) et a5) *avec les mêmes objectifs.*

Différencier la douceur de la frappe en envoi : balle très courte avec rebond au milieu du carré de service (matérialiser la cible), balle longue (ligne intermédiaire) et balle moyenne (un peu en avant de la ligne de service) qui est la plus «facile» pour le renvoyeur.

Commencer à sensibiliser l'enfant au fait qu'il faut s'activer pour aller vite vers la balle courte ou se dégager de la balle longue ou se placer sur la balle moyenne (car il ne suffit pas seulement de la laisser venir vers soi pour la frapper).

b) Situation large (et près)

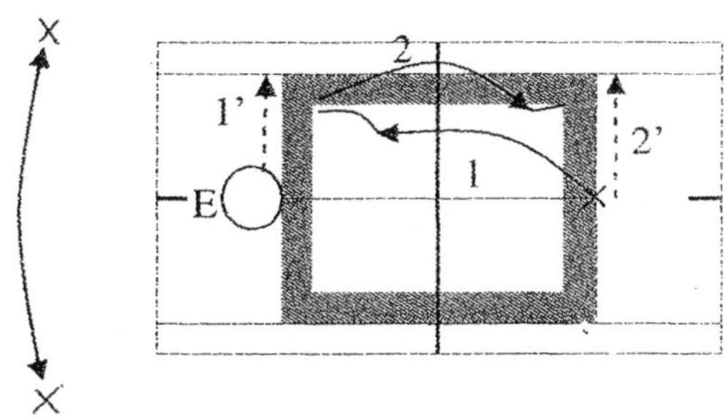

b1) *jeu d'échange enseignant - enfant dans les 2 carrés de service* (balles en mousse, balles souples), *engagement par l'enfant.* Organisation du groupe : 2 enfants en alternance avec l'initiateur ; 2 x 2 joueurs sur les surfaces derrière la ligne de fond de court : jeu en travers avec séparation ou non par un filet ou des bandes de plastique au sol. Rotation au bout d'un temps déterminé.

b2) *idem* mais *jeu entre enfants.*

b3) *exploitation* plus poussée *de ces jeux* que lors des séances précédentes :

Au plan tactique, *jouer là où l'autre n'est pas, dès l'engagement.*

Au plan technique, *attitude d'attention, grand jeu de jambes de déplacement et de replacement, déclenchement de la préparation du coup dès le début du déplacement.*

Au plan de l'appréciation des trajectoires, la lisibilité de celles-ci est facilitée par leur latéralité, leur profondeur réduite limitant la vitesse de balle et par la lenteur des balles utilisées ⇒ malgré les grands déplacements, les actions peuvent se faire dans des conditions équilibrées (surtout avec les balles en mousse).

b4) *distribution de balles au panier par l'enseignant pour assurer un travail plus précis au plan tactique et technique* (intervenir sur un point (voire 2) dans une séance : frappe précise dans le terrain adverse, se replacer rapidement suite à un grand déplacement...; attitude dynamique en attente des balles, équilibre à la frappe suite à un plus ou moins grand déplacement, préparation précoce...). Selon le travail à effectuer, les balles distribuées sont en succession (exemple : enchaînement déplacement – replacement) ou séparées (exemple : équilibre à la frappe).

b5) *séries d'envois - renvois entre enfants* : envois avec la raquette plutôt qu'à la main pour se rapprocher au maximum du départ du jeu (bien respecter la série qui s'arrête après chaque renvoi) ⇒ précision de l'engagement pour déplacer le camarade, travail technique du renvoyeur.

b6) *variété des engagements par les enfants* (CD, V en privilégiant des appuis ouverts, une préparation à côté du corps comme en a1) ; S avec des appuis en ligne, un lancer permettant de maintenir l'équilibre du corps à la frappe ; voire même en RV, avec une présentation de balle à la verticale et en oblique avant, donnant du temps pour ajuster les appuis en ligne et préparer). Pour une meilleure exécution et précision des engagements (dans les diagonales du court), exigence obtenue par des séries d'envois séparés.

c) Situation mi - loin

(balles souples)

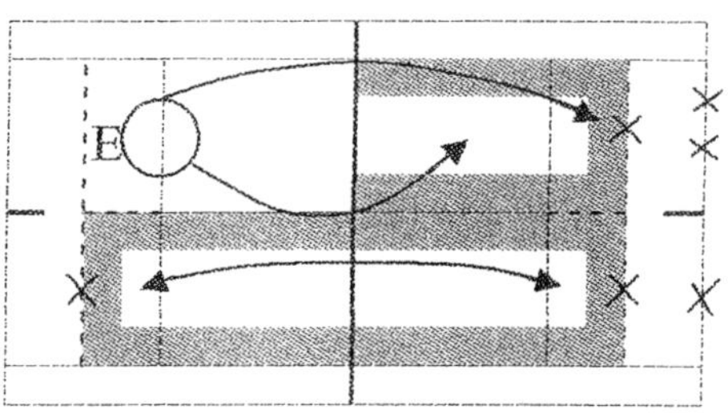

Distribution de balles au panier par l'enseignant (positionné à la ligne de service) pour un enfant situé à la ligne intermédiaire qui défend son ½ terrain intermédiaire de simple. Organisation du groupe (3 avec l'enseignant, 3 en échange entre enfants sur l'autre ½ court intermédiaire (tournante : lorsque 2 enfants sont du même côté, celui qui a joué l'échange passe de l'autre côté du court).

c1) Envois contrastés de trajectoires de balles longues et courtes dans l'axe du joueur (1 balle longue puis 1 balle courte, mais grandes courbes pour donner à l'enfant du temps pour identifier la trajectoire et pour agir sur la balle).

c2) Envois répétés (mais séparés) de trajectoires longues : frappes de l'enfant après 2 rebonds pour comprendre encore mieux la nécessité de se séparer rapidement du rebond ; puis frappes après 1 rebond.

c3) Idem mais sur des trajectoires courtes : frappes après 1 rebond pour déclencher le plus rapidement possible son déplacement.

c4) Envois variés et successifs de trajectoires de balles longues ou courtes (distribution de 4 balles par enfant).

⇒ Travail sur l'œil, l'attitude, le jeu de jambes pour aller vite à la balle ou s'en dégager rapidement, pour l'enchaînement des actions (si succession de balles).

Séances 16 à 17

Séance 16 Séance préparatoire à la séance 17 de test (1ère balle). ***Séance 17 test de la 1ère balle*** (voir document DTN n°2).

Selon la qualité des enfants ce test peut être réussi au bout d'un nombre de séances variable (pour les enfants coordonnés ou les enfants ayant une expérience de mini - tennis, le cycle de 16 séances est jouable ; en revanche pour les enfants non sportifs, peu adroits, il faudra plus de temps (24 séances ?).

On peut également ne pas réserver une (des) séance(s) complète(s) de test (les épreuves se faisant alors en contrôle continu dans les séances d'enseignement, sauf les matches entre enfants ⇒ voir les tests FFT). Mais il est intéressant également de mobiliser les enfants sur ces épreuves à des moments qui sont alors considérés comme importants pour l'école de tennis, quitte à faire repasser certaines épreuves non réussies dans les séances suivantes.

Il faut s'entendre également sur l'âge des enfants (un enfant démarrant le tennis à 8 ans va plus vite dans l'apprentissage, ne serait ce que parce qu'il apprécie mieux les trajectoires !). De plus, l'âge des enfants est apprécié différemment (exemple : sur la saison 2008- 2009, un enfant né en 2002 a 7 ans au niveau fédéral même s'il est de Décembre 2002 alors que les parents diront qu'il a 6 ans jusqu'à son anniversaire!).

Séances 18 à 24

a)Situation ½ terrain de simple intermédiaire (balles souples)

1. jeu en coopération

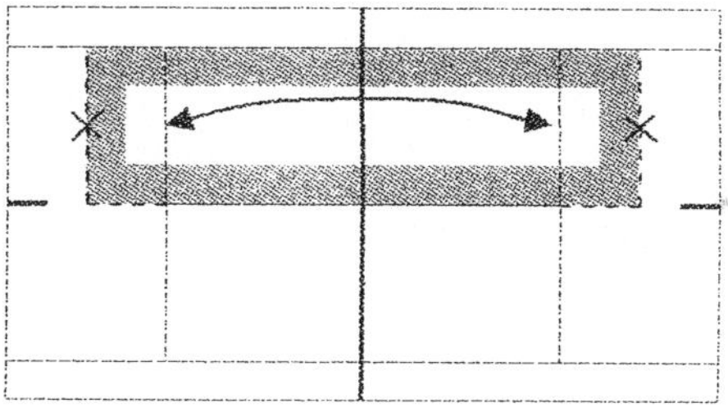

a1) essais de jeu d'échange.

a2) maîtriser mieux les engagements pour améliorer ce jeu ⇒ séries d'envois individuels pour « donner » une balle facile à l'autre : précision de la zone (un peu en avant de la ligne de service adverse); douceur de la frappe; technique du coup (retrouver la «manière» des frappes fortes mais avec la souplesse, l'équilibre favorisés par cette situation mi - longue (préparation modérée, rotation dans la frappe replaçant le corps face au jeu, fin de geste enroulée souplement)).

Exécuter beaucoup d'envois en CD (dans le but de faire démarrer au mieux le jeu d'échange) mais aussi en RV (profiter de cette occasion pour améliorer la technique du coup avec la même manière, à 2 mains et à 1 main), en Vcd (même manière mais avec des appuis ouverts).

Au S, à partir d'une bonne position de départ, améliorer : *le lancer* (plus régulier vers le haut, au-dessus de la tête; *la préparation* (par une descente souple, complète et simultanée des bras et de la tête de raquette), par une montée simultanée des bras et de la raquette (surtout la tête de raquette) vers le haut (sans trop de séparation des bras dans l'espace). *Frappe douce* avec stabilité sur les deux appuis (comme s'il n'y avait que les bras qui «bougeaient»).

a3) exercices d' envois - renvois en situation contraignante pour le renvoyeur qui reçoit une balle sur lui (envois dans la même zone ; si les envois ne sont pas assez précis, lancers à la main (à la cuillère) par le camarade du milieu de son carré de service (si la distance est trop longue, passer de l'autre côté du filet pour lancer)) ⇒ prise de conscience qu'il faut s'écarter de la balle, pour frapper la balle à distance de son corps : jeu de jambes de dégagement latéral par des pas chassés le plus tôt possible pour se placer à côté de la balle avant la frappe (frappe douce dans le terrain adverse).

a4) idem mais avec une distribution de balles au panier par l'enseignant pour augmenter la qualité de la balle «sur» le joueur et pour trouver la courbe qui convient le mieux à l'exécution de l'action de l'enfant. Organisation habituelle en 2 ateliers.

a5) retour au jeu entre les enfants (jeu dirigé : insister sur la qualité de l'engagement ; compter le nombre de frappes échangées au maximum).

a6) jeu enfant - enseignant pour faire le maximum d'échanges.

2. jeu de rupture

a7) essais de jeu de rupture avec l'autre (sur cette surface de jeu étroite et mi - longue, ne pas donner une balle facile à son adversaire par des balles longues ou courtes).

a8) maîtriser mieux les engagements pour améliorer ce jeu ⇒ série d'envois individuels pour délivrer une balle très courte ou très longue (à chaque envoi, on alterne une balle courte, une balle longue pour bien différencier les dosages de frappe par contraste ou, au contraire, on répète plusieurs fois la même balle courte, la même balle longue pour mieux réguler son envoi selon le feedback de l'envoi précédent).

Cibler les zones à atteindre ; raccourcir ou prolonger le geste selon la longueur de l'envoi... Varier les formes d'engagement (CD, Vcd, RV, S).

a9) exercices d'envois – renvois :

. Envois toujours identiques : courts ou longs au bénéfice d'une meilleure identification de la trajectoire par le renvoyeur. L'incertitude de la trajectoire étant limitée, travailler particulièrement sur l'exécution de l'action : attitude; course rapide vers l'avant sur une balle courte pour la frapper après un rebond; dégagement rapide vers l'arrière par des pas chassés sur une balle profonde ⇒ importance du jeu de jambes (le travail gestuel n'est cependant pas absent : si possible, fin de geste à assurer sur une balle courte / préparation déclenchée tôt avec le jeu de jambes pour un impact de balle dans un plan de frappe avancé sur une balle longue).

. Envois variés (ou court ou long au choix de l'envoyeur) pour le renvoyeur dans l'incertitude (travail au niveau de la prise d'information) ⇒ attitude + action à entreprendre au plus vite dès l'identification de la longueur de l'envoi afin de renvoyer dans le terrain adverse.

Si les envois sont imprécis (malgré le fait qu'ils soient exécutés avec le meilleur coup des enfants : le CD (ne pas négliger cependant les envois par le service), lancers à la cuillère pour réussir à atteindre les cibles.

a10) idem mais avec une distribution de balles au panier par l'enseignant (positionnement au milieu du carré de service ⇒ moins de temps d'identification qu'en c1) des séances 11 à 15) pour une qualité de balles systématiquement courtes ou longues / alternativement longues et courtes / incertaines dans la longueur, avec des envois qui restent séparés / mais aussi avec des enchaînements d'actions sur 2 balles successives (ou plus) contrastées dans la longueur : longue puis courte; courte puis longue (lob) / mais aussi 2 balles successives non contrastées : 2 longues (attendre le replacement du joueur après son dégagement sur la 1ère balle) ou 2 courtes (la 2ème étant jouée encore plus en avant vers le filet par une volée) / distribution successive de balles incertaines dans la longueur. Choisir la courbe optimale pour assurer les actions.

a11) retour au jeu entre les enfants derrière ce travail d'engagement et d'adaptation aux trajectoires difficiles dans la longueur (jeu dirigé).

a12) même jeu de rupture entre enseignant - enfant.

b) situation en diagonale dans les carrés de service + couloir (balles en mousse puis souples)

1) Départ du jeu dans les coins des carrés de service.

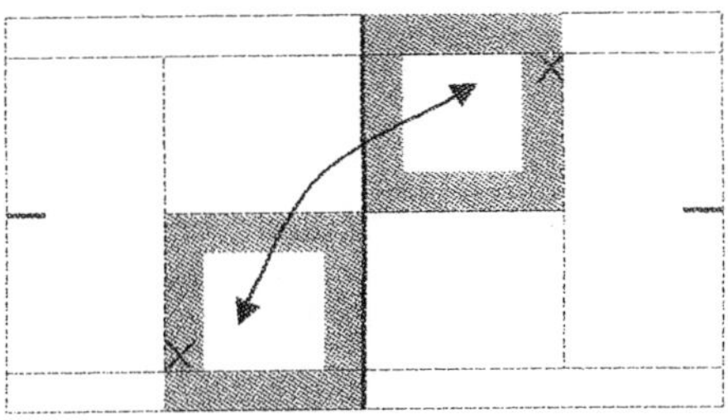

Jeu en essayant de faire le plus grand nombre de frappes dans l'échange (coopération) Dans cette situation, on retrouve les mêmes caractéristiques et le même travail à effectuer que dans la situation près face à face dans les carrés de service (séances 6 à 10). Mais la longueur est plus importante, le terrain à défendre est différent avec des trajectoires qui peuvent arriver avec des angles plus prononcés, d'où des appréciations de trajectoires différentes.

b1) échange entre enfants, filet à 0, 70 m.

b2) échange enseignant - enfant (même hauteur de filet).

b3) maîtriser mieux les engagements par des séries d'envois individuels :

. viser des zones du terrain adverse les plus proches du filet / les plus près du centre (le T des carrés de service).

. frappes douces avec les techniques apprises et, en particulier, les fins de geste plus ou moins accentuées selon les zones choisies, les appuis plus ou moins ouverts (CD, Vcd), en ligne (RV, S) ⇒frappes en CD, Vcd, RV, S dans les 2 diagonales.

b4) exercices d'envoi – renvoi :

. Envoi sur le camarade : Renvoi avec travail de mise à distance; placements variés (en ligne ou plus ou moins ouverts) suite à des dégagements latéraux par des pas chassés ou des pas marchés croisés arrière pour contourner la balle; techniques gestuelles apprises : préparation précoce, plan de frappe avancé (plus particulièrement ressenti dans la diagonale des égalités avec un CD croisé, dans la diagonale des avantages avec un RV croisé)).

Renvoi précis dans le carré + le couloir adverse en diagonale.

. Envoi dans les angles du terrain adverse :

- Systématiquement le même envoi proche du filet ou vers le T des carrés de service ⇒ CD ou RV (situation fermée où l'enfant se concentre en renvoi sur la technique de son coup suite à un déplacement modéré).

- Alternativement envoi dans chacune des cibles : enchaînement programmé de CD et RV (situation semi - fermée avec déplacement - replacement et travail des techniques apprises).

- Variation libre des envois en angle (prise d'information rapide pour, si possible, maintenir la même qualité d'exécution des coups).

Lancers à la main si nécessaire. Renvoi précis dans le terrain adverse.

b5) idem mais l'enseignant distribue les balles (qualité de balle). Organisation en ateliers (2 enfants avec l'enseignant / 2 paires de joueurs en échange derrière le fond du court (dans la latéralité du court) ⇒ espaces éloignés derrière l'endroit du court où jouent l'enseignant et l'enfant).

b6) retour au jeu dirigé en application de ces enseignements (enfant – enfant ; enfant - enseignant).

2) départ du jeu avec les enfants au milieu de la ligne centrale de service (balles en mousse, balles souples).

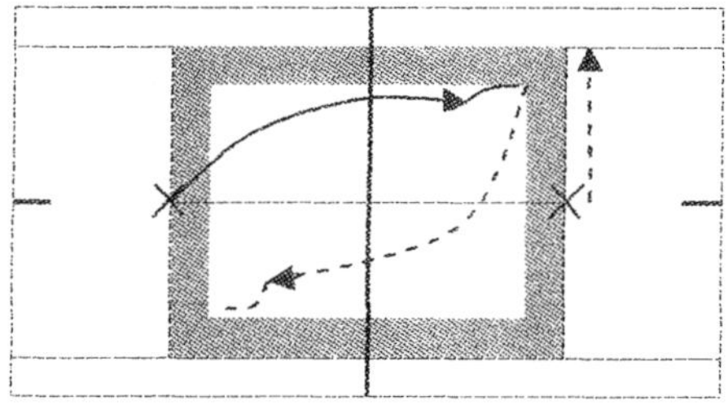

Jouer là où l'autre n'est pas : dès l'engagement, jeu de rupture pour déplacer son adversaire loin de sa base de départ et, si la balle est maîtrisée par le renvoyeur, recherche de rupture également vers un coin du terrain adverse.

Même démarche de travail qu'en b1) ⇒ b6) mais avec des déplacements plus conséquents, des angles d'appréciation des trajectoires différents... ⇒ autres variables vu la largeur du terrain, en gardant la même qualité de balle, les mêmes données tactiques (précision dans les angles) et techniques (jeu de jambes, geste).

Enchaînement possible de coups vers le filet pour celui qui engage permettant l'interception du retour adverse (CD - V, S - V) ⇒ travail de la volée (y compris croisée) dans une dynamique vers l'avant, à partir des mêmes éléments techniques acquis dans les séances précédentes.

c) situation très près dans le ½ terrain intermédiaire de simple (balles souples)

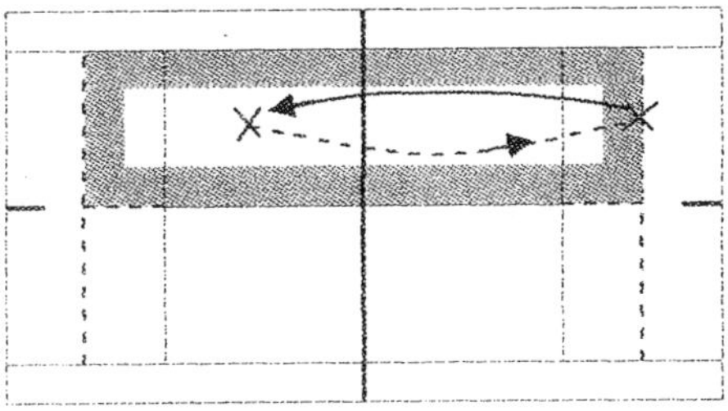

c1) échange entre un volleyeur, au milieu de son carré de service, et un joueur à la ligne intermédiaire qui engage (filet à 0,70 m).

c2) pour améliorer cet échange, exécuter des séries d'envois - renvois en intervenant sur *les engagements* à la ligne intermédiaire : envois répétés toujours à droite (pour la Vcd) ou toujours à gauche (Vrv) du volleyeur / Envois alternativement à droite, à gauche du volleyeur / Envois à droite ou à gauche au choix de celui qui engage. Améliorer la technique de CD (acquis dans les apprentissages antérieurs) et la précision de ce coup lors des envois. Intervenir aussi sur *la technique et la précision des volées* lors des renvois : confirmer les acquis (attitude, tamis orienté face à la balle reçue, plan de frappe en avant) + engagement du corps vers l'avant par la poussée de la jambe extérieure + prise de CD (Vcd), de RV (Vrv). Le transfert du corps vers l'avant est bien ressenti dans cette situation où l'envoi (trajectoire de balle un peu courbe) vient de loin (de la ligne intermédiaire) donnant du temps au volleyeur. Le travail spécifique des prises est privilégié d'abord à la volée car il est mieux perçu à travers un geste plus court (peu de préparation et fermeté du poignet à l'impact pour poser, placer la balle dans le carré de service adverse). Prise spécifique obtenue, vérifiée visuellement et tactilement avant l'envoi (quand les envois sont effectués toujours pour la même volée) puis contrôlée lors du déclenchement de la préparation selon la volée à effectuer dès qu'il y a incertitude.

c3) distribution de balles au panier par l'enseignant pour le volleyeur (qualité de balle assurée pour un travail technique quantitatif et qualitatif du volleyeur). 2ème atelier sur l'autre ½ court pour des échanges entre enfants.

c4) retour au jeu entre enfants (comptage du nombre de volées dans le même échange ou dans un temps déterminé).

c5) retour au jeu entre l'enseignant qui engage et le volleyeur face à lui (même comptage qu'en c4).

c6) les 2 joueurs étant à la ligne intermédiaire, l'un engage en CD et enchaîne vers le filet, l'autre renvoie pour échanger avec le joueur près du filet qui volleye.

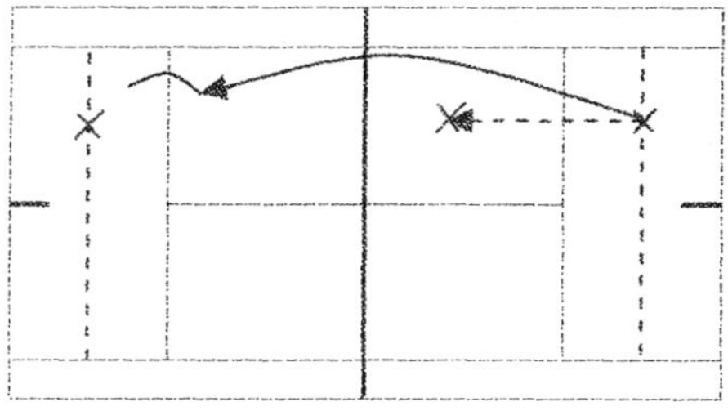

c7) idem mais le joueur qui reste à sa ligne de fond est remplacé par l'enseignant (celui-ci échangeant à coup sûr avec le volleyeur en privilégiant, selon ses intentions pédagogiques, telle ou telle volée, à une hauteur favorisant la bonne exécution de cette volée…).

c8) idem c6), c7) mais engagement par un service (intérêt d'un lancer haut compatible avec l'engagement du corps vers l'avant (alors que les lancers sur place aboutissent souvent à des déséquilibres arrière ou sur les côtés à la frappe); moins pour le travail d'une technique gestuelle (en dehors des 1ères empreintes dans les séances précédentes).

En c6), c7), c8) travailler sur un enchaînement qui n'est pas précipité (assurer correctement la qualité de son CD, S : équilibre dans la frappe vers l'avant, geste coulé; course qui se freine quand l'adversaire est sur le point de frapper la balle ⇒ reprise d'appuis ; travailler sur les techniques en cours d'acquisition des volées (voir c2)).

Séances 25 à 30

Situations de jeu et matches sur le terrain intermédiaire (balles souples / filet à 0, 70 m ou à 0, 80 m)

Thème de jeu 1: jouer dès l'engagement (avec son coup le plus efficace) là où l'autre n'est pas. Le 1er à 11points, alternance des engagements, 2 points effectués par chaque paire de joueurs avant d'être remplacée par une autre paire de joueurs.

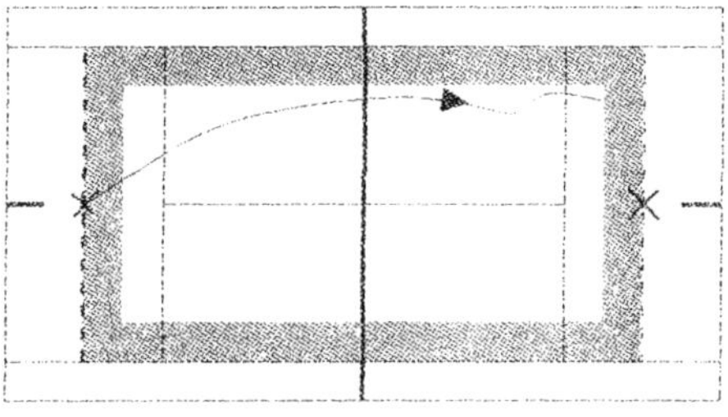

A partir de ces petits matches, améliorer le jeu par :

♦ La recherche de toutes les zones loin de l'adversaire ⇒ séries d'envois dans les 4 coins du terrain adverse (long – court à droite ou à gauche), matérialisés par des cibles (envois répétitifs sur la même zone puis sur une autre zone…; envois successifs sur chaque zone; envois répétés tant que la zone n'est pas atteinte; envois alternés sur la zone longue puis courte du même côté…). Envois en CD, Vcd, S. Compter les points quand les envois sont dans les cibles.

♦ L'appréciation des trajectoires de balle ⇒ distribution de balles au panier par l'enseignant en combinant l*es 2 paramètres de longueur et de latéralité* (trajectoire à droite du joueur mais courte ou longue…, trajectoire longue à droite puis courte à gauche…), *les 2 paramètres de hauteur et longueur* (grande courbe courte déplaçant l'enfant vers l'avant et le faisant frapper en CD dans la phase descendante de la trajectoire après rebond / au contraire grande courbe longue rebondissant vers la ligne intermédiaire obligeant l'enfant à se dégager nettement du rebond pour frapper).

⇒ Coup d'œil, attitude, jeu de jambes de déplacement - placement - replacement.

♦ L'appréciation des moments de prises de balle (frappes au sommet du rebond / dans la phase descendante de la trajectoire après rebond (ou frappes hautes / frappes basses) sur une variété de balles longues, courtes, à droite, à gauche, au centre). Contraster ces différentes prises de balle ou répéter la même prise de balle pour mieux apprendre à «dominer» les trajectoires de balle *distribuées par l'enseignant au panier.*

Thème de jeu 2: jouer dès l'engagement là où l'autre n'aime pas. Même forme de matches qu'avec le thème 1.Améliorer le jeu par :

♦ La recherche de certaines zones pour jouer le coup le plus faible de l'adversaire (RV?), pour déplacer le plus l'adversaire (zone courte, zone éloignée latéralement) ... ⇒ séries d'envois précis dans ces zones.

♦ Le travail technique du coup : déplacement adapté (exemple : «couper» la trajectoire sur une balle courte croisée sur le RV) ; prise de raquette spécifique pour le coup; préparation dans le déplacement ...⇒ séries d'envoi - renvoi.

Prolonger ce travail par la distribution des balles au panier par l'enseignant (qualité de balle assurée et permettant, par la courbe plus ou moins importante qu'il délivre de favoriser soit le grand déplacement, soit la qualité d'exécution du coup, soit le déplacement et le coup).

Distribution de balles également pour corriger la faiblesse du jeu de jambes dans les grands déplacements (exemple : succession de 4 balles droite - gauche dans les coins du fond de court; succession de 2 balles avec la 1ère longue croisée sur le CD, l'autre courte croisée sur le RV...).

NB : parler de prise spécifique, pour ce thème de jeu, concerne particulièrement le RV (en général le coup faible à ce moment de l'apprentissage). La prise de CD est, en général, en place de façon naturelle (grâce à l'importance donnée aux engagements longs, forts, aux plans de frappe avancés...). Cependant, il faut éviter des prises extrêmes («inversées») de CD : importance d'une attitude gestuelle correcte avant le déclenchement de n'importe quel coup ⇒ soutien de la raquette par la main gauche, tête de raquette au dessus des mains plaçant la main de frappe en prise au moins ½ fermée (voire fermée) de CD, en attente des balles de l'adversaire).

La prise spécifique de RV à une main correspond à la prise marteau voire ½ fermée de RV. Pour le RV à deux mains, cette même prise au niveau de la main droite est conseillée pour une majorité de joueurs (+ prise ½ fermée main gauche) mais ne pas abandonner trop rapidement les prises naturelles du coup à deux mains (prise de CD pour les deux mains) surtout si le coup part vite et ce particulièrement chez les filles grâce à une plus grande souplesse des poignets.

Travailler sur les prises signifie qu'on y consacre du temps à la fois pour le travail sur ce thème mais aussi dans les cycles suivants car la prise conditionne beaucoup le geste dans son exécution générale.

Thème de jeu 3: sur une balle donnée à l'engagement, l'adversaire joue un coup d'attaque ⇒ jeu. Même forme de matches qu'avec le thème 1.

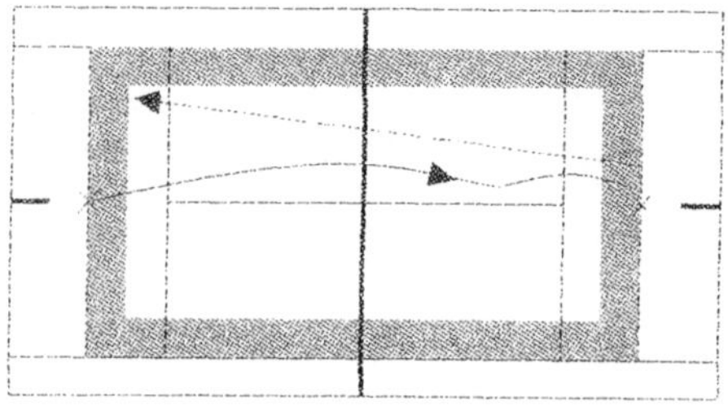

Améliorer le jeu par :

♦ Des envois de balles «faciles» pour l'adversaire : un peu à droite ou à gauche du joueur, trajectoire lente à rebond avancé ⇒ séries d'envois précis.

♦ Des frappes de qualité sur ces balles faciles (séries d'envois - renvois).

. Possibilité pour le joueur de jouer avec son coup fort quelle que soit la balle envoyée ou de frapper spécifiquement (CD à droite, RV à gauche).

. Qualité dans la précision du coup (jouer là où l'autre n'est pas, n'aime pas ⇒ balle dans les coins du terrain adverse, sur le RV de l'adversaire...). Compter le nombre de points marqués quand les zones sont atteintes.

. Qualité technique du coup (placement, geste, équilibre dynamique dans la frappe).

Pour respecter au mieux la qualité de la frappe, isoler cette frappe (pas d'enchaînement de coups) à travers des séries d'envoi - renvoi entre enfants.

Retrouver aussi cette forme de travail avec des balles distribuées au panier par l'enseignant, l'enfant restant à l'endroit où il a frappé avec dynamisme, avant de réagir à une autre balle facile (ex : 4 balles envoyées à chaque fois à droite du joueur ⇒ 4 CD équilibrés dans des conditions de plus en plus excentrées).

. Enchaînement vers le filet pour volleyer (travailler à nouveau sur les techniques entrevues en c6), c7) des séances 18 à 24).

. Enchaînement sur des coups de fond de court (travail sur la liaison frappe - replacement autant à partir d'appuis ouverts qu'en ligne).

Thème de jeu 4: matches à partir d'un engagement par un service dans le carré de service en diagonale. Même forme de matches qu'avec le thème 1.

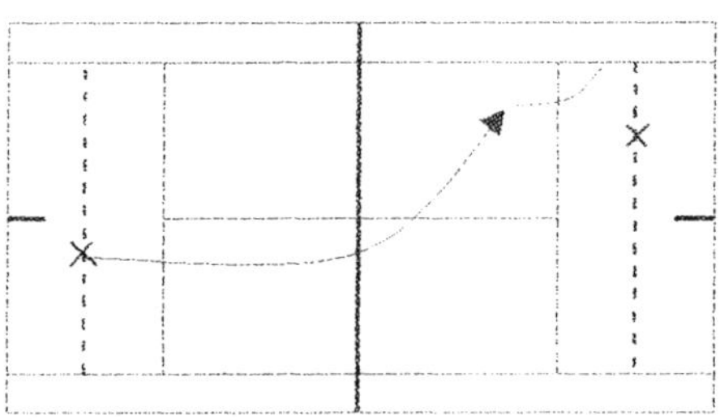

Améliorer le jeu par :

♦ La qualité du service *tactiquement* : régularité de la balle dans le carré de service; *techniquement*, à partir de services exécutés isolément (afin de mieux ressentir les bases gestuelles dans un 1er temps): acquis précédents / Prise (vigilance pour garder la prise qui ne peut excéder la prise ½ fermée de CD) en la respectant à la position de départ (mains basses, tête de raquette plus haute que les mains) et pendant (au moins) toute la phase descendante de la préparation / Amplitude de la préparation par une séparation nette des bras dans l'espace (Voir progression technique dans le chapitre particulier réservé au service).

♦ La qualité du retour de service *tactiquement :* régularité du retour dans la même direction que celle du service (si la qualité de balle est bonne), dans les espaces libres du terrain adverse (si la qualité de balle est médiocre); *techniquement* : celle d'un coup de fond de court (placement, geste).

Séance 31 : préparatoire au test de la 2ème balle. **Séance 32** : *Test de la 2ème balle.* Toutes les épreuves du test fédéral (document DTN n°2).

Séances 33 à 39

A) Situations de jeu et matches sur des terrains à géométrie variable (balles souples sur les surfaces du terrain intermédiaire, balles souples et intermédiaires sur les surfaces du court normal).

A joue vers le terrain adverse de B réduit dans sa largeur (exemple : largeur d'un carré de service (pouvant se réduire encore), au centre du court ou sur un côté du court, à la ligne intermédiaire puis à la ligne de fond de court); B joue vers le terrain large de A sur tout le terrain intermédiaire puis tout le court normal ⇒ différentes formes de trapèze ou de triangles ⇒ différentes surfaces de jeu.

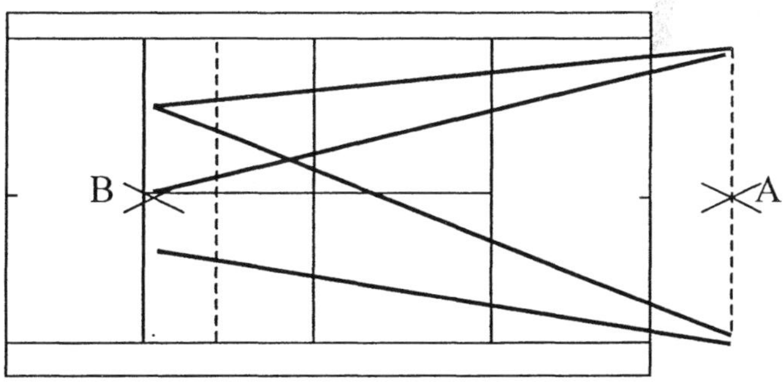

A partir de ces jeux sur des terrains variés et délimités, améliorer ces jeux par l'amélioration des tâches, différentes, de A et B :

. Pour B, jouer avec son meilleur coup; se dégager des trajectoires reçues sur lui ou dans un espace proche; «briser» les trajectoires reçues pour ouvrir le champ de jeu adverse au maximum en visant les coins du court par ses frappes. Egalement engager précisément dans les coins du grand terrain de A.

.Pour A, défendre son court sur une grande surface de jeu; neutraliser cette déstabilisation créée par B en renvoyant la balle par des trajectoires identiques en direction à celles de l'adversaire (mais, dans la plupart des cas, plus hautes pour se redonner du temps pour se replacer, rééquilibrer la situation). Egalement engager précisément sur B.

a1) séries d'envois (mieux assurer ensuite, dans le jeu, les engagements par A ou B)

♦ A partir de positionnements variés : au centre du court / plus ou moins dans un coin du court / sur la ligne intermédiaire / sur la ligne de fond de court.

♦ Avec des frappes dans un terrain étroit du court intermédiaire ou normal (tâche de A quand il engage sur B situé à différents endroits de sa ligne de fond selon les surfaces définies pour le jeu). Avec des frappes dans les coins du court aux dimensions normales en largeur (tâche de B quand il engage loin de A qui défend tout son grand terrain intermédiaire ou normal).

♦ Avec une variété de coups (CD, Vcd, S (même s'il ne s'agit pas de viser un carré de service mais des zones plus ou moins longues, plus ou moins dans des coins du court et donnant une plus grande richesse de sensations de frappes au-dessus de la tête)).

♦ Avec une technicité où les acquis précédents sont confirmés (préparation, plan de frappe, fin de geste), avec un travail sur des prises spécifiques (fermée en CD, Vcd; continentale à marteau au S). De plus, travailler sur l'accompagnement des coups vers l'avant vu la longue distance et la précision des frappes (amener la raquette plus longtemps dans la direction du coup).

Matérialiser les cibles. Décompter les points quand les zones sont atteintes. Ajouter une appréciation, une note, des points... pour la valeur technique des coups.

a2) séquences d'envois - renvois (pour mieux assurer, ensuite, le début du jeu par une 1ère frappe efficace de chaque joueur (dans le même état d'esprit que le service - retour) :

♦Travailler les renvois sur balles reçues sur soi (en situation de joueur B) avec la même qualité d'envois que précédemment (avec des frappes dirigées sur le relanceur (qui peut être positionné à différents endroits de sa ligne de fond, selon la surface de jeu à occuper)).

♦ Lors de séquences «bloquées» envoi – renvoi :

. Pas d'ajustement pour se placer à la balle quand celle -ci est dans un espace proche et laisse suffisamment de temps pour se stabiliser avant la frappe (pas chassés, pas marchés).

. Dégagement latéral pour s'effacer de la trajectoire reçue sur soi ou pour contourner la balle en jouant celle - ci avec son meilleur coup (pas chassés, pas croisés (particulièrement sur balles longues).

. Qualité du coup (précision de la frappe dans des zones excentrées de celui qui envoie, en «brisant» la trajectoire reçue; technique du coup : jeu de jambes avec transfert du poids du corps (à chaque fois que c'est possible), technique gestuelle dont prise et accompagnement prolongé vers la cible (à matérialiser)).

♦ Même travail mais sur une distribution de balles par l'enseignant, au panier (toujours dans un espace proche du joueur, correspondant à la situation initiale de jeu), en variant le rythme des envois :

. Envois nettement séparés avec une constance de trajectoire de balle (exemple : balle mi - longue légèrement sur le RV du joueur pour que celui - ci joue le mieux son RV ou en se décalant sur son CD) ⇒ qualité du coup du joueur avec la meilleure adaptation offensive ou défensive de frappe selon la trajectoire reçue, connue et plus ou moins facile (dans la longueur, la vitesse) pour le joueur (précision + technique du coup).

. Envois nettement séparés mais sur des trajectoires variées (balles faciles : mi - longues un peu à droite ou à gauche, balles plus difficiles par la longueur, la vitesse, la direction plus ou moins sur le joueur...) ⇒ coup d'œil, adaptation aux trajectoires variées à partir d'un jeu de jambes précis pour se placer et frapper au mieux.

♦ Même travail mais sur une *succession* d'envois (faciles puis plus difficiles) pour obtenir chez le joueur un enchaînement de ses actions ⇒ disponibilité permanente entre les coups (jeu de jambes de (petit) replacement (pas chassés), d'attente (pas alternés ou simultanés) entre chaque frappe; reprise d'appuis à la frappe de l'enseignant).

a3) exercice mixte : même travail mais, à chaque départ de la situation de jeu, c'est l'enseignant qui distribue la 1ère balle, l'échange se poursuivant entre les deux joueurs. Dès que le point est terminé, distribution de balle par l'enseignant (rotation des paires de joueurs tous les 2, 3 points).

a4) jeu dirigé par l'enseignant lors de cette situation.

♦ Travailler les renvois sur balles reçues loin de soi (en situation de joueur A).

♦ Même qualité d'envois que précédemment mais avec des frappes dirigées loin de A (positionné au milieu de sa ligne de fond pour défendre une grande surface de terrain en largeur / placé aussi dans un coin du court pour augmenter la capacité du joueur A à défendre son terrain (si B joue, dans l'échange là où il n'est pas : à droite puis à gauche ou inversement)).

♦ Lors de séquences «bloquées» envoi – renvoi. Travailler sur :

. L'attitude, la reprise d'appuis pour réagir vite et courir vite pour se placer et frapper au mieux une balle éloignée.

. La recherche d'équilibre dans toutes ces actions (vu la déstabilisation provoquée par l'envoi).

. La qualité du coup (précision pour retourner la balle dans la même direction qu'elle vient + technique de CD et de RV).

♦ Lors d'une distribution de balles par l'enseignant, au panier (dans un espace éloigné du joueur, correspondant à la situation initiale de jeu), en variant le rythme des envois (trajectoires séparées les unes des autres ou succession de trajectoires faciles ou plus difficiles comme avec l'exercice a2)). Travailler sur les mêmes qualités techniques et de frappes adaptées à la situation.

a5) exercice mixte : même travail mais, à chaque départ de la situation de jeu, l'enseignant distribue la 1ère balle (loin de A), l'échange démarrant entre les deux joueurs.

a6) jeu dirigé par l'enseignant lors de cette situation.

B) Situations de jeu et matches avec offensive d'un joueur pour gagner le point au filet

(Jeu sur 1/2 terrain intermédiaire et terrain intermédiaire, puis sur1/2 court normal et court normal, balles souples sur le terrain intermédiaire, balles intermédiaires sur le court normal).

b1) engagement de A par une trajectoire de balle facile pour B; B frappe en contrôlant son coup et enchaîne vers le filet pour volleyer sur le renvoi adverse (jeu en continuité jusqu'à l'exécution de la 1ère volée, puis point joué librement).

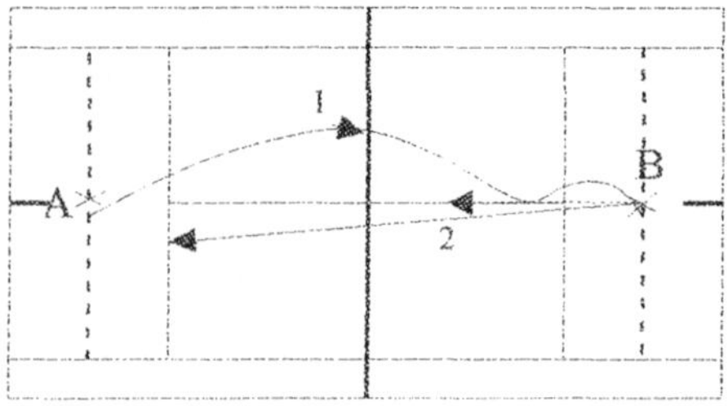

b2) engagement de A par un service (régulier, donc contrôlé) en diagonale; retour assuré par B avec une frappe dans la même direction que le service (⇒ vers le serveur) et enchaîné vers le filet pour volleyer (même échange qu'en b1 jusqu'à la 2ème frappe de A puis point).

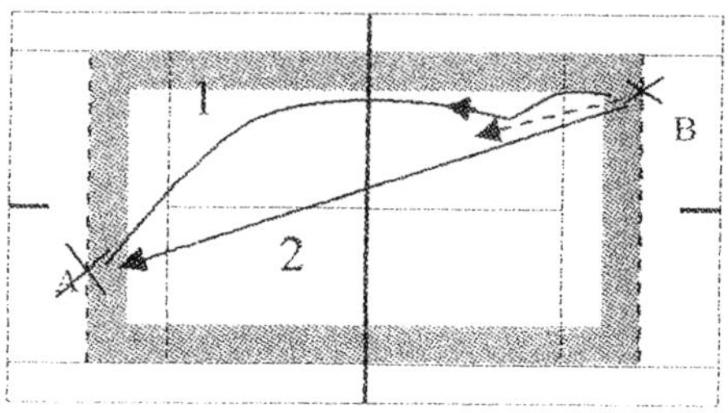

b3) échange entre A et B positionnés au départ au centre et au fond du court (contrôle d'au moins 2 frappes de chaque joueur suite à l'engagement (en CD)) puis A ou B (désigné préalablement) ou A et B (librement) délivre une trajectoire de balle facile pour le camarade. Sur cette balle facile, frappe contrôlée et enchaînement vers le filet pour volleyer (échange jusqu'à la volée puis point).

b4) idem mais en diagonale à partir d'un engagement en CD.

b5) sur un engagement facile de A en diagonale (CD, S), B joue en contrôle dans les espaces libres de A et enchaîne vers le filet pour volleyer. Echange d'autant mieux assuré jusqu'à la volée si l'on demande à B d'assurer son retour sur le CD de A (toujours dans l'espace libre) qui peut ainsi anticiper et ne pas être trop déstabilisé. Puis toujours sur le RV (coup un peu moins maîtrisé à ce stade de l'apprentissage). Puis au choix de B (plus d'incertitude pour A, donc contrôle plus incertain).

b6) sur un engagement (CD, S) en diagonale, échange en diagonale avant de choisir le moment où l'on rompt avec l'adversaire en jouant là où l'autre n'est pas, n'aime pas et en enchaînant vers le filet.

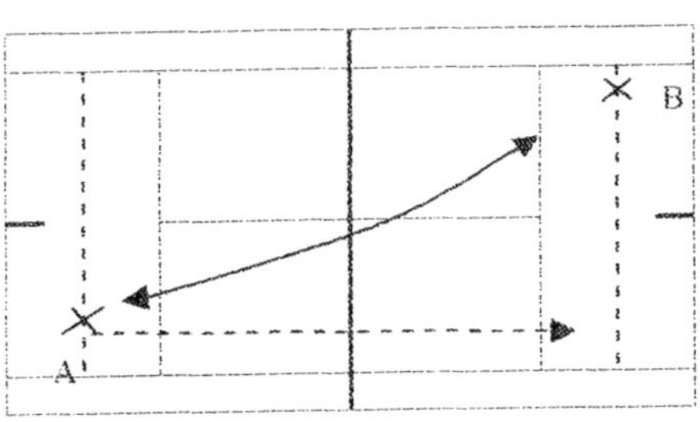

Dans toutes ces situations de jeu et matches, avec ces différents thèmes de jeu, il y a matière à travailler pour améliorer le jeu en particulier dans la partie spécifique de l'enchaînement frappe - montée au filet - volée. S'appliquer beaucoup sur le 1er coup de la situation de jeu ⇒ l'engagement :

. Engagements en CD de balles à trajectoires faciles pour le camarade ⇒ trajectoires courbes (pour éviter la vitesse de balle), mi - longues (rebond avancé) et dans un espace proche (pour un temps suffisant d'organisation afin de permettre au joueur de se placer de façon équilibrée à la frappe). Si nécessaire, série d'envois en valorisant la précision (cible) et la technique du coup.

. Engagements par un service ⇒ Séries de service dans les carrés de service : travail de plus en plus précis sur la prise, la boucle (prise maintenue de la position de départ jusqu'à la frappe), la fin de geste qui nécessitent, en particulier, des exercices avec départ en position d'armé, des guidages physiques, des intentions de frappes douces et spécifiques en direction… (Voir le chapitre particulier sur le service).

. Qualité de la frappe : équilibre dynamique dans la frappe, plan de frappe avancé, contrôle de la frappe pour fixer ou déplacer A, rythme dans la montée à la volée, technique de la volée…

Séances 40 à 50

A) Situation de jeu et match sur le court normal (balles intermédiaires) avec comme thème de jeu l'agressivité des coups de fond de court.

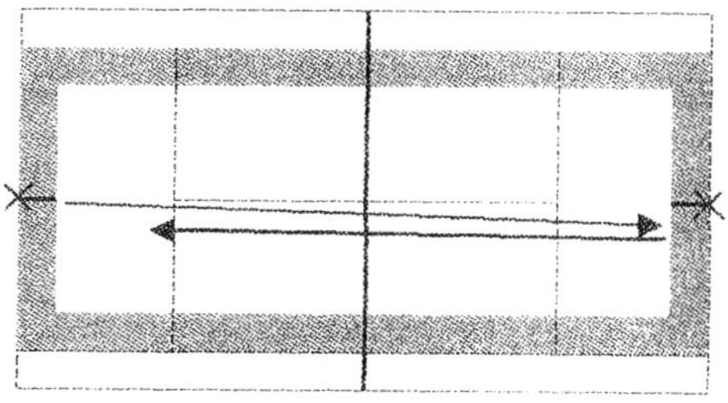

Les joueurs essaient de donner plus de vitesse à leur balle à chaque fois qu'ils en ont l'occasion.

Améliorer ce thème de jeu par :

♦ La reconnaissance du moment favorable pour jouer un coup avec agressivité (rapport de forces à discerner globalement) ⇒ prendre encore plus conscience de l'importance du 1er coup joué (l'engagement, le retour); reconnaître plus précisément les balles faciles (celles que l'on aime jouer avec son meilleur coup, sans être trop déplacé…), les balles très difficiles (frappes de l'adversaire qui déstabilisent par leur vitesse, longueur, direction, hauteur; frappes sur le coup manquant de maîtrise…) mais aussi les balles assez faciles, assez difficiles.

♦ L'assurance de la qualité de son coup (renforcer encore le coup fort, mais aussi améliorer le coup moins performant).

♦ La prise de balle plus tôt (prendre la balle vers le sommet du rebond dès que la situation est favorable).

. Rendre plus agressifs les engagements en CD (avec le service, attendre plus longtemps avant de développer cette vitesse (tant que la coordination globale du coup n'est pas acquise ainsi que la maîtrise de la prise) ⇒ séries d'envois en travaillant autant sur les intentions de frappe (progression dans la force des frappes (douces⇒ fortes⇒ très fortes ou inversement) ou frappes contrastées dans la force (douces ⇒ très fortes / assez fortes ⇒ fortes). C'est en CD que l'enfant est le mieux à même de développer cette agressivité à l'engagement.

. Rendre plus agressifs les retours sur 2ème balle de service ⇒ placement plus avancé dans le court; prise de balle tôt; frappe en privilégiant le coup fort (CD); précision de frappe sur le coup faible de l'adversaire; débordement de l'adversaire par des coups en angle...

. Chercher à gagner le point avec agressivité en réception de balles faciles :

- En exercice mixte, envoi d'une balle facile par l'enseignant, de l'extérieur du court, et point joué par les enfants (rotation des paires de joueurs à chaque point).

- Dans l'échange, attente de la balle favorable pour attaquer (rotation des paires de joueurs à chaque point).

⇒ Vitesse de réaction pour jouer la balle tôt; jeu de jambes de dégagement sur balles reçues dans l'axe ou légèrement sur le RV pour frapper en CD; jeu de jambes de placement avec apprentissage d'une variété de poussées dynamiques d'appuis (à partir d'appuis en ligne, d'appuis ouverts); prises plus ou moins fermées en CD et RV permettant de frapper haut et fort avec des trajectoires tendues; zones de jeu à atteindre suffisamment larges et éloignées des lignes pour frapper sans retenue ses coups; recherche du rythme le plus juste possible pour concilier une approche de placement à la balle la plus rapide et la plus ajustée possible avec une frappe la plus accélérée possible (sans crispation) et suffisamment précise dans les zones définies d'attaque; zone de replacement en direction du filet pour l'attaquant; jeu de jambes de défense et de replacement du défenseur...

NB : pour faciliter ou rendre plus complexe la situation (particulièrement dans le cas de l'envoi par l'enseignant) :

- jouer sur la longueur (plus ou moins courte), la direction (plus ou moins centrale), la hauteur et la vitesse (plus ou moins lente) de balle.

- assurer préalablement (ou donner du temps pour) le décalage du joueur (pour éviter de se précipiter sur le rebond) afin de frapper avec son coup fort (ou pour améliorer son coup faible).

- imposer (ou non) une zone de jeu pour le 1er coup d'attaque permettant (ou non) à l'attaquant de se concentrer à l'avance sur son coup et au défenseur d'anticiper (ou non) pour assurer la continuité du point.

B) Situation de jeu et match sur le court normal (balles intermédiaires) avec comme thème de jeu la neutralisation de l'adversaire dans l'échange.

A et B essaient d'empêcher l'adversaire d'attaquer la balle. Améliorer ce thème de jeu par :

♦ La sûreté et la qualité de l'engagement et du retour.

♦ La longueur de balle dans les échanges de fond de court, la qualité d'échange dans les diagonales.

. Essais d'engagement par un service à effet pour mieux assurer celui -ci dans le carré de service adverse en diagonale. Début d'apprentissage du service slicé dans un 1er temps pour poursuivre le travail sur la prise marteau plus naturellement maintenue dans la frappe (effectuée avec le tranchant de la raquette) ⇒ séries de services dans chaque diagonale.

NB : mixer ce travail de la prise par des services slicés avec des services à plat par une pronation de l'avant - bras pour placer le tamis face à la balle à l'impact et prendre la balle le plus haut possible afin de «coiffer» la balle. Renforcer le contrôle de cette prise avant d'envisager le travail du service lifté.

. Assurer le retour par une trajectoire dans la même direction ⇒ séries de service - retour dans la même diagonale. Travailler en plus sur la longueur de balle par une trajectoire courbe passant avec sécurité par-dessus le filet et maintenant l'adversaire en fond de court.

. Echanger du fond de court en ne commettant pas de fautes non provoquées (sûreté des coups) et en ne donnant pas de possibilités à l'adversaire pour attaquer (longueur de balle, pas d'ouverture d'angle) ⇒ gammes de CD - CD, de RV - RV; jeu dans les diagonales (exemple : le 1er à 11 points). Renforcer la qualité des coups de fond de court à la fois au niveau des techniques de base mais aussi en accentuant la couverture de balle par un effet lifté (importance de la mise à niveau par la flexion plus prononcée des jambes, la mise à niveau plus accentuée ...).

NB : le travail des coups coupés en fond de court ne sera abordé que plus tard dans l'apprentissage après une bonne maîtrise de placement et de couverture de balle (apprendre d'abord à frapper avec plénitude les coups plutôt que de compenser par des coups coupés sans valeur suite à des ajustements de dernier instant).

. Emmener l'adversaire sur sa diagonale la plus faible au moment opportun (exemple : sur une gamme de CD - CD, si l'adversaire joue son coup dans une zone plus centrale, jouer avec son CD dans la diagonale RV en étant assuré d'être plus fort que l'autre dans cette diagonale ⇒ gammes CD - CD puis RV - RV (ou inversement).

C) Situations de double sur le court de simple (puis sur le court de double) avec des balles intermédiaires.

Voir la série de situations de double (dans un chapitre précédent **le jeu**)

D) Séries de smashes

Apprentissage technique du smash.

Importance d'une bonne distribution de balles :

. Préférence, dans un 1er temps, à l'exercice au panier (enseignant face à 2 colonnes de 2 à 3 joueurs).

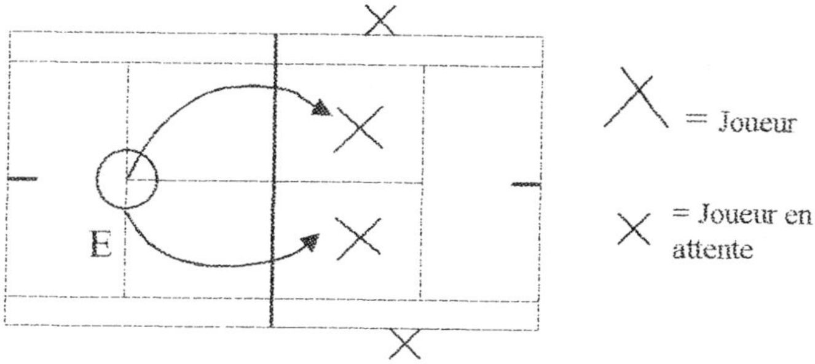

⇒ Lobs calibrés de façon à donner le temps au smasheur de se placer dans des conditions équilibrées (technique de placement sous la balle : orientation du bras gauche en direction de la balle; placement en double appuis, en ligne par rapport à la direction choisie de frappe).Développer une bonne technique gestuelle (intérêt de varier les préparations : préparation «classique» et ample du service / préparation «compacte» et directe pour arriver à «l'armé» / prise, boucle, bascule du poignet pour rabattre la balle...).

Séance 51 préparatoire au test de la 3ème balle. **Séance 52** *Test de la 3ème balle* (document DTN n°2).

Conclusion

Cette programmation est liée sans cesse au jeu, à des situations de jeu. Elle est d'autant plus efficace si elle insère régulièrement des points joués, des matches pour mieux vérifier les acquis des enfants et pour relancer sans cesse le plaisir du jeu.

Elle fait la place, dans un 1er temps, à la variété des comportements pour réaliser des actions simples de jeu afin que l'enfant découvre ses possibilités et son corps face aux situations. Puis, progressivement, la réalité du jeu devenant plus institutionnelle (1/ 1 sur un terrain normal), le corps étant mieux capable d'éprouver des sensations plus fines au service de ce jeu, les tactiques et les techniques bénéficient aussi de la culture tennistique (le meilleur service ne peut pas se faire sans une prise spécifique...).

Elle permet aux enfants «moyens» d'accéder au match de tennis avec une stratégie générale simple et une panoplie globale de coups ouverte au perfectionnement (avec, cependant, plus de séances d'enseignement délivrées qu'à des enfants habiles ou (et) concentrés (le décompte des séances dans cette programmation n'est que formel : il correspond plus à la réussite d'enfants habiles)).

Les meilleurs y parviennent non seulement plus rapidement mais aussi avec plus de créativité, moins d'enseignement méthodique.

Cependant l'enseignant doit faire la part entre le talent naturel des meilleurs (qu'il faut préserver) et la garantie d'une évolution sans limite technique.

De même il ne faut pas croire qu'un thème de jeu sera bien exploité en un seul cycle de séances (exemple : séances 40 à 50, agressivité des coups de fond de court). C'est à force de répétitions de tels thèmes de jeu et surtout de travail précis tant techniquement que tactiquement que le joueur sera performant avec des coups agressifs et contrôlés. En effet, par exemple pour ce travail sur le thème précité, il faut la coopération entre les enfants (donner une balle facile à l'autre joueur); la rupture entre eux avec des coups agressifs ; il faut des répétitions de séquences bloquées envoi – renvoi tout autant que du jeu libre sur ce thème. Sans oublier l'implication de l'enseignant comme pourvoyeur en balles de qualité (exercice au panier), comme pédagogue pour choisir les objectifs et les exercices adaptés...

E.L'organisation pédagogique sur le court [20]

Le nombre d'élèves dans la séance

Si l'Initiation au tennis se fait *en club*, l'organisation pédagogique fédérale proposée est de 6 élèves maximum par court. Mais parfois la pression de la demande a raison des meilleures règles de fonctionnement et il n'est pas rare qu'un enseignant ait un groupe de 8 élèves.

En collège ou au lycée, les professeurs d'EPS initient toute une classe lors de cycles d'enseignement avec des effectifs d'élèves beaucoup plus nombreux.

Parfois les enseignants oublient qu'un court de tennis (ou un gymnase 40 x 20) est utilisable dans une dimension dépassant la seule surface du terrain de tennis : il peut être élargi jusqu'au grillage et être exploité aussi dans sa dimension transversale et non longitudinale. De plus les murs d'un gymnase augmentent encore les ateliers de jeu.

Enfin, même si le groupe est structuré en nombre au départ, des absences, des départs, des arrivées obligent à une variation d'effectif en cours de cycle ou lors d'une séance.

L'organisation lors de la séance d'enseignement

La séance *répond aux objectifs généraux de la programmation* tout en tenant compte des besoins des élèves et des moyens dont l'enseignant dispose. Elle est *structurée* en plusieurs parties pour exploiter au mieux le temps d'enseignement et pour correspondre au rythme d'acquisition des élèves : *Le début de la séance* (prise en mains et échauffement) / *Le «corps» de la séance* (exploitation du thème choisi dans le respect de la démarche pédagogique) / *La fin de la séance* (bilan, rangement du matériel et salutations).

En club junior, la séance étant organisée sous forme d'ateliers, prévoir un début de séance regroupé pour répartir ensuite les jeunes dans les ateliers.

1) Le début de séance

La séance commence par l'accueil de tous les enfants (importance de la ponctualité des parents, donc des enfants).

Accueil avec un respect de politesse («bonjour» de l'enseignant et des élèves) et une explication rapide du thème de jeu et de travail.

Le groupe d'élèves (assis ou debout) est devant l'enseignant pour écouter celui - ci. Il est disposé en arc de cercle autour de l'éducateur.

Importance d'une prise en mains par un échauffement physique car le groupe peut - être agité ou endormi… en fonction des activités précédentes.

2) le corps de la séance

1).Organisation pour jouer sur un plus ou moins grand terrain selon le nombre d'élèves.

---

[20] (L'initiateur ne peut pas échapper à un minimum de savoir-faire au niveau de l'organisation pédagogique car il y va de la sécurité des enfants ⇒ faire ressentir aux Initiateurs, en situation sur le terrain, leur placement par rapport aux élèves, le positionnement de ceux-ci entre eux lors des formations de travail ; les sensibiliser aux principales règles de sécurité).

X= joueur ⊗ =remplaçant

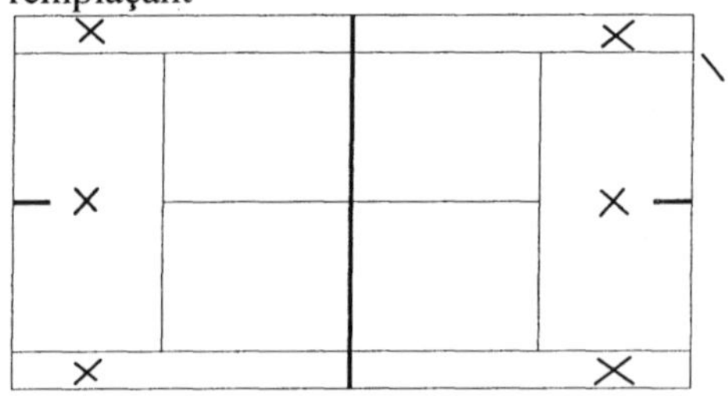

À 6 élèves

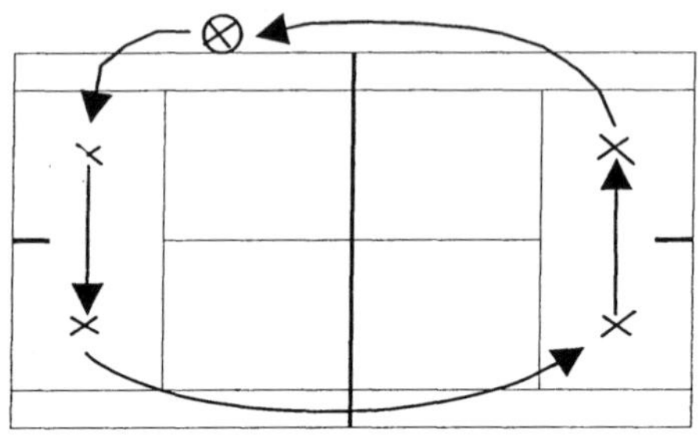

À 5 élèves

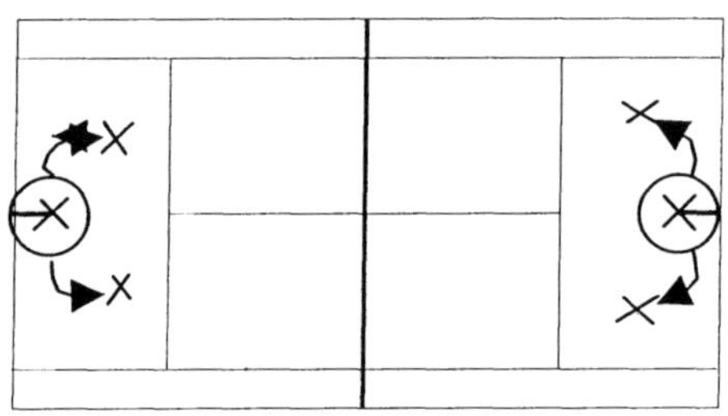

De 4 à 6 élèves

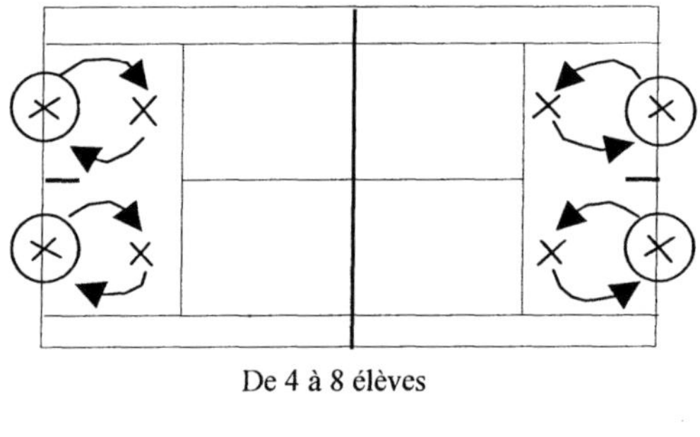

De 4 à 8 élèves

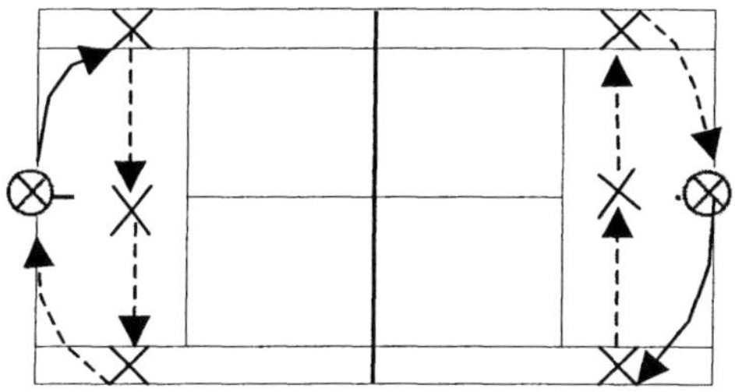

De 6 à 8 élèves

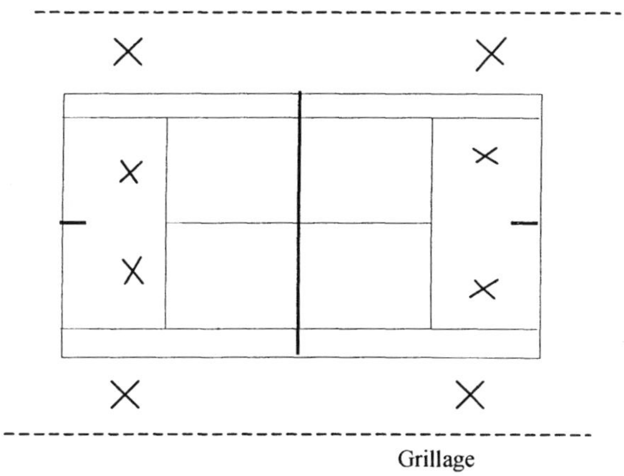

A 8 élèves

De 2 à 4 élèves

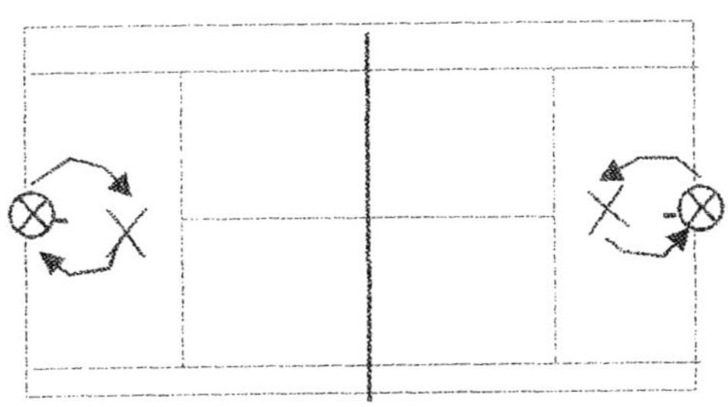

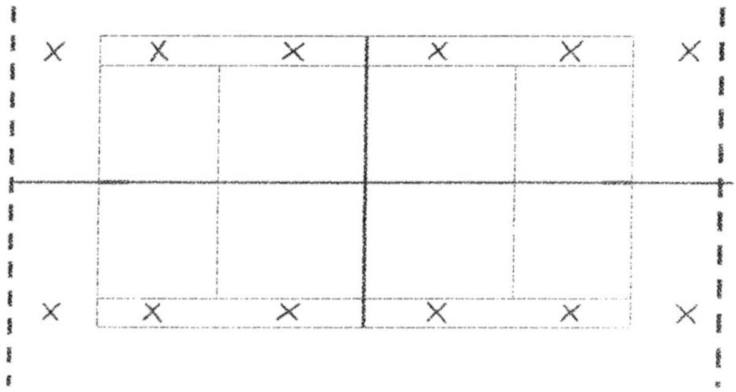

A 12 élèves (atelier d'Unss)

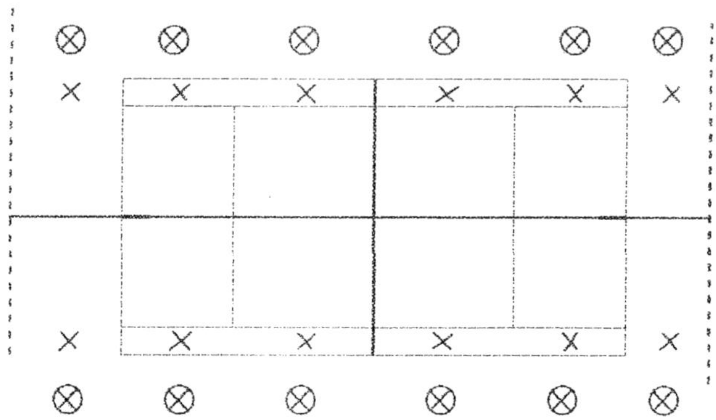

A 24 élèves (classe d'école primaire)

2) Organisation pour favoriser le travail.

FORMATIONS DE TRAVAIL (référence 6 joueurs).

Pour réaliser un exercice avec un groupe d'élèves, les formations de travail ont leur importance. Elles doivent être adaptées à l'objectif. Le choix de la formation et la manière de faire évoluer les élèves dans la formation est souvent déterminant pour l'efficacité de l'exercice.

Formation en ligne

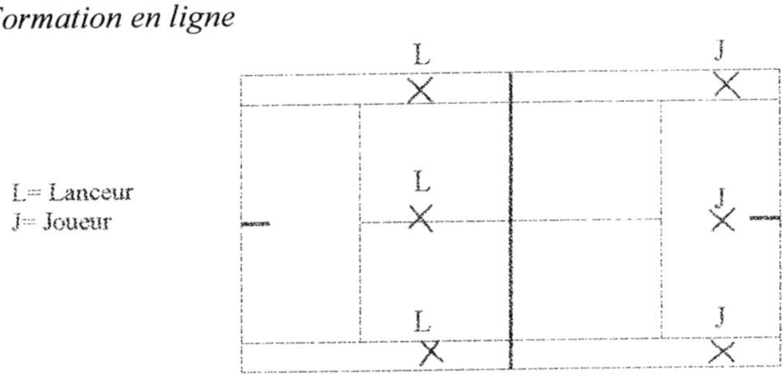

Formation permettant à tous les enfants de travailler en même temps (coopération entre 2 camarades pour se donner les balles, pour travailler les coups avec un petit jeu de jambes de placement).

Formation en vague

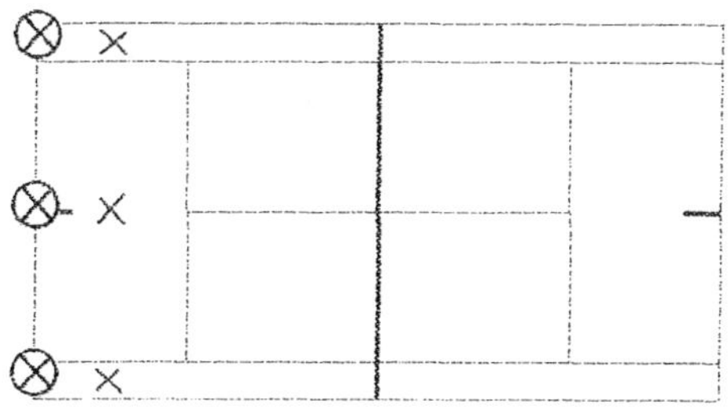

Formation permettant à l'enseignant de bien contrôler de près l'exécution des coups en envoi (y compris le service).

Formation en quinconce

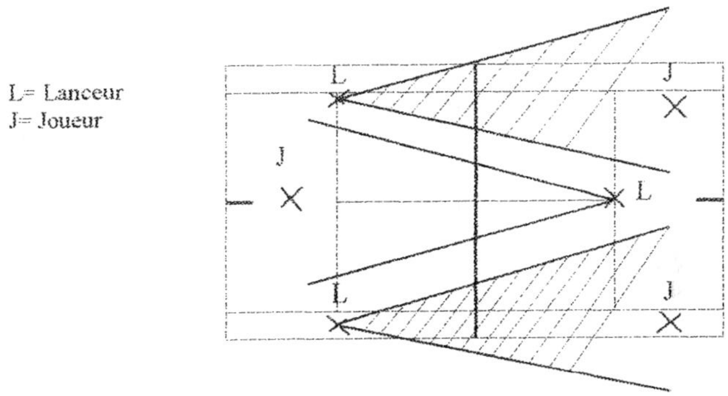

Formation permettant au joueur qui reçoit les balles de travailler sur son grand jeu de jambes de déplacement - replacement pour couvrir un maximum de terrain et pour celui qui distribue les balles de chercher à jouer là où l'autre n'est pas.

Formation en colonne

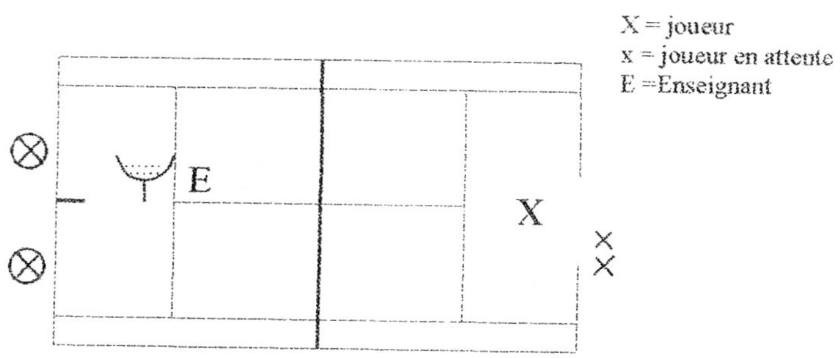

Formation permettant à l'enseignant de distribuer la balle juste comme il faut, selon la qualité de l'élève, afin de faire travailler celui - ci autant au plan technico - tactique que physique (la balle de l'éducateur pouvant être délivrée dans tout l'espace de jeu).

ROLE DE CHAQUE ELEVE dans les formations de travail

Formation en vague

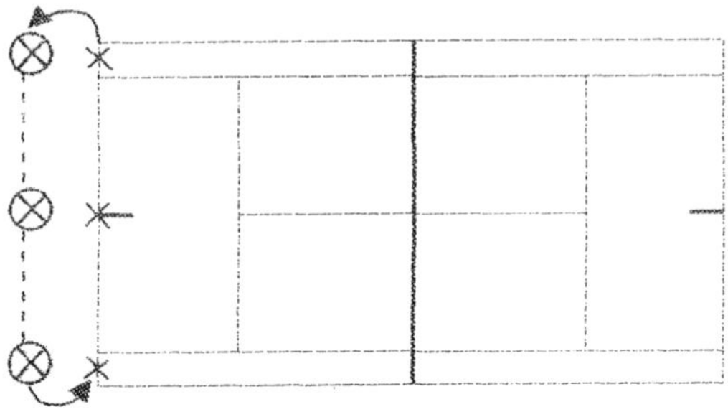

Assurer la rotation de chaque vague (tous les 5 envois par exemple).

Veiller au ramassage collectif des balles lorsque les élèves ne sont plus approvisionnés en balles.

Maintenir un espace important entre chaque vague et entre les joueurs d'une même vague; placer les gauchers à l'extrémité gauche de la vague afin de laisser le plus de champ d'action pour chacun et assurer la sécurité des élèves (il est important de matérialiser les places de chaque élève ⇒ exemple : être à cheval au-dessus du couloir de double ou d'une ligne de court).

Formation en ligne

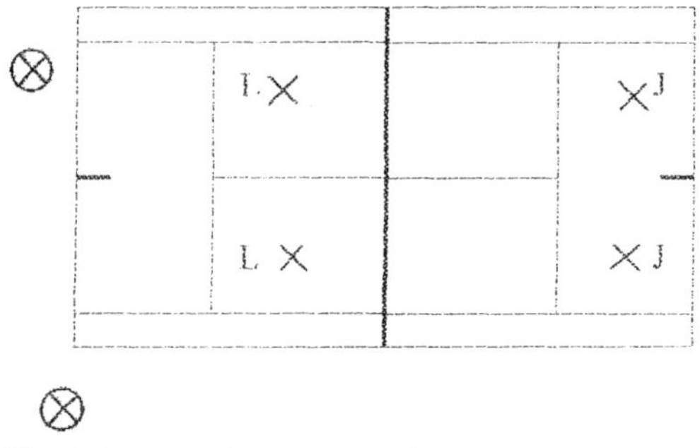

Spécifier le rôle de lanceur (envoyeur), joueur (renvoyeur), ramasseur.

Respecter la même quantité de travail dans les différents rôles (changement après une quantité déterminée de balles ou, plus facilement, après un temps de travail).

Matérialiser les emplacements des uns et des autres.

Dans le cas particulier des séries de service, on peut faire servir en diagonale tous les joueurs ensemble en les disposant sur 2 lignes, à chaque ligne de fond de court, dans la même moitié de terrain (joueurs nettement séparés).

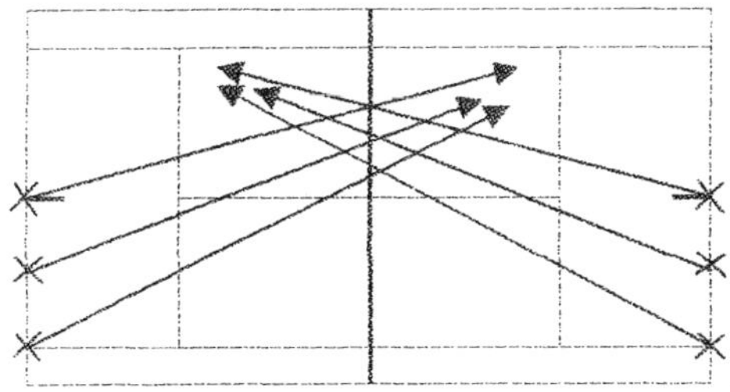

Formation en quinconce

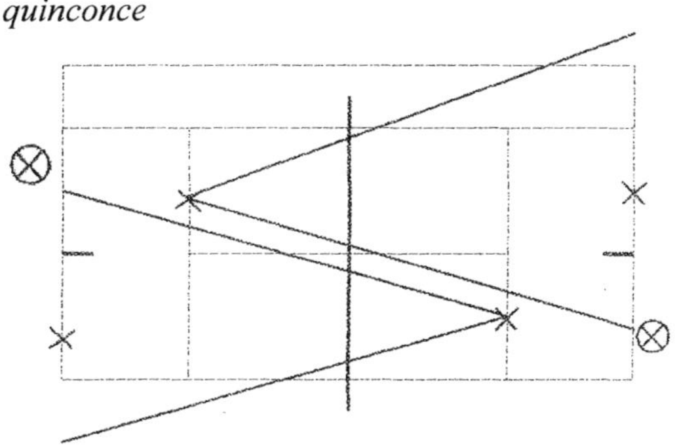

Distribuer les rôles de lanceur (envoyeur), joueur (renvoyeur), ramasseur avec le souci de la même quantité de travail dans chaque rôle, en respectant la sécurité (obtenir des frappes précises et non fortes du renvoyeur sur le lanceur pour ne pas toucher l'autre lanceur situé dans la même moitié de court).

Plus on veut donner de l'espace au joueur, plus il faut rapprocher le lanceur du filet pour permettre une plus grande ouverture d'angle.

Formation en colonne

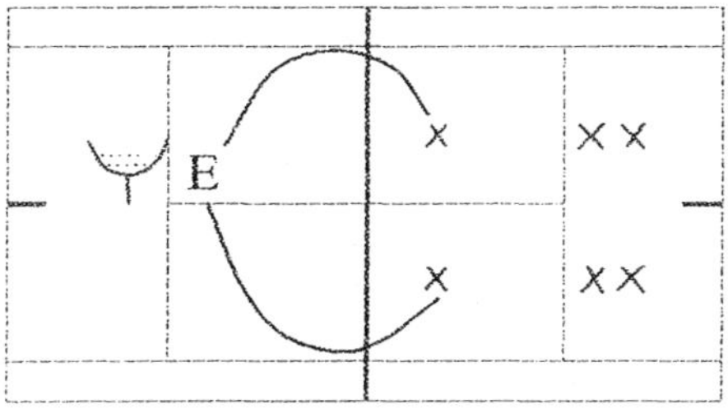

Lorsque l'on dispose d'une seule colonne, placer au maximum 4 élèves (+ 2 ramasseurs) et s'il y a 2 colonnes de 3 joueurs, pas de ramasseurs (avec un approvisionnement du panier en fin d'exercice).

Temps de passage bref de chaque joueur pour éviter aux autres élèves une longue attente, facteur d'ennui ou de chahut. Rotation toutes les 4 frappes (au maximum) s'il y a une colonne unique ou sur un peu plus de frappes avec 2 colonnes (alternance de la distribution des balles sur chaque colonne).

Les 2 colonnes sont intéressantes pour le travail d'un coup (exemple : Vcd pour les élèves d'une colonne et Vrv pour ceux de l'autre colonne) en fixant mieux l'attention des enfants. Elles sont particulièrement préconisées pour le smash (les lobs étant difficilement assurés par les enfants, lors d'envois - renvois; la sécurité étant plus grande à assurer avec des risques de frappes fortes au smash alors que l'envoyeur est proche et impliqué encore dans son lancer).

Bien séparer le (s) joueur (s) des autres en attente (exemple : si l'exercice mobilise le joueur vers la ligne de fond de court, les autres joueurs en attente sont contre le grillage du terrain).

3) La fin de séance

Organisation du **rangement**.

Ramassage des balles (vérifier la participation de chacun, certains prétextant qu'ils ont soif à ce moment - là pour éviter la tâche...), rangement ordonné des raquettes, du matériel éducatif dans des sacs, un casier...

Organisation pour faire le **bilan** sur la séance.

Rassemblement des enfants avec l'enseignant (disposition des élèves assis en arc de cercle devant l'éducateur) pour un retour sur la séance tant par un questionnement des élèves (pour savoir ce qu'ils ont retenu) que par une synthèse faite par l'enseignant.

Les enfants, après ce retour au calme, retrouvent alors leurs parents.

Le placement de l'enseignant par rapport au groupe

Pour observer

. Etre dégagé du groupe (recul dans l'espace mais aussi dans le temps (savoir attendre pour bien discerner le comportement des enfants)).

– *Lors d'échanges* entre enfants, être, en général, plutôt au centre et à l'extérieur du court (sans négliger de circuler autour du terrain, à certains moments, pour se rapprocher de l'action des joueurs et «peser» de sa présence.

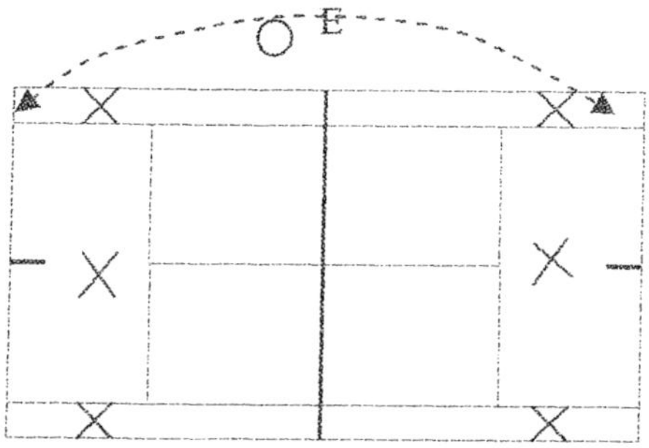

– *Lors d'un travail technique*, le placement est plus variable (mais rapproché des élèves) : placement possible sur le côté et en retrait des joueurs (pour les préparations), sur le côté et en avant (pour les accompagnements, les plans de frappe), en arrière (pour le jeu de jambes)...

Exemple : placement de l'enseignant pour observer les accompagnements des élèves.

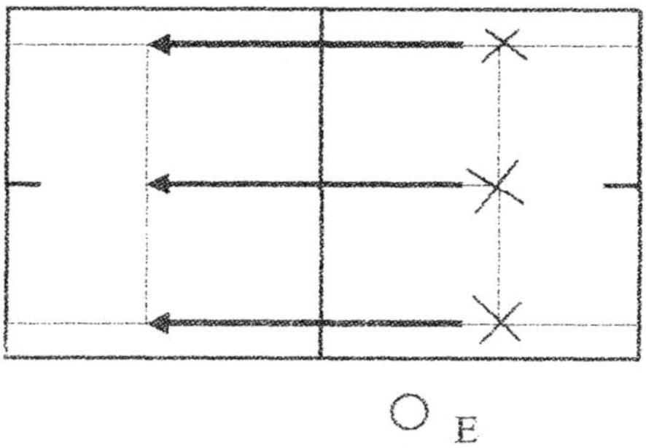

Pour démontrer

. S'écarter du groupe et les placer aux endroits les meilleurs pour observer.
Exemple pour la démonstration du geste au service :

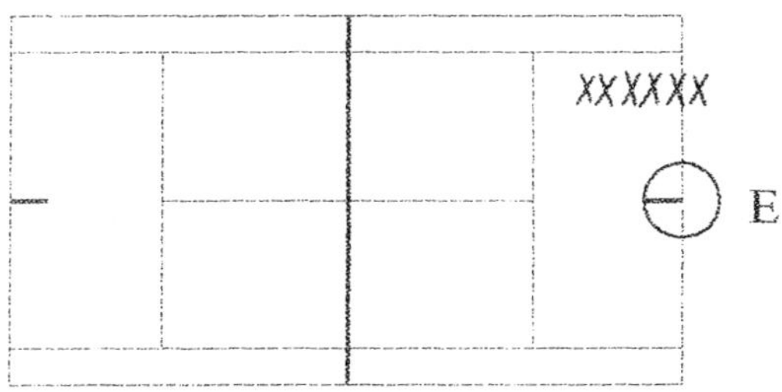

Pour expliquer, pour établir des bilans sur le jeu, le travail technique en cours ou en fin de séance, lors du rassemblement des joueurs :

. Se dégager nettement du groupe en ayant les enfants devant soi. Disposition des élèves en arc de cercle devant l'enseignant (enfants assis, éducateur agenouillé pour être à la même hauteur de communication).

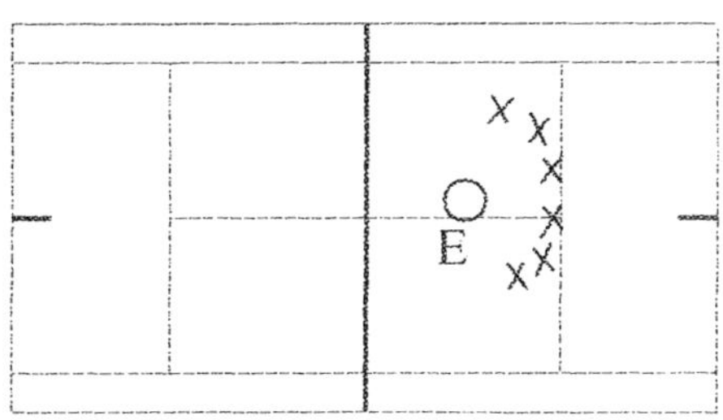

Pour conseiller (voire sanctionner) un élève :

. Joueur dégagé du groupe pour lui parler avec une attention particulière sans risque d'être perturbé par les actions des autres.

Le placement des élèves entre eux dans le jeu et les exercices (règles de sécurité)

. Respecter un espace suffisant entre les enfants quand ils jouent ou réalisent des exercices (éviter les coups de raquette, les heurts entre eux).

. Lorsque les rassemblements sont demandés par l'enseignant, les actions des joueurs doivent être arrêtées immédiatement (risque de frappes sur des enfants qui passent devant d'autres pour aller se réunir).

. Faire attention au danger possible :

- lorsqu'il y a du matériel au sol : les raquettes (des ramasseurs ou des envoyeurs de balle à la main); les balles traînant au sol lors de l'évolution des enfants sur le court $\Rightarrow$ risque de glissades, chutes...).

- lors des exercices au moment où les ramasseurs déposent les balles pour les envoyeurs (laisser un espace suffisant entre le lieu de dépôt des balles et l'endroit d'activité du joueur (pour éviter les coups de raquette)).

– lors des démonstrations ou explications de l'enseignant, les enfants voulant parfois imiter en même temps qu'ils voient, ayant envie de faire quand ils entendent (pour éviter des coups de raquette donnés par ces enfants rapprochés dans le regroupement).

– laisser beaucoup d'espace entre les joueurs lors de frappes fortes (accidents les plus graves : les yeux).

– faire attention à l'exercice lanceur - smasheur (éviter la frappe violente au smash lorsque l'envoyeur effectue des lancers à la main (donc en étant rapproché du joueur); s'efforcer de décaler latéralement le lanceur par rapport au smasheur).

– être vigilant lors du jeu, au moment des rotations, quand le collectif est nombreux (pair ou impair) et qu'il passe à peu de joueurs sur le court (de 6 à 4 ou à 2).

L'organisation de l'enseignant pour un rendement quantitatif et qualitatif de la séance

Quantité

Avoir une quantité de balles suffisante (ne pas perdre de temps à chercher et ramasser les balles dans les exercices joueurs - ramasseurs – lanceurs ; panier de 60 balles).

Veiller à assurer les rotations des tâches (bien respecter la même quantité de travail, de jeu pour chacun) : faire attention aux exercices compliqués au niveau de l'organisation (exemple : exercice à 3 avec ramasseur - lanceur - joueur) car, pour intervenir collectivement, il faut attendre, normalement, que chaque élève soit passé par ces différents rôles.

Attention aussi aux exercices qui mobilisent 1 joueur sur 6 (colonne) : importance du nombre des balles lancées, de l'intensité de l'effort fourni sinon l'attente peut être longue (dispersion de l'attention, quantité de travail insuffisante).

Attention aux exercices qui utilisent plusieurs formations de travail et qui demandent beaucoup de temps pour organiser, placer, assimiler ces formations.

Qualité

Accorder de l'importance aux cibles et à leur choix pour concrétiser les actions.

Utiliser au mieux l'espace et le temps (particulièrement par la forme des trajectoires fournies, par la qualité des envois afin de créer des conditions de travail adaptées aux objectifs définis (exemple : envois de balles à trajectoires lentes, avec une légère courbe, dans un espace proche du joueur, avec un rebond avancé pour que le renvoyeur travaille sur une stabilité d'appuis à la frappe ; inversement, envois enchaînés rapidement loin du joueur pour que celui-ci défende son terrain...).

Savoir faire évoluer l'exercice, la formation de travail selon la progression des élèves (exemple : placement des enfants plus ou moins loin dans l'exercice d'envoi - renvoi, surfaces de jeu plus ou moins grandes à occuper dans le jeu...).

Rythme de travail

Un équilibre est à trouver entre les explications, les démonstrations de l'enseignant et l'activité du joueur qui doit rester essentielle :

– Ne pas intervenir sans arrêt : savoir donner du temps aux enfants pour qu'ils assimilent les interventions de l'éducateur et qu'ils expérimentent (essais - erreurs).

– Intervenir à un niveau collectif d'abord (l'intervention individuelle est plus occasionnelle, ponctuelle, rapide pour un enfant qui ne respecterait pas le travail collectif demandé). L'intervention pourra devenir ensuite personnalisée pour augmenter la qualité du travail (difficultés particulières ou facilités des uns et des autres).

– Maîtriser la démarche pédagogique en sachant alterner situations et exercices adaptés.

– Relancer l'intérêt ou l'intensifier par la variété des exercices, le plaisir de jouer, l'émulation, la compétition.

Organisation pédagogique pour la bonne utilisation du panier de balles

Les enseignants (et pas seulement les entraîneurs) utilisent beaucoup (voire abusivement) le panier de balles. Cet outil pédagogique utilisé magistralement par HOPMAN (fin des années 70) est à exploiter de 2 façons dès l'Initiation :

1) balles délivrées par l'enseignant à un joueur seul en situation ⇒ pas d'échange, d'opposition : on frappe chaque balle comme si on jouait un point définitif.

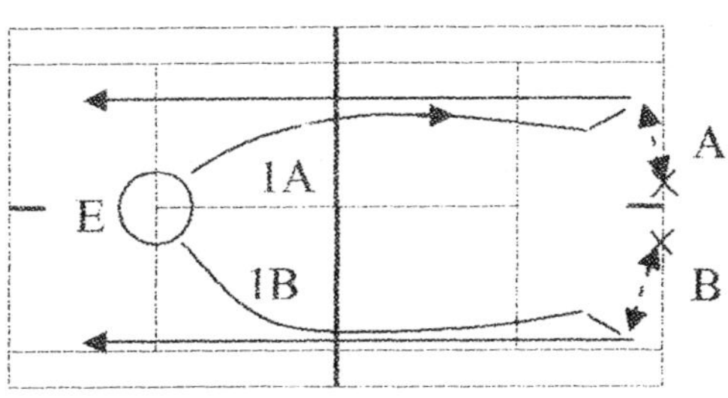

Avantages pour l'enseignant :

– On peut être soi-même un joueur seulement moyen pour délivrer des balles de qualité à de bons, très bons joueurs.

– L'adaptation de son enseignement est possible à tous les niveaux de jeu (du débutant au très bon). A l'Initiation, l'enseignant est à même de distribuer la balle qu'il faut pour faire réussir l'élève (grande importance en particulier pour l'apprentissage du smash car les élèves n'ont pas la maîtrise (même à la main) de calibrer leur envoi au dessus de la tête du camarade). Cette distribution est d'autant mieux assurée par l'éducateur qu'elle doit aller à certains moments jusqu'à la limite des possibilités de l'élève.

– C'est un outil efficace avec un groupe de niveau (ou d'âge) hétérogène pourvu que les envois et les objectifs soient différenciés, personnalisés.

– La progression est facilitée par la variation en difficulté des envois, par la précision de plus en plus grande des zones à atteindre; l'enchaînement des actions est facilité (s'il y avait recherche d'échange, ces enchaînements n'apparaîtraient pas car il y aurait arrêt dès la faute à la 1ère, 2ème ... frappe).

Avantages pour l'élève :

– Les enfants en Initiation adorent jouer avec l'enseignant qui leur donne la qualité de balle pour les faire réussir (au contraire des camarades parfois maladroits qui produisent des trajectoires de balle injouables...). Ils veulent réussir leur passage face à l'enseignant en lui montrant qu'ils sont capables de se surpasser pour jouer les balles même les plus difficiles.

– Le joueur étant mobilisé uniquement par la qualité de sa frappe peut se concentrer sur son intention de frappe ou (et) sur son travail technique, sur l'appréciation de la trajectoire de balle, sur la cible à atteindre...

– Accumulant beaucoup de sensations sur un coup ou sur un enchaînement de coups, il se donne du plaisir à bien frapper.

– La possibilité de feedback (de l'élève ou de l'enseignant) est immédiate sur l'action ⇒ réinvestissement des sensations tout de suite dans la (les) même (s) action (s) suivante (s) ⇒ enseignement personnalisé («petite» leçon individuelle dans le collectif).

Inconvénients :

– Vu qu'il n'y a pas d'échanges, l'aspect tactique est limité (la balle «suivante» délivrée par l'enseignant ne part pas de l'endroit où le joueur a dirigé son coup...). L'élève ne joue pas véritablement au tennis : s'il se fait plaisir à «fonctionner» en se dépensant avec énergie, en s'appliquant techniquement..., il n'est pas dans le même fonctionnement mental que dans le jeu, il n'est confronté qu'au panier ! Or l'adversaire, c'est d'une toute autre dimension et le plaisir n'est pas toujours présent...

– Attention à la trop grande quantité de panier qui devient *L'*outil pédagogique principal : l'enseignant est placé dans un confort d'organisation du groupe; il se transforme en «machine à taper»; il ne facilite pas l'adaptation du joueur (exigeant incertitude, choix de décision ...).

– Le nombre d'élèves doit être réduit (éviter plus de 4) pour préserver une quantité suffisante de frappes par élève (quand le groupe est de 6 élèves, prévoir un autre atelier hors du court ou sur le court (exemple : sur un 1/ 2 court)).

– Il faut une grande quantité de balles (au moins 60).

L'utilisation du panier sous cette forme n'est qu'un des outils à la disposition de l'enseignant. Sinon il y a risque de dénaturation du jeu, de stéréotypie des coups, d'oubli du goût pour le jeu réel.

2) balle fournie par l'enseignant au démarrage de l'échange ou (et) à la fin de l'échange entre joueurs.

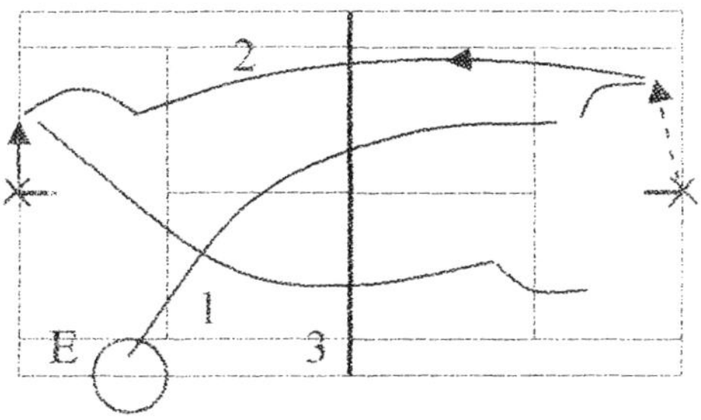

Cette 2ème forme d'utilisation du panier «mixe» la distribution de balles et le jeu en coopération ou en opposition. Elle n'a quasiment que des avantages:

– Le temps n'est pas perdu pour relancer le jeu, les points, évitant ainsi les constants et longs ramassages de balles.

– L'attention de l'enseignant est constante : il suit le déroulement des points pour relancer dès qu'une faute est commise par une (les) paire(s) de joueurs ⇒ observation permanente des joueurs.

– L'attention est maintenue aussi pour les élèves, les joueurs; la quantité de sensations et de jeu est importante vu la sollicitation permanente.

– Les engagements ou les relances sont faits selon les besoins des élèves, des joueurs (sur un coup à privilégier, dans un espace de jeu à exploiter, dans la suite logique du jeu si la faute n'avait pas eu lieu...) et permettent plus ou moins de variété, d'incertitude selon les situations.

– La possibilité de jeu entre des élèves (joueurs) de niveau, de qualité différents est augmentée retardant la lassitude de jouer avec quelqu'un qui commet plus de fautes que soi - même (exemple : distribution de balles plus faciles pour celui qui est le moins fort lui permettant de démarrer le jeu dans de bonnes conditions).

L'inconvénient en Initiation, Perfectionnement serait de solliciter trop longtemps les enfants alors qu'ils ont besoin de temps pour souffler, s'évader...

A l'entraînement, il ne faut pas non plus oublier que la quantité de travail ne peut exclure aussi le respect du jeu réel avec ses «temps morts» qui doivent être mis à profit au plan énergétique (boire...), mental (concentration, stratégie...).

Erreurs

– Utiliser excessivement le panier par rapport aux autres formes de travail.

– Ne pas maîtriser techniquement les envois (il faut apprendre à distribuer les balles en sachant placer le panier à côté et légèrement en avant de la main qui prend les balles, à frapper en étant équilibré, avec un geste plus court, une prise plutôt continentale de CD... ⇒ technique particulière où l'on distribue les balles en regardant devant soi tout en s'approvisionnant en balles.

– Ne pas adapter les envois au niveau des joueurs (trop fort, trop loin...), aux ressources des joueurs (pas assez de récupération entre les efforts...), ou à l'objectif poursuivi (exemple : balles déplaçant peu le joueur alors qu'il doit couvrir tout son fond de court).

– Ne pas donner assez de rythme lors des rotations des joueurs (pas assez de balles dans le panier; trop de joueurs en attente ; trop de commentaires pendant le passage des joueurs...).

– Ne pas exploiter la situation (l'enseignant est absent: il se contente d'envoyer des balles machinalement).

Règles d'exercice

– Utilisation du panier selon l'objectif pédagogique :

. Travail technique d'un coup en pédagogie individuelle (en pédagogie collective, souvent 2 colonnes permettant au joueur d'une colonne de se replacer après son coup pendant que le joueur de l'autre colonne se déplace sur la balle suivante de l'enseignant (exemple : smash).

. Jeu de jambes de grand déplacement sur un grand terrain.

. Préparation physique (exemple : enchaînement rapide de 3 volées basse, puis haute sur l'autre coup, puis loin...)

– Utilisation du panier également comme atelier de travail sur un ½ de court pendant qu'un autre atelier de jeu fonctionne sur l'autre ½ court.

– Choix et variations :

. Du lieu de distribution de balles au panier (placement dans les coins, au centre du carré de service, à l'extérieur des lignes de couloir, plus ou moins loin...).

. Des envois selon les exigences pédagogiques (exemple : plus ou moins de courbe pour laisser plus ou moins de temps au joueur).

. Des balles (souples, intermédiaires, compétition).

Au bénéfice de l'adaptabilité du joueur selon ces trajectoires variées.

En définitive, c'est l'enseignant qui facilite l'efficacité de l'exercice au panier par les choix qu'il effectue, par la qualité de ses engagements, de ses interventions et par son dynamisme, sa passion.

Conclusion

Même si l'outil (le panier) ressemble au «caddie» de la méthode Hopman, celle-ci est un système élaboré d'entraînement avec une philosophie où la rigueur, le goût de l'effort, la volonté de dépassement sont permanents. Dans son principe elle n'est pas conçue pour des débutants : elle s'adresse à des joueurs ayant une maîtrise du jeu et une technicité suffisante.

Rien n'empêche cependant des adaptations pédagogiques dans la phase initiale d'apprentissage par des exercices au panier. Placé au bon moment, associé aux autres exercices où les élèves coopèrent entre eux, combiné avec les jeux, les matches qui sont la réalité du tennis, l'utilisation du panier de balles ne peut que donner satisfaction à l'enseignant et à l'élève.

F. La Communication [21]

La communication de l'enseignant est appréciée à plusieurs niveaux :

Communication verbale : *messages simples, compréhensibles, logiques; *messages ciblés sur un seul objectif à la fois; questions posées appelant des réponses logiques; *langage positif (encouragement, valorisation...) ;*voix (volume, tonalité...).

Communication non verbale : attitude professionnelle (autorité, rigueur...);*à l'écoute des enfants; expressif (expressions corporelles); *Démonstratif (tactique - technique); *Placement adéquat.

Communication orale et écrite (faite en début d'année sportive *au moins pour les parents et les jeunes du groupe avenir club*) et, plus encore, pour les jeunes du centre de perfectionnement et d'entraînement.

Réunion indispensable pour les enseignants afin de faire passer les objectifs qu'ils poursuivent et pour les parents afin de prendre le temps d'échanger et d'adhérer aux différents projets, particulièrement au sujet de la compétition.

Exemple : texte que j'ai écrit en 1998 pour le classeur de formation au BE (à partir de différents documents compulsés dans des revues américaines) sur :

*** Les parents du jeune compétiteur**

1) Le tennis est un sport individuel très exigeant au plan émotionnel

– Le tennis est un des véhicules les plus beaux pour la croissance psychologique d'un jeune car ce jeu met en parallèle les traits de caractère vécus sur le court avec ceux de la vie. Les sentiments de joie après une victoire, de déception après une défaite, sont en général ressentis plus fortement dans ce sport individuel.

– Si les jeunes tennismen sont souvent en avance sur les autres au plan intellectuel et culturel, ils sont largement «comme les autres» au plan émotionnel et la tension psychique qui existe dans le match à combat individuel tend même à les fragiliser un peu plus.

– Le modèle de la maîtrise de l'adulte (exemple : ne pas pleurer, être impassible...) ne peut pas se faire immédiatement chez l'enfant. Il faut savoir que la maturité affective d'un jeune s'établit à partir de la puberté (13 - 14 ans chez les filles, 15 - 16 ans chez les garçons). Il s'agit donc d'équilibrer les influences et faire en sorte de filtrer les émotions des enfants vers un contrôle, une régulation qui leur appartiennent, qui leur soient accessibles.

– Livrer l'enfant dans « l'arène» sans soutien des parents, de l'enseignant, d'un groupe de copains, du club... est sûrement une «épreuve» pour un tout petit.

2) L'influence des parents (des enseignants)

– Souvent les parents ne savent pas réagir à ces émotions sinon en étant protecteurs, en prenant une attitude de dépendance avec l'enfant qui joue (mais qui les fait jouer aussi). Même s'il est vrai que, parfois, certains sont dans un excès inverse en ne voyant jamais leur enfant alors que celui-ci a besoin d'un support parental.

– Bien qu'on dise trop souvent que les parents «c'est un problème», il est évident que la pratique de leur enfant ne peut exister que grâce à leur soutien.

– On ne peut les empêcher de «vivre» intensément le tennis de leur enfant (c'est même normal) mais la clé est de trouver le bon niveau de soutien des jeunes

[21]Rendre l'initiateur performant sur certains points * de la grille d'évaluation.

sans les étouffer. Le challenge est d'enseigner au jeune joueur de donner 100% d'effort dans tout ce qu'il fait et d'être capable de prendre la victoire ou la défaite d'une manière positive : *gagner devrait une chance pour la confiance / perdre, une chance pour la croissance.*

– Cela ne se gagne pas tout seul mais s'apprend : faire de son mieux pour essayer de gagner et, quand le match est terminé, être humble dans la victoire, respectueux de son adversaire dans la défaite. Les déceptions comme les satisfactions font partie du sport. Les échecs sont inévitables. Apprendre comment profiter du bon et du moins bon en sport est sûrement la plus grande leçon de la participation à la compétition.

– Si les parents ne sont pas guidés, informés, si on ne les aide pas à mieux définir leur rôle par rapport à ce tennis de compétition qu'ils découvrent souvent de façon «innocente», leurs instincts parentaux risquent de leur faire commettre de lourdes erreurs. C'est pourquoi les parents ont besoin aussi d'être «entraînés» pour être plus efficaces vis-à-vis de leur enfant se lançant dans la compétition. Il faut leur faire passer quelques messages, sachant que du temps est nécessaire pour maîtriser les différentes recommandations ci-après. En effet, il arrivera qu'ils soient mêlés à un milieu de haute pression, de grande tension lors de certaines compétitions.

3) recommandations aux parents

– Retenez bien que l'objectif réel, dans le domaine sportif, c'est de donner le meilleur de soi-même et de développer les valeurs humaines grâce à cette riche expérience compétitive. Par de nombreux aspects, le sport est un microcosme de la vie : si des jeunes apprennent à contenir les crises, à faire face à l'adversité, ils deviendront des êtres humains plus achevés. Etant vous - même convaincus de cet objectif, faites le comprendre à votre enfant.

– Faites ce que vous pouvez pour rendre saine l'expérience du tennis. Peu importe jusqu'où votre enfant ira au niveau de la compétition.

– Ne faites pas comprendre à votre enfant que vous «investissez», à travers lui, comme vous traitez d'autres affaires («avec tout ce que je fais pour toi, tu trouves le moyen d'être nul contre ce petit joueur»). Certes le tennis coûte cher mais l'argent dépensé est un investissement sur la personne : c'est une dépense éducative car le jeu en compétition est un bon révélateur de soi-même et une riche expérience des autres.

– Supportez positivement votre enfant avant la compétition car c'est le moment où il doute le plus. Ne mettez pas de pression sur lui pour qu'il gagne. Plus vous insisterez sur la joie, le plaisir, la valeur intrinsèque du jeu, plus votre enfant aura des chances d'atteindre des succès en compétition.

– Ne montrez pas d'émotions négatives (inquiétude, nervosité...) quand vous regardez votre enfant jouer. Si vous n'y parvenez pas, restez loin du terrain. Même lorsque la conduite de votre enfant devient inacceptable en termes de tricherie, colère..., n'oubliez pas que c'est à l'arbitre de faire cesser ce mauvais comportement. Et s'il n'y a pas d'arbitre, c'est au juge-arbitre d'intervenir. Si l'un comme l'autre n'est pas présent, il faut aller les chercher pour demander leur concours. Si, malheureusement, l'organisation du tournoi est défaillante en responsable du jeu (ce qui ne devrait jamais exister !), il n'y a plus qu'une solution, le retirer soi - même du jeu.

– Votre soutien ne doit pas varier en fonction des victoires et des défaites : il doit être basé sur l'attitude, les efforts, les habitudes de travail, la formation personnelle du caractère de l'enfant. Ne vous enthousiasmez pas exagérément quand votre enfant gagne et, inversement, ne remettez pas tout en cause quand il perd. Il ne faut pas attacher de récompense spéciale à une victoire (cadeaux, argent...) ni retirer de l'attention, de l'affection lors d'une défaite (il ne faut pas qu'il se sente moins aimé, moins valeureux ou moins important à cause d'une défaite sinon vous lui mettez une pression qui se révélera insurmontable). C'est, au contraire, un moment où il a besoin d'attention, d'encouragement. En revanche si l'attitude de votre enfant a été incorrecte dans le match, il est important qu'après le match (gagné ou perdu), vous lui manifestiez votre désapprobation, voire même que vous le sanctionniez. Il faut lui apprendre progressivement (ainsi que l'enseignant) à maîtriser son attitude même dans les moments de crise.

– Ne jouez pas à la place de votre enfant : «laissez le jouer». Ne vous mêlez pas du coaching de votre enfant : être parent est déjà difficile..., être parent et coach est «injouable» dans la plupart des cas.

– Ne comparez jamais la croissance de votre enfant à celle d'un autre. Le corps, l'esprit, les émotions de votre enfant se développent selon une maturation propre, unique.

– Notez bien que 3 ingrédients sont nécessaires pour réussir au tennis :

. La capacité, le talent ⇒ la part donnée par «Dieu», par les «gènes» à la naissance (potentiels de taille, vitesse, force, coordination voire des traits de caractère !).

. La motivation, l'envie, le désir ⇒ c'est le choix du joueur de développer ou de négliger les talents qu'il possède (même si les parents, les professeurs, les amis peuvent persuader le jeune de développer ses habiletés, c'est finalement celui - ci qui s'engage pour son avenir).

. L'opportunité, la chance ⇒ c'est le fait des parents ou d'autres adultes qui apportent des facilités aux enfants pour leur développement (compétence particulière d'un entraîneur, inscription dans des tournois, à des stages d'entraînement, vision de grandes compétitions...).

Il y a un équilibre à trouver entre le désir des jeunes (qui doivent mettre du leur pour gagner et profiter des opportunités qu'on leur donne) et les parents qui doivent comprendre qu'ils ne peuvent forcer leur enfant à aimer le tennis (les aider sans jamais faire pour eux).

Les parents doivent être de bons «supporters» de leur enfant, au sens vrai du terme (et non comme on le constate parfois lors de matches dits de haut niveau où la vulgarité, le chauvinisme ... l'emportent sur le fair-play). Si les parents et les entraîneurs jouent bien leur rôle éducatif, les enfants donneront le meilleur d'eux-mêmes. On peut alors espérer que tout ce petit monde se «supportera» dans ce milieu difficile qu'est le tennis de compétition et en dehors de ce domaine sportif.

Laissons la conclusion à Jim Courier (ex n°1mondial) lors du tournoi de Melbourne (gagné en 1993) : « à partir du moment où j'ai le sentiment de faire le maximum à l'entraînement et en compétition, j'accepte l'idée de la défaite. Dans ce cas, quoi qu'il advienne, je dors bien. Etre battu ne m'obsède plus...»

G. Réponses à des questions générales sur l'enseignement

Différence entre l'Initiation à des adultes et à des enfants ?

Il faut tout autant tenir compte de l'adulte (qui veut s'initier au tennis) que de l'enfant. Cependant :

I) Si l'adulte a globalement les mêmes motivations que l'enfant pour se lancer dans une activité (il veut bien agir s'il en éprouve du plaisir, s'il trouve à son activité de l'intérêt, s'il se rend compte qu'il réussit...), ***il ne lui ressemble pas sur bien des points :***

1) **Intellectuellement,** *c'est une personne plus réfléchie* qui est *capable d'entrevoir des objectifs à long terme* (voire même de retarder son plaisir, d'accepter même l'échec pendant un certain temps) et *qui a besoin de savoir le pourquoi de son travail.*

– Il ne se laisse pas manier aussi facilement que l'enfant, il faut souvent *lui expliquer le but* des situations, des exercices proposés. Ce serait simple s'il n'avait pas, en plus, des *idées préconçues par rapport à l'activité ou même l'apprentissage* : «pourquoi vous ne m'indiquez pas tout de suite quelle prise je dois prendre au service, pourquoi vous me faites faire un revers à 2 mains ?...».

– Ses intérêts sont souvent très divergents de l'enfant : ils peuvent être très «limités» (pour perdre du poids, pour pouvoir échanger avec un ami qui sait jouer, pour pratiquer un tennis esthétique ...) ou «exorbitants» (je veux être classé à ... au bout de *x* séances, sans connaître le milieu du tennis ainsi que ses véritables capacités dans ce sport...).

2) **Physiquement,** l'adulte peut être, comme les enfants, habile ou malhabile mais :

– Son passé pèse très lourd : il a pu se spécialiser dans des techniques très précises ou, au contraire, il a vécu peu d'expériences sportives et, pour ces raisons pourtant opposées, il risque d'être moins disponible, moins adaptable qu'un enfant beaucoup plus «neuf».

– Il déborde moins d'énergie, il contrôle plus ses efforts, il ne se dépense pas comme un «fou » (et s'il le fait, c'est parce qu'on l'aura convaincu et non par plaisir interne comme l'enfant).

– Il est bien souvent «coincé» au niveau de ses techniques gestuelles et de jeu de jambes par une tonicité plus grande que l'enfant et un vécu fait d'angoisses de la vie courante entraînant plus de raideur dans ses mouvements.

3) **Socialement,** l'adulte n'a plus la même liberté de comportement que l'enfant par rapport aux autres :

– Son tennis a bien souvent des causes et des incidences sociales (pouvoir jouer avec des partenaires de la même famille, des amis, des relations de travail; apparaître comme quelqu'un dont on sait qu'il a un niveau de jeu, qui se comporte comme un gentleman sur un court...).

– Ses réactions par rapport à son entourage sont souvent plus rigides, plus définitives (il accepte difficilement de jouer avec certains pour des raisons de caractère mais aussi parce qu'il s'évalue au dessus des autres ou, au contraire, parce qu'il se croit plus mauvais ⇒ importance du jugement d'autrui dans les relations d'adultes).

– La relation individuelle dans l'apprentissage, lors des séances collectives, est plus poussée pédagogiquement qu'avec des enfants (et non affectivement comme avec ceux-ci) car l'adulte a besoin de dialoguer pour agir, d'être confirmé, rassuré dans ses résultats pour persévérer.

– L'échec est bien plus durement ressenti car les adultes remettent plus en cause leur compétence que l'enfant.

II) Des facteurs sont, cependant, en faveur de l'adulte pour l'acquisition des habiletés tennistiques

– Sa capacité à apprécier les trajectoires de balle est bien supérieure à celle de l'enfant débutant.

– Sa capacité de concentration est également supérieure tant quantitativement que qualitativement.

– Sa mémoire est bien plus fiable pour stocker, transformer, retrouver les informations.

⇒ Tout ceci a une influence positive sur l'analyse, la lecture plus rapide des trajectoires, sur la meilleure prédiction des rebonds de balle entraînant des déplacements plus précis parce que déclenchés plus tôt. C'est particulièrement vrai pour le tennis, sport où les signaux sont difficilement perceptibles et où les contraintes de temps sont majeures.

III) Au plan pédagogique, l'initiation des adultes garde le même cadre de travail que pour les enfants mais avec des adaptations plus ou moins importantes

1) Les jeux individuels de Mini - tennis (jonglages, déplacements variés sur des balles ...), *les jeux simples de Mini - tennis en coopération, en opposition* gardent toute leur valeur. Cela d'autant plus si les adultes manquent de vécu, d'habileté. Ils ont une bonne influence sur leur disponibilité générale en les exerçant à travers des actions à orientation tennistique : frappes en mouvement, plans de frappe avancés... *L'essentiel est de leur justifier la valeur de ces jeux.* Forts de la confiance qu'ils placent en l'enseignant, ils agissent avec ardeur et prennent beaucoup de plaisir à se dépenser dans ces jeux simples et instructifs pour le tennis.

2) La situation près.

Elle n'est exploitée que pour travailler le jeu au filet (volées, smashes). Il est préférable de retrouver le jeu d'échange en coopération avec un partenaire (frappes après rebond) en situation intermédiaire car c'est l'espace de communication qui est le mieux approprié aux qualités psychomotrices de l'adulte. L'évolution de l'échange se fera progressivement en fond de court.

3) La situation loin.

Elle est exploitée avec prudence par rapport au paramètre de force dans les frappes : plus tonique, plus raide qu'un enfant, l'adulte risque de se contracter lors de frappes fortes, avec un résultat technique défavorable. Il est donc plus judicieux de l'orienter vers des frappes longues, conduites, privilégiant plus l'accompagnement vers l'avant (translation) dans des conditions de souplesse.

L'agressivité dans la frappe est alors construite à partir de cette précision obtenue par l'accompagnement dans le coup (cependant, faire bénéficier tout adulte suffisamment délié au plan corporel d'une expérimentation contrastée frappes fortes / frappes longues (comme pour l'enfant)).

4) La situation large.

Elle est proposée dans les mêmes conditions d'expérimentation mais elle mérite une justification préalable (l'adulte peut estimer que c'est insensé de le faire «galoper» sur tout le court alors qu'il ne sait pas jouer, a bien du mal déjà à frapper des balles moins éloignées, moins vite enchaînées). Elle nécessite aussi une adaptation à la valeur physique, à l'âge de l'adulte qui s'essouffle, «cale» plus facilement que l'enfant.

5) L'apprentissage des techniques.

Il n'est pas aussi nécessaire que l'adulte croie à la construction originale de son tennis, qu'il «invente» comme l'enfant : l'adulte pense même, bien souvent, qu'il doit y avoir une construction rationnelle, une technique à imposer pour apprendre le tennis vite et bien.

Il faut en tenir compte (même si l'adulte a aussi besoin de passer par des expériences diversifiées dans son apprentissage):

– Les techniques ne sont donc pas autant «découvertes» : elles sont justifiées par l'enseignant («il faut se placer à distance de la balle pour utiliser au maximum le levier bras - raquette, tenir la raquette de telle façon pour avoir un poignet fort à l'impact»...).

– Il faut être en harmonie avec l'intellect de l'adulte alors que la dynamique de l'enfant repose plus sur la spontanéité, l'ouverture à toutes les expériences.

– Par rapport à l'enfant, l'adulte a, une meilleure connaissance de son corps, des capacités d'attention plus soutenues, une appréciation supérieure des trajectoires de balle... Il est plus perméable à une appropriation des techniques retransmises d'une façon «culturelle». D'autant plus qu'il sait que le temps lui est compté.

– Les prises sont enseignées plus tôt (elles sont, de toutes façons, réclamées par l'adulte qui veut savoir) parce que l'adulte possède plus de tonicité, de fermeté de poignet ⇒ contrôle plus facile des prises marteau ou plus fermées de RV pour le RV ou le S. Faire attention à ne pas exagérer ce type de prise pouvant provoquer (au S surtout) un poignet bloqué. En CD, il est encore plus important de veiller à une prise proche de la prise fermée pour éviter un poignet verrouillé.

– Privilégier l'accompagnement des coups vers l'avant pour favoriser un jeu en précision plutôt qu'en force à la fois pour stabiliser les appuis dans la frappe, prendre mieux conscience de la distance à la balle et utiliser au maximum le bras et la raquette dans la frappe.

– Veiller aux flexions des jambes lors des déplacements, replacements et placements car les raideurs de l'adulte passent aussi beaucoup par là.

Plus l'adulte est adroit, sportif..., plus les procédés traditionnels d'apprentissage des techniques se greffent facilement. Plus il est malhabile, plus il doit bénéficier d'une approche variée en Initiation incluant aussi une certaine découverte (ne serait ce que de son corps!).

Y a-t-il une priorité dans l'enseignement des prises ?

Généralités

Les enseignants de tennis privilégient les prises de raquette dans leurs observations, discussions, interventions techniques. Sans négliger l'importance de cet élément technique, il ne semble pas pourtant plus déterminant, dans l'apprentissage initial des techniques, que les attitudes pour réagir aux balles, l'appréciation des trajectoires de balle, les mises à distance de la balle, les plans de frappe avancés, les équilibres à trouver pour frapper...

L'observation des meilleurs 9 - 10 ans lors de compétitions nationales atteste qu'ils savent tout faire et jouer un tennis complet sans pour autant avoir des prises conformes lors de l'exécution de tous les coups (par exemple, il est rare de voir des poussines, même les meilleures, avoir une prise correcte au service).

– Cependant, il faut noter qu'entre le moment où l'on enseigne les prises et le moment où celles-ci sont maîtrisées lors de l'exécution des coups en compétition, beaucoup de temps peut s'écouler...

– De plus, des relations existent entre les différents facteurs techniques.

Par exemple, une prise fermée de CD a une influence sur le plan de frappe avancé mais si le joueur ne se situe pas bien dans son placement et prend la balle latéralement, la prise fermée ne sera d'aucun secours.

Il faut prendre autant ses distances:

– Par rapport au laisser-aller pour les prises dites extrêmes (qui s'exagèrent avec l'âge et la compétition (exemple : prise inversée de CD) et qui limiteront l'évolution du joueur sur un coup, dans telle ou telle phase de jeu (exemple : avec cette prise inversée de CD, difficulté à réussir de bons enchaînements au filet pour volleyer correctement)).

– Vis-à-vis de méthodes soi-disant rigoureuses qui considèrent l'enseignement des prises comme primordiale, au départ des interventions de toute technique gestuelle. Cela dénature l'adresse fondamentale et le rythme naturel des jeunes joueurs talentueux qui, dans de nombreux cas, découvrent leurs prises en situation (exemple : prise fermée de CD dans des situations favorisant les plans de frappe avancés, les frappes hautes, les moments de prises de balle au sommet du rebond). Cela décourage aussi les enfants malhabiles qui ont déjà beaucoup de problèmes avec l'appréciation des trajectoires, la connaissance de leur corps et dont on mobilise l'attention sur un élément technique trop précis pour être ressenti.

Enfin, il faut faire attention à ne pas induire des situations qui favorisent des prises aberrantes (exemple : en Mini - tennis, se méfier des jonglages avec une prise de RV sur un tamis face CD ou du contrôle d'une balle roulant sur le tamis avec cette même prise et face de raquette). Autre exemple vécu à travers une pratique autre que le tennis : enfant initié au golf ayant sûrement une bonne prise pour «puter » mais pas pour frapper en CD !

Moments d'intervention pour travailler les prises

Si l'on part de *l'hypothèse* que l'enseignant n' intervient sur le débutant qu'à raison d'une séance (en collectif) par semaine (rythme dans la plupart des petits clubs), je l'encouragerai à respecter les règles suivantes pour l'apprentissage des prises :

1) La tenue de raquette (variation de la main, des mains le long du manche).

- Si l'enfant tient parfois sa raquette au milieu du manche (voire vers le cœur de la raquette) dans les toutes premières séances : c'est une adaptation nécessaire pour les enfants maladroits : ils cherchent à réduire le levier de la raquette comme s'ils voulaient retrouver leur expérience manuelle ⇒ l'adaptation pédagogique consiste à leur proposer de plus petites raquettes, voire le «pom - do».

Pour les enfants adroits, il faut leur laisser momentanément cette possibilité car, avec la recherche des coups à 2 mains en CD comme en RV (faisant partie de l'expérience diversifiée des techniques de coups à tenter par l'enfant), les mains recouvrent alors tout le manche (petites raquettes).

– Même si l'on sait que certains jeunes talentueux ne tiennent pas leur raquette tout à fait au bout du manche (Tracy Austin, meilleure joueuse mondiale dans les années 70, jouait son RV en laissant apparaître nettement le talon de sa raquette !), l'intervention sur la tenue de raquette doit être faite tôt (≈ lors des 12 ères séances d'initiation). Manier la raquette au bout du manche, la longueur de raquette étant adaptée à l'habileté et à l'âge de l'enfant. Si un décalage persiste, l'enseignant prend soin de revenir sur cette intervention.

- Cependant, tenir sa raquette *très* en bout de manche (avec une ½ paume de main qui déborde du manche) est également à éviter car c'est une des causes de prise excessive en CD et au S ⇒ il vaut mieux encourager l'enfant, à l'initiation, à sentir le manche de sa raquette avec toute sa paume de main.

– Pourtant au S, une tenue de raquette haute sur le manche peut être envisagée provisoirement lors de l'apprentissage de la prise (continentale ou marteau) : plus de facilité pour descendre la raquette à la verticale du sol (sans le toucher) et ainsi de maintenir cette prise lors de cette phase; plus d'aisance pour assurer la pronation à la frappe (le talon de la raquette passant à l'extérieur de la main). Idem pour la bascule de poignet facilitée au smash. Pour les V, il est intéressant aussi d'envisager momentanément une tenue de raquette haute sur le manche pour la Vcd afin de contrôler le poignet au cas où celui-ci ne serait pas ferme à l'impact. Il en est de même pour la Vrv à 1 main (mais, avant cela, intérêt de faire volleyer à 2 mains ou d'avoir une bonne prise de RV pour assurer le contrôle du poignet à la frappe).

2) Les prises (variation de la main, des mains autour du manche)

1) L'enfant adopte naturellement, en général, une prise de CD (avec une tendance vers une prise fermée) ⇒ quand il ramasse sa raquette au sol, il la prend de cette façon ! Si on le laisse agir (en orientant cependant les situations pour qu'il ait des plans de frappe avancés), il jouera tous ses coups sans modifier cette prise (d'autant plus qu'il privilégie souvent le RV à 2 mains en gardant cette prise de CD). Il est même susceptible d'accentuer sa prise vers une prise inversée.

La première intervention sur les prises ne concernera donc pas la prise de CD en prise fermée qui est efficace pour ce coup. *Mais l'accentuation de cette prise vers une prise inversée* posant des problèmes de centrage, de contrôle pour l'ensemble des débutants (à l'exception de jeunes talentueux), *il s'agit d'éviter cette évolution extrême.*

Moyens :

(Sans remettre en cause la prise de CD fermée), sensibiliser l'enfant à une attitude correcte sur le haut du corps en attente des balles adverses. *C'est par l'attitude générale sur les bras* (ressentie en situation de jeu large où l'enfant comprend qu'il faut tenir sa raquette «au milieu» du corps pour aller frapper aussi bien à droite qu'à gauche) *que la prise de CD va rester fermée voire ½ fermée.* En effet, une raquette tenue à 2 mains ramène naturellement la tête de raquette au dessus des poignets, cela d'autant plus si la raquette est dirigée vers l'avant (puisqu'au milieu du corps).⇒ *1ère intervention de l'enseignant à partir de l'attitude d'attention de l'enfant* vu son incidence favorable et directe sur la prise de CD.

. Cette empreinte technique sur les bras – poignets est d'autant plus renforcée en situation de volée, particulièrement sur des volées basses (lorsque l'enfant est situé à la ligne de service pour réceptionner des balles courtes ⇒ mains basses en attente) ou des volées hautes (enfant près du filet pour frapper des balles au-dessus du filet ⇒ tête de raquette haute par rapport aux poignets).

. *Cette attitude sur les bras – poignets (conditionnant une prise de CD correcte) sera exploitée dès le début de l'Initiation* (même dès le Mini -tennis si cette pratique existe), *non seulement en attente des balles adverses mais aussi au début des envois.* En CD, Vcd, la préparation déclenchée à partir de ce positionnement préalable favorise un dégagement de la raquette à distance du corps (au contraire d'une attente avec une raquette non tenue à 2 mains provoquant une préparation descendante, pendulaire). Pour l'envoi en RV, après s'être donné la balle par un lancer vers le haut, l'enfant reprend sa raquette à 2 mains et prépare alors dans de bonnes conditions de distance au corps. Au S, avoir cette attitude sur les bras – poignets, lors de la position de départ, permet de partir sur une prise certes de CD mais tendant plutôt vers une prise ½ fermée surtout si l'on insiste sur des mains basses et une tête de raquette plus haute que les mains.

. Les moins bons, n'ont pas de difficultés pour atteindre cet objectif : il suffit d'être attentif et d'avoir la volonté de bien faire; en revanche ceux qui sont compétitifs, qui jouent beaucoup peuvent prendre quelques retards par rapport à cette acquisition (les doués qui vont vite sur la balle, qui prennent la balle à hauteur de tête tiennent souvent leur raquette avec des mains à hauteur de poitrine, tête de raquette à l'horizontale ou sous les poignets entraînant des prises de CD extrêmement fermées. Celles-ci seront préjudiciables, sauf exceptions, à la majorité de ces enfants même talentueux ⇒ les ramener à une meilleure attitude).

Cette étude technique est donc facilement menée à son terme avec un enseignant suffisamment rigoureux et patient.

2)* Cette prise d'attente étant stabilisée très tôt, *différencier les prises en fonction des coups.

La spécificité des prises en fonction des coups prend plus de temps dans l'apprentissage :

- La tonicité d'un garçon de 7 - 8 ans n'est pas toujours suffisante (encore plus pour une fille de cet âge) pour lui permettre de contrôler son poignet à l'impact des coups.

- Certaines prises sont trop «extérieures» aux préoccupations et aux aptitudes de l'enfant. Par exemple, pourquoi une prise marteau de RV alors que l'enfant joue ses coups à 2 mains avec efficacité (mise à distance de la balle, élan, geste complet : ce sont ces problèmes là qui sont immédiats à résoudre). Au contraire le fait de passer d'une prise de CD avec la main droite (naturellement trouvée en RV à 2 mains) à une prise marteau ou ½ fermée de RV est trop fine pour être ressentie au tout début de l'apprentissage de ce coup.

Plutôt que de rebuter les enfants avec des prises qu'ils ne sentent pas, il faut savoir prendre son temps et faire passer les conseils qui sont de première nécessité (appréciation des trajectoires, mise à distance, plan de frappe, équilibre, geste global).

a) lorsque le jeune frappe en CD, Vcd, *à partir de la prise d'attente* (au minimum en prise ½ fermée de CD), ***il n'a pas à se préoccuper de sa prise*** : pour avoir une prise fermée, plus efficace encore pour son CD, c'est le retard pris naturellement par la tête de raquette au retour à la frappe qui fait glisser la main derrière le méplat du manche ⇒ faire en sorte de s'assurer du rythme du coup en CD plus que de la prise !

En revanche, pour les prises des autres coups (RV à 1 main ou à 2 mains (en prise dite fermée), Vrv, S, SM), des modifications de prises sont ressenties par l'enfant sous l'influence de l'enseignant et nécessitent un travail plus conscient du jeune joueur.

b). pour la prise spécifique de RV à 1 main, de RV à 2 mains (prise fermée) en prise marteau, voire ½ fermée de RV, c'est, la 2ème intervention, dans le temps, de l'enseignant sur les prises. A situer *au début de la 2ème année d'initiation* (plus tôt si les jeunes ont de fortes aptitudes). Cette nouvelle prise est envisagée dans le but de diversifier les sensations de frappe. Elle s'associe bien avec la recherche d'accompagnement dans la frappe, de translation du coup. Il ne s'agit pas de tout focaliser sur ce travail technique et espérer le résoudre en l'espace de quelques séances. Cette acquisition ne sera que le résultat de plusieurs interventions séparées dans le temps d'apprentissage, l'enfant finissant par s'approprier cette prise parce qu'il se sent bien avec elle (savoir, cependant, que des enfants doués s'approprient vite une prise (même ½ fermée) de RV car ils sont en position de force, avec une partie de la main derrière le manche, à l'impact de balle). Entre les enfants ayant des qualités et ceux qui sont seulement moyens, cet acquis peut se faire avec un écart de plus d'un an (en considérant acquis ce qui apparaît dans le jeu spontané et non parce qu'on demande à l'enfant de le faire).

Moyens privilégiés pour mieux ressentir cette prise:

– Vérifier la prise (enseignant et élève). Pour une appréciation facilitée de cette prise, prendre la raquette (perpendiculaire au sol, tranchant vers le sol) avec une main au dessus du manche, bras allongé le long du corps (repère : main sous la hanche droite. Vérification possible : au départ – pendant et à la fin de la préparation– après coup.

– Effectuer des Vrv en recherchant un contrôle du poignet à l'impact pour placer, «déposer» les volées dans les carrés de service adverse (plutôt que de les frapper réellement avec accompagnement).

– Renvoyer après rebond en RV à 1 main (en réception de trajectoires faciles) avec des frappes sans vitesse, précises, conduites, traversées longuement et donnant une meilleure sensation d'un poignet tenu à l'impact et dans l'accompagnement.

– Réaliser des RV, Vrv également à 2 mains (cela aide l'enfant qui manque de force à mieux contrôler son poignet).

– Lors des RV à 1 main et à 2 mains, présenter tôt le talon de la raquette à la balle reçue (la main, recouvrant le manche sans crispation, glisse facilement sur le dessus du manche pour assurer une prise au moins «marteau» voire ½ fermée de RV).

c) pour la prise spécifique de S, SM en prise continentale - prise marteau, c'est la 3ème intervention, *dans le temps,* ***de l'enseignant sur les prises.*** S'il est judicieux d'influencer l'enfant sur cette prise spécifique à la position de départ du S (SM), au même moment que l'on intervient sur celle du RV (d'autant plus qu'elles sont proches), il y a un décalage dans le temps pour le contrôle de cette prise à l'impact au S (SM) pour les raisons suivantes:

– En RV, le maintien de la bonne prise lors du passage d'une position d'attente à la fin de la préparation ne pose pas de problème (mouvement horizontal sans véritable variation des segments).

– Au S, au contraire, la descente du bras droit en début de préparation (intéressante pour la recherche de détente favorisant ensuite le bras cassé) fait souvent glisser la prise vers celle du CD (pour y remédier, faire contrôler visuellement le passage de la raquette le long de la jambe droite). Mais surtout (que ce soit au S ou au SM), lors de l'élan vers l'arrière avec le bras droit, le poignet a tendance à se relâcher et à faire glisser la prise vers une prise fermée de CD orientant la raquette vers le ciel. Même si la prise est encore maintenue correctement à ce moment de l'armé du bras (fin de préparation), il reste encore au moins une phase critique pour contrôler la prise : la boucle; elle s'effectue non pas par un cassé de poignet plaçant la raquette «en plateau» (comme le fait le débutant) mais par une flexion de l'avant-bras sur le bras, le poignet restant dans l'axe de l'avant - bras avec le maintien de la prise. Pour le retour à l'impact, les chances d'assurer une pronation à la frappe sont alors plus grandes (mais ça n'est toujours pas gagné sans un travail précis lors de l'extension de l'avant - bras sur le bras !). De plus, maîtriser un lancer au-dessus de soi au S est difficile et réclame du temps. Que dire également des problèmes de l'enfant pour bien se situer sous un lob lors de l'exécution d'un SM !

Pour toutes ces raisons, l'étude véritable de la prise spécifique est retardée par rapport aux autres coups (en sachant pourtant que, très tôt, on est intervenu sur la position d'attente pour éviter une prise fermée de CD (voir ci-dessus la 1ère intervention) et que, lorsqu'on a abordé la prise spécifique de RV, on peut sensibiliser l'enfant sur cette même prise au service lors de la position de départ et de la descente du bras droit (voir ci - dessus la 2ème intervention)).

Ce travail *précis*, retardé (*au bout d' 1an ½, 2 ans d'initiation* pour des enfants moyens), laisse le temps d'une recherche technique fondamentale et globale du service : position de départ avant le lancer, lancer régulier au-dessus du corps, équilibre du corps lors du lancer et de la frappe, descente simultanée des bras, séparation des bras, rythme lent ...

NB : il arrive (rarement) que des enfants (pas forcément doués) maintiennent la bonne prise pendant tout le geste en n'étant influencés sur celle - ci qu'à la position de départ voire dans la descente de la raquette en début de préparation ⇒ d'où l'intérêt de tenter de sensibiliser l'enfant à une bonne position de départ.

Moyens privilégiés pour mieux ressentir cette prise :

Vérifier visuellement cette prise : l'enseignant et l'élève vérifient qu'avec une prise «marteau» la main laisse apparaître tout le chanfrein supérieur gauche (donner plutôt cette référence visuelle que de parler d'une partie d'une main qui recouvre le manche); pour une prise continentale, la main laisse apparaître un petit triangle sur le dessus du manche.

. Visionner cette prise au départ du geste et effectuer un (à plusieurs) geste (s) à vide (de suite) comme si l'on utilisait une massue (après l'extension de la raquette vers le haut, revenir en bas à droite du corps pour relancer le mouvement).

. Visionner cette prise de la position de départ à la descente de raquette jusque vers le sol. Puis associer la montée du bras gauche et la préparation du bras droit vers l'arrière (sans visionnement), puis frapper.

. Visionner cette prise du départ jusqu'à la fin de la préparation, en position d'armé. Puis lancer - frapper.

. Visionner cette prise au départ et à la fin de chaque coup.

Assurer un rythme lent du début à la fin du geste avec des frappes douces (placements de l'enfant d'abord près du filet puis plus éloignés).

Effectuer des frappes slicées (ne nécessitant pas de mouvement de pronation par une attaque directe de la balle par le tranchant de la raquette); puis *des frappes plates* (pour assurer la pronation de l'avant - bras à l'impact) ⇒voir différents procédés au paragraphe des envois sur le service.

Zoé lors d'une frappe slicée
à la ligne intermédiaire

Le guidage physique, par l'enseignant, du geste à vide de l'élève (de l'armé à l'impact présumé de la balle) est souvent nécessaire pour obtenir la flexion de l'avant-bras sur le bras lors de la boucle (et non un cassé de poignet) et une pronation de l'avant - bras au retour à l'impact.

Ne pas hésiter à *utiliser une petite raquette* (moins longue que celle habituelle pour les coups de fond de court) ou à tenir la raquette habituelle plus haut sur le manche afin de maintenir plus facilement cette prise.

Lors des S, SM, *s'intéresser à la préparation directe (compacte)* permettant de garder la prise contrôlée plus facilement du départ jusqu'à la position d'armé.

Frapper les balles sans agressivité (frappes plates, conduites, plutôt décroisées pour accentuer la pronation).

L'appropriation de cette prise peut se faire alors rapidement si l'enfant est attentif au travail demandé (si l'on n'attend pas le bon moment pour travailler cette prise, l'élève et l'enseignant échouent et se lassent). Se préoccuper, cependant, des enfants compétitifs qui essaient d'assurer leur 2ème balle de service (au moins) avec une prise «poussette» de CD. Seul le travail de services à effet (avec une prise marteau, au moins) garantira plus tard (lors du Perfectionnement) un service fiable à tout moment. De même au SM, inciter les joueurs à des frappes précises plutôt que «cognées» sans valeur technique et faisant lâcher la prise lors de l'exécution du coup.

Quelle démarche pour corriger des défauts ?*

* corriger = contraindre une personne à modifier son comportement pour faire disparaître ses erreurs, rectifier un défaut*.

* défaut = manque de ce qui est nécessaire, souhaitable.

Bien que l'enseignant ait fait de son mieux pour donner aux enfants de bonnes bases, il est possible que s'installent des défauts chez les jeunes joueurs auxquels il convient de remédier rapidement.

– Au plan tennistique : défaut psychique (exemple : manque d'attention), physique (exemple : manque de souplesse), tactique (exemple : manque de lucidité), technique (exemple : manque d'accélération en CD).

– Lorsqu'il y a manque, cela peut être seulement une insuffisance, une imperfection ou, plus nettement, une absence de ce qu'il faut posséder.

Généralités

– La difficulté d'une personne à corriger un défaut peut tenir à plusieurs facteurs : elle a acquis beaucoup d'expérience avec cette façon de fonctionner; elle a appris ainsi à cause d'un mauvais enseignement; elle est âgée (moindre malléabilité); elle n'est pas profondément convaincue d'une transformation nécessaire; elle n'est pas coordonnée…

– Pour corriger, la contrainte peut s'exercer sur un ou plusieurs plans : (exemple : tenir fermement la raquette pendant toute la préparation pour pallier à une technique défectueuse d'un poignet trop «mou» habituellement…). La correction peut être seulement à un niveau mental («à chaque fois que tu prépares avec ce coup, pense à la tenue de ton poignet») ou (et) technique (travail sur une préparation convexe préférée à une préparation «molle» pendulaire) ou (et) physique (travail sur la tonicité du poignet en pressant des balles de tennis par exemple).

– Toute la difficulté de l'enseignant est de savoir discerner l'origine du défaut : la (les) cause (s) de ce dysfonctionnement. Par exemple, si le joueur ne passe pas son bras dans la frappe en CD (voir 1er défaut ci-après), est-ce à cause d'une préparation trop grande, d'un placement d'appuis trop croisés, d'un plan de frappe trop reculé ? Ne correspondent-ils pas plutôt à des signes apparents, consécutifs d'une mauvaise organisation du corps par rapport à la trajectoire de balle, le joueur étant trop près de la balle et compensant ainsi maladroitement ? Ne faut-il pas lui faire chercher alors une meilleure mise à distance à la balle à l'origine de cette cascade de défauts ? Combien de joueurs se trouvent «nuls» vu leur échec pratique, l'enseignant leur répétant sans cesse d'accompagner ou de prendre la balle plus en avant ou de moins préparer ou … les trois à la fois (pour cet exemple) alors que le travail sur la mise à distance (s'il est bien à l'origine du défaut) effacerait tout ou partie des défauts… Ils se croient d'autant plus mauvais qu'ils ne doutent pas de la compétence de l'enseignant («je sais le faire» (à vide)). En fait c'est plutôt le professeur qui est à situer au rang du mauvais médecin ne faisant pas le bon diagnostic à partir des symptômes révélés par la «maladie». En tennis, heureusement, on ne meurt pas de ce genre d'erreurs mais on «estropie» parfois alors qu'un un bon conseil guérit, soulage facilement ! Se référer aux trois grands facteurs de maîtrise technique (partie théorique : la connaissance du tennis) placés (pas tout à fait par hasard) dans l'ordre suivant : Attitude - Disponibilité _ Mise à distance - Equilibre _ Technique gestuelle, sans oublier l'appréciation des trajectoires de balle ! Bien que tout s'interfère, la mise à distance est souvent tributaire d'une disponibilité correcte, l'équilibre à la frappe est conditionné par cette distance, la qualité du geste est liée à la qualité du placement. Et pourtant on ne peut ignorer aussi qu'inversement la forme, le rythme gestuels sont également déterminants pour obtenir une bonne mise à distance (orientation des épaules, types de préparation (exemple : préparation directe, horizontale)) un bon placement (fréquence des appuis…), une bonne disponibilité (reprise d'appuis à la frappe…).

Démarche pour «s'attaquer» à des défauts.

Illustration par 3 exemples de défauts «classiques» :

En coup droit le corps reste de profil, l'épaule ne passe pas dans la frappe.

Causes principales : Mauvaise appréciation des trajectoires de balle; mise à distance défectueuse; plan de frappe trop latéral.

Interventions de l'enseignant :

Situations à favoriser ou à éviter

1) Révéler, faire prendre conscience à l'élève de sa façon d'agir ⇒ feedback : « tu ne frappes pas ta balle en avant de ton corps; tu te précipites trop sur le rebond et, de ce fait, la balle te dépasse sur le côté; tu ne t'écartes pas assez de la trajectoire de balle»...

– Cette intervention de l'enseignant n'est pas aussi simpliste : elle suppose sa bonne observation et appréciation de la situation mais son conseil ne peut être révélateur à l'élève que si celui-ci connaît l'image juste du coup («je sais qu'il faut frapper, avec ce coup, en avant de mon corps; je l'ai vu quand mon professeur me l'a montré»...). Elle peut être immédiatement efficace, l'élève faisant en sorte de se conformer aux indications du maître. Elle a l'avantage d'être le résultat voulu par le joueur qui s'approprie son action sans procédés pédagogiques autres que celui de situer le défaut.

– Si cette influence ne suffit pas (ce qui se produit souvent!), d'autres interventions sont nécessaires dans la progression logique suivante :

2) Eviter d'abord les situations qui provoquent ou accentuent le défaut :

– Pas de trajectoires de balle profondes ou (et) rapides sur le joueur (produites par le partenaire - adversaire voire l'enseignant !). Elles risquent de provoquer un effacement, un recul du corps (plus qu'un écart du corps à la trajectoire) accentuant le défaut.

– Idem pour les trajectoires de balle profondes et très latérales ⇒ Avec le déplacement latéral, le corps risque de s'orienter de profil très nettement avec une course se terminant «logiquement» par un placement avec des appuis croisés accentuant le défaut.

Privilégier une distribution de trajectoires de balle peu rapides, à rebond nettement avancé, dans un espace proche du joueur, légèrement sur le côté du coup travaillé. Cette situation a de bonnes chances de placer l'élève à une meilleure distance avec un plan de frappe plus avancé : situation qui facilite la bonne exécution du coup (d'où l'importance de la qualité de balle du professeur, en enseignement individuel, qui fournit avec discernement les trajectoires de balle adaptées aux défauts et qualités de l'élève).

Une fois que le joueur a enregistré un comportement plus adéquat grâce à la situation facilitée, revenir progressivement vers une plus grande variété de trajectoires en maintenant en permanence ce nouveau comportement révélé ou retrouvé.

3) Eviter que le joueur lui-même (par ses intentions de frappe) s'inscrive dans ce défaut :

– Pas de frappes décroisées (voire même axiales). Elles risquent de favoriser un plan de frappe reculé.

– Pas de frappes très fortes ⇒ Elles peuvent provoquer une trop grande amplitude de préparation (d'où une orientation exagérée du corps de profil et un retour trop tardif à la frappe, avec un recul du plan de frappe).

– Pas de niveaux de frappe trop hauts par rapport au corps (pas plus haut que l'épaule) qui sont souvent la conséquence d'une mauvaise appréciation des trajectoires (l'enfant se précipite sur le rebond «court» ou bien subit le rebond «profond» d'une trajectoire haute. Dans les 2 cas, il risque d'être dépassé par la balle, ce qui entraîne un plan de frappe très latéral.

Préférer les moments de prises de balle à un niveau bas sur la trajectoire descendante après rebond : si la balle est courte, attendre que la trajectoire après rebond se déroule devant soi, arrive à soi; si la balle est longue, se dégager nettement en profondeur et bénéficier ainsi d'un plan de frappe avancé dans les 2 situations.

Privilégier les frappes croisées permettant d'avancer le plan de frappe, les frappes longues favorisant un accompagnement maximum et provoquant le passage de l'épaule droite dans la direction du coup.

Puis revenir à une plus grande variété d'intentions de frappes à partir de cette meilleure organisation du corps.

4) Favoriser certains enchaînements d'actions (soit parce que l'adversaire, le professeur contraint le joueur, soit parce que celui-ci s'inscrit dans ce type de projet) :

– Enchaînement fond de court – filet, en réception d'une balle courte (coup droit – volée) ⇒ course vers l'avant avec un corps face au filet, une préparation du coup réduite, un plan de frappe avancé, un dynamisme dans la frappe entraînant le corps et le coup vers l'avant en direction du filet pour volleyer.

– Enchaînement de fond de court : coup droit - revers ⇒ dynamisme des appuis dans la frappe - replacement libérant les appuis et le geste, situant ainsi le corps face au jeu.

Moyens techniques privilégiés par l'enseignant

1) Les jambes

– Petit jeu de jambes d'ajustement à la balle :

. Sur des balles venant sur soi (ou un peu sur le revers), privilégier un ajustement latéral par des pas chassés (garantie d'un écart à la balle (mise à distance) plutôt que d'un recul du corps, le corps étant longtemps face à la balle grâce aux pas chassés et favorisant un plan de frappe avancé, au moment du placement à la balle.

– Appuis de placement :

– Privilégier des appuis «ouverts» (d'autant plus quand c'est en réception de trajectoires de balles latérales) pour effectuer des frappes croisées au bénéfice d'un plan de frappe avancé, d'un enchaînement aisé dans le replacement.

– Privilégier des appuis «dans la foulée» lors des montées à la volée en coup droit favorisant un corps plus face à la balle et un plan de frappe avancé.

– Privilégier des pas chassés (plutôt que croisés) sur des balles profondes pour éviter une orientation exagérée du corps de profil et aboutissant à des appuis croisés à la frappe avec un plan de frappe reculé.

– Eviter les appuis de placement croisés. Si les appuis sont en ligne, veiller au dynamisme sur les jambes à la frappe de façon à bien assurer une rotation du coup vers l'avant.

2) Le haut du corps

– ***Prise :*** fermer la prise ⇒ préférence à la prise fermée de CD incitant à des plans de frappe plus avancés.

– ***Préparation :***

. Respecter une bonne attitude sur le haut du corps avec, en particulier, une tête de raquette en avant du corps préfigurant un début de préparation à distance du corps.

. Eviter trop d'orientation d'épaules : placer tôt le bras gauche vers l'avant (et non trop en oblique avant droit) (et, s'il le faut, «oublier » ce bras libre en mettant, par exemple, la main gauche dans la poche).

. Effectuer des préparations plutôt réduites (horizontales ou convexes (mais pas par en bas car la raquette peut aller loin dans le dos). Les préparations convexes et surtout directes, à l'horizontale ont l'avantage d'éloigner la tête de raquette du corps et d'induire ainsi la même recherche de distance de cette raquette au retour à la frappe.

– ***Frappe :***

. Favoriser les frappes à forte dominante rotationnelle (*y compris par un CD à 2 mains)* dont les frappes top - spinées, en «essuie - glace» devant le corps pour avancer les plans de frappe.

. Assurer aussi la meilleure distance du corps à la frappe par des frappes «plates» (meilleure circulation de la tête de raquette à l'extérieur du corps).

Revers «poussette» avec un plan de frappe très avancé

Causes principales:

Le joueur reste trop face à la balle; il ne se place pas assez à distance de la trajectoire de balle; son geste n'a pas assez d'amplitude tant lors de la préparation que dans l'accompagnement.

Interventions de l'enseignant

Situations à favoriser ou à éviter ;

1) Révéler, faire prendre conscience à l'élève de sa façon d'agir ⇒ feedback : « tu frappes la balle sur l'axe de ton corps, tu ne prépares pas ton coup...) ⇒ situer le défaut en le comparant à l'image juste du coup (démonstration - explication). Voir l'exemple du défaut précédent.

2) Eviter d'abord les situations qui provoquent ou accentuent le défaut :

– Pas de trajectoires de balle courtes (obligeant à aller chercher la balle en avant) et axiales ⇒ elles accentuent le positionnement du corps face à la balle (surtout si la balle est en avant, dans l'axe du joueur).

– Pas de trajectoires de balle rapides ⇒ elles laissent encore moins de temps au joueur pour préparer son coup.

– Privilégier les trajectoires de balle latérales éloignées et assez longues, qui obligent à une orientation du corps de profil par rapport à la trajectoire ⇒ l'orientation des épaules par la course latérale permet une nette amorce de préparation. Elle incite le joueur à apprécier la trajectoire avec un corps de profil prédisposant plus à une recherche de frappe à distance du corps (on regarde arriver la balle de côté (puisque le corps est tourné) comme si l'on «invitait» ainsi cette balle à être frappée à côté du corps. A la fin de la course, le placement des appuis est le plus souvent assuré naturellement avec des appuis croisés favorisant aussi une distance à la balle et un plan de frappe plus latéral.

– Privilégier les trajectoires de balle longues (mais lentes avec des courbes) obligeant le joueur à une orientation du corps de profil par l'effacement de l'appui gauche et les pas chassés de dégagement. Ces trajectoires projettent aussi la balle plus en arrière après le rebond ⇒ plan de frappe plus latéral. Elles laissent également plus de temps pour assurer la préparation.

A partir de ces situations qui facilitent une orientation du corps de profil à la trajectoire et aussi une amorce d'élan au niveau gestuel (ne serait ce que par l'orientation des épaules), revenir progressivement vers une plus grande variété de trajectoires en maintenant en permanence ce nouveau comportement révélé ou retrouvé.

3) Eviter que le joueur lui-même (par ses intentions de frappe) s'inscrive dans ce défaut :

– Pas de frappes douces qui continuent à favoriser des «poussettes» de balle avec un plan de frappe très avancé sans amplitude gestuelle.

– Pas de frappes coupées (non voulues, de compensation par un placement à la balle insuffisamment à distance du corps, d'où des frappes décroisées avec effet latéral).

– Privilégier des frappes fortes pour favoriser une recherche d'élan et un geste complet ⇒ orientation des épaules et préparation des bras augmentées, fin de geste envisagée; mise à distance mieux assurée grâce au positionnement de profil de tout le corps (appuis + épaules).

– Privilégier des frappes longues, conduites, des frappes axiales ou décroisées pour les mêmes raisons que précédemment en ce qui concerne l'amplitude de préparation et la mise à distance mais avec, en plus, une meilleure qualité d'accompagnement vers l'avant.

– Privilégier les niveaux de frappe à hauteur d'épaule pour favoriser les mises à distance (alors qu'on peut jouer des balles basses dans l'axe du corps, «sur ses pieds»).

– Pas d'enchaînement d'actions : isoler les frappes pour mieux faire entrevoir l'amplitude gestuelle sur des appuis plus longuement «installés», en ligne ou croisés (avec, de préférence, des frappes longues axiales ou décroisées pour mieux maintenir la stabilité des appuis).

Moyens techniques privilégiés par l'enseignant

1) les jambes

– Petit jeu de jambes d'ajustement à la balle :

En profondeur par des pas chassés, des pas croisés orientant nettement le corps de profil /.Sur le côté par des pas courus ou marchés latéraux par rapport à la trajectoire de balle reçue (même recherche du corps de profil).

– Appuis de placement :

Appuis plutôt croisés, fermés par rapport à la direction de la trajectoire reçue (au profit d'une orientation assurée du corps de profil avant la frappe) / Appuis «installés», statiques pendant la frappe pour mieux localiser les plans de frappe plus latéraux (que ceux trop avancés correspondant au défaut) et pour ressentir une meilleure indépendance du bras lors de l'accompagnement vers l'avant / Appuis dynamiques dans la frappe : intérêt des pas de tango, des pas chassés pour fixer le corps de profil pendant l'exécution du coup et privilégier ainsi un plan de frappe latéral.

2) le haut du corps

– ***Prise*** *:* le défaut de la «poussette» est favorisé par une prise nettement marquée de RV allant vers une prise fermée ⇒ avec un plan de frappe récupéré plus latéralement, la prise évoluera naturellement vers une prise moins accentuée et favorable au coup : prise ½ fermée voire marteau.

– ***Préparation :***

. Accentuer l'orientation des épaules en «regardant la balle par le dos de l'épaule», le plus tôt possible.

. Dissocier l'action des épaules par rapport au bassin : intérêt d'exercices de renvoi avec une préparation déjà effectuée avant l'envoi par un vissage maximum des épaules sur des appuis restant face à la balle (jambes souples cependant).

. Favoriser les RV à 2 mains provoquant naturellement une rotation des épaules.

. Développer l'action des bras lors de la préparation du coup : *bras droit* en présentant tôt le talon du manche de la raquette à la balle reçue, d'où une tête de raquette qui se dirige vers l'arrière du corps immédiatement; en plaçant tôt la main droite au contact de la hanche gauche assurant une amplitude de préparation; en veillant à l'éloignement de la tête de raquette derrière les mains (éviter une angulation importante poignet - raquette surtout avec un RV à deux mains); *bras gauche* en plaçant la main gauche en soutien de la raquette (voire en tenue de la raquette pour un coup à 2 mains) et en laissant le coude gauche dégagé du corps en arrière assurant encore mieux l'amplitude de la préparation; intérêt aussi de préparer avec le bras gauche (et frapper à une main comme si l'on exécutait un CD de gaucher) pour prendre conscience du rôle du bras gauche d'autant plus si le RV habituel est à deux mains.

. Privilégier les préparations horizontales car elles provoquent une meilleure sensation de vissage du haut du corps.

. Privilégier les préparations précoces. Installer même, à l'avance, le joueur en fin de préparation avant l'envoi de l'enseignant pour mobiliser au mieux le joueur (qui peut observer lui-même cette technique ou se faire aider (guidage physique). Se déplacer en gardant le positionnement de fin de préparation.

– ***Frappe :***

. Préférer les frappes «plates» permettant la meilleure circulation de la tête de raquette à l'extérieur du corps.

. Travailler les frappes liftées assurant à la fois une bonne mise à distance et un plan de frappe avancé en conformité avec la prise ½ fermée initialement adoptée lors du défaut et qui se révèle être juste avec cette orientation nouvelle du corps (mise à distance et plan de frappe plus latéral).

. Privilégier les frappes à deux mains (orientation nette des épaules + distance mieux ressentie au retour à la frappe du fait de ce coup rotationnel).

Service «balancier» (sans boucle avant la frappe)

Causes principales : Lancer trop en arrière du corps; crispations du joueur particulièrement dans la phase de liaison entre la position «armée» et l'impact de frappe; rythme saccadé pendant l'exécution du coup.

Interventions de l'enseignant :

Situations à favoriser ou à éviter:

1) Révéler, faire prendre conscience à l'élève de sa façon d'agir ⇒ feedback : «tu lances ta balle derrière ton corps; même quand tu lances bien ta balle, tu avances ton pied gauche avant de frapper et ta balle est tapée derrière ta tête; tu cherches à frapper en force avec tout ton corps qui se raidit alors que tu serais plus efficace en utilisant seulement un bras souple pour frapper»... ⇒ situer le défaut en le comparant à l'image juste du coup (démonstration - explication).

2) Eviter les situations défavorables que crée le serveur lui-même : lancer en arrière de son corps; se garder de frapper fort.

Priorité portée au lancer et à l'équilibre des appuis lors de ce lancer pour favoriser une situation compatible avec l'exécution d'un service.

Moyens techniques privilégiés par l'enseignant

– ***Position de départ et Présentation de balle*** *:*

. Importance de la position de départ, avec une orientation du corps nettement en direction du carré de service : appuis en ligne, certes, mais avec une orientation des pointes de pied vers la ligne de fond de court pour placer le bassin en direction de la cible (surtout pas d'appuis parallèles à la ligne de fond (à la Mac Enroe), risquant de provoquer un lancer latéral et dans le dos du joueur) / Attitude du haut du corps classique mais avec une raquette dirigée vers la cible (orientant la ligne des épaules plus face à cette cible). ⇒ Faire en sorte que le corps soit nettement orienté vers l'avant pour éviter le défaut du lancer vers l'arrière.

. Présentation de la balle par le bras gauche orienté directement vers la cible (faire en sorte que le lancer soit, comme la frappe ensuite, dans la même direction («en compatibilité» avec la cible du service). Lors du lancer de balle, faire passer le poids du corps sur l'appui avant gauche pour obtenir plus sûrement une balle en avant du corps (si le corps passe sur la jambe arrière, le lancer risque aussi d'aller vers l'arrière du corps).

. Préférer une descente complète des 2 bras lors de la préparation : avec le bras gauche, un plus long trajet est alors possible pour présenter la balle et la conduire lentement et longuement vers le haut / avec le bras droit, les conditions de détente sont aussi réunies (laisser descendre complètement la tête de raquette vers le sol pour privilégier cette détente du bras avec un poignet souple).

- ***Frappe :***

. Importance de la prise : avec ce type de défaut, il n'est pas recommandé de vouloir faire passer une prise «marteau» (et plus encore une prise ouverte) car elle donne plus de fermeté au poignet, cette fermeté pouvant devenir crispation et irradier en raideur à tout le bras. Préférer une prise continentale et même s'il le faut, dans un 1er temps, une prise ½ fermée de CD car il vaut mieux avoir un minimum de boucle grâce à un poignet souple que de ne pas en avoir du tout... . Importance des frappes douces (quitte à avancer le serveur dans le court) pour que le joueur reste équilibré pendant le lancer et la frappe afin qu'il se rende compte que (dans un 1er temps) la seule action corporelle se situe au niveau des bras (corps restant droit sur des jambes souples) ⇒ moyen essentiel pour assouplir le geste de frappe et provoquer un armé à bras cassé et une boucle naturels.

. Frappes douces quitte même à ne pas chercher, dans un 1er temps, une extension complète vers le haut (qui risque de raidir le corps et le geste).

. Importance du rythme dans l'exécution du coup pour corriger le défaut : rythme lent du début jusqu'à la fin du geste (lent lors de la présentation de balle et de la préparation – lent lors de la frappe).

. Si l'amplitude est assurée vers le bas, la préparation avec le bras droit (bras toujours détendu et poignet souple) doit rester dans l'axe des épaules lors de la montée en arrière (surtout pas de dépassement du plan des épaules, avec le bras dans le dos). Dans ces conditions de détente vers l'arrière avec un coude dégagé du corps, le bras droit est favorablement amené à se plier (flexion de l'avant - bras sur le bras, condition d'une frappe à bras cassé).

. Il est même intéressant de dissocier les bras légèrement dans le temps : laisser un peu plus longtemps le bras droit et la raquette en bas et en arrière alors que le bras gauche présente déjà la balle vers le haut. Cela favorise une détente supérieure du bras droit (le bras droit est, en fait, dans une sorte de position armée basse avec un coude dégagé du corps, une raquette dirigée vers le sol, poignet souple).

. Cette qualité de relâchement peut être encore plus facilement ressentie avec le maniement d'une massue (celle-ci favorise la boucle lorsqu'elle est relancée vers le haut). Transférer alors cette sensation au geste à vide du service avec une raquette. Profiter de cette sensation à travers plusieurs gestes à vide enchaînés sans arrêt (comme avec une massue) et, à la 2ème, 3ème... fois, lancer et frapper. Voire même augmenter cette recherche de sensations en fermant les yeux (y compris pour tenter de frapper la balle!).

Tous ces procédés concourent à un retard de la tête de raquette favorisant une boucle au retour à la frappe.

Nb : il n'est pas inutile également de lancer des balles, des cailloux pour obtenir un bras cassé ...

. Amplifier l'indépendance du bras à partir d'un corps restant stable pendant la frappe : par un accompagnement prolongé vers l'avant permettant de ressentir l'enroulé, la «rondeur» du geste (plutôt que l'extension, la raideur du défaut à corriger) / Par une fin de geste complète à gauche et en bas du corps dans des conditions de détente du bras permettant à la tête de raquette en fin de course de remonter le long du corps souplement par une sorte de rebond en bas ⇒ Ne pas oublier l'importance de ces accompagnements - fins de geste (si proches de l'exécution de la boucle), conditions également d'une bonne détente du bras.

. Avant de chercher une extension maximale pour frapper la balle, préférer travailler d'abord sur un dynamisme des appuis vers l'avant (service avec un déplacement du corps vers l'avant, suite à la frappe, voire même un enchaînement service - volée).

Guidage physique de l'enseignant

La boucle est obtenue, en général, par ce travail technique global basé sur un geste complet, dans des conditions de détente du bras (indépendance du bras par rapport au corps). Sinon, on peut localiser l'action de la boucle à partir de la fin de préparation du service («l'armé»). Placer le joueur dans une position correcte d'armé (et lui faire vérifier visuellement cette fin de préparation). Le guider physiquement en conduisant avec lui la flexion de l'avant-bras sur le bras, pour amener la tête de raquette dans le dos du joueur puis laisser impulser le mouvement par le joueur vers le haut par la projection de l'épaule, du coude, du poignet (guidage et exécution à un rythme lent de ce mouvement à vide). Faire répéter plusieurs fois avant de demander au joueur de frapper doucement à partir de la même action suite au lancer de balle.

La position armée peut être obtenue par une préparation directe («compacte») qui a l'avantage de maintenir la tenue de raquette et la prise de la position de départ à l'armé. Une fois la boucle acquise à partir de ce positionnement en fin de préparation, faire en sorte de lier présentation de balle et préparation (soit d'une façon compacte, soit plus amplement en descente puis montée des bras).

H. Réponses à des questions particulières sur l'enseignement

Pourquoi un débutant joue-t-il ses coups avec un geste pendulaire ?

Dans toutes ses actions, l'enfant non initié est face au monde : tout ce qui vient à lui est repéré par un corps indissocié avec un bras qui reste le long du corps pour toucher la balle le plus près possible de l'axe vertical du corps. Il joue ainsi les balles basses à la cuillère et les balles hautes par un semblant de geste de S sans élan dans l'axe du corps. Le geste est donc pendulaire de bas en haut ou de haut en bas. Il faut faire acquérir à l'enfant une autre organisation motrice pour lui permettre d'utiliser au mieux le levier bras – raquette. Ce qui suppose une mise à distance de la balle reçue, compétence technique fondamentale dans un sport de déviation. Un aménagement matériel (engin qui prolonge de plus en plus la main : pom'do, palette, petite raquette…) et des organisations corporelles différentes (voir la fiche technique sur la mise à distance) faciliteront la tâche du débutant pour frapper la balle avec efficacité.

Quel est l'intérêt des coups droits à 2 mains en Initiation ?

Les coups à 2 mains en RV sont une arme pour beaucoup de champions. Il n'y a donc pas de problème «culturel» pour transmettre ce type de coups dans les écoles de tennis.

Les coups à deux mains des 2 côtés sont plus rarement utilisés par les champions (cependant une ex - n° 1 mondiale : Monica Seles, des champions très anciens (Pancho Segura), anciens (Gene Mayer (n° 3), Gildemeister (n° 10) ou les français Fabrice Santoro et Marion Bartoli ont développé un tennis particulier et très efficace.

Malgré ces exécutions de CD au plus haut niveau, ceux-ci continuent à ne pas être enseignés dans les écoles. Le staff technique de la FFT s'est beaucoup interrogé sur le changement possible de CD de Santoro (il a même effectué un stage aux USA pour bénéficier des conseils de Mayer) mais la personnalité du joueur a fait le reste Il a persisté dans son originalité de jeu pour un résultat assez exceptionnel (qui peut affirmer maintenant qu'il aurait été encore plus fort avec un CD à 1 main ?).

La 1ère raison de jouer des coups droits à 2 mains est donc **culturelle** : *ces coups existent au plus haut niveau et prouvent leur efficacité.* Faudra-t-il attendre qu'un n° 1 mondial masculin joue son CD à 2 mains pour être définitivement convaincu de l'intérêt de ce 2ème type de coup à 2 mains?

La 2ème raison vient des enfants eux-mêmes : ils choisissent souvent eux-mêmes de délivrer leurs premiers RV à 2 mains qui leur donnent plus de force pour exécuter ces coups. Mais ils frappent aussi des CD à 2 mains, au début de l'apprentissage, en découvrant, en fait, des frappes à droite et à gauche du corps ! Est-on sûr d'ailleurs de la latéralisation du jeune enfant : droitier, gaucher, ambidextre ?

La 3ème raison est pédagogique car les coups à 2 mains (CD et RV) aident à l'apprentissage technique : ils facilitent les orientations d'épaules de profil à la trajectoire de balle reçue lorsque l'enfant cherche de l'élan, de la force pour frapper. Cela l'incite ainsi plus facilement à se mettre à distance de la balle. Les 2 bras étant liés au corps pendant toute l'exécution du coup, l'enfant est amené à faire plus d'efforts de placement pour s'ajuster à la balle. D'autre part, les bras étant liés au corps, l'enfant est moins susceptible d'actions gestuelles qui parasitent la frappe. Ils facilitent aussi la rotation du coup dans la frappe aidant à un plan de frappe avancé et à un geste complet.

– Dans l'ensemble, on peut constater que les enfants ont une grande facilité à apprendre le RV à 2 mains. Le gestuel de ce coup est effectué dans une forme globale naturelle à partir de 2 repères simples (en fin de préparation, tête de raquette derrière le corps; en fin de geste, tête de raquette terminant en arrière de l'épaule droite de l'enfant). Il est reconnu que le RV à 2 mains est, très souvent, le coup le plus juste techniquement malgré un apprentissage plus poussé du CD et une quantité de frappes bien moindre qu'en CD.

– Pour le CD à 2 mains, l'exécution n'est pas moins aisée avec la main droite au-dessus de la main gauche sur le manche (mais aussi avec les 2 mains l'une sur l'autre; un peu moins facile, en préparation, avec la main droite en bout de manche, main gauche au-dessus). Avec l'application des mêmes repères en fin de préparation et en fin de geste qu'en RV, c'est, en fait, un RV à 2 mains côté droit). Faire bénéficier de cette expérimentation ceux qui choisissent cette façon de frapper avec efficacité, ainsi que ceux qui ont du mal à effectuer un coup droit à 1 main pour des raisons qui peuvent tenir à beaucoup de facteurs (préparation trop importante avec un coude, une raquette qui vont trop loin en arrière, qui passent trop haut; plan de frappe reculé; distance à la balle insuffisante…). Les faire frapper en CD à 2 mains est souvent une bonne expérience en début d'apprentissage pour les guider (voire les corriger) afin de les sensibiliser à un coup rotationnel. Il s'appliquera ensuite à un coup à une main (la main droite venant se placer plus en bout de manche) ou il sera maintenu à 2 mains s'il est efficace (avec le positionnement de la main droite en bout de manche).

Quel est l'intérêt des coups à une main des 2 côtés à l'Initiation ?

Chez les joueurs de haut niveau (mais pas dans le top 20 mondial), il est arrivé de voir des qualités de coups étonnants par leur particularité et leur efficacité : un joueur servir avec la main droite dans la diagonale des égalités et avec la main gauche dans la diagonale des avantages / Un joueur servir avec la main droite et effectuer ces CD de fond de court comme un gaucher…

A un niveau de jeu nettement inférieur (mais honorable : milieu de 2ème série), on peut voir des joueurs frapper tous leurs coups de fond de court à une main à droite comme à gauche (comme s'ils avaient un CD à droite et un CD à gauche).

En quoi est-il intéressant de proposer une expérimentation de coups avec la main droite et la main gauche ?

Lucie est gauchère et pourtant son CD avec la main droite est techniquement aussi juste qu'avec la main gauche

– D'abord on ne sait pas toujours si l'enfant est droitier, gaucher ou ambidextre (par exemple, il arrive de constater, lors du test de lancer de balle, qu'un enfant lance préférentiellement avec sa main droite alors qu'il joue ses coups de fond de court comme un gaucher).

– Ensuite, l'enfant peut avoir l'intelligence de changer de main pour frapper ses coups à droite ou à gauche : c'est sa façon initiale de s'adapter aux trajectoires de balle venant à droite ou à gauche du court.

– Cela donne surtout la possibilité à l'enfant de s'exercer avec un bras gauche (s'il est droitier) qu'il faut savoir maîtriser au tennis : rôle du bras libre en CD, en RV à une main; lors du placement sous la balle (SM); rôle essentiel de ce bras lors de la présentation de balle au S; rôle encore plus actif en RV à 2 mains particulièrement quand la prise main droite est ouverte (sorte de CD de gaucher avec une action principale du bras gauche); voire même en CD à 2 mains.

– Ce n'est donc pas perdre du temps que de faire jouer avec la main droite, avec la main gauche pendant plusieurs séances d'initiation (comme de faire jouer des coups à 2 mains des 2 côtés(voir ci-dessus)) car les actions variées des enfants sont source de stimulation mais aussi d'adaptation et de contrôle du corps (par exemple, un enfant qui change naturellement de main pour frapper en CD à droite comme à gauche n'est sûrement pas le plus maladroit du groupe ! Il est même intéressant de profiter de cette façon de frapper pour la faire réaliser à tout le groupe).

Quel est l'intérêt des ½ volées à l'Initiation?

La ½ volée ne s'enseigne pas dans les écoles de tennis et, à l'entraînement, on demande plutôt au joueur d'éviter d'en faire ! La ½ volée est-elle donc maudite ?

– Ce n'est sûrement pas le 1er coup à enseigner car l'enfant débutant a bien du mal à identifier les trajectoires de balle et à prédire les rebonds. Et quand il réagit à la balle, il se précipite sur celle-ci en ayant le plus souvent la malchance de la frapper haute au sommet du rebond, en déséquilibre.

– Mais lorsque l'enfant apprécie mieux les trajectoires de balle, il lui faudra les discerner encore plus finement pour s'y adapter au mieux. Cela nécessite une maîtrise des trajectoires reçues (voir les exercices d'appréciation des trajectoires). Or, le fait que l'enfant prenne la balle au rebond est la preuve de l'identification précise et tôt de la trajectoire reçue.

– L'intérêt des ½ volées ne se situe pas seulement à ce niveau. Au plan de la technique du coup, dans des conditions d'envoi comme de renvoi : influences sur des préparations moins amples, moins hautes (si c'est le cas), sur des jambes fléchies, sur des mises à niveau de la raquette plus prononcées vers le bas (le sol en cette circonstance)...

– Encore une occasion pour varier les actions au profit non seulement du coup d'œil mais de l'adaptation technique.

Quel est l'intérêt des volées à 2 mains (surtout en RV) en Initiation ?

En début d'apprentissage, l'enfant n'a pas une «poigne» suffisante pour résister à l'impact de la balle reçue et quand il veut la frapper, il utilise trop la laxité de son poignet pour un contrôle inexistant du coup.

– Il est intéressant, particulièrement en Vrv, de jouer à 2 mains non seulement pour mieux orienter les épaules lors de la préparation du coup mais surtout pour maintenir les poignets fermement à la frappe afin de placer la balle (dans un 1er temps) plutôt que de la frapper.

– Si la Vcd est moins souvent initiée à 2 mains (en partie parce que le poignet résiste mieux à l'impact de balle par une main se plaçant plus derrière le manche), elle présente le même intérêt : orientation des épaules (souvent le bras gauche s'ouvre et s'écarte du corps lors de la préparation plaçant l'enfant trop face à la balle); préparation et accompagnement limités; fermeté des poignets (en plaçant, dans un 1er temps, la main droite au-dessus de la main gauche, sur le manche)

– Puis la frappe de volée à 1 main sera de plus en plus nécessaire pour une allonge bien supérieure face aux passings.

Quel est l'intérêt de la technique gestuelle du service pour le smash (et inversement) en Initiation ?

Le placement des appuis en ligne étant acquis rapidement au S, il s'agit de le transférer au SM pour que l'enfant apprécie la balle lobée en étant orienté de profil et qu'il frappe en équilibre au sol avec ce double appui en ligne.

De même il est intéressant de transférer la même technique gestuelle globale du S non seulement lors de la préparation (les 2 bras descendant d'abord vers le bas puis remontant ensemble vers le haut, à l'opposé dans l'espace) mais aussi lors de la fin de geste (la raquette descendant à gauche de la jambe gauche).

⇒ Influence du S sur le SM (par le placement des appuis et par un geste global, en équilibre au sol sur les 2 appuis).

Mais aussi influence du SM sur le S lorsque le travail du smash s'effectue par une préparation plus directe (compacte) permettant un positionnement tôt de l'armé avec une prise continentale maintenue; transfert aussi au niveau de la boucle qui peut être plus facilement obtenue à partir de cet armé au smash (sur un lob facile distribué par l'enseignant) au contraire du S où l'enfant doit régler son lancer (même en partant de ce positionnement préalable en armé).

RV à une main ou RV à 2 mains ?

La question se pose même au niveau des champions (Edberg, Sampras sont passés à 1 main au cours de leur formation de jeune joueur, Mac Namee est passé à 2 mains alors qu'il était joueur professionnel…).

– A l'Initiation, même si beaucoup d'enfants jouent naturellement un RV à 2 mains (avec, en plus, une efficacité technique intéressante), il est judicieux de leur proposer aussi des frappes en RV à 1 main (à la fois pour se rendre compte de leur facilité (ou non) sur ce coup mais aussi pour acquérir des sensations qui auront de la valeur pour l'autre coup (par exemple une action du bras droit plus importante).

– Techniquement les 2 coups ont des similitudes au moins au niveau des préparations, voire lors de la frappe si la prise main droite pour le coup à 2 mains est effectué avec une prise marteau ou ½ fermée de RV (celles du RV à 1 main). En revanche lorsque le RV à 2 mains est exécuté avec une prise ouverte, le coup ressemble plus à un CD de gaucher ⇒ Si la prise main droite est fermée en RV à 2 mains, il y a une plus grande facilité à passer de 2 mains à 1 main.

– Dans une 1ère phase d'Initiation, il est bon de donner à l'enfant des solutions différentes pour frapper en RV. Cela permet, de toutes façons, de travailler sur les points communs aux 2 coups (placement avec des appuis en ligne à distance de la balle, amplitude de la préparation par orientation des épaules + bras, prise fermée main droite). Il est alors important de donner du temps aux enfants pour leurs expériences et de se donner aussi du recul, en tant qu'enseignant, pour savoir quel est le type de coup qu'il s'agit d'exploiter au maximum pour l'avenir.

– Pour plaider encore plus en faveur du RV à 1 main dès la phase d'initiation (le RV à 2 mains étant presque toujours présent dès les premières frappes), il est certain que tout joueur de compétition ayant un RV à 2 mains a besoin d'un RV à 1 main pour couper ses frappes quand les circonstances l'exigent (balles basses, éloignées, coups d'approche…). Ce travail de perfectionnement sera d'autant plus facilité que des sensations auront été enregistrées dans la phase initiale d'apprentissage.

A quel moment enseigner les coups à effet ?

Il est préférable d'apprendre d'abord aux enfants à frapper des coups «plats» en fond de court, c'est-à-dire légèrement recouverts. Ces coups exigent le meilleur placement à distance de la balle, une circulation de la tête de raquette à l'extérieur du corps pour exploiter au maximum le levier bras – raquette. Ils s'effectuent à partir d'appuis mieux ancrés au sol et donnent une meilleure sensation d'équilibre dans la frappe. Ils assurent la plus grande vitesse horizontale de frappe à la balle.

– Cela n'empêche pas les enfants de «coupailler» ou d'enrouler des balles lors des jeux près, près et large mais cela correspond à des adaptations (souvent des compensations) intéressantes pour l'intelligence des situations mais pas pour la mécanique des coups.

– Attendre que le CD et le RV soient stabilisés tant au niveau du placement équilibré des appuis que de la technique gestuelle pour envisager un travail sur les effets. Travailler d'abord sur les effets liftés pour tout ce que cela peut apporter en complément du travail des coups plats (plan de frappe plus avancé, mise à niveau plus prononcée, balancement accentuée du bras du bas vers le haut, action du poignet à la frappe, dynamisme sur les appuis à la frappe, agressivité du coup). Avec les coups chopés, c'est la porte ouverte à plus de contrôle, moins d'agressivité, plus de compensation : attendre un peu plus pour travailler les coups coupés afin d'être sûr de la solidité des coups plats et liftés de fond de court. Le travail de ces coups est aisé si les bases des coups plats sont acquises.

– A la volée, il est préférable de frapper la balle à plat avec un tamis présenté face à la balle puis assurer le contrôle de la balle dans le court par un petit accompagnement vers l'avant et le bas donnant un peu d'effet coupé à la balle. Rien n'empêche cependant de tenter des volées liftées (voire top – spinées, frappées à hauteur de tête ou au-dessus) mais, si le geste est facile à reproduire, le contrôle est plus aléatoire avec cette frappe brève).

– Au SM il n'est pas utile de travailler les effets vu que, dans la plupart des cas, il s'agit de rabattre en force la balle par un coup plat. Cependant un effet slicé peut augmenter le potentiel du joueur au smash.

– Au S, il est également préférable de stabiliser le coup avec une frappe à plat (équilibre du corps avec un lancer à l'aplomb des appuis; déroulé complet du bras de frappe à partir d'une stabilité maintenue des appuis). Cependant pour travailler sur une prise spécifique de S, il n'est pas inutile d'esquisser un S slicé car il est facile de garder une prise marteau lors de l'attaque de la balle avec le tranchant de la raquette. Le service à plat étant globalement maîtrisé, travailler les services à effet devient une nécessité, lors du perfectionnement, pour éviter en 2ème balle des «poussettes» à plat. Travailler autant le S slicé (plus facile à apprendre) que le S lifté (contrôle plus sûr avec une frappe agressive).

A quel moment la puissance du coup doit-elle être privilégiée ?

Dès le début de l'apprentissage, il est important de faire ressentir à l'enfant les qualités rythmiques qu'il a en lui à travers des situations favorables d'envoi (en CD mais aussi en RV à 2 mains voire même à 1main) pour des frappes longues ou fortes (voir les exercices d'envois avec ces intentions). C'est une façon naturelle de déclencher des coups avec une forme générale correcte et une connaissance rythmique la plus large possible (de lent à très vite). Cela va dans le sens de l'agressivité naturelle de l'enfant qui aime bien «taper» même s'il est nécessaire de canaliser aussi cette énergie !

En revanche, il ne faut pas envisager des frappes fortes et même longues au S tant que l'enfant ne sait pas situer son lancer suffisamment haut au-dessus de sa tête : avec ces intentions, la situation devient défavorable autant pour le lancer (qui serait effectué à toute vitesse, sans contrôle) que pour le geste de service (car l'enfant utiliserait tout son corps d'une façon anarchique pour essayer de «cogner» dans la balle). Cela n'empêche pas les lancers longs de balles (de cailloux) intéressants tant au niveau du placement des appuis qui se placeront en ligne (mais parfois à l'amble) que du geste (bras cassé naturel) à transférer ensuite au S !

Laisser les enfants frapper fort ou loin en situation de renvoi n'est pas recommandé, non plus, s'ils n'ont pas bien progressé dans l'identification des trajectoires de balle, l'équilibre dans leurs déplacements et placements à la balle. Il est nécessaire de passer par une progression où l'enfant, en réception de trajectoires de balle faciles puis plus difficiles, frappera en précision, dans un 1er temps, pour mieux apprécier son placement équilibré à la frappe. Cette base étant obtenue, il est important de ne pas laisser longtemps l'enfant «installé» dans ses frappes: favoriser alors les frappes fortes et longues (déjà appréciées lors des envois avec le CD et le RV), en assurant l'enchaînement des frappes avec les replacements, au service d'une dynamique du coup.

Il est clair aussi que pour le gain des matches, la meilleure tactique initiale pour l'emporter est de contrôler la balle dans le court avec une précision, un placement des coups. Mais il faut aussi encourager les enfants à prendre des initiatives pour gagner des points quand ils ont les moyens de le faire (initiative d'attaquer (par exemple en montant au filet ou en jouant droite - gauche) sans (ou avec) prises de risque (angles d'attaque, accélérations... plus ou moins prononcés).

La qualité des coups doit donc être entrevue autant techniquement que tactiquement dans l'apprentissage du jeu. Mais il ne faut pas «forcer» le coup : c'est par la plus grande vitesse pour aller se placer à la balle (prise de balle tôt et ajustement des appuis avant la frappe) et la meilleure coordination des actions du corps (jambes - bras) à la frappe que le joueur évolue vers une plus grande vitesse de balle.

Se conjuguera ensuite, à la préadolescence et adolescence, la puissance musculaire qui donnera alors de la puissance aux coups (les meilleurs exemples de jeu accéléré «sans effort» étant actuellement ceux fournis par Federer et ... Simon).

Quelles relations y a-t-il entre le plan de frappe, le moment de frappe, la mise à distance ?

Au tennis, le joueur est confronté à un double objectif pour être efficace avec ses coups de fond de court ou au filet : utiliser au mieux le levier bras - raquette à l'extérieur du corps pour imprimer la plus grande vitesse à la balle (à cette fin, il doit être à distance latérale de la balle pour les coups de fond de court et même les V; à distance au dessus de la tête pour les S et SM). / Transférer au maximum le poids du corps dans la frappe (à cette fin, il doit avancer ses plans de frappe).

– Les 2 facteurs (mise à distance et plan de frappe) sont liés : plus on prend la balle en avant de ses appuis, moins il est nécessaire d'être à distance latérale de la balle; plus on laisse rentrer la balle sur son corps, plus on a la sensation d'une nécessité de distance à la balle. Pour les CD, les RV, les V, il y a une distance et un plan de frappe optimum pour obtenir la meilleure vitesse horizontale de frappe possible (légères variantes avec les coups à effet : plus de distance avec un plan de frappe moins avancé pour des coups coupés, plus de plan de frappe avancé et moins de distance avec des coups liftés (encore plus avec des coups top - spinés)).

– Ces 2 facteurs sont plutôt d'ordre spatial, définis par rapport au corps du joueur. En revanche le moment de frappe est à situer dans le temps (l'instant où la raquette entre en contact avec la balle). Il est défini par rapport à la trajectoire. On peut jouer tôt ou tard la balle avec des frappes dans des plans de frappe reculés, ce qui est préjudiciable dans les 2 cas; mais si on frappe tôt la balle dans des plans de frappe avancés, avec une bonne distance à la balle, c'est l'excellence (le débutant n'est pas excellent quand il prend la balle tôt en se précipitant et se coinçant sur le rebond!).

– Par rapport à l'apprentissage, il faut se méfier du seul travail méthodique de mise à distance et de plan de frappe avancé avec des prises de balle tard (intéressant pour mieux repérer ces facteurs techniques dans des conditions d'équilibre). Il ne faut pas oublier aussi d'exercer l'œil du joueur pour qu'il sache intervenir sur la trajectoire à différents moments. Et quand il s'expérimente, au départ, sur des prises de balle tôt, il ne faut pas se soucier principalement de mise à distance et de plan de frappe mais de sa capacité à réagir rapidement pour aller au contact de la balle vers le sommet du rebond. Puis le coup d'œil étant plus sûr et la technique des coups mieux en place, il s'agit de conjuguer ces 3 facteurs (sans oublier le résultat du coup : «j'ai joué la balle tôt, j'étais bien placé à la balle mais j'ai frappé sans discernement !»).

Comment s'organiser pour jouer croisé, le long de ligne ou décroisé

Définition de ces coups : en référence à un plan P perpendiculaire au filet passant par le joueur J, un coup est axial, en ligne lorsque la trajectoire de la frappe est parallèle au plan P; un coup est décroisé lorsque la trajectoire de la frappe s'éloigne du plan P; un coup est croisé lorsque la trajectoire de la balle coupe le plan P.

Les meilleurs joueurs peuvent jouer des coups croisés ou décroisés avec des appuis ouverts, en ligne voire croisés (surtout en RV et même en CD (exemple: le fameux CD croisé de Sampras quand il était attaqué dans sa diagonale de CD)); avec des coups selon des techniques variées (rectilignes ou rotationnels) ... qui ne donnent pas (ou peu) d'indication de direction des coups à l'adversaire. Cette grande variété de réponses avec des styles différents, des compensations de dernier instant, des coups de poignet masquant au dernier moment la direction du coup... ne peuvent s'appliquer chez le jeune joueur : il faut l'influencer pour qu'il s'organise au mieux quand il en a le temps afin de jouer des coups croisés, en ligne ou décroisés :

– Le placement des appuis en ligne reste la base (surtout en RV) car il favorise la translation de toutes les forces du corps vers l'avant. Mais, en réception de balles en diagonale, des appuis ouverts (face au filet) sont, en fait, quasiment en ligne pour une frappe croisée dans cette même diagonale. Le placement avec ce type d'appuis ouverts, dans cette situation, est devenu «un classique» des CD de champions. C'est l'état d'urgence qui incite ces joueurs à des placements ouverts en fin de course plus qu'une adaptation volontaire de leur part. En effet, si la balle est moins en angle, moins rapide, plus courte, ils s'orientent souvent, avant la frappe, avec des appuis en ligne, pourvu qu'il y ait un dynamisme des appuis dans la frappe. Malgré tout, des appuis plus ouverts ont une incidence favorable pour le coup croisé, des appuis en ligne dans la direction du coup sont tout à fait recommandés pour les frappes en CD ou en RV le long de ligne ou décroisé. Il est plus rare, à haut niveau, que des joueurs frappent le long de ligne avec des appuis ouverts en RV à 2 mains et encore moins à 1 main.

– Le placement des appuis conditionne fortement le plan de frappe : avec des appuis ouverts, plus de probabilité d'avoir un plan de frappe plus avancé; avec des appuis en ligne, le plan de frappe doit être plus avancé pour un coup croisé que pour un coup en ligne ou décroisé.

– Le transfert du poids du corps et l'accompagnement gestuel dans la direction du coup garantissent la direction souhaitée.

Pourquoi se placer avec des appuis ouverts, des appuis en ligne ?

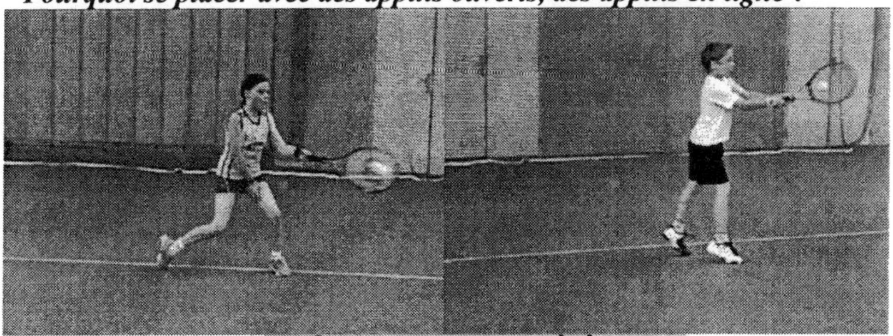

Lucie (gauchère), Paul (droitier) s'expérimentent sur des coups à 1 main avec des appuis ouverts. Avec des appuis en ligne, Théo se donne les meilleures chances pour transférer tout le poids de son corps dans la frappe en RV.

On frappe avec des appuis ouverts à chaque fois que l'action est urgente : à la volée, en retour sur une 1ère balle de service, en fond de court suite à de grands déplacements latéraux et rapides (surtout en CD), en montée à la volée pour attaquer la balle tôt («dans la foulée»). Ce placement d'appuis est donc nécessaire dans la plupart des situations où la balle reçue exige une réponse motrice urgente, face à la situation.

– Les meilleurs joueurs sont capables de frapper en appuis ouverts leurs V, CD et RV en dissociant le haut du corps par rapport aux appuis (vissage des épaules sur un ancrage des appuis au sol). Si, en RV (surtout à 1 main), il est moins fréquent de constater des appuis ouverts lors des coups de fond de court (alors que 9/10 des CD sont joués ainsi), c'est pour des raisons de mécanique de coup : en RV à 1main et même à 2 mains (prise fermée), le bras droit étant dominant dans la frappe, il est plus difficile de trouver un ample armé du bras droit vers l'arrière sans être obligé de visser complètement tout le corps (des appuis jusqu'aux épaules). Au contraire, avec le CD, le bras droit peut se projeter sans entrave en arrière du corps pour gifler la balle, même avec des appuis ouverts, par la seule rotation du haut du corps ⇒ variété d'appuis en CD alors que les appuis sont en ligne et même fermés pour pratiquement tous les RV à 1 main et presque tous les RV à 2 mains.

– On frappe aussi avec des appuis ouverts, même quand on en a le temps, lorsque les coups sont à forte composante rotationnelle. C'est particulièrement le cas avec le CD top - spiné dont le geste s'inscrit dans un cercle autour de l'axe du corps.

– Mais les appuis en ligne (même en CD) gardent toute leur valeur pour permettre au joueur d'associer le transfert du poids du corps au geste de frappe. Ils sont utilisés en CD lorsque le joueur peut prendre plus de temps pour s'ajuster à la balle et sur bon nombre de balles favorables à mi-court pour enchaîner vers le filet avec des pas suivis, des pas sautés. En RV, on a vu précédemment que les appuis en ligne étaient à la base de ce coup.

– Ne pas oublier enfin que les appuis en ligne sont un passage obligé pour le débutant. Passer d'appuis face au jeu à un corps à distance de la balle n'est pas aisé pour l'enfant. N'ayant pas la coordination pour dissocier les segments de son corps, il a besoin d'apprécier la balle avec tout son corps orienté de côté par rapport à la balle. Mais, rapidement dès la phase d'Initiation, il faut apprendre à dissocier le haut du corps par rapport aux jambes pour ouvrir l'enfant à toutes les adaptations corporelles futures.

Quels types d'appuis pour les montées à la volée ?

Le questionnement précédent répond en partie à cette interrogation:

1) Les types d'appuis dynamiques dans la frappe dépendent d'abord du placement du corps avec des appuis ouverts ou en ligne avant la frappe.

– Si les appuis sont en ligne (référence joueur droitier) :

. Côté CD, *montée suivie* (montée en appui avec passage du pied droit vers l'avant : celui-ci quitte le sol juste après la frappe pour enchaîner vers le filet); *montée sautée* (avec sursaut sur la jambe avant par un cloche-pied sur le pied gauche dans la frappe).

. Côté RV, *montée en pas de tango* (croisé du pied gauche derrière le pied droit dans la frappe); *montée suivie* (idem CD avec passage du pied gauche vers l'avant mais dissocier encore plus la frappe en appui de l'enchaînement vers le filet); *montée sautée* (souvent sur balles hautes), *en pas chassés* (souvent sur balles basses) (même propulsion vers l'avant avec un corps de profil pendant la frappe, avec sursaut sur la jambe droite dans la frappe).

– Si les appuis sont ouverts :

. Côté CD et côté RV, *montée dans la foulée* (le pied droit (CD), le pied gauche (RV) est placé en avant de l'autre pied et sert d'appui à la frappe.

2) L'urgence de la prise de balle est un élément déterminant des montées dans la foulée :

. Quand la balle est très courte à limite d'atteinte en avant, c'est la course qui prédomine avant la recherche du placement avec un corps engagé face à la balle. C'est dans cette situation qu'on voit les (rares) montées dans la foulée en RV.

. Quand la balle est frappée très tôt par la volonté délibérée du joueur, la course rapide vers le rebond de la balle place le joueur face à la balle avec des appuis ouverts. Mais pour frapper violemment cette balle, il faut que le joueur dissocie les épaules du bassin (orientation importante des épaules et élan vers l'arrière du (des) bras alors que les appuis sont ouverts). C'est plus facile à réaliser en CD (beaucoup de montées suivies chez les bons joueurs) qu'en RV (plus de difficulté de dissociation segmentaire).

3) En liaison avec le temps, *le type de surface de jeu a son importance* : on voit plus de montées dans la foulée en CD sur surfaces rapides alors que la montée avec des appuis orientés en ligne avant la frappe en CD se voit fréquemment sur terre battue. La rapidité des échanges est, en effet, accentuée ou ralentie selon les surfaces

de jeu. Sur les surfaces rapides, prendre la balle tôt permet de profiter de la vitesse de balle de l'adversaire et met celui-ci en «crise de temps»; en revanche, sur terre battue, la balle adverse arrive au joueur avec moins de vitesse horizontale. Or, pour être décisif au filet, il faut avoir effectué, dans la montée, une frappe lourde de tout le poids du corps (mieux exécutée avec un transfert des appuis initialement en ligne et une amplitude gestuelle supérieure).

4) A partir de ces orientations générales (appuis en ligne ou ouverts) liées au temps, *des spécificités de coups peuvent influencer différents types d'appuis* (exemple en RV ⇒ pas de tango ou chassés sur balles basses; frappes dans la foulée en RV sur balles très courtes à limite d'atteinte vers l'avant; frappes sautées en RV pour frapper fort et lifté; montée suivie en RV en réception d'une trajectoire de balle permettant un placement bien ajusté à la balle (appuis maintenus pendant la frappe pour profiter au maximum de la qualité du coup avant d'enchaîner vers le filet)...

5) En dehors de l'exécution techniquement parfaite de ces montées au filet, *certains types d'appuis peuvent compenser un ajustement imprécis ou précipité au moment de la frappe*: pas de tango en RV, sursaut sur la jambe avant en CD parce que le joueur est trop près de la balle... Au contraire, ils peuvent répondre d'une façon encore plus favorable à des situations particulières : balles à limites d'atteinte en avant ou balles latérales, montées dans la foulée; balles axiales, mi-longues et peu rapides, montées suivies...

I .La formation des Initiateurs fédéraux de tennis

L'enseignant professionnel dans un club structuré est nécessairement responsable pédagogique d'une équipe d'Initiateurs. A ce titre, il est concerné par la formation de cadres pour les Initiateurs Fédéraux (stage de préformation en club pour les initiateurs stagiaires, stages de formation continuée en club pour les initiateurs titulaires). Il peut être choisi comme cadre fédéral pour un stage départemental de formation d'initiateurs en fonction de ses compétences.

⇒ Importance d'une connaissance de cette formation d'Initiateurs.

Analyse des besoins de ces Initiateurs à former

Public n'ayant, dans l'ensemble, aucune connaissance et expérience pédagogiques / Public qui consacrera peu de temps à l'enseignement (statut de l'initiateur ⇒ maximum 6h (8h exceptionnellement)).

Formulation des objectifs et contenus d'enseignement pour cette formation

. Objectifs généraux de connaissances («savoirs» sur l'enfant, l'activité, l'enseignement), de moyens pratiques pour transmettre («savoir-faire»), d'attitude à avoir pour influencer les élèves («savoir-être»). Les formateurs d'Initiateurs de tennis devraient accorder une priorité au travail sur l'attitude pédagogique (ponctualité, communication, autorité, dynamisme) alors que les Initiateurs en formation réclament plutôt des connaissances techniques particulières, des recettes pédagogiques «béton»... Et pourtant la réalité pédagogique est différente : il n'est pas nécessaire, à l'Initiation, d'avoir beaucoup de savoirs (mais des savoirs essentiels); il n'est pas aussi facile de posséder une démarche pédagogique même si la connaissance en est simple (il faut expérimenter). En revanche, il faut tenir son groupe avec autant de discipline que de qualité d'animation pour intéresser les enfants à l'activité et espérer, alors, leur transmettre des moyens de jouer mieux.

Programme de stage d'Initiateurs 1er degré

STAGE DE PREFORMATION (Week-end)

Stage départemental (il peut être fait partiellement ou totalement en club sous la responsabilité de l'enseignant professionnel formé pour cette mission).

Samedi

10h-11h (en salle) : Accueil; statut, missions, formation, responsabilité de l'Initiateur; remise d'une fiche de renseignements concernant l'école de tennis du club du stagiaire.

11h-12h (terrain) : Perfectionnement technique des stagiaires (envisagé à partir d'un travail sur les fondamentaux du jeu de jambes et de la technique gestuelle).

13h30-14h30 (en salle) : Caractéristiques générales des enfants (6 à 10ans). Connaissance globale du tennis évolutif (matériel, surfaces de jeu).

14h30-16h (terrain) : Observation du déroulement d'une séance avec enfants, type club junior avec 3 ateliers successifs (jeu dirigé, enseignement technique, jeu sportif) sous la conduite des formateurs. But pour les stagiaires : discerner les objectifs de la séance; découvrir la structure d'une séance club junior; prendre des notes sur tout point prêtant à discussion.

16h-16h15 : Pause.

16h15-17h (en salle) : Questions - réponses sur la séance.

17h-18h30 (terrain) : Perfectionnement technique (fondamentaux).

Dimanche

9h-9h30 (terrain): Jeux sportifs avec les stagiaires sous la conduite des formateurs.

9h30-10h (terrain) : Jeu dirigé (thème de jeu : régularité).

10h-10h30 (en salle) : Organisation, préparation d'une séance club junior avec 3 ateliers successifs.

10h30-10h45 : Pause.

10h45-12h (terrain) : séance avec enfants faite par les stagiaires avec l'aide des formateurs.

- 10h45-11h05 : groupe d'enfants A sur court 1 ⇒ enseignement technique/ groupe d'enfants B sur court 2 ⇒ jeu dirigé (les mêmes que ceux de 9h30) / 11h05-11h25 : groupe A sur court 2, groupe B sur court 1.
- 11h25-11h40 : groupes A et B ensemble pour un jeu sportif.
- 11h40-11h50 : jeu individuel enfant – stagiaire (communication, qualité de balle, qualité de jeu).
- 1h50-12h: Rangement. Bilan global sur deux plans essentiels: la participation des enfants et leur plaisir.

13h30-14h30 (en salle) : Priorité du jeu dans l'apprentissage. Préparation d'une séance animée par les stagiaires pour un groupe d'élèves-stagiaires : *Jeu dirigé* (objectif ⇒ Organisation du jeu pour permettre aux 6 joueurs du groupe de jouer en sécurité et de façon égale (à 6, à 4 ; à 2 sur le court) / Jeu sportif (objectif : but du jeu, respect des règles du jeu et organisation du jeu) / Enseignement technique (thème : qualité des envois).

14h30-16h (terrain) : enseignement par les stagiaires dans les 3 ateliers.

16h-16h15 : Pause.

16h15-17h15 (terrain) : Perfectionnement technique (recommandations techniques personnalisées pour fixer à chaque stagiaire des objectifs d'amélioration de leur démonstration en ce qui concerne les fondamentaux).

17h15-17h45 : Collation - bilan.

Samedi ⇒ 7h + Dimanche ⇒ 7h + 1h (prise d'informations dans le club) = 15h

STAGE MINI-TENNIS (week-end)

Samedi

10h-11h (en salle) : Accueil; remise de documents (document DTN n° 7 : le cahier de l'enseignant ⇒ place du Mini – tennis dans l'enseignement; dossier Tennis - info supplément Mini - tennis); connaissance de l'existence des 3 cassettes Mini - tennis + fiches pédagogiques (l'enfant, la balle, la raquette / la motricité / la programmation).

11h-12h (terrain) : Perfectionnement technique des stagiaires (révision des fondamentaux + vérification de l'évolution (ou non) des stagiaires par rapport à leur qualité de démonstration).

13h30-14h15 (en salle) : Technique pédagogique (placement de l'enseignant, façon de communiquer avec les enfants...); préparation d'une situation de jeu pour chaque atelier.

14H15-14h30 (terrain) : Mise en place des ateliers sur le terrain.

14h30-15h45 (terrain) : Séance avec enfants de 6 ans faite par les stagiaires aidés par le formateur. Observation de la technique pédagogique du formateur, des stagiaires. Prise de notes.

15h45-16h30 (en salle) : Retour sur la séance.

16h30-16h45 : Pause.

16h45-17h15 (en salle) : Vidéo «l'enfant, la balle...» ou «la motricité» + informations sur les fiches pédagogiques de la cassette.

17h15-18h30 (terrain) : Réalisation d'exercices entre stagiaires par les stagiaires à des fins de démonstration (à partir des fiches pédagogiques dont le formateur aura extrait les exercices essentiels).

Dimanche

9h-9h30 (en salle) : préparation d'une séance.

9h30-9h45 (terrain) : mise en place des ateliers (dont le parcours de motricité).

9h45-10h15 (terrain) : parcours de motricité effectué par les stagiaires sous la conduite du formateur.

10h15-10h30 : Pause.

10h30-11h45 (terrain) : séance avec enfants dirigée par les stagiaires.

11h45-12h (terrain) : Rangement - Bilan.

13h30-14h15 (en salle) : Vidéo «la programmation» + informations fiches pédagogiques.

14h15-16h (terrain) : mise en place et exécution entre les stagiaires d'un parcours de motricité, d'exercices, de jeux à des fins de démonstration.

16H-16h15 : Pause.

16H15-17H15 (terrain) : les étapes de l'apprentissage (pour l'atelier tennis) réalisées concrètement par les stagiaires ⇒ situations de référence / mises en jeu variées (différentes façons d'envoyer la balle) / réception de trajectoires variées et renvois / jeu avec ou contre un autre / matériel différent : raquettes, balles.

17h15-17h45 (en salle) : Collation - Bilan.

Samedi ⇒ 7h + Dimanche ⇒ 7h15 = 14h 15 + Rapport écrit stage : 1h = 15h15.

STAGE INITIATION (2 week-ends)

Samedi

10h-11h (en salle) : Accueil; remise du document n°3 « l'enseignement dans le club»; rappel des principes du club junior; remise du formulaire «stage pédagogique en club» à faire valider avant la fin du cycle de formation Initiation par le club.

11h-12h (terrain) : perfectionnement technique des stagiaires (à partir des fondamentaux technico - tactiques).

13h30-14h30 (en salle) : la démarche pédagogique; les formations de travail lors des exercices; préparation de séance.

14h30-16h (terrain) : séance avec enfants (7-9 ans) dirigée par les stagiaires dans chaque atelier. Observation des qualités d'accueil, de communication, de dynamisme.

16h-16h15 : Pause.

16h15-17h (en salle) : Retour sur la séance.

17h-18h30 (terrain) : perfectionnement technique (fondamentaux).

Dimanche

9h-9h45 (en salle) : Préparation séance enseignement technique (objectif – situation de jeu – exercices – jeu) + Préparation échauffement et jeu sportif.

9h45-10h30 (terrain) : Echauffement et Jeu sportif dirigés par les stagiaires.

10h30-10h45 : Pause.

10h45-12h (terrain) : séance avec enfants (7-9 ans) dirigée par les stagiaires (atelier enseignement technique). Observation de la démarche pédagogique, des formations de travail.

13h30-14h15 (en salle) : Retour sur la séance.

14h15-16h (terrain) : Pratique par les stagiaires des situations de jeu de référence aux différentes étapes de l'Initiation.

16h-16h15 : Pause.

16h15-17h15 (terrain) : Pratique par les stagiaires des tactiques en Initiation.

17h15-17h45 (en salle) : Collation - Bilan.

Samedi

10h-11h (en salle) : Accueil; retour des formulaires du stage pédagogique; remise du document «les tests de balle», d'une fiche sur les jeux sportifs; place des tests dans l'enseignement.

11h-12h (terrain) : Jeu dirigé à partir de différentes tactiques de jeu, de thèmes de jeu (dirigé par les stagiaires).

13h30-14h30 (en salle) : Le déroulement d'un exercice, l'évolution d'un exercice. Préparation de séance pour l'atelier Jeu dirigé et l'atelier Enseignement technique (choix d'un objectif lié aux 2 ateliers; choix d'exercices liés à l'objectif).

14h30-16h (terrain) : séance avec enfants dirigée par les stagiaires. Observation du respect de l'objectif, du déroulement, de l'évolution des exercices.

16h-16h15 (en salle) : Pause.

16h15-17h (en salle) : Retour sur la séance.

17h-18h30 (terrain) : Réalisation d'exercices (tirés du Cahier de l'enseignant) par les stagiaires (en allant du simple au difficile ou inversement).

Dimanche

9h-10h (en salle) : Les programmations en Initiation – Perfectionnement.

10h-10h15 (terrain) : Préparation des tests de balles.

10h15-10h30 : Pause.

10h30-12H (terrain) : Séance de tests avec enfants, dirigée par les stagiaires.

13h30-14h30 (en salle) : Retour sur la séance de tests. Préparation d'exercices pour l'atelier Enseignement technique, de thèmes de jeu pour l'atelier Jeu dirigé, de jeux sportifs pour le 3ème atelier (sources : le Cahier de l'enseignant, l'Enseignement dans le club).

14h30-15h30 (terrain) : Réalisation d'exercices (dont des exercices avec utilisation du panier de balles : valeur et limites) tirés du Cahier de l'enseignant (ou autres exercices), sous la conduite de stagiaires pour des groupes de stagiaires.

15h30-16h15 (terrain) : Jeu dirigé avec thèmes de jeu sous la conduite de stagiaires pour des groupes de stagiaires.

16h15-16h30 : Pause.

16h30 – 17h (terrain) : Jeux sportifs dirigés par des stagiaires pour des groupes de stagiaires.

17h-17h30 (en salle) : Bilan. Perspectives (formation continuée dans le club, au niveau du département; stage initiateurs 2ème degré; carnet de formation de l'initiateur...). Collation.

2 x Samedi ⇒ 2 x 7h +2 x 7h15 Dimanche = 28h30 + Rapport stage de formation (à adresser au formateur à la fin de la formation) ⇒ **2h = 30h30.**

Nb : Dans les stages de formation, concilier la demande d'animation, d'enseignement pour les besoins du club et les attentes personnelles de l'initiateur en l'amenant au plaisir d'enseigner à partir de son plaisir de jouer. D'autant plus que le profil type de l'Initiateur est plutôt celui d'un jeune attiré par un intérêt moins pédagogique mais plus pour de l'«argent de poche». Il s'agira de lui faire aimer les enfants (le rapport de «grand frère» peut l'aider à cette affection pour les enfants).

Dans le classeur DTN «formation des enseignants professionnels», se trouvent les fiches concernant les attitudes du formateur au Module 4 niveau 2; être organisé, être sûr de son enseignement, être ouvert, savoir communiquer des objectifs et des exercices; savoir contrôler (intervenir sur) l'Initiateur.

Formation continuée des Initiateurs

Analyse des besoins

Personnes ayant reçu une formation minimale (75 h) trop peu importante pour maîtriser l'enseignement du tennis ⇒ besoins «immenses» qui ne pourront être que partiellement assouvis avec beaucoup de formation continue (liée à une forte motivation, curiosité pour apprendre) et une plus grande expérience de terrain (pour «digérer» cette formation).

Conditions de pratique

Vu qu'il n'est pas un «pro», on ne peut le solliciter que très partiellement, en dehors de son activité principale (emploi, études...) Les propositions de formation continuée organisées par les comités de département et de ligue ne sont que peu suivies alors que celles faites directement par le club risquent d'être plus attractives.

D'autant plus que beaucoup d'Initiateurs (surtout jeunes) n'ont pas envie d'aller plus loin que leur stage pour une pratique pédagogique éphémère (1-2 ans).

D'où l'importance du club pour une formation directe de ses Initiateurs par l'enseignant professionnel (quand il existe!) ou d'un BE de secteur pour les Initiateurs isolés dans leurs petits clubs.

Les Initiateurs 1er degré, classés à 30 et plus, peuvent bénéficier d'un autre stage de formation pour accéder au diplôme d'Initiateurs 2ème degré.

Formulation des objectifs et contenus d'enseignement

Les objectifs de la formation continuée ne peuvent être que généraux avec un constant retour aux bases techniques et pédagogiques. Pour aiguiser l'appétit des Initiateurs, il est possible d'aller à la marge de leur secteur d'activité (vers le Perfectionnement, des conseils individualisés...) ne serait ce que pour les sortir de leur cloisonnement.

Moyens à mettre en œuvre pour atteindre ces objectifs

En dehors des formations continuées, gratuites, faites par les comités départementaux avec leurs cadres techniques, c'est au club d'inscrire quelques réunions pédagogiques dans le planning du responsable pédagogique, formateur.

La meilleure solution reste cependant celle où l'Initiateur est directement sous la responsabilité de l'enseignant professionnel sur le terrain (soit parce qu'il aide le BE qui exerce sur un court proche, soit parce que le BE «chapeaute» plusieurs courts pris en charge par les Initiateurs).

Ressources à mobiliser chez les Initiateurs

Démarche et savoir-faire pédagogiques à développer à travers l'exploitation de thèmes de jeu et permettant la mise en place de situations et exercices.

Evaluation de la formation

Validation du carnet d'Initiateur (recyclage). Fidélité et compétences de l'Initiateur. Homogénéité de l'équipe pédagogique du club.

J. La formation des professeurs d'EPS (option tennis)

Les professeurs d'EPS sont formés pour enseigner collectivement le tennis dans leurs cours d'EPS au Collège et au Lycée. Même si les contenus d'enseignement ne sont pas directement sous influence «fédérale», beaucoup d'enseignants en UFR.STAPS sont brevetés d'état en tennis.

Leur rôle est de faire découvrir le tennis aux collégiens et lycéens et de leur apporter quelques bases de jeu au cours de cycles d'enseignement. Les jeunes les plus intéressés par ce sport le poursuivront dans le cadre de l'UNSS ou (et) en club.

Pour la préparation à l'oral 3 du CAPEPS, les étudiants en STAPS ont à traiter (entre autres connaissances) de sujets correspondant aux différents problèmes rencontrés lors de cycles d'apprentissage du tennis. Exemple type de question : *Avec des élèves de 4ème ayant pratiqué 20 h en tennis, vous constatez qu'ils ne se replacent pas après la frappe. En justifiant vos choix, vous proposerez une ou plusieurs situations visant la transformation de cette conduite motrice.*

Ce traitement de sujets se fait à un niveau didactique, en laissant de côté l'organisation pédagogique (ce qui n'est pourtant pas simple quand on a une classe de 25 élèves dans un gymnase, sur 1 ou plusieurs courts de tennis !).

Les étudiants doivent faire un exposé pour répondre à cette question initiale.

Exemples de sujets (traités dans mes cours à l'Ufrstaps de Dijon), certains étant rédigés complètement sous la forme d'un exposé, d'autres ne traitant que du problème posé ou de situation (s) d'apprentissage:

Sujets sur l'appréciation des trajectoires de balle et les placements du joueur à la balle :

***Vous constatez que, dans l'envoi, ils n'ajustent pas leur placement par rapport à la balle.* 6ème, moins de 10h de pratique.**

Contexte *(il convient, dans tout exposé, de replacer la question dans le contexte qui semble le plus adapté aux pratiques scolaires).*

Si l'ajustement à la balle, dans l'envoi, est une «formalité» pour le joueur de compétition (y compris lors de l'engagement au service), c'est beaucoup plus compliqué pour le débutant de 6ème. Or, parmi les compétences qu'il a à acquérir en 6ème, 5ème, il doit «s'organiser pour frapper».

Définitions *(à la fois des termes de la question et du niveau de jeu des élèves (débutant, débrouillé, joueur confirmé ?))*

Le placement, c'est l'action de se mettre en bonne position avec son corps (et particulièrement ses appuis) pour réussir sa frappe.

L'ajustement c'est l'action de s'adapter parfaitement, précisément, «justement» à une tâche.

L'ajustement précède le placement: si on ne s'ajuste pas à la balle, on a peu de chances d'être bien placé.

L'élève de 6ème avec moins de 10 h de pratique est, certes, un débutant mais avec un bagage moteur lui permettant d'envoyer des balles mais sans qualité.

Problématique retenue *(dégager le problème retenu au regard du niveau des élèves; faire un choix de thème (s) de travail en envisageant les acquisitions attendues et les transformations possibles).*

Se servir de l'envoi comme d'un véritable engagement permettant le début d'un jeu d'échange avec un partenaire ou de rupture avec un adversaire.

Choix de 2 terrains de jeu appropriés à ces situations et aux ressources des élèves : ½ terrain intermédiaire (jeu en coopération); terrain intermédiaire (jeu en opposition); choix d'une balle adaptée (balle souple).

Ces jeux ne sont que des points de départ (obligés) pour motiver les élèves et leur faire comprendre pourquoi ils doivent «s'appliquer» dans leur engagement ⇒ propositions de situations pour mieux envoyer la balle vers des endroits définis au service de 2 intentions contrastées : «donner» la balle à son camarade, engager «là où l'autre n'est pas».

Propositions de situations *(choix de 2 situations d'apprentissage adaptées)*

Partir de ces 2 intentions de jeu de référence :

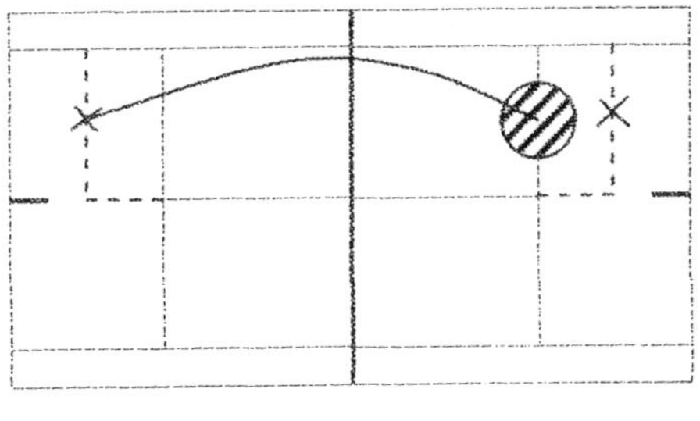

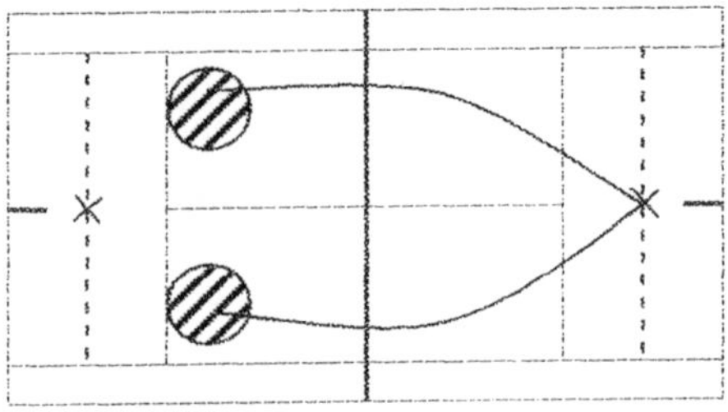

Privilégier les 2 engagements (envois) de référence : envoi précis mi-long axial ou envoi précis plus ou moins long sur les côtés du court adverse.

Proposer 2 situations contrastées d'envois : 1 Envoi sur balle «placée» / 2 Envoi sur balle «lancée» (voir§ exercices d'envois) avec des appuis en ligne, des appuis ouverts.

⊕ *Tâche* : être «placeur» pour envoyer la balle précisément dans l'une des cibles choisies.

⊕ *Organisation* : les élèves sont du même côté pour envoyer (afin d'être observés, conseillés par l'enseignant au contact de ses élèves). Des cibles sont disposées sur le terrain de l'autre côté du filet matérialisant les endroits à viser lors des engagements dans les 2 intentions de jeu.

⊕ *Consignes*

. Bien positionner le bras gauche par rapport au corps conditionnant le plan de frappe en avant (situation d'envoi «balle placée») / Lancer vers le haut avec le bras gauche allongé pour une meilleure maîtrise du lancer vers la verticale (situation d'envoi «balle lancée»).

. Prendre de l'élan sur le bras droit avant de poser la balle (1)), après avoir lancé la balle (2)) que le geste soit pendulaire ou (mieux) à distance du corps.

. Ajuster son, ses pas pour se placer avec des appuis en ligne avant de frapper.

. Frapper doucement, précisément non seulement dans l'intention de placer la balle à un endroit précis mais pour se rendre compte de son placement équilibré (ou non) au moment de la frappe.

. Accompagner la frappe vers la direction choisie, pivoter sur les appuis pour finir son coup face à la balle envoyée.

⊕ *Evaluation* : obtenir au moins 7envois sur 10 dans les cibles.

Vérifier que les consignes techniques sont respectées non seulement lors des séries d'envois mais aussi lors des engagements en situation de jeu.

⊕ *Remédiations* (visant à fournir un niveau de difficulté adapté à chacun) :

. Moins difficile⇒ cibles plus larges, technique gestuelle moins présente (ne pas intervenir, par exemple, sur la préparation du coup).

. Plus difficile⇒ cibles plus réduites, qualité technique de la préparation (qui conditionne aussi une meilleure distance à la balle), ajustement plus précis pour aligner ses appuis…

⊕ *Evolution* : pour (1), commencer par la préparation avec le bras droit (préparation directe à l'horizontale ou préparation légèrement convexe), puis placer le bras gauche / Pour (2), avec des appuis en ligne, ajuster le lancer à la verticale du corps pour que le corps ne se déplace pas pour frapper au-dessus de la tête (service).

Avec des appuis face au filet, lancer à la verticale «devant le nez» et contourner cette balle pour se placer à côté soit en CD, soit en RV.

Conclusion *(résumer et faire le bilan des arguments avancés; faire entrevoir des perspectives de travail à plus long terme)*

Avec la balle placée, c'est une construction technique du coup (CD) qui est favorisée mais dans un positionnement un peu «figé»; avec la balle lancée, une plus grande liberté est laissée à l'élève pour s'adapter à la balle et se placer autant en CD qu'en RV. De plus c'est ce lancer précis à la verticale qui conditionne la réalisation du service. On ne peut donc négliger à l'apprentissage cette justesse d'envoi tant au plan tactique que technique.

Sujets proches :

a) dans le renvoi, ils n'ajustent pas leur placement par rapport à la balle.

Autant (sinon plus) un problème d'appréciation de trajectoires de balle que de technique de placement à la balle

⇒ Problème de prise d'information pour bien analyser la qualité des trajectoires : pour un débutant, réduire la difficulté en adressant à ce type d'élève des trajectoires «faciles» (proches, lentes, à rebond avancé par rapport au joueur).

⇒ Faire ressentir la nécessité d'être à distance de la balle pour faire passer son coup à côté du corps. Pour obtenir cette sensation, privilégier une orientation du corps avant la frappe et à la frappe de profil par rapport à la trajectoire reçue, un placement à la frappe avec des appuis en ligne, un équilibre dans la frappe pour une direction précise et à une vitesse modérée.

2 situations adaptées :

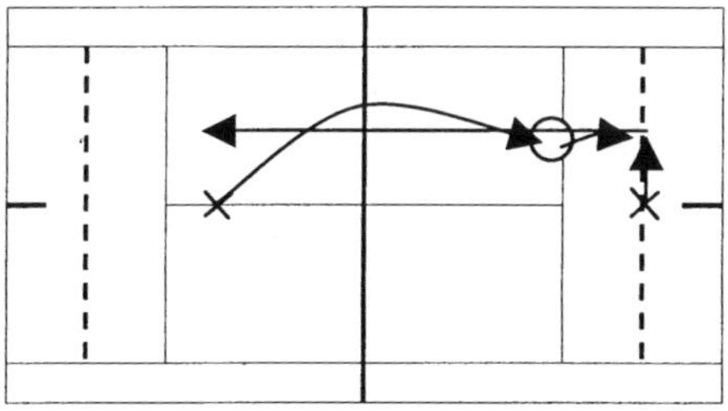

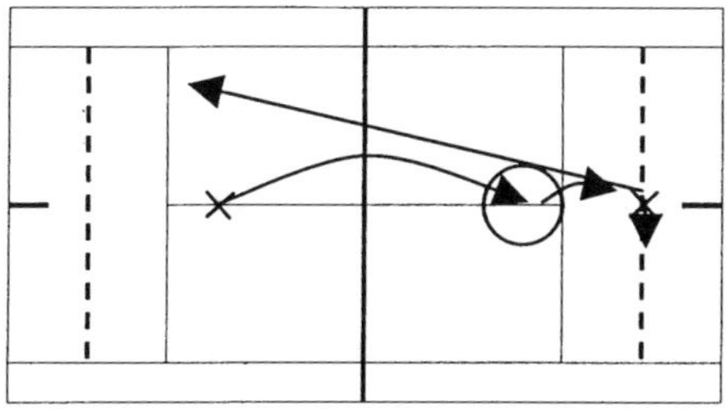

Situation (1) envoi lent un peu à droite, un peu à gauche. Avant l'envoi, l'enfant est déjà orienté de profil (puis de face pour s'orienter ensuite lors du déplacement).

Situation (2) envoi lent sur le joueur. L'enfant est contraint de se dégager latéralement de la balle pour se mettre à distance.

A la frappe, se stabiliser avec des appuis en ligne. L'élève, tout en se rapprochant de la balle, doit rester à distance de celle-ci.

Frappe douce droit devant ou décroisée dans le terrain

b) ils ne sont pas stables lors du renvoi en CD.

Problème identique au sujet précédent mais spécifique à un coup. Pour amplifier la notion d'équilibre à la frappe, ne pas enchaîner le coup avec un replacement (risquant de perturber la stabilité du coup) mais adresser une succession de balles de plus en plus à droite en restant après chaque frappe à l'endroit du coup joué. Idem par une succession d'envois sur l'enfant et le décalant de plus en plus vers la gauche de son court.

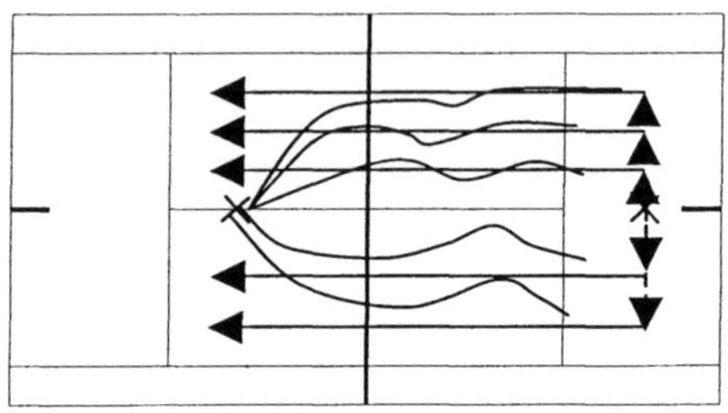

c) ils ne sont pas stables lors du renvoi en RV.

Idem sujet précédent mais sur le RV.

d) ils ne sont pas stables pour frapper la balle au service.

Plusieurs causes possibles:

– Le lancer de balle n'est pas assez vertical, au-dessus de la tête ⇒ plusieurs situations d'apprentissage (lancer le long du grillage, lancer sous un panneau de basket, dans le cercle...); conseils techniques (lancer lent, long, bras allongé...).

– Le manque de coordination bras droit-bras gauche ⇒ plusieurs situations : descente et montée simultanée des 2 bras, l'un pour lancer, l'autre pour préparer; préparation déjà effectuée avant le lancer...). Dans un 1er temps, montrer qu'il n'y a «que les bras qui bougent» (pas de participation des jambes).

– L'envie de frapper fort provoquant des grands gestes incontrôlés dans l'espace et précipités dans le temps, d'où un lancer désordonné ⇒ situation : se rapprocher du carré de service pour frapper doucement.

e) ils se déplacent vers le point de chute de la balle.

C'est un comportement typique du débutant avec la réserve importante qu'il agit ainsi après avoir détecté tardivement la trajectoire (donc le rebond) ⇒ certaines trajectoires (en particulier rapides, loin de lui, le laisseront sans réaction).

Il s'agit donc de le faire évoluer dans un espace de terrain réduit en largeur et profondeur (2 terrains possibles : ½ terrain intermédiaire; carré de service + couloir de double, voire les 2 carrés de service).

Par rapport à ces balles reçues dans un espace plus ou moins proche et ne posant pas de problèmes majeurs de prise d'information, il s'agit de tempérer la propension de l'élève à aller sur le rebond (qui est une action vers l'avant).

⇒ 2 moyens principaux : 1) ressentir la nécessité de la mise à distance (voire sujets précédents avec le choix d'un terrain plutôt large sans profondeur, en réception de balles latérales; sans oublier le décalage pour jouer des balles reçues sur soi, voire sur l'autre coup) / 2) ressentir la nécessité de se dégager en profondeur par rapport à une balle longue ou de retarder le moment de prise de balle par rapport à une trajectoire définie (préférer dans ces cas un terrain étroit et profond : ½ terrain intermédiaire).

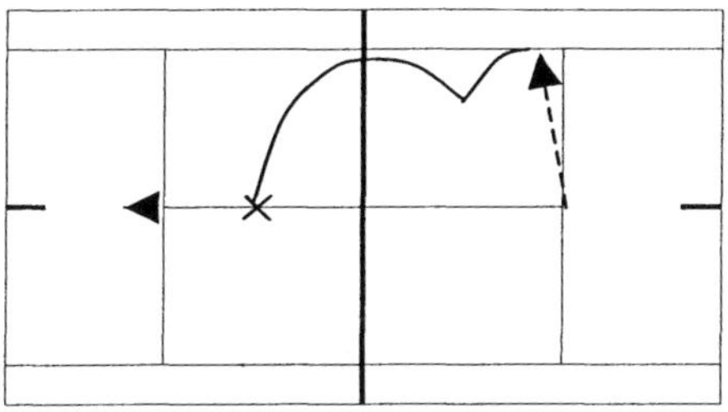

Dans cette situation, l'enfant se déplace sur le côté, pas vers le rebond.

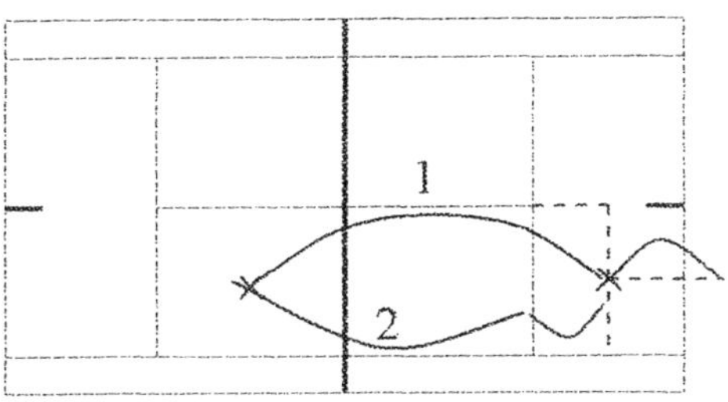

Avec trajectoire 1, balle longue et lente dans les pieds du renvoyeur; avec trajectoire 2, balle mi-longue. Prise de balle basse.

f) ils frappent toujours la balle au même moment dans les trajectoires.

Si les élèves frappaient toujours la balle au sommet du rebond ou toujours avec des volées hautes, ce serait intéressant pour dominer l'adversaire dans le temps et dans l'espace... ce que font les meilleurs joueurs de compétition.

Les joueurs débutants ou débrouillés subissent au contraire les trajectoires variées de l'adversaire en s'adaptant comme ils peuvent et en prenant la balle soit trop tôt (ils se précipitent sur le rebond et, dans ce cas, la balle est souvent jouée au sommet du rebond et, en générale, haute), soit trop tard (voire après le 2ème rebond).

S'ils subissent les trajectoires reçues, il faut qu'ils apprécient mieux les trajectoires : leur faciliter la tâche en réception de balles «faciles» puis plus «difficiles». Cette appréciation sera affinée par des actions diversifiées, voulues, de prises de balle à différents moments de la trajectoire : frappes de balle de volée, en ½ volée, au sommet du rebond, dans la phase descendante après rebond.

De plus, pour apprendre à maîtriser des coups, il est conseillé de jouer la balle à une hauteur moyenne par rapport au corps (taille, hanches) : meilleur équilibre du corps à la frappe (centre de gravité bas), bras bien associé au corps (coude près du corps à l'impact), pour une frappe à trajet de bas en haut et vers l'avant.

⇒ Mieux apprécier les trajectoires en s'imposant à elles (plutôt qu'en les subissant) et discerner les meilleurs moments pour être le plus efficace avec ses coups.

Situation de référence : ½ terrain intermédiaire

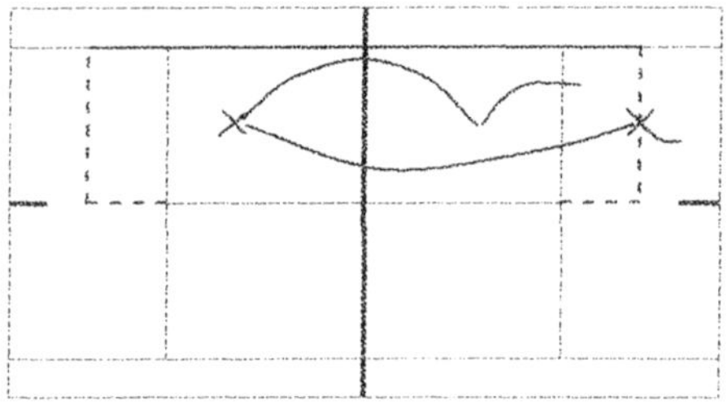

Suite au jeu sur ce terrain, distinguer 2 types de trajectoires reçues : 1) balle facile 2) balle plus difficile :

– 1) sur la même trajectoire délivrée (courbe = lente, avec rebond avancé) contraster les prises de balle : volée/ frappe après 2 rebonds; volée / frappe juste avant le 2ème rebond; volée / ½ volée; ½ volée / frappe dans la phase descendante après rebond; frappe au sommet du rebond/ dans la phase descendante...

– 2) une balle reçue longue (trajectoire courbe = lente, avec rebond dans les pieds du joueur) puis une balle reçue courte (trajectoire très courbe, avec rebond rapproché du filet) : sur la 1ère, prise de balle de volée, en ½ volée; sur la 2ème frappe avant le 2ème rebond. Sur la 1ère, frapper dans la phase descendante après le rebond (se dégager tôt et vite vers l'arrière); sur la 2ème, frapper la balle le plus tôt possible vers le sommet du rebond.

Suite à ces expériences de frappes contrastées, variées, les balles reçues seront modérément longues ou courtes (alternance dans un 1er temps puis enchaînement incertain), le joueur essayant de frapper la balle au meilleur moment (1/2 de la phase descendante après rebond pour bien exécuter son coup ⇒ rapport qualité du coup (réussite de la frappe dans une zone précise du terrain adverse) et moment de prise de balle.

g) ils frappent leurs coups de fond de court dans la phase descendante du rebond .3ème. 3 X 10 h.

Ces élèves ont moins de problèmes d'appréciation de trajectoires (ils prédisent bien mieux le rebond que de jeunes élèves) d'autant plus qu'ils sont débrouillés en tennis (30 h de pratique). Ils ont pris l'habitude de frapper, avec un certain confort, dans la phase descendante du rebond. C'est un choix de sécurité, de contrôle, d'équilibre dans la frappe ...

Pour passer à un niveau de maîtrise supérieur, il faut que l'élève prenne la balle plus tôt pour laisser moins de temps à l'adversaire, pour avancer plus dans son terrain, pour agresser la balle (règle des 3 A de P. Dominguez : attaquer, agresser, avancer).

Favoriser le jeu avec prise de balle tôt dans plusieurs situations différentes :

1) sur toute balle facile, sans vitesse, centrale..., attaquer la balle au sommet du rebond pour mieux dominer le terrain adverse. Frappe à impact haut. Frappe dans le court .

2) sur toute trajectoire à vol haut et lent, attaquer la balle par une volée.

3) sur toute balle longue (et assez lente), refuser de reculer de la ligne de fond et frapper la balle en ½ volée ou montante après rebond.

h) ils frappent de façon explosive les balles jouées avant rebond et au-dessus de la tête.

Les meilleurs joueurs font des frappes «explosives» de même que les débutants… Ils s'«éclatent» violemment dans la balle, ils libèrent très rapidement leur énergie dans la frappe mais, pour les uns, c'est avec une efficacité, une puissance redoutables pour l'adversaire; pour les autres, c'est une réaction brutale à la balle, un déséquilibre dans la frappe, un «défoulement» d'une énergie qu'on ne peut pas contenir et qui fait jouer la balle plutôt «dans les bâches» que dans le terrain adverse.

3 sources d'erreurs principales pour ces débutants explosant dans la balle que ce soit avec des coups après rebond ou directement de volée et en smash :

– Leur inadaptation à la situation ⇒ ils sont en «crise de temps» par rapport à la balle reçue qu'elle arrive vite sur lui ou qu'elle le déplace beaucoup.

– Leur déséquilibre dans la frappe, non compensé par un jeu de jambes ou une technique gestuelle adéquate.

– Leur intention de frappe (quand ils en ont une !) orientée plutôt vers la force alors que la régularité, la précision serait une nécessité, vu la situation difficile et le comportement inapproprié.

Ces élèves étant totalement inorganisés pour frapper, se déplacer, se placer pour renvoyer… est une compétence à viser au plan des apprentissages initiaux scolaires en sports de raquette.

Exemple de travail à la volée, au smash : proposer une situation qui facilite l'exécution du coup dans des conditions favorisant l'équilibre, avant de la rendre plus complexe

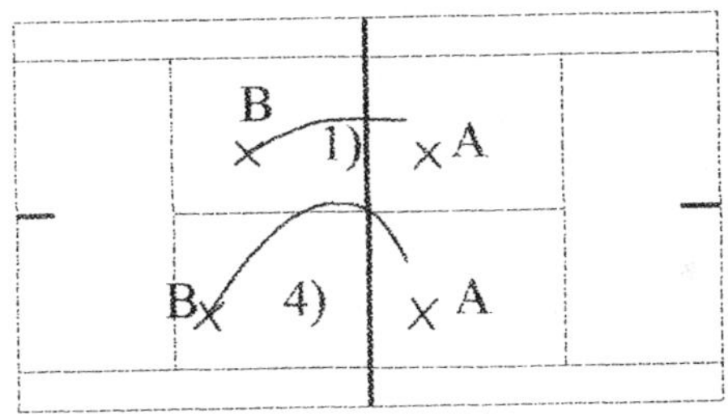

1) joueur A près du filet (abaissé à 0, 80 m); camarade B en face (également assez près du filet) envoie une balle à la main (voire avec sa raquette si maîtrise) légèrement courbe un peu à côté du joueur (à droite ou à gauche) ⇒ volée effectuée à hauteur moyenne pour une frappe droit devant dans le carré de service; volée en restant stable sur des appuis de face ⇒ but : rester stable sur les jambes malgré une légère orientation du corps et de la raquette sur le côté, tamis face à la balle et grâce à une frappe «douce», précise.

2) même positionnement de B, A un peu plus à distance du filet. Balle envoyée un peu plus en avant et à côté de A. Transfert vers l'avant de A lors de sa volée dans un équilibre dynamique pour la même qualité de frappe.

3) alternance de ce type d'envoi à droite et à gauche, puis même type d'envoi mais incertain à droite ou à gauche maintenant le volleyeur dans un espace d'action proche favorisant les volées dans des conditions équilibrées mais de plus en plus dynamiques.

NB : la distribution des balles sera d'autant mieux effectuée si elle est assurée par l'enseignant.

4) même positionnement de A qu'en1) mais B est un peu plus en retrait du filet: B envoie à la main une balle très courbe au dessus de la tête de A (à noter que ce type d'envoi nécessite encore plus la participation de l'enseignant, plus apte à réussir régulièrement cette qualité de balle contrôlée) ⇒ smash sans déplacement sinon en reculant le pied droit (voire en effectuant des pas chassés pour se placer sous la balle. Mais le but est de donner une balle facile à la verticale du joueur pour privilégier son équilibre ⇒ smash pour une zone dans le carré de service nettement à gauche de B pour des raisons de précision, de pronation possible de l'avant - bras mais aussi de sécurité avec une frappe douce (lutter contre la tendance des jeunes à a vouloir «cogner» sur toute balle haute pour se «défouler»).

Au plan technique, en dehors du placement des appuis, privilégier l'orientation des épaules, le placement du bras gauche en direction de la balle, du bras droit en «armé». Placer même le joueur préalablement dans cette position de profil avant l'envoi. Bien séparer les envois pour attendre le placement préalable du joueur et son exécution complète équilibrée.

5) même distribution de balles verticales, dans l'axe du joueur mais dans un espace nécessitant plus de déplacements vers l'arrière en pas chassés ⇒ déplacement relatif pour préserver un placement équilibré à la frappe.

6) Associer une volée suivie d'un smash (ou inversement) mais en laissant du temps à l'enfant pour se replacer et en continuant à lui faciliter les frappes dans des conditions équilibrées vu les envois faciles dans un espace proche.

i) ils ne s'adaptent pas à des trajectoires variées en direction. 6ème. 0h.

Contexte

Les meilleurs tennismen sont soumis à des déplacements incessants vu que leurs adversaires sont capables de «jouer les lignes», de trouver des angles incroyables et de frapper ainsi dans des directions extrêmes et variées.

S'adapter à des trajectoires variées est un des objectifs visés pour des élèves de 6ème dans leurs apprentissages initiaux en sports de raquette : «se déplacer, s'organiser pour frapper et renvoyer...» (Compétences de groupes 18. 07. 1996).

Définition de termes

S'adapter à : se plier, se conformer, s'ajuster, s'organiser ⇒ contraintes exercées par les actions d'un autre / Varié: différent, divers / Direction : un des paramètres de la trajectoire permettant l'orientation de la balle à droite, à gauche du joueur adverse ou sur celui-ci.

Elève de 6ème sans pratique antérieure de tennis : même s'il est débutant au tennis, il ne l'est pas totalement au plan de l'appréciation des trajectoires (même s'il réagit tard aux trajectoires reçues) ni au plan moteur (il peut envoyer des balles sans technique avec un peu d'adresse) ⇒ il est capable de «défendre » un plus ou moins grand terrain.

Problème retenu

Rapport de duel entre un joueur qui défend son terrain sur toute la largeur et son adversaire qui «place» sa balle là où l'autre n'est pas ou qui le fixe à l'endroit où il est situé.

En simplifiant la situation au niveau de plusieurs variables : la surface (les carrés de service, le terrain intermédiaire), la balle (souple), le rôle de l'enseignant (qui peut jouer ou distribuer les balles)...

Proposition de situations adaptées

a- Situation de référence

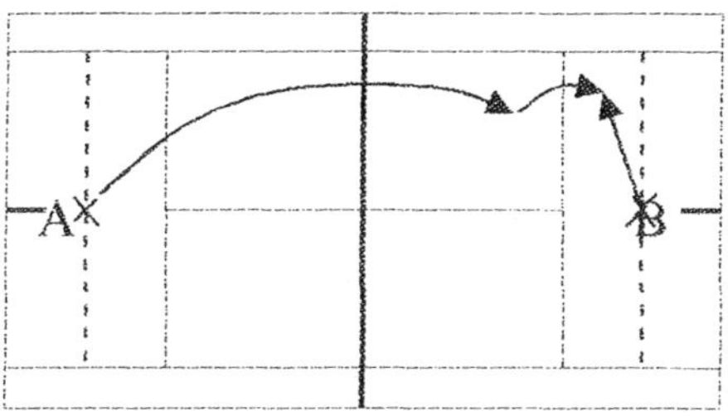

1/ 1 sur terrain intermédiaire, balle souple

Envoyer voire renvoyer là où l'autre n'est pas.

Tâche : rôle de «placeur» à droite ou à gauche de l'adversaire.

Consignes : pour A, l'envoyeur, orienter ses appuis dans la direction choisie, envoyer sa raquette vers la direction choisie (accompagnement) même si le geste est pendulaire. Produire une trajectoire courbe. / Pour B, le renvoyeur : attitude pré - dynamique, se déplacer le plus tôt, le plus vite possible, se replacer tôt.

Pour A et B, suite à l'engagement et au retour, continuité du point quand c'est possible et enchaînement des actions.

Evaluation : vérifier que la 1ère condition de jeu est respectée avec un engagement dans une zone à droite ou à gauche de l'adversaire (si nécessaire, placer des cibles pour que A vise mieux une zone latérale). Obtenir au moins 7/10 pour ce placement de balle.

Remédiations possibles pour la qualité de l'engagement : raccourcir le terrain (les 2 carrés de service, filet à 0, 80 m) et séries d'engagement (sans renvoi); pour la qualité du retour (compte tenu ou non de la difficulté moindre de l'engagement) : répéter l'engagement toujours à droite (ou toujours à gauche) pour mieux exécuter le renvoi vu que l'incertitude est réduite; augmenter la vitesse de la trajectoire pour améliorer l'attitude, la vitesse de réaction, le dynamisme dans le déplacement et utiliser une balle plus vive (balle intermédiaire) ou diminuer la vitesse de la trajectoire (plus de courbe, balle en mousse, moins vive).

Evolution : engagement à droite ou à gauche, ou sur le joueur.

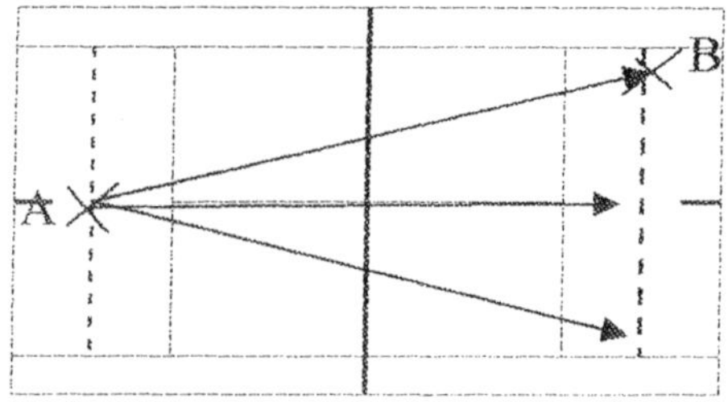

1/1 sur terrain intermédiaire avec possibilité de placements variés pour A et B dès le départ sur leur ligne de fond ⇒ augmentation de la variation en direction des trajectoires.

Tâche : «placeur» ou «fixeur».

Consignes : pour A, tâche identique à la précédente mais pour 3 directions différentes (quand les joueurs partent du centre du court : à droite, à gauche, au centre) et dans une plus grande variété de directions (quand les positions de A et B changent sur la ligne de fond) / Pour B, en plus de la tâche habituelle de déplacement sur les côtés, s'écarter de la balle (mise à distance) en réception de balle axiale.

Mêmes évaluations et remédiations.

b- autres situations

– Le fait de placer A et B à des endroits différents de la ligne de fond de court change la situation de façon géographique (ex : A dans le coin gauche de son court et B dans le coin droit de son court) et tactique (avec l'exemple ci devant, A va jouer dans l'espace libre côté RV de l'adversaire et le mettre en difficulté immédiatement).

– L'enseignant engage et joue dans les espaces libres laissés par B. Soit l'enseignant distribue systématiquement des balles dans des directions précises, soit il alterne ses balles dans des directions contrastées pour obtenir un meilleur rendement du joueur tant dans l'appréciation des trajectoires de balle reçues qu'au niveau de la motricité pour se déplacer, s'organiser pour frapper et se replacer.

– La qualité, le contrôle des trajectoires de balle délivrées par l'enseignant-expert apporte une plus grande quantité de travail, d'envie de jouer au joueur (l'enseignant ne rate pas, est créateur de multiples jeux par la variété et la précision de ses coups).

Conclusion

L'adaptation du joueur sera d'autant plus grande que le partenaire - adversaire sera plus régulier dans la précision de ses placements de balle (un équilibre est à trouver entre les différents partenaires de jeu, y compris l'enseignant). Elle se traduira par une meilleure appréciation des trajectoires dans leur direction, une attitude pré - dynamique favorable à une mise en action rapide du joueur pour se déplacer vers la balle (ou s'en dégager) et frapper.

Sujets proches sur la production de trajectoires de balle

a) ils produisent des trajectoires variées en hauteur - 4ème – 2 x 10h

Contexte

Les meilleurs joueurs sont capables, selon les circonstances du jeu, d'effectuer des frappes variées en hauteur, allant de frappes tendues, horizontales jusqu'à de hauts lobs de défense. Si des élèves de 4ème à 2 x 10 h de pratique varient aussi leurs trajectoires de balle dans la hauteur, cette maîtrise intéressante n'est évidemment pas de même qualité vu qu'elle n'est pas combinée avec d'autres paramètres de direction, longueur, vitesse, effets.

Cette compétence à combiner simultanément 2 paramètres simples des trajectoires dans les frappes entre justement dans les objectifs visés au plan des apprentissages initiaux scolaires en sports de raquette pour les 5ème et les 4ème.

Définitions

Trajectoire en hauteur : ligne décrite par la balle avec un angle d'inclinaison plus ou moins important selon la hauteur (dimension verticale plus ou moins importante du sol jusqu'au «ciel»! Plus concrètement au tennis, du dessus du filet (0,91 m) jusqu'au plafond d'un court couvert (≅ 10 m) / Varié : différent, divers / Produire : créer, assurer, obtenir... des trajectoires.

Problème retenu

Associer à la compétence de l'élève qui sait produire des trajectoires en hauteur une qualité de frappes directionnelles lui permettant de mieux «répondre aux attaques adverses» ou de «pousser l'adversaire à la faute» (compétences de groupe en 5ème, 4ème 13/ 02 /97).

Choix d'un terrain intermédiaire; balles souples (voire, si adresse, terrain normal avec balles intermédiaires).

Propositions de situations

1) attaquer l'adversaire lorsque le joueur reçoit une balle facile en «plaçant» sa balle là où l'autre n'est pas avec une frappe tendue pour le «déborder».

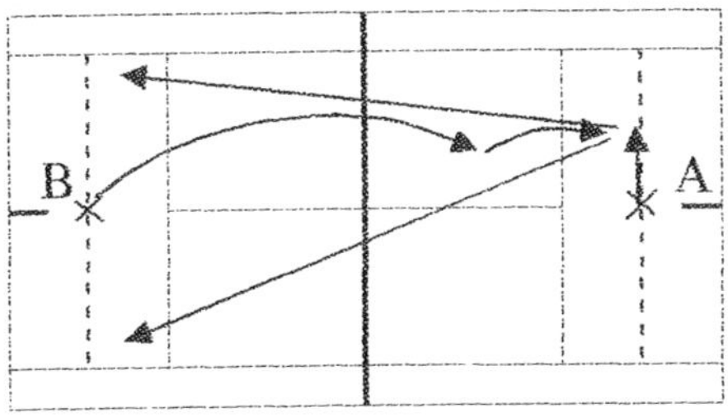

Tâche : B envoie une balle facile au centre du court de A; A frappe le long de ligne ou croisé pour déborder l'adversaire. Continuité du point si la séquence engagement - retour est assurée.

Objectifs : frappe A dans une zone éloignée de B pour chercher à le déborder en maîtrisant une certaine hauteur de trajectoire : passer le filet (marge de sécurité pour éviter le filet) et prendre de vitesse l'adversaire ⇒ frappe ≅ horizontale passant à 1 m au-dessus du filet.

Consignes : pour B, qualité de l'envoi : trajectoire courbe, lente, balle centrale / Pour A, attitude dynamique pour aller tôt vers la balle, se placer d'autant mieux à distance qu'il doit effectuer un coup plat avec un impact de frappe au sommet du rebond (pour éviter encore plus sûrement le filet), choix très tôt de la décision du placement de la balle à droite ou à gauche de l'adversaire (dans le déplacement voire au départ de l'action ou choix prédéterminé).

Evaluation : pour B, 10/10 dans cette zone large centrale (seulement une affaire de concentration) / Pour B, 7/10 dans 1 des 2 zones latérales (évaluation non seulement de l'impact au sol mais du vol de la trajectoire à tendance horizontale).

Remédiations :

. *Faciliter la tâche* ⇒ pour A, réception d'une balle d'autant plus facile qu'elle est légèrement sur le côté CD (coup en général mieux maîtrisé à ce niveau) / Frappe de A dans une seule zone (privilégier d'abord le long de ligne pour ne pas «briser» la trajectoire reçue, la balle repartant dans la même direction) / Répétition de la seule séquence engagement – retour / Meilleure qualité de l'envoi par l'enseignant (exercice mixte) assurant mieux le début de l'échange entre les joueurs.

. *Rendre la tâche plus complexe* ⇒ engagement autant à droite qu'à gauche de A pour qu'il frappe aussi bien avec son RV que son CD; situation sur un court normal.

2) défendre son terrain en réception d'une balle difficile en angle par une frappe plus arrondie (voire lobée si l'adversaire monte au filet) dans la même direction.

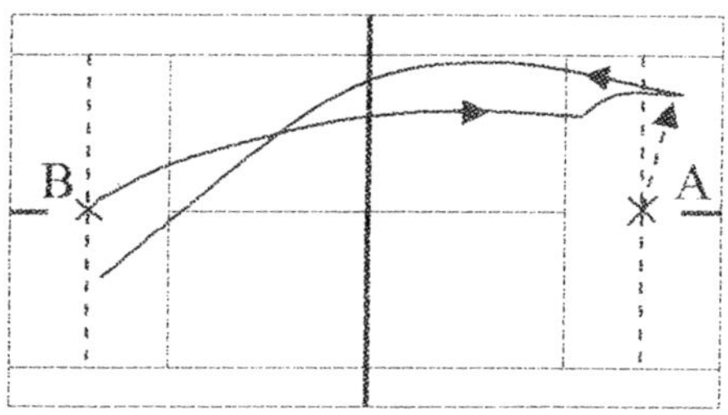

Tâche : B engage dans un coin du court adverse pour déstabiliser son adversaire; A tente de contrer cette attaque en jouant sur la hauteur de sa frappe, plus courbe, et dans la même diagonale pour se donner du temps dans un replacement peu important (sur la bissectrice de l'angle des retours possibles de B). Continuité du point suite à cette séquence.

Objectifs: neutraliser l'attaque par une qualité de balle combinant hauteur et direction adaptées à la situation.

Consignes : pour B, qualité de la trajectoire d'engagement avec une frappe longue, tendue ⇒ placement des appuis dans la direction choisie, accompagnement vers cette direction / Pour A, attitude dynamique pour réagir tôt et se déplacer vite vers une balle éloignée latéralement à droite ou à gauche afin d'avoir suffisamment de temps pour produire une trajectoire plus haute que celle reçue (importance d'une mise à niveau pour accentuer la frappe de bas en haut). Enchaîner son replacement dans la frappe.

Evaluation : pour B, 10/10 (même si la balle n'a pas la profondeur souhaitée dans la cible, il faut qu'elle déplace nettement B sur le côté du court) / Pour A, 7/10 retour dans la diagonale (+ appréciation de la hauteur qui donnera plus ou moins de longueur à la balle).

Remédiations :

. *Faciliter la tâche* ⇒ pour A, connaître à l'avance la direction de l'engagement de B; être déjà excentré côté zone visée par B; recevoir l'engagement dans la diagonale CD.

. *Rendre la tâche plus complexe* ⇒ Donner la possibilité à B de monter au filet, donc d'obliger A à accentuer ou non, selon les cas, la courbe de ses frappes; engager encore plus en angle (en se positionnant si nécessaire plus en avant dans le court), mettant A encore plus en difficulté et dans une nécessité supérieure à relever la balle.

Nb: l'enseignant peut engager (exercice mixte) pour rendre la situation plus facile ou plus difficile, à sa convenance, dans l'intérêt des joueurs.

Conclusion

Ces situations contrastées et séparées permettent aux joueurs de comprendre que les frappes sont variables dans la hauteur et la direction en fonction d'impératifs tactiques et non pas pour le seul plaisir de combiner les paramètres des trajectoires... Pour se rapprocher plus du jeu réel, il suffit de laisser le choix à B d'engager une balle facile, centrale ou une balle longue en diagonale, A cherchant à s'adapter à cette donne incertaine.

b) ils produisent des trajectoires variées en longueur

Même approche en combinant 2 paramètres : exemples longueur-direction; longueur-effets; longueur-vitesse.

Lier ces 2 paramètres à des intentions tactiques. Par exemple si on choisit longueur-effets, travailler sur amortie (coupé court)-lob (lifté long) ou travailler sur court-croisé (lifté ou coupé), long dans la même diagonale (lifté) ...

Choisir des situations adaptées à longueur-effets :

- jouer dans les carrés de service + couloir de double en diagonale pour sensibiliser aux effets (lifté pour des recherches d'angle / coupé pour raccourcir la trajectoire derrière le filet).

- jouer au-dessus d'un élastique triplant la hauteur du filet (pour sensibiliser à des frappes longues et hautes avec effet lifté) et en dessous de l'élastique pour des frappes croisées courtes (liftées ou coupées).

Quel que soit le choix, travailler techniquement particulièrement sur le 2ème paramètre (les effets) qui est loin d'être maîtrisé comme le 1er paramètre, à priori acquis vu l'énoncé du sujet. La technique des effets sera envisagée globalement : frappe avec un balancement du bras de bas en haut (lift); frappe avec attaque directe de la balle de haut en bas (coupé).

c) ils produisent des trajectoires variées en direction.

Même démarche.

d) ils produisent principalement des trajectoires en longueur.

On peut concevoir un tel sujet de 2 façons :

– estimer que les élèves ont tendance à jouer long, trop long et commettent beaucoup de fautes en sortant les balles des limites de fond de court adverse ⇒ orienter le travail vers la maîtrise de frappes dans la longueur (court; long; mi - long)

– considérer que les élèves savent varier leurs frappes dans la longueur et qu'ils ont besoin de diversifier leurs coups en maîtrisant un autre paramètre de trajectoire : exemple direction).

Ce sujet ainsi présenté à la session 2003 était conçu pour des 5ème avec 10 h de pratique : vu la faible pratique des élèves, on pourrait considérer qu'il est préférable de travailler sur la diversité des frappes en longueur (en 6ème, « marquer le point en jouant sur la continuité, sur la diversité»... compétences 6ème) mais, comme ce sont des 5ème, on peut aussi combiner un autre paramètre à la longueur (maîtrisée !). Il faut donc faire un choix préalable argumenté avant de se lancer dans le sujet.

e) ils produisent principalement des trajectoires en hauteur (5ème_ 10 h)

Idem, mais on peut croire encore plus fortement que les élèves produisent essentiellement des balles «en cloche» et qu'ils est important de diversifier ces frappes dans la hauteur en particulier en favorisant les frappes horizontales, «rasantes» (au bénéfice de placement et de technique gestuelle plus efficaces que les frappes de face avec des gestes pendulaires produisant ces «cloches») ⇒ choisir plutôt la 1ère option du sujet précédent.

f) ils produisent des trajectoires hautes dans le jeu de fond de court (4ème 2 x 10 h)

Idem mais on peut penser que des 4ème avec un peu de pratique produisent intentionnellement des frappes hautes avec une certaine efficacité technique ⇒ les orienter aussi vers des frappes plus horizontales, en gardant une courbe à la fois sécurisante par rapport au filet (1 m au dessus) mais plus rapide que la balle haute; améliorer leurs acquis techniques pour enrichir leurs coups (ex: accompagnement – fin de geste pour ces frappes plus rapides).

g) ils ne produisent pas de trajectoires variées (5ème – de 10 h / 4ème 2 x 10 h)

Idem mais le sujet est plus compréhensible. Il faut varier les frappes et, comme les élèves ne savent le faire sur aucun paramètre, privilégier particulièrement un paramètre simple. Ex : direction pour «marquer le point... dans l'espace libre ou pour pousser l'adversaire à la faute» selon les compétences de groupe visées : 6ème, 5ème- 4ème.

h) ils produisent des déplacements réduits chez l'adversaire

Augmenter les déplacements latéraux de l'adversaire en jouant sur les variations en direction ou (et) augmenter les déplacements avant-arrière en jouant sur les variations en longueur, pour les mêmes raisons tactiques que précédemment.

i) ils limitent leurs actions à la frappe 3ème – de 10 h

Définition d'actions limités : ce que le joueur fait est accompli avec peu d'ampleur, d'étendue, de façon restreinte.

Partir du texte concernant les compétences propres à un groupe de 3ème d'une pratique inférieure à 20 h qui stipule : «l'accent est mis sur l'acquisition stable d'une mise à distance... caractérisé par un placement régulier du corps par rapport à la balle qui optimise la frappe...; les poussées de balle dans l'axe du corps disparaissent...; lorsqu'il n'est pas dominé dans l'échange, ... l'élève recherche des trajectoires variées en vitesse ou en profondeur qui assurent la continuité puis la rupture de l'échange.»

Ces 3ème, techniquement peu débrouillés avec 10 h de pratique, sont loin d' avoir un acquis de placement et font des frappes avec une technique gestuelle étriquée (en particulier en arrêtant leur coup à l'impact de balle). Mais on peut considérer que ces limites sont aussi d'ordre tactique avec des intentions pauvres (en particulier, à cet âge, frapper fort dans la balle sans souci du terrain adverse) sans enchaînement d'actions (frappe isolée, non suivie d'un replacement).

Orienter la séance vers un jeu sur un court normal (avec des balles souples, voire intermédiaires) pour des frappes longues et dans différentes directions ⇒ technique gestuelle plus amplifiée dans la préparation, l'accompagnement et la fin de geste.

Sujets sur les replacements

Ils restent spectateurs de leurs actions (6ème – de 10 h)

Contexte

Les meilleurs joueurs, quand ils frappent sont à la fois concentrés sur leur coup mais anticipent déjà l'avenir parce qu'ils ont confiance en la qualité de leur coup, prévoient les réactions de l'adversaire...Ils sont, en permanence, obligés de lier leurs actions de frappe avec des replacements les amenant au meilleur endroit, dans l'espace et le temps, pour contrer l'adversaire.

Au contraire, le débutant est tellement «accaparé» par la balle et préoccupé par la réussite incertaine de son coup qu'il ne peut «vivre que dans l'instant présent».

Dépasser ce comportement est de la compétence de groupe des 6ème en sports de raquette : «...se replacer après la frappe; marquer le point en jouant sur la continuité...».

Définition

Rester : se maintenir au même endroit, dans la même position...

Spectateur de son action : personne qui regarde ce qu'il fait, qui se focalise sur sa frappe et surtout, vu le sujet, sur la destination de sa frappe (et non sur le fait qu'il «se regarde frapper»).

Problème retenu

Pour que l'élève ne soit plus spectateur de sa frappe, une première solution prendra du temps dans l'apprentissage : la confiance en la qualité (même relative de son coup), une autre solution plus rapide est de lui faire enchaîner une autre action prédéterminée, tout de suite après sa frappe quelle qu'en soit la qualité.

Choix de 2 terrains différents dans la longueur et la largeur pour des enchaînements d'actions vers l'avant ou sur les côtés (balles souples).

Propositions de situations

1) sur un ½ court, A engage et, dès la frappe, suit son coup en direction du filet; B renvoie dans ce ½ court; 1er à 11 points, engagement en alternance.

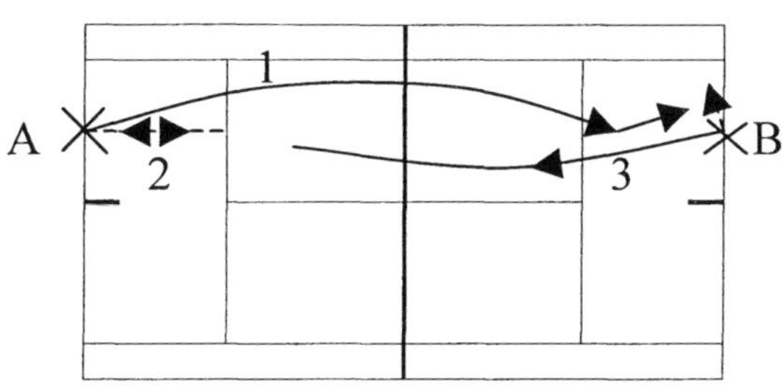

Tâche : A, du fond du court, frappe droit devant lui dans le terrain adverse et suit sa balle en se déplaçant vers le filet (même s'il se déplace derrière sa frappe, c'est, pour le tennis, un replacement vers le filet); B renvoie dans le court.

Consignes : pour A et B, précision et régularité pour assurer un début de continuité (au moins deux frappes consécutives, liées entre elles (voire plus si contrôle) de A. A prend, cependant, son temps pour frapper : il dirige bien la balle, plutôt que de «se débarrasser» de la balle pour courir; il s'arrête dans la course au moment où le partenaire va frapper; possibilité de volleyer ou de renvoyer après rebond.

Evaluation : celui qui engage ne peut gagner le point que s'il joue la balle renvoyée en avant de la ligne intermédiaire (preuve qu'il a suivi sa frappe vers l'avant).

Remédiations :

Vraisemblablement, il faudra simplifier la situation, particulièrement en s'aidant de l'enseignant qui retournera une balle facile à celui qui a engagé. Sinon, possibilité pour B de ne pas jouer la 1ère balle, le point ne démarrant que lorsque B envoie lui-même une balle (envoi retardé jusqu' à ce que la 1ère balle de A rebondisse dans le terrain de B) / Possibilité d'avancer A à la ligne intermédiaire pour engager avec plus de sûreté dans le terrain adverse (B restant derrière la ligne de fond pour laisser toujours un grand temps à A pour se replacer vers l'avant).

Pour accentuer la difficulté, demander à A de jouer sa 2ème frappe plus en avant de la ligne intermédiaire, d'effectuer obligatoirement une volée..., rapprocher A et B pour enchaîner plus vite les actions...

2) sur tout le terrain intermédiaire, 1/1 avec A qui engage d'un coin du court sur B au centre du court ; 1er à 11 points, engagement en alternance.

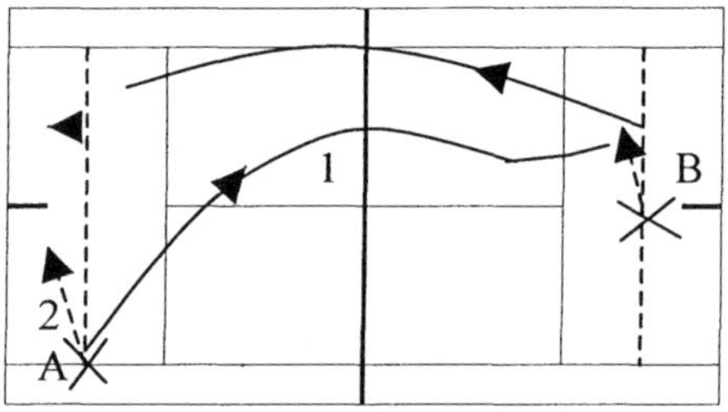

Tâche : A, dans cette situation, ressent la nécessité de se replacer vers le milieu de son court, tout de suite après la frappe, pour défendre son court laissé «libre, ouvert» à la frappe de B / B doit profiter de la balle facile «donnée» par A dans son espace proche de jeu pour frapper avec précision vers le coin opposé du court de A et tenter de rompre l'échange.

Consignes : pour A, frappe précise (insister sur l'accompagnement gestuel) dans la zone centrale *puis* se déplacer (se replacer) en pas courus vers le milieu du court puisqu'il est prévu que la balle de B aille à l'opposé de son placement initial; se freiner, s'arrêter (voire, dans l'évolution technique, reprise d'appuis) au moment où B frappe la balle; *puis* se déplacer sur le côté du court vers la balle renvoyée par B / Pour B, attention à cette balle dite facile qui arrive près du joueur mais avec une trajectoire oblique pouvant accentuer la distance du joueur à la balle. De plus, il n'est pas aussi facile de «briser» la trajectoire envoyée pour la renvoyer dans une autre direction. ⇒ Travail technique sur l'attitude pré - dynamique, sur le jeu de jambes de placement et l'accompagnement du geste dans la direction choisie.

Evaluation : zone de frappe de A et B (plus réduite pour A que pour B) : 7/10.

Remédiations: idem situation 1) mais dans un replacement latéral, un déplacement latéral.

Que ce soit en 1) ou en 2), la situation peut être limitée à la séquence engagement A – retour B – frappe (tentative de frappe) de A afin de travailler la qualité de la 1ère et 2ème balles conditionnant l'échange. On peut aussi faire partir A et B face à face du même coin de fond de court (engagement de A le long de ligne ou vers le centre) ou A et B en fond de court en diagonale.

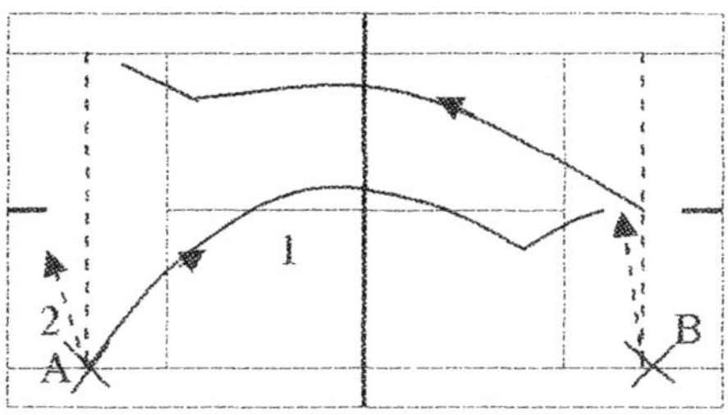

On peut aussi augmenter le terrain pour rendre plus difficile la situation : court normal.

3) distribution (au panier) de balles sur toute la largeur du court par l'enseignant (4 balles alternées à droite et à gauche pour chaque joueur).

5 passages sur 4 balles de chaque joueur, soit 20 frappes par joueur.

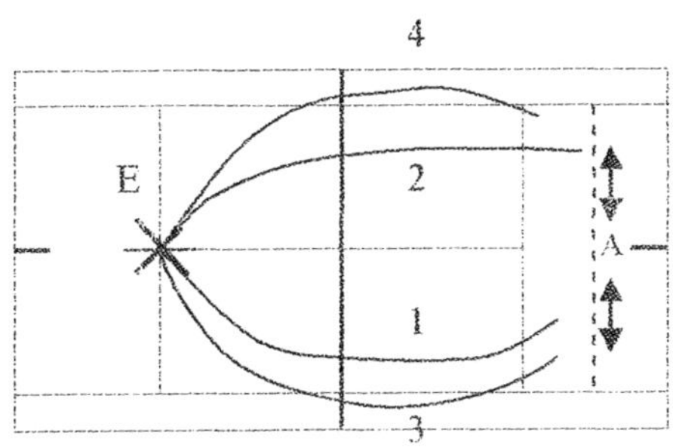

Situation certainement la plus facile pour le débutant qui ressent d'autant plus la nécessité de se replacer que les trajectoires de balle sont, dans un 1er temps : systématiquement alternées à droite, à gauche / Très latérales (mais avec des trajectoires courbes, lentes) / Enchaînées rapidement par l'enseignant pour que le joueur s'inscrive, dès sa frappe, dans la frappe suivante, vu l'urgence d'un grand déplacement à effectuer après son coup.

Tâche : le joueur, après avoir été déplacé nettement sur le côté du court par la 1ère balle de l'enseignant, ressent la nécessité de se replacer vers le milieu du court vu qu'il sait que la balle suivante sera de l'autre côté; et ainsi de suite sur les balles suivantes.

Consignes : même si l'objectif de frapper la balle doit rester présent (par-dessus le filet, dans le terrain adverse, dans une zone précise de ce terrain…selon la valeur du joueur), c'est plus l'enchaînement frappe – replacement qui compte pour anticiper le coup suivant.

Sur les balles très latérales, vu que les déplacements sont importants, les replacements seront importants et rapides ⇒ replacements en pas courus / Sur les balles mi-latérales (après expérimentation des balles très latérales qui ont provoqué automatiquement des replacements), les replacements seront plus mesurés, moins urgents, en pas chassés, garants d'un retour face au jeu et permettant de parer à une éventuelle balle à contre-pied.

Puis mixer les balles très latérales avec les balles mi-latérales mais toujours en alternance droite-gauche.

Puis possibilité de balles à contre-pied dans la succession des 4 balles.

Evaluation : 14 / 20 frappes renvoyées selon l'objectif poursuivi (ex: au-dessus du filet) + évaluation de la justesse technique du replacement.

Evolution : c'est à la fois la qualité et la difficulté des balles distribuées et l'objectif de frappe du joueur de plus en plus élevé qui conditionnent l'évolution de la situation.

Remédiations ⇒ voir Evolution.

NB: cette distribution de balles peut se faire aussi dans le sens avant-arrière ou arrière-avant (ex : balle longue ⇒ dégagement de la ligne de fond. Suivie systématiquement d'une balle courte ⇒ 1ère compréhension d'un replacement immédiat vers la ligne de fond, pour avoir une chance de frapper la balle suivante, reçue très en avant dans le court. Cependant cette perception réelle du replacement dans le sens antéro-postérieur met plus de temps à s'installer dans la tactique du joueur (sauf situation très particulière avec la distribution au panier ci- dessus).

Conclusion

Le replacement latéral est facilement ressenti par les débutants, d'une façon globale, vers le «milieu» du court à travers des situations telles que celles proposées ci - dessus (particulièrement avec la participation de l'enseignant). Mais, pour aboutir à un vrai replacement tactique (sur la bissectrice de l'angle des retours possibles de l'adversaire), il faut beaucoup plus d'expérience, avec une maîtrise technique supérieure des frappes et un sens tactique plus développé. De même pour le replacement dans le sens longitudinal, on peut le découvrir dans les conditions évoquées précédemment, mais il faut encore plus de temps pour éprouver réellement cet enchaînement d'actions.

Sujets proches :

a) ils ne se replacent pas après la frappe 4ème _ 2 x 10 h

Dans le chapitre «contexte», s'étonner que des grands de 4ème avec 20 h de pratique n'aient pas, au moins, quelques notions de replacement alors que ce devrait être, à ce niveau, un pré-requis pour défendre son terrain. Hypothèse : à cause d'un effectif nombreux dans la classe et d'une pratique sur des surfaces de terrain réduites, le tennis s'est fait dans des petits espaces qui privilégiaient plus les frappes mais pas les déplacements (donc pas de replacements envisagés).

Avec ce type d'élèves, envisager plutôt des jeux sur un terrain large (les 2 carrés de service; les 2 carrés de service + les couloirs (balles souples); le terrain intermédiaire (balles souples); voire le court normal (balles intermédiaires) si les élèves ont des qualités tennistiques).

Envisager plutôt des thèmes de jeu où, à 1/1, on joue là où l'autre n'est pas, dès le début de l'échange, en produisant des trajectoires dans les espaces libres ⇒ direction, longueur... à combiner.

Construire la séance à partir d'une défense plutôt latérale du court en diversifiant techniquement les replacements (pas courus, pas chassés), selon la distance des déplacements sur les côtés ⇒ si le déplacement est grand, replacement en pas courus ; si le déplacement est modéré, replacement en pas chassés. Le rôle de l'enseignant comme distributeur de balles au panier est déterminant pour assurer une variété de balles plus ou moins à droite, à gauche et pour déclencher aussi des contre-pieds (les plus susceptibles de déclencher une efficace reprise d'appuis garant de la qualité du replacement). Autre possibilité : à chaque début d'échange entre A et B, l'enseignant envoie la 1ère balle (balle certaine dans l'espace latéral des joueurs mais incertaine pour les joueurs : à droite ou à gauche ? près, loin ?).

Demander au joueur de produire des trajectoires différentes selon qu'il est plus ou moins en difficulté dans la frappe et le replacement ⇒ s'il frappe en étant débordé, trajectoire haute et longue en diagonale pour se donner du temps dans le replacement; s'il frappe en étant bien placé, trajectoire plus tendue le long de la ligne...

b) ils font des replacements aléatoires 3ème _ - de 10h

Définition de aléatoire : qui relève du hasard; problématique ⇒ les replacements peuvent parfois exister mais sans certitude tactique (qui suppose une action consciente, déterminée) et sans qualité technique puisque problématique (ex : replacement, certes, mais dans un enchaînement lent alors qu'il y a urgence).

Voir sujets précédents a) et b) car le sujet concerne des 3ème certes plus âgés mais aussi plus débutants.

c) ils font peu d'enchaînements dans les frappes de fond de court 3ème _ 2 x 20 h

Idem mais, même si les situations ne diffèrent pas, les exigences seront plus grandes (vu les 40 h de pratique) :

. Balles plus difficiles par la vitesse, la longueur des envois plaçant le joueur devant des situations plus incertaines, plus urgentes au bénéfice d'un plus grand jeu de jambes ⇒ intérêt de la qualité de la 1ère balle distribuée, voire des balles distribuées par l'enseignant (exercice mixte ou exercice au panier).

. Frappes plus tactiques selon l'urgence ou non de la situation.

. Frappes plus techniques (ex : frappe en CD avec des appuis ouverts suite à un grand déplacement sur le côté pour mieux favoriser la poussée de la jambe droite dans la frappe et s'en servir aussi pour enchaîner le replacement).

d) ils montent à la volée sans marquer un temps d'arrêt au moment de la frappe adverse 3ème _ 10 h

Ces jeunes enchaînent au moins leur action après la frappe (ils se replacent en direction du filet) ! Mais ils le font d'une façon fougueuse en courant, en situation de déséquilibre, à la merci d'un contre de l'adversaire par une balle lobée ou éloignée latéralement. ⇒ Importance d'un temps d'arrêt (d'une «reprise d'appuis» au moment de la frappe adverse).

«Rythmer» la montée au filet du joueur en maintenant son dynamisme dans la frappe et son enchaînement frappe – replacement vers le filet. Mais freiner ensuite cette course pour réaliser un sursaut-écart sur des appuis stables plaçant le corps du joueur face à la situation incertaine créée par la frappe de l'adversaire.

Pour freiner cette fougue vers l'avant, encourager l'adversaire à répondre, dans un 1er temps, systématiquement par un lob pour calmer les ardeurs du joueur attaquant.

Situations possibles:

1) 1/1sur ½ court normal. A engage du fond de court et monte au filet dans la frappe; B le contre par un lob, d'autant mieux qu'il reçoit la balle dans un espace proche et que celle-ci n'a pas de réelle vitesse, vu qu'elle part de loin.

2) 1/1 sur le terrain intermédiaire. A engage au centre du court sur B et monte au filet; B le contre par un passing à droite ou à gauche (la précision du passing est d'autant mieux réussie que l'engagement est «donné» à B qui n'a pas à se déplacer pour frapper. Préférer le court intermédiaire pour la précision envoi-renvoi et aussi pour que A ait le temps de se positionner au filet afin de «couvrir» le filet, donc tout son court dans la largeur.

1)

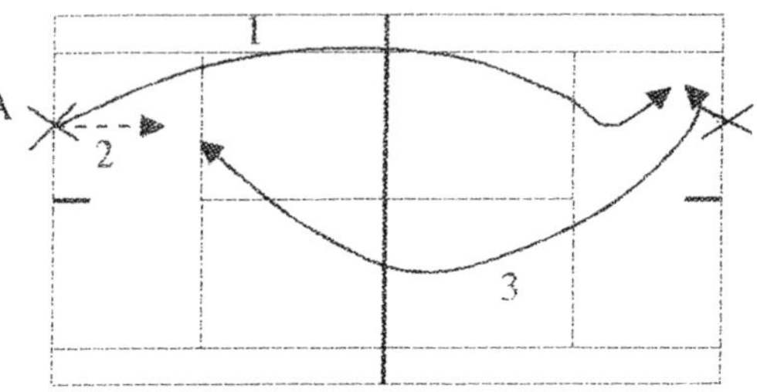

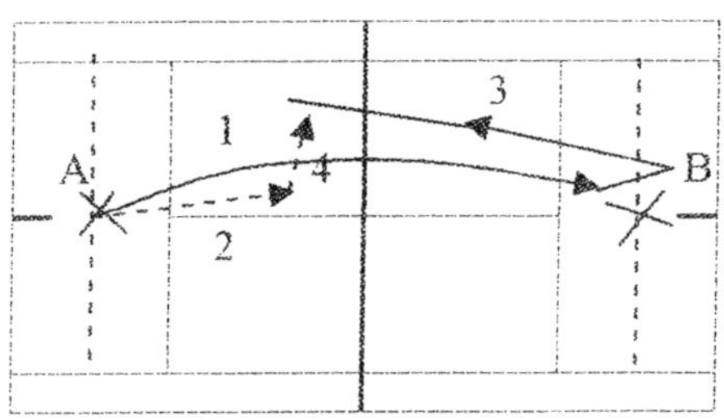

2)

NB : vu que A, engagé vers le filet dans les 2 situations, doit se freiner, s'équilibrer en prévision du contre adverse et que B, malgré les conditions faciles de balles «données», peut être irrégulier en «ratant» quelquefois (trop souvent) ses contres, ne pas oublier la relation enseignant-joueur. L'enseignant joue le contre, juste comme il faut, par-dessus (ou sur les côtés de) l'attaquant : celui-ci se trouve ainsi, à chaque fois, dans les conditions pour réagir au mieux aux ruptures provoquées par l'enseignant ⇒ reprise d'appuis.

e) ils sont souvent pris à contre - pied

Définition de contre-pied : c'est le fait de jouer du côté opposé à l'attente, au déplacement de l'adversaire.

Au tennis, il y a 2 contre - pied possibles : dans le sens latéral et dans le sens avant - arrière.

Raisons : mauvaise anticipation de l'action adverse; replacement sans freinage avant la frappe adverse; technique de replacement non adaptée à la situation : importance, lors des replacements latéraux (ou, au moins, dans la fin des replacements) des pas chassés pour se retrouver face au jeu et éviter les contre6pieds par une reprise d'appuis à la frappe adverse. Idem pour les replacements vers l'avant ou vers l'arrière, avec un freinage lors des pas courus ou des pas de recul dans la phase précédant la frappe adverse.

Les reprises d'appuis sont mieux ressenties, dans un 1er temps, lors de replacements latéraux peu importants en pas chassés. Ils sont même naturellement amplifiés lorsque la frappe suivante est jouée à contre-pied. Transférer ensuite ces sensations de reprise d'appuis lors des replacements avant-arrière.

f) ils montent à la volée en marquant un temps d'arrêt au moment de la frappe 3ème : 3 x 10 h

Ce sujet doit être entrevu plutôt dans le sens du joueur trop spectateur de sa frappe (alors qu'on peut imaginer une véritable action tactique de monter à la volée à contre - temps!).

On peut retenir quelques propositions envisagées avec le sujet « ils restent spectateurs de leur frappe» mais en direction du filet. Cependant, avec des élèves de 3ème ayant une pratique de 30h, on peut jouer aussi sur le jeu de jambes dynamique à la frappe qui n'installe pas le joueur dans son coup et lui permet donc, dès la frappe, de le propulser vers l'avant. Surtout s'il frappe d'assez loin de son fond de court, favoriser son enchaînement vers le filet dans la frappe en le contraignant de volleyer sur le coup suivant, de volleyer au-delà de la ligne service, de volleyer alors que le retour de l'adversaire est plongeant, dans ses pieds... ⇒ favoriser l'action suivante pourvu qu'elle soit orientée près du filet.

g) un replacement qui ne prend pas en compte les possibilités de renvoi de l'adversaire. Terminale : 6 x 10 h

Sujet type du replacement sur la bissectrice des angles des retours possibles de l'adversaire pour des «adultes» ayant une « petite » expérience de joueur (60 h). Il ne s'agit plus, comme pour le débutant, de se replacer instinctivement vers le milieu du court mais vers un endroit précis correspondant aux capacités de réponses de l'adversaire (un lieu géométrique : sur la bissectrice d'un angle). Et comme cet angle est créé par sa propre frappe, le joueur doit savoir que, là où il joue son coup, cela conditionne son replacement. Mais le replacement sur cette bissectrice est à envisager aussi dans le sens longitudinal selon le rapport de forces existant entre les 2 joueurs (plus ou moins haut sur la bissectrice selon que l'adversaire domine l'échange ou non).

Propositions de 3 situations contrastées :

1) 1/1 sur le court normal, balles de compétition. 1er à 11 points lors d'échanges en diagonale; (ex: CD dans la diagonale des égalités) ⇒ compréhension d'un replacement latéral modéré parce qu'il est ressenti ainsi sur le terrain, mais aussi d'une façon abstraite par un schéma dessinant cette bissectrice (ce qui n'est pas inutile pour des jeunes de Terminale).

2) Même situation mais A engage long de ligne, B joue croisé et ainsi de suite (A long de ligne...) jusqu'au point. Inverser les rôles à la 2ème partie. ⇒ même compréhension pratique et théorique : le joueur qui joue long de ligne fait beaucoup plus d'efforts car il doit effectuer un grand replacement, au contraire de son adversaire.

3) Même situation que 1) mais quand un des 2 joueurs a réussi à faire reculer l'autre par la qualité de sa frappe (longue, puissante, haute...), il anticipe un replacement sur l'avant de la bissectrice, en espérant un renvoi plus médiocre (balle courte, haute...), lui permettant d'attaquer dans l'espace ouvert (le long de ligne) ⇒ voir ex FFT : «le Pierce».

Même situation que 2) mais tenter aussi des amorties et, derrière l'amortie, comprendre que ce coup est un coup offensif justifiant un replacement vers l'avant sur la bissectrice des retours possibles de l'adversaire.

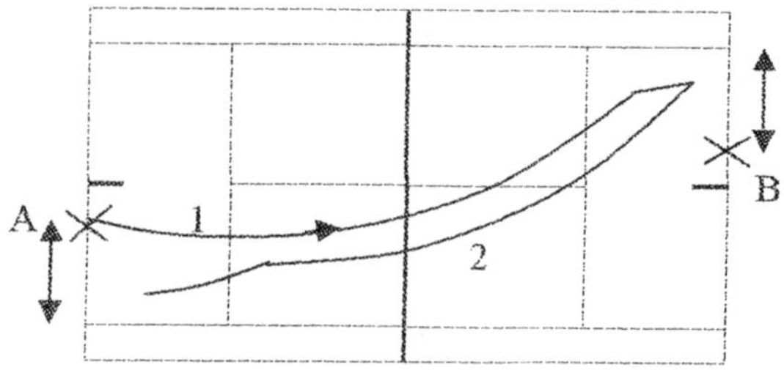

1)

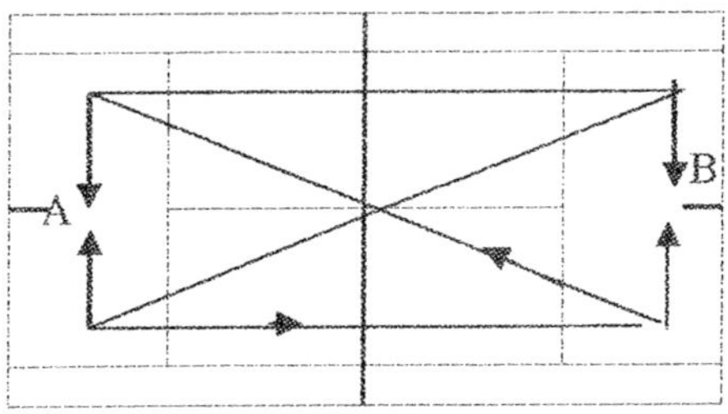

2)

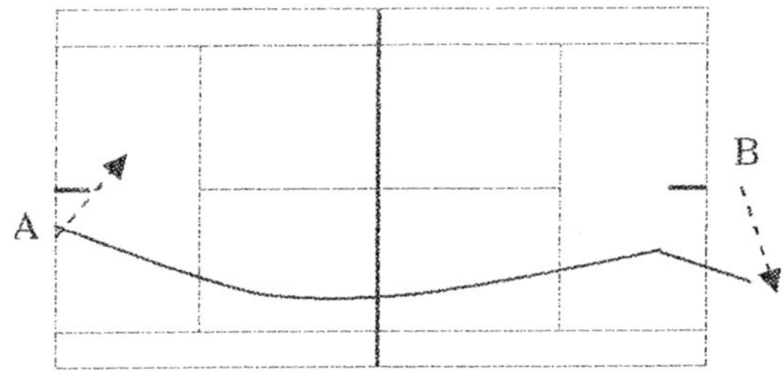

3)

NB : l'angle des retours d'un joueur peu expérimenté ayant pratiqué 60 h n'est pas aussi ouvert qu'avec des joueurs de haut niveau.

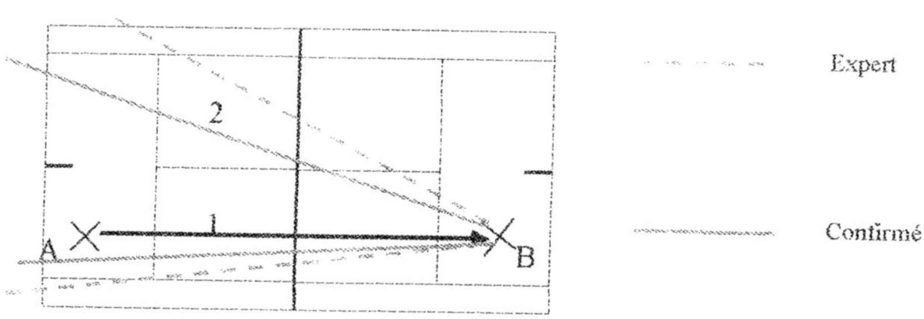

Sujets sur les thèmes construction du point –continuité-rupture

a)ils ne cherchent pas à conclure le point de manière intentionnelle 5ème 10 h

Définitions Conclure : achever, terminer, réaliser complètement / Point : unité de compte dans un jeu / Intentionnel : avec dessein, volonté délibérée d'accomplir une action / Manière : façon particulière d'agir.

Problématique : des élèves de 5ème débutants ne cherchent pas à conclure le point parce qu'ils ont du mal à contrôler leurs frappes, parce qu'ils essaient plutôt de donner la balle à un camarade pour jouer avec lui (coopération) dans un petit terrain.

Un jeu sur un terrain large (les 2 carrés de service et même, de préférence, le terrain intermédiaire avec balles souples) devrait donner l'occasion à ces jeunes de gagner des points en jouant là où l'autre n'est pas.

– Si l'action est envisagée dès l'engagement ou dès le retour sur une balle « donnée », l'intention est simple (frappes dans les espaces où l'adversaire n'est pas), la manière est simple (frappe contrôlée, accompagnée, poussée vers la direction choisie). Cette action risque de devenir très difficile si la déstabilisation est initiée dès le départ.

– Or le sujet stipule «conclure», ce qui laisse sous-entendre la terminaison d'un point plutôt qu'une recherche immédiate de rupture pour marquer. A moins que l'on définisse le terme de conclure par le 3ème sens qui lui est accordé : réaliser complètement le point, cela dès le début de l'échange. Si l'on en reste à la signification habituelle de conclure, il faut alors favoriser encore plus l'échange dans ce terrain large en utilisant une balle plus lente (balle souple) : à partir de l'échange rendu plus facile, il sera possible de conclure en jouant là où l'autre n'est pas.

b) ils ne poussent pas l'adversaire à la faute lors de frappes en CD _4ème 2 x 10 h

Définitions Pousser: exercer une pression sur quelqu'un / Faute : manquement à la règle du jeu ⇒ au tennis, balle hors limites, dans le filet, doublée. Mais aussi action effectuée avec maladresse ⇒ au tennis, balle retournée de façon médiocre et permettant à l'adversaire de conclure.

Compréhension du sujet : Pousser l'adversaire à la faute, c'est le mettre en difficulté au point qu'il fasse un retour out ou sans valeur.

Traitement du sujet

Le sujet correspond à une compétence à acquérir en 5ème, 4ème : «marquer le point en poussant l'adversaire à la faute».

Compte tenu que ces enfants sont seulement débrouillés, faire prendre conscience au joueur qu'il se trouve à certains moments dans des conditions favorables pour faire mal à l'adversaire et qu'il a les ressources pour y parvenir : choisir des schémas tactiques simples pour mettre l'adversaire en difficulté; exécuter des coups avec une technique juste.

Situations

1/1sur le court intermédiaire, balles souples.

Stratégie : dans l'échange en continuité, orienter le jeu dans la diagonale CD et attendre la balle favorable pour attaquer.

Tactique : jouer avec son coup fort là où l'autre n'est pas (on joue moins facilement les balles qui obligent à un grand déplacement), là où l'autre n'aime pas (en général, à ce niveau, le RV).

Technique: coups plats (direction + longueur). Placement + accompagnement + transfert du corps dans la frappe + volée de finition.

c) ils procèdent de manière uniforme pour marquer le point 4ème 2 x 10 h.

Voir sujets production de trajectoires avec recherche variée de tactiques (simples), de combinaison de 2 paramètres simples des trajectoires.

d) ils cherchent souvent à faire des coups gagnants en situation défavorable 3ème - 30 h.

Leur faire reconnaître les situations défavorables. Leur faire évaluer la réussite infime (voire nulle) de leur tentative de coups gagnants. Les orienter alors vers d'autres tactiques et coups.

Situations:

1) 1/1 sur le court normal. Suite à un coup fort de fond de court en angle par l'adversaire, dès l'engagement (ou l'enseignant en exercice mixte), ou suite à un échange, choix de retourner dans la diagonale avec une trajectoire arrondie plutôt que de tenter le coup de «folie» le long de la ligne.

2) 1/1 sur le court normal. Suite à une balle courte, à rebond bas délivrée du fond du court par l'adversaire dans l'échange (voire dès l'engagement, en exercice mixte par l'enseignant), choix d'une frappe en touché (coupée) ou d'une frappe très recouverte (liftée) pour passer sous la balle et franchir le filet plutôt que de frapper fort... dans le filet.

e) ils attaquent systématiquement le terrain adverse dans le jeu de fond de court. 3ème - 3 x 10 h

Définitions Attaque : action offensive (au sens militaire pour conquérir un objectif ou détruire l'adversaire) / Systématique : qui est fait avec méthode, selon un ordre déterminé à l'avance; qui pense et agit d'une manière rigide, catégorique, sans tenir compte des circonstances / Jeu de fond de court : le joueur construit ses points à partir de frappes en CD et RV plus ou moins à proximité de la ligne de fond.

Problématique

Le 1er sens de systématique est plutôt positif : il serait souhaitable pour un joueur de procéder avec méthode ! Les meilleurs joueurs agissent ainsi en ayant une stratégie déterminée et même des tactiques déterminées (attaquer systématiquement sur des 2ème balles de service faibles, sur des balles à mi-court...). Mais ce 1er sens ne s'applique pas à chaque fois dans le domaine du tennis : le joueur ne détermine pas toujours ses actions à l'avance, loin s'en faut ! Il est tenu d'agir en fonction des circonstances (les actions de l'adversaire, le score, les conditions atmosphériques, la surface de jeu...). Il ne peut donc agir de manière rigide : le 2ème sens de systématique correspond bien à l'attitude d'élèves de 3ème qui croient, avec peu d'expérience de tennis, pouvoir gagner les points du fond de court sans aucune construction, réflexion, tactique !

Situations

– 1/1 sur le court normal; balles souples pour réduire la valeur de la force dans les coups. 1er à 15 points, engagement alternatif en CD; 3 points si le point est gagné par une volée ou un smash ⇒ inciter les joueurs à développer un jeu qui ne soit pas uniquement du fond du court, d'autant plus qu'ils auront moins de facilité à terminer les points par des attaques de fond de court, vu la lenteur des balles.

– 1/1 sur le court normal; balles intermédiaires, filet surdimensionné (ex : 2 m). Cette contrainte va inciter les joueurs à moins attaquer directement le court adverse puisqu'ils ont un obstacle vertical important à franchir avant de rencontrer le terrain adverse.

– 1/1 sur le court normal ; filet normal, balles intermédiaires. Point valorisé (ex : 3 points) si la construction du point est respectée. Exemples : montée à contre - temps (⇒ point construit en 2 temps); attaque sur le RV de l'adversaire; attaque conclue suite à de grands déplacements de l'adversaire... ces différents thèmes obligeant les joueurs à ne pas jouer au coup par coup mais avec plus de construction de leurs points.

f) ils ne mettent pas l'adversaire en crise de temps 1ère 4 x 10 h

Contexte

Les meilleurs joueurs s'efforcent de rompre le plus tôt possible avec l'adversaire par différents moyens, en particulier en ne laissant pas à celui-ci assez de temps pour intervenir (balles à distance, puissantes ⇒ pas assez de temps pour intervenir dans un grand déplacement; balles prises tôt ⇒ pas assez de temps pour se replacer; balles frappées hautes, près du filet ⇒ pas assez de temps pour couvrir son terrain, un terrain qu'il laisse grand ouvert à son adversaire...)

Les joueurs de 1ère, débrouillés, ont la même envie de rompre rapidement avec l'adversaire parce qu'ils ont la puissance musculaire, l'agressivité, un minimum de technique leur permettant de frapper...mais ils n'ont pas d'expérience et croient qu'à chaque coup ils peuvent faire la différence rien que par la puissance de leurs frappes.

Définitions Crise : rupture par rapport à l'équilibre que l'on avait; phase difficile que l'on traverse; insuffisance / Temps : durée mesurable; moment favorable à telle ou telle action.

Problème retenu

Placer le joueur dans des conditions favorables pour poser des problèmes de temps à un adversaire mis, au contraire, dans de situations défavorables. Inscrire le joueur dans un rapport de dominance par rapport à l'adversaire, dés le début de l'échange.

Propositions de situations

1) 1 / 1. A sur terrain intermédiaire, B sur terrain normal de double, balles intermédiaires.

Engagement alternatif : lorsque A engage, il dispose de tout le court de double de l'adversaire ⇒ frappes vers les couloirs du terrain de B; retour de B dans le terrain triangulaire de A. Poursuite du point dans ces limites différentes de terrain.

Si B engage dans le terrain triangulaire de A, retour de A dans le terrain de double de B. Poursuite du point dans ces limites.

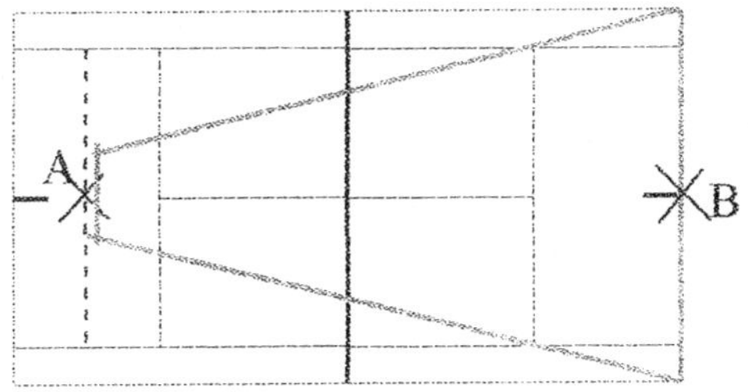

Tâche : pour A, attaque en plaçant, débordant (précision pour déplacer beaucoup l'adversaire) / Pour B, défendre en plaçant sa balle dans une zone centrale, en arrondissant sa trajectoire (précision pour jouer dans le triangle).

Consignes : pour A, mise à distance en réception de balles centrales, placement des appuis et accompagnement vers la direction choisie / Pour B, attitude, vitesse dans le déplacement, enchaînement frappe – replacement, coups à effet.

Evaluation Engagement de A à 7/10 dans des cibles de 2 fois la largeur du couloir; renvois de A provoquant un grand déplacement de B / Engagement de B à 7/10 dans le triangle de A; renvois de B sur A qui ne se déplace pas.

Remédiations

– Plus simple : baisser le filet; jouer avec des balles souples en réduisant le terrain en longueur (terrain intermédiaire pour A et B tout en gardant les mêmes surfaces différentes en largeur).

– Plus difficile : balle de compétition, terrain de simple pour A et terrain de double pour B.

²*Evolution* A se situe sur un ½ court à droite ou à gauche ⇒ pour A, le jeu est ainsi plus ouvert, avec plus de possibilités d'attaque en angle déplaçant encore plus l'adversaire et le plaçant en crise de temps supérieure.

2) 1/1 sur ½ terrain de double. A à la ligne de service, B en fond de court.

Engagement toujours par B. Balles souples.

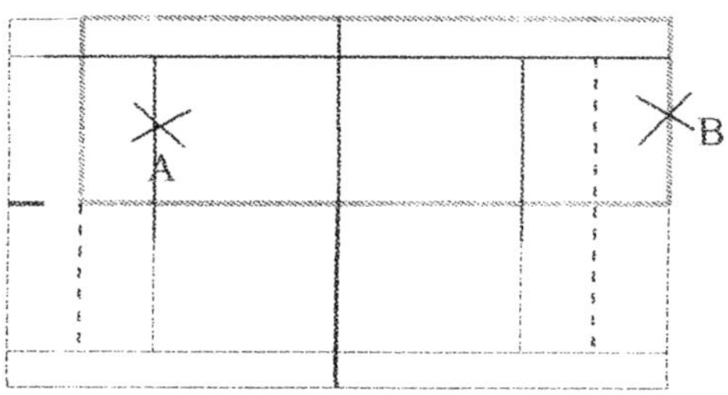

Tâche : pour A, volleyer dans tout le terrain de B y compris par des volées proches du filet / Pour B, défendre son terrain en lobant ou en jouant dans les pieds de A, voire en passant sur les côtés.

Consignes: pour A, attitude du volleyeur, technique de jeu de jambes et gestuelle pour volée, smash, replacement vers le filet / Pour B, attitude, jeu de jambes pour couvrir tout son terrain, technique du lob, technique de coups à effet pour faire plonger la balle derrière le filet (lift, coupé).

Evaluation Pour B, engagement 10/10 sur A.

Remédiations

Plus facile, pour B, ½ terrain de simple / Pour A, ½ terrain de double intermédiaire.

Evolution Même situation mais sur le court de simple normal.

Conclusion

Les joueurs de 1ère doivent canaliser leur forte énergie pour tenir mieux leurs frappes dans le court, mais aussi bousculer leur adversaire afin de l'empêcher de prendre du temps pour s'organiser : les 2 situations présentées donnent à ces adolescents des occasions de placer leurs adversaires en crise de temps, vu qu'ils les déplacent sur un terrain très large (1), sur un terrain long en prenant la balle tôt (2). Par la suite, il s'agira, dès le service ou à partir du retour de service ou dans l'échange de créer une crise de temps maximale chez l'adversaire par différents moyens (ex : service puissant sur le joueur, sur le T des carrés de service, ou dans un angle aigu; service – volée; retour – volée; retour agressif en angle; en fond de court, jouer les lignes, prendre les balles au sommet du rebond...

g) ils se refusent à valoriser le jeu d'attaque Terminale 3 x 10 h

La situation 1) de f) est intéressante car elle place naturellement l'un des joueurs en position d'attaque. Une autre situation doit être privilégiée : celle où le joueur reçoit une balle facile, à mi court l'entraînant vers une attaque au filet.

⇒ 1/1.A et B en fond de court. Engagement de B dans la zone centrale du terrain de A, balle légèrement courbe (ou engagement par l'enseignant en exercice mixte). A rentre nettement dans le court pour attaquer la balle et suivre au filet. L'attaque de A peut être en fixation (valorisant l'enchaînement de A vers le filet conclu par une volée ou un smash) ou en débordement (attaque en cherchant à conclure le point directement). Pour valoriser encore plus le jeu d'attaque de A, B a l'interdiction de lober (voire ne peut jouer ses coups que dans l'axe central du court).

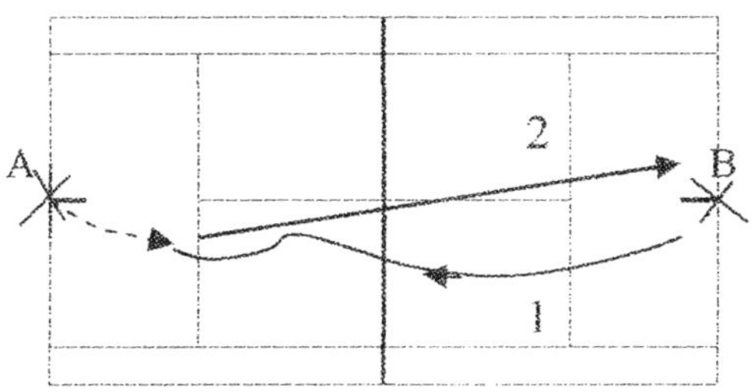

h) ils ne savent pas répondre à des situations défavorables dans l'échange

Créer deux types de situation :

– un des joueurs est un peu déstabilisé dans l'échange (ex : réception d'une balle demandant un déplacement latéral), ce qui l'oblige à neutraliser la situation (avec l'exemple précédent, renvoyer avec une courbe plus accentuée, plus longue en diagonale).

– un des joueurs est bousculé par l'attaque adverse et ne peut réagir qu'en défense voire en contre - attaque.

i) l'espace de jeu au filet est mal maîtrisé. 4ème 2 x 10h.

Définitions des termes du sujet :

Espace de jeu : expressions mettant en valeur le terme «espace» : conquérir le filet, tenir le filet, coller le filet, monter au filet, couvrir le filet...

Il est habituel de différencier l'espace de jeu de l'aire de jeu : l'espace de jeu est une étendue non délimitée dans laquelle le joueur évolue (déplacement + frappe), l'aire de jeu, une surface délimitée par les dimensions du court. Quand on est dans l'espace de jeu au filet, c'est pour attaquer ou contrer les balles adverses ⇒ espace volumineux d'interception du volleyeur, en hauteur (du sol jusqu'à la limite d'atteinte par un smash), en largeur (toute la largeur du court), en longueur (≈ de la ligne de service jusqu'au filet).

Jeu au filet : Jouer au filet intègre différents types de coups à différents endroits plus ou moins proches du filet et à différentes hauteurs (volées liftées hautes, volées de préparation; smashes vers la ligne de service mais aussi volées ou smashes de finition, en étant au filet, volées basses, ½ volées). En revanche un smash après rebond du fond de court, une volée ou une ½ volée vers la ligne de fond de court sont plutôt des coups de fond de court.

– Jouer au filet peut être voulu par le joueur ou imposé par l'adversaire.

Il peut être *en situation offensive* (plus il joue près du filet et au dessus du filet, plus il domine le court adverse (théorie des angles de Cochet), exigeant, en revanche, une disponibilité supérieure vu le temps plus court de réaction à la frappe adverse); *en situation défensive* (plus il joue loin du filet, sous le filet, à limite d'atteinte de la balle…).

Mal maîtrisé : espace de jeu au filet pas assuré, pas dominé.

Raisons pour lesquelles l'espace de jeu au filet est mal maîtrisé ⇒ hypothèses :

– Positionnement au filet pas en adéquation avec la situation : replacement trop près, trop loin ou pas sur la bissectrice de l'angle des retours possibles de l'adversaire.

– Technique des volées ou des smashes pas maîtrisée : attitude, préparation, prise, fermeté du poignet à l'impact…).

– Volées ou smashes avec des intentions tactiques fausses en fonction de la situation (ex : smashes de finition, alors que le joueur subit un lob très profond), du placement et de la qualité de l'adversaire…

– Qualités physiques insuffisantes pour jouer les balles tôt, loin, basses (volées), hautes (volées, smashes), avec adresse.

Situations possibles

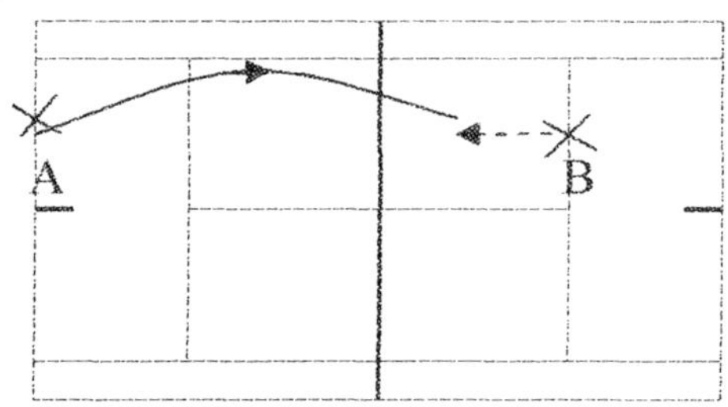

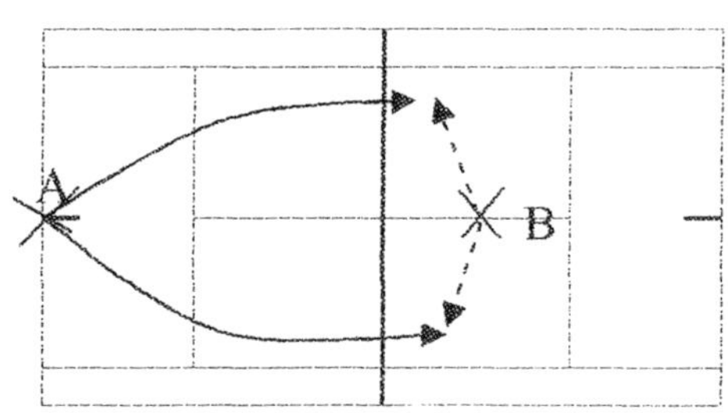

1) A envoie une balle courte dans le carré de service en face de telle façon que B, à la ligne de service, ne puisse reprendre de volée ⇒ si B volleye, volée basse. 2) A essaie de passer sur les côtés B, «collé» au filet dès l'engagement. B tente d'intercepter la balle de volée.

Jeu : 1er à 15 points à partir de la séquence envoi - renvoi (1 point pour l'envoyeur si le renvoyeur ne peut volleyer, 1 point pour le renvoyeur si volée (2 points si volée dans le terrain adverse)).

Même situation de jeu au départ mais continuité du point après l'engagement et le retour.

Travail technique, tactique, physique pour améliorer ces jeux.

Exemples de cours théoriques donnant des connaissances pour traiter certains de ces sujets

COMPORTEMENTS **du Débutant**

Comportement général	*Compétences visées*	*Enseignement*
Motricité *proximale* (geste pendulaire sans amplitude, corps face à la balle pour envoyer, renvoyer) ⇒ raquette non utilisée comme levier mais intégrée dans l'axe du corps.	*Motricité distale* pour utiliser le levier bras-raquette à côté du corps.	Découverte de la *mise à distance* pour frapper les balles.
Capacités perceptives peu développées	*Détection, identification des trajectoires.*	*Traitement de l'information* avec des jeux et exercices avec ballons, balles de différentes tailles.
Motricité explosive vu le retard dans les réactions, le manque d'ajustement aux trajectoires, le manque de dissociation segmentaire, l'envie de «bouger» ⇒ le corps se projette sur la balle d'un bloc pour frapper en déséquilibre.	*Attitude* pour réagir, pour préparer plus tôt. *Latéralisation. Coordination. Goût de l'effort. Plus de Contrôle, de confiance* dans la frappe; recherche de précision pour coopérer ou s'opposer.	Travail sur *l'attitude* pour défendre son terrain. Découverte des *coups* (placement + geste dans sa globalité, des déplacements, des replacements (latéraux essentiellement).
Joueur spectateur de sa propre frappe. *Projet pauvre :* «taper» dans la balle sans but précis sinon que de frapper fort.	*Enchaînement* d'actions simples ⇒ replacements. *Coopération, opposition avec d'autres joueurs.*	Rôles tactiques : *«prudent»* en visant la zone centrale du court; *«placeur»* en jouant là où l'autre n'est pas, n'aime pas.
Amour du jeu.	*Amusement. Plaisir.*	*Gains de points individuellement, avec ou contre un autre. Jeux aménagés.*

COMPORTEMENTS **du joueur débrouillé**

Prise d'information améliorée sur les trajectoires adverses (direction, longueur, hauteur).	Appréciation de trajectoires rapides.	Pédagogie d'acquisition par des situations qui contraignent ou facilitent le comportement du joueur et par imitation (démonstration), explication, feedback.
Attitude et défense de son terrain acquises. Contrôle du terrain adverse assuré en précision lors des engagements en CD, Vcd, S et lors de renvois sur des balles faciles.	Maîtrise de son terrain dans la largeur et la longueur avec prise de balle plus tôt sur la trajectoire. Recherche de construction du point. Reconnaissance des rapports de force (situations neutre, d'attaque, de défense). Développement des enchaînements en direction du filet et le jeu au filet. Amélioration de la séquence S - retour.	Mise en place de situations adaptées mais aussi répétition de séries de coups, de gammes…
Geste global (CD, RV, V) acquis. Equilibre respecté à la frappe sur des balles (reçues) faciles.	Bases techniques consolidées: prises spécifiques, traversées de balle améliorées dans les frappes, jeu de jambes dynamiques à la frappe, rythme des coups, appuis différenciés (ouverts et en ligne) selon les situations. Maîtrise de la prise, l'armé, la boucle, l'extension au S.	
Jeu précis dans la continuité et en rupture.	Plaisir de la compétition.	Beaucoup de jeux à thème, de jeu dirigé, de matches.

COMPORTEMENTS **du joueur confirmé**

Prise d'information améliorée sur tous les paramètres (dont la vitesse). Maîtrise de son terrain par un jeu de jambes plus véloce. Base technique des coups plats acquise. Maîtrise du terrain adverse par la précision autant en fond de court que dans les montées à la volée et le jeu au filet. Reconnaissance des rapports de force lors de jeux à thèmes simples. Maîtrise de tactiques simples: régularité, précision pour manœuvrer l'adversaire.	Recherche de l'efficacité par rapport à un adversaire déterminé : «jouer juste». Développement de schémas tactiques plus riches grâce à la richesse des coups (vitesse, effets) ⇒ longueur, angles d'attaque, coup décalé... Personnalisation du jeu ⇒ style de jeu.	Inciter le joueur à prendre des initiatives, des risques. Valoriser la séquence S-retour. Faire aimer le «challenge», le «combat» sportif, la compétition à travers les entraînements, les matches d'entraînement, les matches officiels.

TRAITEMENT DE L'INFORMATION en Tennis

Un bon joueur de tennis recueille beaucoup d'informations dès que son adversaire frappe la balle (bruit de la balle, trajectoires, vitesse de balle...). Ces renseignements rapidement analysés vont lui permettre de se déplacer vers la balle (où aller ?), de réaliser la frappe au bon moment (quand frapper ?). Dans un temps très court il décide du meilleur coup à faire (comment frapper ?) pour mettre, si possible, l'adversaire en difficulté (comment attaquer ?).

Différents stades du traitement de l'information:

1) Détection de signaux, identification, classification de ces signaux : mécanisme *perceptif.*

Identification d'autant plus difficile que l'incertitude liée aux signaux est grande (incertitude événementielle : quel coup va jouer l'adversaire ? incertitude spatiale : où va la balle, sur lequel des coups du joueur ? incertitude temporelle : quand va arriver la balle pour la frapper ?). Plus il y a d'alternatives, plus il y a d'informations à traiter, plus le processus est complexe.

Identification d'autant plus retardée que le joueur ne distingue pas facilement les signaux pertinents (problèmes de discrimination) et que la durée du stimulus est brève (joueur débutant complètement désarmé (et en danger !) en retour d'un service puissant).

Que se passe-t-il ? Percevoir, c'est interpréter ce que l'on voit en faisant intervenir son expérience pour analyser ce qui est vu.

2) Sélection de la réponse appropriée : décision d'un plan d'action et transmission d'une série d'ordres au mécanisme d'exécution : mécanisme de *décision.*

Que faire ? La sélection de la réponse dépend de l'expérience, du vécu du joueur. Elle est décidée dans un temps très court par le joueur.

3) Exécution de la réponse : action technique dans la forme et le rythme.

Comment faire ? Contrôle du mouvement par les commandes motrices initiales et par le feedback (après un court laps de temps) avec différents systèmes perceptifs (kinesthésique, tactile, acoustique, visuel, vestibulaire).

Autant les mécanismes 1)2)3) se fondent dans l'action du joueur de compétition, autant l'enfant débutant a une capacité globale limitée pour traiter l'information ⇒ plan pédagogique à mettre en œuvre au départ de l'apprentissage :

– D'abord aménager le jeu, les situations pour simplifier la tâche en regard de l'incertitude présentée.

– Restreindre le choix de décision.

– Faciliter l'exécution en donnant des outils adaptés, du temps et en limitant le déplacement pour frapper.

Exemple : petit terrain de jeu, petites raquettes, balles en mousse ou souples...; envois; renvois sur des trajectoires de balle reçues lentes, avec rebond avancé, à proximité de l'enfant...; frappes par - dessus le filet...

La résolution d'une situation globale simple par le choix d'un problème déterminé fera place progressivement à des situations plus complexes avec des résolutions de plusieurs problèmes. *Voir le jeu et les exercices au chapitre Initiation.*

VARIATIONS DE TRAJECTOIRES

Balles reçues ⇒ S'adapter à des trajectoires de balle variées / Balles produites ⇒ Créer différentes trajectoires de balle.

***Balles reçues** :Prise d'informations sur l'adversaire* (si niveau d'expertise) :

Placement des appuis, orientation du corps / Prise de raquette / Trajet de la raquette / Moment de frappe / Type de préparation, de fin de geste / Accompagnement (ou non) dans la frappe.

Prise d'informations sur la trajectoire de balle, sur la balle :

Portée de la trajectoire (longueur) / Flèche de la trajectoire (hauteur) / Vitesse de la balle (initiale : à l'impact; finale : au rebond) / Rotation (ou non) de la balle ⇒ 5 paramètres de la trajectoire : direction-hauteur-longueur-vitesse-effets.

. *Ces prises d'information permettent d'anticiper* sur la balle qui arrive, de se déplacer tôt vers le lieu d'impact du rebond pour s'adapter, se placer, agir vite. L'essentiel de l'anticipation par l'expert vient des indices prélevés sur les mouvements, les postures de l'adversaire dans la frappe et dans la partie initiale de la trajectoire. Mais la connaissance des épisodes de jeu antérieurs à la frappe de l'adversaire peut améliorer la qualité des prédictions :

– Les probabilités situationnelles générales (la connaissance du jeu de l'adversaire (sa stratégie, ses forces et ses faiblesses), les conditions du match (chaleur, surface de jeu...) apportent des indices généraux permettant de prévoir encore plus ce qui risque de se passer.

– Les probabilités situationnelles spécifiques (peu de chances qu'un joueur complètement débordé sur le côté du court tente un passing court-croisé; probabilité que l'échange de fond de court en diagonale se maintienne tant que les coups sont performants; tendance à ce que l'adversaire s'appuie sur son coup favori lors des points importants…).

. Enfin le joueur perçoit aussi la situation grâce aux actions qu'il a pu mener au préalable dans le jeu, d'autant plus s'il est le maître du jeu ! Anticiper consiste donc aussi à influer sur le cours du jeu afin de restreindre la diversité des réponses possibles de l'adversaire.

Balles produites : *Décision et exécution de frappes pour prendre des initiatives par rapport à l'adversaire ou pour contrer l'action de celui - ci.* Plus on se rapproche d'un niveau d'expertise, plus le répertoire technico - tactique est riche : variation et maîtrise des paramètres de la trajectoire permettant de créer de l'incertitude chez l'adversaire et de conclure le point si possible.

Tactiques liées aux paramètres des trajectoires :

– Longueur ⇒ Régularité (rôles tactiques : *«fixeur», «placeur», «repousseur»).* La formation du joueur de tennis (Amicale des professeurs d'EPS).

– Hauteur ⇒ Sécurité (par rapport au filet) lors de la neutralisation de l'échange en fond de court (diagonale), de coups d'approche, d'attaque le long de ligne, de coups de défense (passings, lobs) (rôles tactiques «prudent», «conservateur»).

– Direction ⇒ Jeu «là où l'autre n'est pas», jeu dans les espaces libres, ouverture d'angles (rôles tactiques «placeur», «débordeur»).

– Vitesse ⇒ Temps pris sur l'adversaire (prise de balle tôt, anticipation des actions, replacement avancé, frappes accélérées) (rôles tactiques «débordeur», «fixeur», «suiveur»).

– Effets ⇒ Déborder par des coups liftés en angle (rôle tactique «débordeur»), fixer l'adversaire par des coups chopés d'approche (rôle tactique «fixeur - suiveur»), repousser l'adversaire derrière sa ligne de fond en liftant (rôle tactique «repousseur»).

Techniques liées aux paramètres des trajectoires :

– Longueur : Transfert du poids du corps dans la frappe, amplitude de la préparation, de l'accompagnement.

– Hauteur : Mise à niveau (plus ou moins importante) avant la frappe, orientation du tamis lors de la frappe.

– Direction : lors de la préparation du coup : orientation du corps en ligne par rapport à la zone visée (appuis en ligne, ligne des épaules dans la direction envisagée); dans la frappe, fixation des épaules (RV à 1 main) et rotation des épaules vers le coup joué (les autres coups); accompagnement prolongé vers la zone visée.

– Vitesse : Retard de la tête de raquette avant la frappe, frappes «plates», ampleur et rythme du coup, qualités de relâchement, «timing», prise de balle tôt, agressivité, vitesse de rotation de la balle.

– Effets : prises spécifiques, mise à niveau accentuée (lift) ou attaque directe de la balle (coupé), coups rotationnels (lift, top - spin), ou translationnels (coupé).

Objectifs de la variation des trajectoires : *Créer de l'incertitude chez l'adversaire* / *Prendre* ou reprendre *du temps sur l'adversaire* (augmenter son temps pour agir et diminuer celui de l'adversaire) / *Rééquilibrer* le rapport de forces avec l'adversaire ou, au contraire, créer, *gérer l'avantage acquis* pour dominer l'adversaire / *Conquérir le plus grand espace de jeu adverse* : être capable d'atteindre (presque) tous les endroits de ce terrain (espace-cible) et faire déplacer l'adversaire dans le plus grand espace d'action possible (dépassant nettement la dimension du court en longueur et largeur) / *Réduire* soi-même *son espace de jeu.*

Les trajectoires de balle et les différents niveaux de jeu au plan scolaire

Débutant : il ne lit pas la trajectoire car il prend peu d'informations sur celle-ci. Au stade le plus élémentaire, c'est seulement quand la balle rebondit qu'il s'active (en allant en direction du rebond). Il apprécie mieux les trajectoires latérales. Il est démuni face aux trajectoires rapides.

– Pour travailler sur l'identification des trajectoires, faire apprécier un seul paramètre à la fois à partir de trajectoires lentes avec des balles à rebond lent (par exemple, en direction : trajectoires de balle (souples voire en mousse) contrastées à droite, à gauche du joueur, sur le joueur).

– En situation d'envoi seulement, l'enfant peut créer des trajectoires de balle en direction, hauteur et même longueur, vitesse (s'il est mis dans des conditions favorables : voir jeu loin dans le chapitre Initiation).

Débrouillé : il prend des informations principalement sur la fin de la trajectoire avant rebond (par exemple, ≈ au moment où la balle franchit le filet) et il commence à mieux prédire le rebond de la balle. Il apprécie mieux tous les paramètres des trajectoires (sauf la vitesse et les effets).

– Pour améliorer l'identification des trajectoires, mêler deux paramètres (longueur-direction / direction-hauteur / longueur-hauteur), avec des balles un peu plus vives (ex : balles intermédiaires)

– A l'engagement (y compris avec le S) et en renvoi (sur des balles favorables), il produit des trajectoires en longueur, direction, hauteur avec des objectifs de précision, essentiellement.

Confirmé : il prend des informations pertinentes et tôt sur la trajectoire de balle (même dès la frappe de l'adversaire). Il varie ses trajectoires de balle à des fins tactiques et il maîtrise de plus en plus la vitesse de balle (appréciation des balles reçues et frappes accélérées).

CONSTRUCTION DU POINT

2 intentions tactiques distinctes : *a) ne pas perdre le point avant l'autre / b) gagner le point en prenant des initiatives, des risques.*

Dans les 2 cas, une 1ère phase est commune :

1. «Manœuvrer» l'adversaire pour l'amener à commettre la faute avant soi-même (a) ou à produire une balle favorable lui donnant l'initiative (b) ⇒ obliger l'adversaire à entrer dans son propre jeu : rapport d'équilibre pour soi-même et de déséquilibre plus ou moins prononcé pour l'autre.

- Manœuvrer dans la situation (a), c'est : avoir du temps pour produire une qualité de balle contrôlée (sécurité par rapport au filet, aux lignes) / Evaluer sa propre frappe / Maintenir l'adversaire dans la même situation, voire lui imposer un seul type de réponse.

⇒ Au niveau débutant, jouer dans une zone centrale : joueur «prudent»

⇒ Au niveau confirmé, jouer dans les diagonales : joueur «prudent», «placeur».

– Manœuvrer dans la situation (b), c'est, en plus, produire une qualité de balle qui pose des problèmes de temps et d'espace à l'adversaire, qui le fait sortir de son espace de jeu habituel (espace d'évolution du joueur qui peut être amené à jouer, par exemple en fond de court, très loin de sa ligne à 3, 4 m, contre un adversaire produisant des trajectoires de balle hautes, liftées).

⇒ Au niveau débutant, imposer une qualité de balle hors de la zone centrale, dans les espaces libres par des trajectoires à droite ou à gauche de l'adversaire, voire par des trajectoires longues ou courtes (manœuvre envisageable en début d'échange à l'engagement, voire en retour mais rarement au-delà).

⇒ Au niveau confirmé, ajouter vitesse, hauteur, effets dès le début de l'échange et dans l'échange.

Avec l'intention tactique (a) il n'y a que cette phase possible de manœuvre : rester dans la même situation d'équilibre, être suffisamment patient, en contrôle de sa qualité de balle pour faire «craquer» l'adversaire mentalement, physiquement, voire techniquement par de légères variations (débutant) ou une variété de coups dans la même gamme, la même situation (confirmé).

Pour passer à une attaque construite, à une rupture plus nette du rapport de forces, d'autres phases sont nécessaires :

2. Reconnaître la situation et la balle favorables (sources de déséquilibre potentiel pour l'adversaire); voire anticiper cette reconnaissance en sensibilisant le joueur à la relation existant entre la qualité de sa frappe et les conséquences de cette frappe sur l'adversaire. Ainsi lorsque le joueur sent que sa frappe déséquilibre l'adversaire, il peut présumer une frappe adverse médiocre, envisager un replacement avancé dans le court pour attaquer sur le coup suivant.

⇒ Au niveau débutant, seules des situations bloquées, fermées peuvent initier à cette reconnaissance de situations favorables (ex : engagement de rupture dans les coins du court adverse et enchaînement vers le filet pour conclure ensuite dans l'autre coin du court).

⇒ Au niveau confirmé, reconnaissance de la situation favorable dans toutes les phases de jeu (à l'engagement, grâce à la qualité du service; par un retour agressif sur un service médiocre; dans l'échange pour attaquer, contre – attaquer dès que la situation le permet). L'expérience, le jeu, le travail tactique, l'utilisation variée des coups, les replacements tactiques sont des atouts pour apprécier le rapport de forces entre les joueurs.

Rappel de la relativité de la balle favorable (ex : balle courte, centrale ⇒ est ce que je conclue le point ?).

3. Accentuer le déséquilibre en exploitant la balle favorable (passage marqué au jeu de rupture) en fixant, débordant, suivant son coup au filet : par un coup qui se veut définitif (débordement), par une attaque en 2 temps (fixation, montée au filet pour volleyer).

– Importance du moment de prise de balle (avant le sommet du rebond, au sommet du rebond voire de volée sur une balle renvoyée haute, lente).

– Importance de la qualité, de la variété des coups.

– Importance de la décision du coup selon le placement, la qualité du défenseur.

⇒ Au niveau débutant, choix simple (jouer là où l'autre n'est pas, n'aime pas) dans un rôle tactique de «placeur» par la précision du coup; se placer plutôt que se précipiter sur la balle favorable; marquer ces intentions dès l'engagement, le retour.

⇒ Au niveau confirmé, variété de choix tant dans les intentions tactiques que dans les coups : précision, puissance de frappe; prise de balle tôt... dans toutes les situations de jeu.

4. Conclure (marquer le point) : quelle que soit la situation (y compris lors de coups de débordement), être dans une attitude de vigilance (en général au filet ou dans une position avancée dans le court) pour conclure (en général par une volée, un smash ou par un coup définitif après rebond). Rôle tactique de «finisseur» en exécutant des volées, des smashes de finition.

⇒ Au niveau débutant, croyance en la conclusion dès l'engagement, de même qu'en réception de balle facile (mais les faits ne le prouvent pas !). Cependant, vu la faible qualité adverse, des frappes sans valeur du joueur débutant peuvent être concluantes...

⇒ Au niveau confirmé, reconnaissance des situations de déséquilibre chez l'adversaire, connaissance de ses armes de destruction (coups forts) dans toutes les phases de jeu («ace» au service; retour agressif sur 2ème balle de service; attaque en angle dans l'échange; hauteur, effets, longueur, puissance des coups pour faire reculer l'adversaire; qualité des passings alors qu'on est attaqué ...).

CONTINUITE - RUPTURE

Ce sont 2 phases du rapport de forces entre adversaires :

Quand on est en *continuité* avec l'autre joueur, on est soi-même en équilibre et on produit une frappe qui maintient également l'autre joueur dans une situation d'équilibre : envoi, renvoi, échange en situation neutre sans prendre de risque, sans intention de jeu sinon que de ne pas faire de faute et de maintenir l'adversaire dans cette neutralité d'échange.

⇒ **Niveau débutant**, continuité en coopération par la recherche d'un maximum d'échanges (au début par la recherche d'un envoi-renvoi puis d'un envoi-renvoi-renvoi (1er échange). Moyens: trajectoires arrondies, axiales, sans vitesse, avec rebond avancé par rapport au partenaire.

⇒ **Niveau confirmé**, continuité en ne commettant pas de fautes soi-même, en restant le plus possible dans une situation d'équilibre tout en essayant de neutraliser l'adversaire : situation de contrôle pour construire le point dans l'attente de conditions favorables pour provoquer la rupture. Moyens : gammes, échanges avec des trajectoires sûres arrondies (liftées), plus ou moins rasantes (coupées). Ces balles «tiennent» bien dans le court grâce aux coups à effet mais aussi par le choix de zones sécuritaires centrales ou dans les diagonales, sans grands déplacements pour l'un et l'autre joueur, sans briser la trajectoire de balle lors des frappes...

A partir de cette continuité, chercher à rompre en mettant la balle hors de portée de l'adversaire, en le déstabilisant par sa vitesse, longueur, hauteur... de balle, par la variété de ses coups, le moment de prises de balle plus ou moins tôt. Ces actions risquent de déstabiliser l'adversaire dans l'espace et dans le temps (en général, quand on veut rompre, frappes tendues pour agresser l'adversaire, frappes variées pour provoquer de l'incertitude chez l'adversaire). Mais, avant cette rupture, il peut y avoir aussi déstabilisation par l'usure physique, psychologique de l'adversaire, réduit à jouer constamment dans la même situation, voire dans une situation qu'il n'affectionne pas (ex : adversaire contraignant le joueur à ralentir le jeu à cause de ses «moon - balls»).

Quand on est en rupture, le rapport de forces devient dominant-dominé avec, pour l'un, exploitation du déséquilibre et, pour l'autre, recherche du retour à l'équilibre voire passage direct à une contre - attaque. (Voir Construction du point).

Dans un match, il peut ne pas y avoir de passage obligé de la continuité à la rupture car, dès le début du point, selon son niveau, ses capacités, celles de l'adversaire, le score...on peut rompre (par un ace au service, par un retour agressif...). Cependant, dans les 1ères étapes de l'apprentissage, privilégier la continuité en obtenant une certaine régularité dans l'échange pour apprendre à construire le point. Mais ne pas oublier la rupture, vu le plaisir éprouvé par les enfants pour des actions agressives et vu l'exploitation tactique et technique que l'enseignant peut en faire.

ATTAQUE – DEFENSE

Au tennis, chaque joueur est dans un rapport de forces avec l'autre le plaçant dans des conditions de jeu favorables (attaque), défavorables (défense) ou d'équilibre (situation neutre). En attaque, on marque (on essaie de marquer) le point : coups gagnants directs ou provoquant la faute de l'adversaire / En défense, on essaie de ne pas perdre le point / En situation neutre, on ne fait pas de faute non provoquée.

⇒ *Préserver son équilibre* (se sécuriser en étant patient, régulier) / *Rompre l'équilibre* (attaquer) / *Rétablir l'équilibre* (neutraliser l'attaque adverse) / *Inverser le déséquilibre* (contre – attaquer).

Ce rapport de forces est conditionné par les capacités du joueur (habiletés technico - tactiques) et celles de l'adversaire (par le degré de difficultés qu'il crée).

Pour exploiter le rapport de forces, il faut d'abord être capable de le reconnaître, en sachant dans quelle situation on est (même pour un bon joueur, la balle dite «facile» ne le met pas forcément dans des conditions de supériorité face à l'adversaire !).

Attaque

But : faire subir son jeu à l'adversaire en créant et en exploitant le déséquilibre.

Moyens : Utiliser l'espace (zones à atteindre pour déborder, fixer l'adversaire; montées à la volée, volée pour ouvrir le champ d'attaque; replacement tactique vers l'avant) / Utiliser le temps (prises de balle tôt, frappes accélérées) / Exploiter ses forces (coups forts, variation d'effets...), s'imposer dès le 1er coup (S, retour) si possible / Tenir compte des faiblesses de l'adversaire.

Niveaux des élèves :

⇒ *Débutant* : privilégier l'engagement là où l'autre n'est pas, n'aime pas.

⇒ *Débrouillé* : reconnaître dans l'échange la balle facile et jouer en précision dans les espaces libres.

⇒ *Confirmé* : reconnaître et créer le rapport de forces.

Situation neutre

But : rester dans un état d'équilibre en étant sûr de son jeu, en «posant» son jeu, en attendant la faute de l'adversaire.

Moyens : Prudence (prendre de la marge par rapport au filet, aux lignes (comme si le court était réduit en largeur et longueur); prise de balle confortable dans la trajectoire de balle (dans la phase descendante de la trajectoire après rebond); frappes équilibrées; coups à effet; jeu dans les diagonales...).

Niveau des élèves:

⇒ *Débutant* : passage obligé de coopération avec l'autre pour augmenter le volume des frappes.

⇒ *Débrouillé* : reconnaître la situation neutre dans l'échange, établir, rétablir cette situation à partir du jeu dirigé.

⇒ *Confirmé* : moyens techniques à perfectionner pour jouer neutre (ex : RV coupé).

Défense

But : étant dominé, essayer de rétablir l'équilibre voire de renverser le déséquilibre (contre - attaquer).

Moyens : Utiliser l'espace et le temps (zones longues; trajectoires arrondies (lift) ou sécurisantes (coupé) jusqu'aux lobs; replacement reculé).

Grande disponibilité motrice : attitude de vigilance, déplacements et replacements accentués, frappes dans le déséquilibre, en compensation…

Lucidité pour discerner rapidement les solutions défensives ou de contre - attaque.

Niveaux de jeu :

⇒ *Débutant* : couvrir son terrain latéralement et en profondeur (voir le jeu large en initiation).

Débrouillé : produire des trajectoires arrondies et hautes suite à de grands déplacements.

Confirmé : moyens techniques et physiques pour contrer le jeu adverse (passings, lobs liftés).

CONCLUSION

20 ans après avoir écrit «Tennis et Pédagogie», j'ai changé ! Mais sûrement pas au plan de la personnalité, des valeurs affichées, du plaisir toujours renouvelé de transmettre ma passion, mes savoirs.

Il est déjà loin le temps où je voulais absolument convaincre tout mon entourage d'idées, de propositions pédagogiques que je croyais nouvelles.

Ai-je eu raison de me battre avec une telle passion alors que je n'étais pas encore bien introduit dans le milieu du tennis, ni en qualité de «bon» joueur ni comme enseignant «reconnu» ? Avec le recul, je pense qu'il était bon de se «croire novateur» même si, à l'expérience, on se rend compte qu'on n'a pas «découvert» l'enseignement du tennis ! Il m'est arrivé souvent d'être étonné de revenir aux sources d'un enseignement traditionnel... et de me sentir gêné de retomber sur les mêmes exercices, les mêmes conclusions que ceux qui ont œuvré depuis longtemps dans ce milieu. Et pourtant je crois avoir «trouvé» quelques pistes meilleures, quelques situations plus pertinentes, quelques exercices «originaux» grâce à cette recherche personnelle, moins conventionnelle, moins téléguidée par une pédagogie officielle.

Ce cheminement n'a donc pas été celui d'un pédagogue orgueilleux, voulant faire table rase des expériences du passé. C'est plutôt celui d'un enseignant fou de tennis, dès le départ, et influencé par des concepts pédagogiques moins traditionnels. En fonçant vers des voies que je croyais certaines, j'ai réussi, certes, mais j'ai échoué aussi : j'ai eu de l'influence mais j'ai subi également des rejets. C'est en suivant une voie pas toujours linéaire que je me suis stabilisé : une stabilité qui ne correspond nullement à un arrêt mais à un équilibre («dynamique» !) trouvé entre les différentes influences reçues, mes propres convictions ainsi que la riche expérience que j'ai pu accumuler sur le terrain. Je garde à la fois de solides convictions mais je suis moins catégorique. J'ai de plus en plus de certitudes mais je m'interroge aussi beaucoup. Je crois toujours avoir la capacité d'inventer des procédés plus efficaces et je découvre aussi que de vieilles recettes sont toujours d'actualité...

Mon chemin est cependant parti d'une trace forte, d'une démarche inspirée de la pédagogie active. Le «balancier» s'est toujours nettement porté, pour l'apprentissage, vers cette influence pédagogique. Je n'ai jamais été un nostalgique de l'école de papa (comme Le Bris, instituteur («Et vos enfants ne sauront pas lire...»), chantre d'un retour à une forme d'école traditionnelle, fustigeant la méthode de lecture globale (alors qu'elle n'est plus enseignée ainsi dans les classes) et les structures de l'Education Nationale). Apprendre d'abord en jouant...des jeux simples attrayants, constitue une bonne entrée en matière pour les jeunes enfants. Ces jeux stimulent leur activité, donnent un sens à leurs actions et favorisent leur curiosité. Y associer alors des exercices pour apprendre toutes les facettes psycho - motrices des jeux tennistiques, c'est loin d'en rester à la méthode globale ! Et l'on n'arrête pas d'apprendre pour maîtriser un jeu de plus en plus codifié en tennis, afin d'accéder à un niveau de joueur qui fait des matches avec des copains puis des matches officiels...

Je ne dénonce aucune méthode mais je me plais dans une façon d'apprendre où il y a tout autant de place laissée à l'enfant qui apporte son intelligence, ses émotions, sa motivation...et à l'enseignant qui implique l'élève, donne du sens, de la cohérence à la matière enseignée. Je ne crois pas plus à l'enfant - roi qu'au maître tout puissant; je crois tout simplement que l'autonomie des jeunes se gagne autant par l'instruction (les savoirs) que par l'éducation (les savoir-être). C'est, encore une fois, un équilibre à trouver entre le sens à donner aux actions, l'approche par la culture (l'élève étant le reflet de la société dans laquelle il vit), l'expérimentation et l'exercice, l'entraînement construits avec l'aide de l'enseignant... Je plaide seulement en faveur d'une liberté pédagogique (pas de méthode miracle, même fédérale !) mais avec de grands principes d'enseignement (une démarche pédagogique qui revient sans cesse au jeu, une croyance dans les capacités des enfants, une compétence de l'enseignant à fortifier sans cesse, une adaptation permanente de l'enseignant aux publics différents par diverses approches, à des vitesses variables d'exécution...). Même dans mon autre rôle (celui de formateur de cadres), je crois avoir toujours respecté ces principes. Que ce soit lors d'une formation d'initiateurs (le plus petit niveau d'enseignement fédéral), de brevetés d'état (le top fédéral) ou à l'UFRSTAPS (le plus poussé intellectuellement ?), j'ai toujours été guidé par la même démarche. Une démarche simple ! Mais les contenus sont à adapter : serrer au plus près les fondamentaux dans les petites formations et les pousser au plus loin lorsque les exigences de formation sont plus pointues; transmettre des savoir-faire très basiques (quelques «recettes») pour guider les Initiateurs ; susciter au contraire la réflexion, l'invention des enseignants plus expérimentés. Faire un va et vient constant entre le terrain et la théorie (même si, à l'UFRSTAPS, la partie pratique pédagogique est insignifiante à cause de la nature de l'épreuve au CAPEPS)...Avec le souci de donner à la fois de la confiance à ces enseignants formés (les Initiateurs ont besoin d'être rassurés, les professionnels d'être plus sûrs de leur enseignement) mais aussi de la curiosité, de la réflexion, de l'ouverture. Ce qui fait que j'ai pu amener de simples Initiateurs... jusqu'aux formations les plus poussées pour devenir BE1, BE2, CSD, formateur de cadres départemental ou de ligue, entraîneurs fédéraux, CTR, professeur d'EPS, de sport !

L'équilibre que j'ai ressenti ne correspond pas qu'à une impression personnelle, c'est aussi la reconnaissance de cet état par les autres. En tant que CTR, j'ai eu quelques difficultés dans ma prise de fonction. Il faut dire qu'il m'est arrivé de faire de la provocation (j'ai le souvenir, par exemple, d'une séance d'initiation faite devant tous mes collègues en voulant leur montrer, sans utiliser ma raquette, que tout passait par les mises en place de situations et non par les démonstrations techniques de l'enseignant...). Du courage, à coup sûr mais avec beaucoup d'exagération ! Cependant, il y avait aussi une évolution à faire dans le milieu fédéral. Cela s'est fait et j'ose croire que j'ai participé à ce changement ...en changeant également moi-même! Au moment où, dans notre monde moderne, on parle beaucoup d'interactivité, il est normal qu'il y ait une telle évolution. J'ai joué à fond cette relation avec le milieu fédéral, ce qui m'a permis d'être, entre autres, un des participants réguliers à l'importante production de documents pédagogiques à la Direction Technique Nationale. Et je me suis senti bien dans ce groupe de haut niveau.

Pour toutes ces raisons anciennes et récentes, je ne voudrais pas refermer ce livre sans remercier les personnes qui m'ont fait confiance et en qui j'ai toujours eu confiance : en particulier JP. Loth, un homme qui m'a donné l'envie d'être dans la «famille» FFT, P. Boyard avec lequel je me suis sûrement le plus «bagarré» pour... aboutir à une véritable amitié, JC. Massias pour le privilège que j'ai eu à travailler personnellement à ses côtés, B. Pestre pour la qualité de ses relations humaines et son ouverture pédagogique. Je n'oublie pas, non plus, une personne moins connue que ceux que je viens de citer : A.M. Nivot. Elle a découvert le tennis comme joueuse puis enseignante sous ma responsabilité,. Mais elle a été plus loin que le «maître» en pouvant aller jusqu'au bout de la formation de jeunes champions comme Karolina Jagienak, vainqueur de l'Orange Bowl. Elle a su recueillir également des informations venant de tous horizons, en particulier en allant souvent dans des camps d'entraînement aux USA. J'avoue y avoir trouvé mon compte et avoir profité de cette collaboration continue. Je tiens à remercier, aussi, les personnes qui m'ont aidé à peaufiner ce livre grâce à leurs qualités d'écrit (Lionel Crognier), en informatique (Romain Guedeney), en photographie (Anne. Aurélie Taisne).

Quelle chance d'avoir cette passion de transmettre aux autres ce en quoi on croit ! Je ne m'en prive toujours pas car je continue à être étonné par les jeunes et leur spontanéité, leur richesse d'invention, leur plaisir de fonctionner et de jouer. Et je suis tout autant surpris de voir certains adultes même vieillissants continuer à apprendre, à s'engager dans des projets à long terme pour être meilleurs (ou moins maladroits) avec un enthousiasme tout neuf. Cette chance, je la dois, en définitive, au fait d'«aimer» donner. En donnant ce sens à ma vie pour essayer d'enrichir la vie des autres, j'ai sûrement eu ma part d'égoïsme car je continue à me faire beaucoup plaisir ! Mais je suis certain d'avoir eu de l'influence sur les autres, pas seulement au plan strict du tennis mais par l'aide apportée à la construction de leur personnalité. Parfois cette construction de l'identité des autres a pu se faire en réaction à ma personne comme pour «tuer le père», ce qui n'est pas une réaction malsaine, mais la conséquence d'un rapport affectif intense. Plus souvent (on ne peut pas être le père de tout le monde !), il y a eu du respect chez les enfants, de la reconnaissance par les parents de l'aide apportée, de l'affection partagée entre nous tous, nourrie par cette activité aussi complexe et riche que le tennis. Dans ce type de relations humaines, j'espère avoir gagné beaucoup de *points* pour le bonheur des autres. En tout cas, ils auront au moins eu l'avantage d'être *décisifs* pour la direction donnée à ma vie. Encore une autre façon de comprendre le titre de cet ouvrage...

Bibliographie

Manuel de l'éducateur sportif (E. Thill, R. Thomas, J. Caja).
Vers une pédagogie de l'acte moteur (JP. Bonnet).
Courants de la pédagogie (J. Beauté).

100 jeux de plein air (Association des scouts du Canada).

Tous les documents techniques et pédagogiques de la Direction Technique Nationale (Fédération Française de Tennis) et de la Fédération Internationale de Tennis.

L'enfant et le sport (M. Durand).
Pratique du tennis (Schönborn).
Tennis, la formation du joueur (Association des enseignants d'EPS).
Tennis évolutif. Tennis cooleurs (O. Letort).
Passeport Tennis (JL. Demoulin, H. Delisle).

L'HARMATTAN, ITALIA
Via Degli Artisti 15 ; 10124 Torino

L'HARMATTAN HONGRIE
Könyvesbolt ; Kossuth L. u. 14-16
1053 Budapest

L'HARMATTAN BURKINA FASO
Rue 15.167 Route du Pô Patte d'oie
12 BP 226 Ouagadougou 12
(00226) 76 59 79 86

ESPACE L'HARMATTAN KINSHASA
Faculté des Sciences Sociales,
Politiques et Administratives
BP243, KIN XI ; Université de Kinshasa

L'HARMATTAN GUINÉE
Almamya Rue KA 028 en face du restaurant le cèdre
OKB agency BP 3470 Conakry
(00224) 60 20 85 08
harmattanguinee@yahoo.fr

L'HARMATTAN CÔTE D'IVOIRE
M. Etien N'dah Ahmon
Résidence Karl / cité des arts
Abidjan-Cocody 03 BP 1588 Abidjan 03
(00225) 05 77 87 31

L'HARMATTAN MAURITANIE
Espace El Kettab du livre francophone
N° 472 avenue Palais des Congrès
BP 316 Nouakchott
(00222) 63 25 980

L'HARMATTAN CAMEROUN
Immeuble Olympia face à la Camair
BP 11486 Yaoundé
(237) 458.67.00/976.61.66
harmattancam@yahoo.fr

L'HARMATTAN SÉNÉGAL
« Villa Rose », rue de Diourbel X G, Point E
BP 45034 Dakar FANN
(00221) 33 825 98 58 / 77 242 25 08
senharmattan@gmail.com

Achevé d'imprimer par Corlet Numérique - 14110 Condé-Sur-Noireau
N° d'imprimeur : 69707 - Dépôt légal : mai 2010 - *Imprimé en France*